Peter Hofmann
Paare in Kinderwunschbehandlung

Qualitative Soziologie

Herausgegeben von
Prof. Dr. Jörg R. Bergmann
Prof. Dr. Stefan Hirschauer und
Prof. Dr. Herbert Kalthoff

Band 28

Peter Hofmann

Paare in Kinderwunschbehandlung

Eine Ethnografie soziotechnischer Praktiken des Kinderkriegens

DE GRUYTER
OLDENBOURG

Diese Publikation ist die leicht veränderte Fassung meiner im Jahr 2021 vom Fachbereich 02: Sozialwissen-schaften, Medien und Sport der Johannes Gutenberg-Universität Mainz angenommenen Dissertation. Gefördert durch die Deutsche Forschungsgemeinschaft (DFG) – Projektnummer 222346160 – FOR 1939.

ISBN 978-3-11-078361-2
e-ISBN (PDF) 978-3-11-078367-4
e-ISBN (EPUB) 978-3-11-078373-5
ISSN 1617-0164

Library of Congress Control Number: 2023933747

Bibliografische Information der Deutschen Nationalbibliothek
Die Deutsche Nationalbibliothek verzeichnet diese Publikation in der Deutschen Nationalbibliografie; detaillierte bibliografische Daten sind im Internet über http://dnb.dnb.de abrufbar.

© 2023 Walter de Gruyter GmbH, Berlin/Boston
Coverabbildung: Chinnapong/iStock/Getty Images Plus
Druck und Bindung: CPI books GmbH, Leck

www.degruyter.com

Inhalt

1 Einleitung

Gegenstand dieser mikrosoziologischen Studie ist das Praxisfeld sogenannter Kinderwunschbehandlungen, wie sie in speziellen medizinischen, in Deutschland meist als Kinderwunschzentren bezeichneten Einrichtungen seit über drei Jahrzehnten routinemäßig praktiziert werden. Zentrales Anliegen der Arbeit ist ein ethnografisches: Sie möchte den sozialen Raum beschreiben, der zwischen Paaren und medizinischen Helfer:innen aufgespannt wird, wenn diese gemeinsam versuchen, eine Schwangerschaft herbeizuführen, um schließlich ein Kind auf den Weg zu bringen. Das Behandlungsformat adressiert in erster Linie heterosexuelle Paare[1], die medizinische Hilfe suchen, nachdem ihre Erwartungen an eine durch Geschlechtsverkehr eintretende Schwangerschaft enttäuscht worden sind. Wie lässt sich dieses Praxisfeld von Kinderwunschbehandlungen räumlich und zeitlich abstecken? Ihren sozialen Anfang nehmen Kinderwunschbehandlungen im intimen Paardiskurs, wenn Paare nach enttäuschten Schwangerschaftserwartungen über Ursachen und mögliche Interventionen ins Gespräch kommen. Mit der Konsultation eines Kinderwunschzentrums entwickelt sich eine soziale Konstellation, die sich aus einer langfristig angelegten Paarbeziehung, einem temporären medizinischen Behandlungsverhältnis der besonderen Art – nämlich bestehend aus Ärzt:in und Patienten*paar* – und aus deren gemeinsamem Problemfokus auf die Körper des Paares zusammensetzt. Begleitet wird dieses Feld von Diskursen, die vom Paargespräch selbst, über das soziale Umfeld des Paares, bis hin zu einem auf unterschiedlichen medialen Kanälen geführten gesellschaftlichen Diskurs zur Reproduktionsmedizin sowie ihren Möglichkeiten, ethischen Aspekten und sozialen wie körperlichen Implikationen reichen. Diese Studie konzentriert sich auf die unmittelbare soziomaterielle Praxis, die sich von der privaten Lebenswelt des Paares über die Arzt-Patienten-Beziehung bis ins Labor hinein erstreckt. Das Feld umgebende öffentliche Diskurse werden nur flankierend behandelt[2], sofern sie sich unmittelbar in den ethnografischen Daten zur reproduktionsmedizinischen Behandlungspraxis niederschlagen. In diesem Einleitungskapitel soll der Untersuchungsgegenstand zunächst genauer bestimmt und eingeordnet werden (1.1). Nach einem Überblick zum Stand der Forschung (1.2) werden Anschlüsse an ein Forschungsprojekt skizziert, aus dessen Kontext sich

---

1 Der empirische Fokus dieser Studie liegt auf dem klassischen reproduktionsmedizinischen Leistungsspektrum der Behandlung heterosexueller Paare. Während des Untersuchungszeitraums waren in den beiden Kinderwunschzentren, aus denen die Studie ihre Informant:innen rekrutierte, nur solche Paare vertreten. Immer mehr Kinderwunschzentren richten ihr Leistungsangebot aber auch aktiv an lesbische Paare und Singlefrauen. Zum Fall von lesbischen Paaren und deren Elternwerdung durch reproduktionsmedizinische Hilfe qua donogener Insemination verweise ich auf die Monografie von Dionisius (2021). Zum Fall der in Deutschland verbotenen bezahlten Tragemutterschaft, auf deren Angebot im Ausland unter anderem Männerpaare zurückgreifen, siehe Teschlade (2022). Zur ebenfalls hierzulande verbotenen kommerziellen Eizellspende siehe Bergmann (2014).
2 Für eine diskursanalytische Perspektive siehe u. a. die Arbeit von Bock v. Wülfingen (2007).

https://doi.org/10.1515/9783110783674-001

diese Studie entwickelt hat (1.3). Schließlich werden der Datenkorpus und einige methodische Aspekte der Arbeit vorgestellt (1.4).

1.1 Gegenstand: Reproduktionsmedizin und ‚Kinderkriegen'

Die Studie betrachtet ihren empirischen Gegenstand als Ausschnitt des seinem sozialen Sinn nach übergeordneten Phänomens des Kinderkriegens, zu dessen Erforschung die Arbeit einen Beitrag leisten möchte. Erstes Ziel ist es, ethnografisch präzise und tiefenscharfe Einblicke in die sozialen Praktiken und Sinnstiftungen zu gewinnen, die Kinderwunschbehandlungen ausmachen und die in ihrem erweiterten Rahmen stattfinden. Zweites Ziel ist, sie nicht nur als Sonderfall zu behandeln, sondern den Gegenstand in Bezug auf das soziale Phänomen des Kinderkriegens und seinen Sinnhorizont zu verstehen und einzuordnen. Fälle ‚künstlicher Befruchtung' sollen also auch in ihrem Befremdungspotenzial (vgl. Amann & Hirschauer 1997) für ein allgemeinsoziologisches Interesse an der Hervorbringung neuer Gesellschaftsmitglieder genutzt werden. Die Reproduktionsmedizin in ihrem lebensweltlichen Kontext lässt sich nicht verstehen ohne einen darüberhinausgehenden soziologischen Blick auf das soziale Phänomen des Kinderkriegens, mit dem sie untrennbar verbunden ist. Umgekehrt lässt sich aber auch das Kinderkriegen außerhalb des Labors heute kaum mehr völlig jenseits reproduktionsmedizinischer Einflüsse und Rationalitäten begreifen (vgl. Franklin 2013: 753). Mit der Fokussierung auf die Praxis der technologisch assistierten Reproduktion verbindet die Studie also auch ein wissenschafts- und techniksoziologisches Interesse, das der Frage nachgeht, wie und in welchen Aspekten sich die Sozialität des Kinderkriegens mit der Anwendung und Aneignung medizintechnischer Möglichkeiten entwickelt und verändert.

Ich habe mich zur Bezeichnung dieses umfassenderen Gegenstandsbereichs (vorläufig) für den kulturell verwurzelten und alltagsweltlich gebrauchten Begriff des ‚Kinderkriegens' entschieden, um mich dem Phänomen empirisch von seiner lebensweltlich verankerten Seite, das heißt vor allem auch paarsoziologisch zu nähern. Mit dem Begriff lässt sich auf ein intuitives Verständnis darauf zurückgreifen, was dieses nicht präzise abgrenzbare Geschehen im Schnittpunkt von Paarbeziehungen, Sexualität, Schwangerschaft und Generativität, Familiarität und Elternschaft, biografischen Erwartungen, Entscheidungen und Lebensstilen alles beinhaltet. Anders als Begriffe wie Fortpflanzung, Reproduktion, Zeugung, Generation oder Prokreation (Walentowitz 2007, Arni 2008a) beschreibt das Kinderkriegen ein umfassenderes Phänomen weit über seine biologischen Dimensionen hinaus, das etwa auch verschiedene Formen der Adoption und ganz unterschiedliche Zeugungskonstellationen miteinschließt. Ich ziele damit auf die Entwicklung eines genuin soziologischen Verständnisses von Generativität als die „Hervorbringung neuer Menschen" (Arni & Saurer 2010: 7) jenseits biologistischer Verkürzungen. Der Begriff des Kinderkriegens eignet sich, indem er biologische und soziale Assoziationen gleichermaßen hervorruft sowie hinreichend unbestimmt und damit empirisch offen ist. Zu den Akteuren des Kinderkriegens zählen nicht nur kinderkriegende Personen oder Paare selbst, sondern viele weitere direkt oder indirekt beteiligte Personen, Institutionen, Artefakte, technische Infrastrukturen und rechtliche Rahmenbedingungen sowie körperliche Substanzen und Prozesse (siehe auch Schadler 2013).

Wenn uns zu Ohren kommt, jemand ‚hat ein Kind bekommen' oder wenn wir selbst ans Kinderkriegen denken, ruft dies zunächst ein Ensemble an stillen Selbstverständlichkeiten, Bildern und Hintergrundüberzeugungen auf. Zu diesen zählt etwa, dass damit eine Form von Sexualität meist einer heterosexuellen Paarbeziehung in einer bestimmten Übergangsphase, eine Schwangerschaft und eine Geburt verbunden sind, dass Eltern daraus hervorgehen, die sich (hoffentlich) nun entsprechend für das Kind zuständig fühlen, und dass sich all dies nicht zufällig ereignet, sondern meist im Horizont gemeinsamer biografischer Lebensvorstellungen geplant, vorgesehen oder erwünscht war, oder aber im Dickicht sexueller Handlungen nicht gut genug verhütungstechnisch unterbunden wurde. Kinderkriegen bezeichnet eine soziale Transitionsphase primär von Paarbeziehungen von einer Lebensform in eine andere (vgl. Thomä 2002). Dieser durch Akteure, Alltags- und Expertenwissen, Institutionen und Diskurse aufgespannte Raum lässt sich mit Foucault (1978) auch als ein gesellschaftlich wirksames Dispositiv des Kinderkriegens begreifen (vgl. Heitzmann 2017, Dionisius 2021). Die darin wirksamen impliziten Selbstverständlichkeiten des Kinderkriegens sind mit normativen Vorstellungen assoziiert, etwa zum passenden biografischen und sozialen Rahmen sowie zu sämtlichen Fragen der Gestaltung und der Geschlechterordnung werdender Elternschaft, also wer, wann, unter welchen Bedingungen und auf welche Weise Kinder kriegen soll oder darf und welche Geschlechter- bzw. Elternrollen damit einhergehen (sollen).

Damit sind bereits drei Sinndimensionen benannt, auf die das Kinderkriegen schon in unserem Alltagsverständnis direkt verweist: Erstens auf das *Natürliche* –als ein viele Millionen Jahre alter, biologisch entstandener Prozess der Hervorbringung neuer Exemplare einer Spezies, der uns mit den (Säuge-)Tieren verbindet. Kaum einen anderen Vorgang assoziieren wir stärker mit der Natürlichkeit seines Geschehens wie Zeugung, Schwangerschaft und Geburt. Zweitens auf das *Soziale* – als ein Geschehen, das jene soziale Einheit hervorbringt, das auch der Soziologie lange Zeit als ‚Keimzelle der Gesellschaft' galt, die klassische Familie aus Vater, Mutter, Kind, die längst nicht mehr die einzige, aber auch heute noch zumindest diejenige soziale Konstellation darstellt, vor deren Hintergrundfolie uns alternative Formen des Kinderkriegens als alternativ erscheinen. Die soziale Institution des Kinderkriegens beinhaltet einen besonderen, etwa qua Natürlichkeitsvorstellungen und Verwandtschaftswissen gestifteten Kontingenzschutz, der die sozialen Beziehungen der werdenden Familie in ihrer Qualität und Dauerhaftigkeit essenzialisiert. Drittens ist eine *technische* Dimension angesprochen – als ein längst vor Aufkommen moderner Medizin kulturell angeeigneter Prozess, wie sich anhand historischer Artefakte etwa der Geburtshilfe und Verhütungskontrolle studieren lässt, aber auch anhand früher Zeugungsmythen und Darstellungen von Geschlechtsakt und Geburt und nicht zuletzt pharmaziehistorischen Methoden der Behandlung von Unfruchtbarkeit (siehe Josephs & Krafft 1998). Sex, Zeugung, Empfängnis,

Austragung, Gebären und Nähren sind körperliche Praktiken, deren Vollzug immer schon eine technische Seite aufweist und in diesem Sinne mit Mauss (1950) auch als kulturelle ‚Körpertechniken' zu verstehen sind:

> „[D]ie Methoden der Geburtshilfe sind sehr unterschiedlich. Das Kind Buddha wurde geboren, indem seine Mutter Mäya sich aufrecht an einem Ast festhielt. Sie gebar stehend. Ein großer Teil der indischen Frauen gebärt heute noch so. Dinge, die wir für normal halten, das heißt die Niederkunft in der Rückenlage, sind nicht normaler als andere, zum Beispiel die Stellung auf allen vieren. Es gibt Techniken der Geburt, sei es aufseiten der Mutter, sei es aufseiten der Helfer, die das Ergreifen des Kindes betreffen; Abbinden und Durchschneiden der Nabelschnur; Pflege der Mutter; Pflege des Kindes" (Mauss 1950: 210). An anderer Stelle heißt es: „Nichts ist technischer als sexuelle Stellungen. (...) Nehmen wir zum Beispiel diese Technik der sexuellen Stellung: die Frau hängt ihre Beine an den Knien in die Ellbogen des Mannes ein. Dies ist eine spezifische Technik im ganzen pazifischen Raum (...), während sie anderswo sehr selten ist" (Mauss 1950: 217).

Von dieser sozialen Kontingenz des Kinderkriegens als ein Ensemble unterschiedlicher körperlicher Praktiken, technischen Aneignungen und sinnlichen Erfahrungen ausgehend, stellt sich die Frage nach der Natürlichkeit dieser Prozesse neu. Die ‚Natürlichkeit' des Kinderkriegens, wie wir sie heute verstehen – so die Prämisse dieser Arbeit –, ist vor allem ein Konstrukt jener Blickführung, die diese generativen Vorgänge im Lichte medizintechnologischer Entwicklungen des 20. und 21. Jahrhunderts neu entdeckt hat. Erst durch deren zunehmende ‚Entstellung' durch immer mehr technische Möglichkeiten, scheint sich gleichzeitig ex negativo deren Natürlichkeit neu herauszubilden. Natürlichkeit und Technizität dieser Vorgänge stehen in einem wechselseitigen Steigerungszusammenhang.

Ähnlich wie Schwangerschaft und Geburt ist auch das umfassendere soziale Geschehen des Kinderkriegens aufgrund seiner Naturalisierung ein soziales Phänomen, das in der Soziologie auf einer grundlegend mikrosoziologischen Ebene lange Zeit wenig Beachtung gefunden hat. Die überwiegende Behandlung des Themas fand im Kontext von Fertilitätsfragen, das heißt der Frage nach begünstigenden bzw. verhindernden sozialen Faktoren menschlicher Fortpflanzung statt, nicht zuletzt vor dem Hintergrund demografischer Interessen. Der zugrundeliegende Prozess selbst wurde als biologischer Vorgang aus dem Gegenstandsbereich der Soziologie ausgeklammert[3], etwa indem er als

---

3 Charakterisierend für einen Großteil der sozialwissenschaftlichen Literatur zum Thema Reproduktion, Fertilität und Familienentstehung ist eine ontologische Trennung mit langer Tradition, die zentrale Prozesse der Hervorbringung neuer Menschen vollständig der Zuständigkeit von Biologie und Naturwissenschaften überließ. Schon René König (2002/1973: 311) schrieb der Familiensoziologie ins Stammbuch: „Daß der Mensch zu den höheren Säugetieren gehört und sich wie diese durch sexuelle Vereinigung fortpflanzt, ist zunächst nichts weiter als ein biologisches Faktum ohne darüberhinausgehende Bedeutung." Eine nach diesem Muster manifestierte Arbeitsteilung führte dazu, dass sich die Soziologie vor allem mit Prozessen beschäftigte, die dem als rein biologisch verstandenen Reproduktionsprozess vor- oder nachgelagert sind: auf der einen Seite die Entstehung des Kinderwunsches oder die Entscheidung von Paaren zur Elternschaft, über den Umgang mit und die Einstellung zu Verhütungsmitteln, bis hin zu den makrostrukturell bestimmenden Rahmenbedingungen der Fertilitätsentwicklung einer Gesellschaft;

‚Entscheidung zur Elternschaft' operationalisiert und somit kognitivistisch und individualistisch verkürzt wurde (Heimerl & Hofmann 2016). Kinderkriegen ist demnach ein
sozialtheoretisch bislang unzureichend verstandenes Phänomen (Hericks & Peukert
2017: 1, Heimerl & Hofmann 2016: 427). Eine Soziologie des Kinderkriegens beginnt sich
aber zunehmend aus Einzelstudien zu formieren, die die sozialen Praktiken und Diskurse rundum Zeugung und Kinderkriegen (Dionisius 2021, Lege 2017, Heitzmann 2017,
Heimerl & Hofmann 2016, Bock von Wülfingen 2007), Schwangerschaft (Hirschauer u. a.
2014, Schadler 2013, Sänger 2020, Sänger u. a. 2013, Duden 2002) und Geburt (Völkle 2021,
Villa u. a. 2011) sowie deren soziale Begleiterscheinungen, etwa Geburtsvorbereitungs-
kurse (Müller 2016) oder auch Fehl- und Stillgeburten (Böcker 2022), soziologisch neu
entdecken und verstehen. Auch Kinderwunschbehandlungen lassen sich als ein prä-
destiniertes Feld heranziehen, um soziologisch zu beobachten, wie Kinderkriegen
praktisch vor sich geht: Interaktionen und Abläufe, die sonst hinter geschlossenen
Schlafzimmerwänden stattfinden, körperliche Prozesse, die unbeobachtet im Inneren
von Körpern stattfinden, oder auch intime Aushandlungen, die weitgehend implizit einer empirisch kaum zugänglichen Paarkommunikation eingeschrieben sind – all solche
Prozesse werden im erweiterten Kontext von Kinderwunschbehandlungen tendenziell
auf unterschiedliche Weise expliziert und dadurch einer soziologischen Beobachtung
zugänglicher.

1.2 Zum Forschungsstand

Die reproduktionsmedizinische Kinderwunschbehandlung, wie sie heute weltweit[4]
praktiziert wird, stellt ein Behandlungsformat dar, das sich im Anschluss an die medizinische Entwicklung und Etablierung der IVF-Technik herausgebildet hat, deren Geschichte weit ins 19. Jahrhundert zurückreicht.[5] In Form eines Behandlungsprogramms

---

auf der anderen Seite die soziale Positionierung von Eltern und Kindern in ein System von Verwandt-
schaftsbeziehungen, die Entwicklungsprozesse neu entstandener Familien und die Sozialisation neuer
Menschen. Die generativen Prozesse selbst – Zeugung, Befruchtung, Schwangerschaft und Geburt –
kommen innerhalb dieses Paradigmas im Gegenstandsbereich der Soziologie kaum vor, solange Reproduktion und Fertilität als natürliche und rein biologische Vorgänge codiert sind. Diese Black Box gilt es zu
öffnen und menschliche Fortpflanzung explizit auch zum Gegenstandsbereich der Soziologie zu machen
(siehe auch Heitzmann 2017: 11).

4 Für internationale Vergleichsstudien siehe u. a. den Sammelband von Birenbaum-Carmeli u. a. (2009)
sowie Hampshire & Simpson (2015), Hörbst (2016) für Mali und Uganda, Çil (2007) für die Türkei, Inhorn
(1994) für Ägypten, Kahn (2000) für Israel.

5 Zu deren wissenschaftshistorischer Rekonstruktion siehe Schreiber (2007), die die Entwicklung der In-
vitro-Fertilisation bis auf ihre Anfänge in der zweiten Hälfte des 19. Jahrhunderts zurückverfolgt. Zur
Geschichte der Reproduktionsmedizin in den USA mit einschlägigem Bezug zu den Science and Technology Studies siehe außerdem Clarke (1998). Zu den ältesten bekannten Formen der Unfruchtbar-
keitsintervention seit der Antike siehe Josephs & Krafft (1998). Mit den jeweiligen Behandlungstechniken
sind historisch wiederum unterschiedliche Vorstellungen und Konstruktionen von Unfruchtbarkeit
verbunden. Zur Herausbildung eines neueren Verständnisses von Unfruchtbarkeit im Kontext der mo-

für unfruchtbare Paare bildete sich diese Technologie erst langsam und spät heraus (Schreiber 2007: 15 f.), indem sich erst im Zuge dieser Entwicklung Ende der 1970er-Jahre auch der entsprechende Behandlungsgrund der *ungewollten Kinderlosigkeit* neu formierte, „dann nämlich, als es notwendig wurde, die technischen Angebote der künstlichen Befruchtung zu legitimieren" (Orland 2001: 5). Mit der Etablierung der IVF als medizinische Praxis hat sich um sie herum ein eigenes und zunehmend multidisziplinäres Forschungsfeld gebildet. Erste sozialwissenschaftliche Studien (Snowdon u. a. 1983) beschäftigten sich damit, Begriffe und Kategorien für neu entstandene soziobiologische Einheiten zu generieren, etwa durch die nun mögliche Aufspaltung der Mutterschaft in „genetic", „carrying" and „nurturing" mother. Auch Begriffe zur Bezeichnung von Zeugungstechniken waren damals noch nicht in Stein gemeißelt (Schlosser & Grabka 1990) und es stand zur Disposition, etwa den Begriff „external human fertilisation" statt der heute gängigen Bezeichnung „In-vitro-Fertilisation" zu verwenden (Fitzpatrick 1986: 165). Ganz auf der Linie einer sich ausbreitenden Risikogesellschaft (Beck 1986) standen die ersten Studien zur künstlichen Befruchtung mithilfe der IVF-Technologie vor allem im Zeichen des Begreifens einer sich gerade entwickelnden, neuen und vielen Beobachter:innen nicht geheuren Zeugungspraxis mit unabsehbaren Folgen (Stanworth 1987). Es ging darum, frühzeitig mögliche Gefahren zu antizipieren und nicht zuletzt auch ethische Maßstäbe in Bezug auf die Anwendungen der neuen Technik und ihrer Risiken zu entwickeln (Herz 1989), sowie die Reproduktionsmedizin in ihren politischen, (bio-)ökonomischen und rechtlichen Implikationen kritisch zu bewerten (Stanworth 1987). Daraus ist ein weitreichender medizinethischer Diskurs entstanden, der bis heute alle Entwicklungen in der Reproduktionsmedizin begleitet und hinterfragt (siehe u. a. Maio 2013).

Darüber hinaus wurde darauf fokussiert, jenen Medikalisierungsschub zu begreifen, der von der neuen Technik auf die Zeugung und die menschliche Fortpflanzung ausging. Der soziale Status ungewollter Kinderlosigkeit erfuhr durch die neue medizinische Behandlungsmöglichkeit eine grundlegende Umdeutung (Becker & Nachtigall 1992) und wurde in seinen Auswirkungen in- und außerhalb von Paarbeziehungen kritisch reflektiert (Hildenbrand & Waxmann 1987). Die neuen technischen Möglichkeiten des Kinderkriegens wurden mit Formen der Adoption, als einer älteren und heute konkurrierenden Form der Überwindung von Kinderlosigkeit, und mit dem ‚normalen' Kinderkriegen hinsichtlich ihrer Unterschiede im Übergang zur Elternschaft verglichen (Sandelowski 1989 und 1995). Das Phänomen der New Reproductive Medicine hat sukzessive ein ganz eigenes Forschungsfeld zu seiner wissenschaftlichen Reflexion hervorgebracht, dessen verschiedene Facetten auf Symposien und in Sammelbänden beleuchtet wurden (u. a. McNeil 1990, Brähler & Meyer 1991). Unter anderem auf der Jahrestagung der British Sociological Association 1987 rückte die Reproduktionsmedizin

---

dernen Reproduktionsmedizin siehe Orland (2001), zur Repräsentation von Unfruchtbarkeit im öffentlichen Diskurs über die Reproduktionsmedizin siehe Franklin (1990).

ins Rampenlicht internationaler Aufmerksamkeit und seitdem hat sich das Forschungsfeld immer weiter verzweigt.

Gegenstand kritischer Diskurse war die In-vitro-Fertilisation bereits seit ihrer Etablierung in den frühen 80er-Jahren.[6] Breite Auseinandersetzung mit dem Thema Reproduktionsmedizin geschah auch von Anbeginn in Texten eines *kritischen Feminismus*. Dessen Autor:innen erkannten in der IVF die Gefahr bzw. Realität der Objektivierung und medizinischen Aneignung von Frauenkörpern als „living laboratories" (Rowland 1992, vgl. auch Steinberg 1990, Graumann & Schneider 2003). Sie sahen weibliche Autonomieverluste (Strickler 1992) und, angesichts hoher Risiken und (zur damaligen Zeit noch wesentlich) niedrig(er)en Erfolgsraten, ein „Geschäft mit der Hoffnung" (Klein & Bischoff 1989, Koch 1990). Auch wiesen sie von Beginn an darauf hin, dass die Last der Behandlung vor allem Frauen zu tragen haben (Kirejczyk 1993, van der Ploeg 1995, Michaels 1996). Die Geschlechterforschung und die Gender Studies setzen sich bis heute kritisch mit den durch die Reproduktionsmedizin herausgeforderten Geschlechterverhältnissen, der Selbstbestimmung von Frauen und mit den Folgen von Medikalisierungsprozessen auseinander.[7]

Daneben hat die Reproduktionsmedizin rund um künstliche Befruchtung Studien im Bereich (feministischer) Wissenschafts- und Technikforschung angeregt (McNeil 1990). Thompson (2005), die selbst IVF-Patientin war, hat eine umfassende, ethnografisch inspirierte Studie vorgelegt, wo sie beschreibt, wie in der IVF-Behandlungspraxis unterschiedliche Faktoren u. a. verwandtschaftsbezogener, technischer, geschlechtlicher, emotionaler, rechtlicher, politischer und finanzieller Art aufeinandertreffen und im Sinne einer „ontological choreography" praktisch vermittelt werden müssen (Thompson 2005: 8, siehe auch Bühler u. a. 2015). Thompsons Studie zeigt (bezogen auf die USA), dass sich in der praktischen Ausgestaltung und den institutionellen Rahmungen von Kinderwunschbehandlungen nicht nur manifestiert, was technisch machbar ist, sondern dass gleichzeitig – und dies mehr implizit als explizit – neu ausgehandelt wird, was vorher schlicht natürlich gegeben schien. „In a biomedical mode of reproduction, society can no longer maintain that natural kinds are essential (what a mother is, for example, is under debate) and that social kinds are socially constructed. Rather, all kinds are specified and differentiated by strategic naturalization and socialization (...)" (Thompson 2005: 13). Unter dem Konzept der „ontological choreography" analysiert Thompson einen in die soziale Praxis der Reproduktionsmedizin eingelassenen Konstitutions- und Aushandlungsprozess, in dem neue Routinen, (Ent-)Naturalisierungen, Handlungsträgerschaften und Vorstellungen darüber hervorbracht werden, wo die sozialen und technischen Grenzen menschlicher Fortpflanzung liegen (sollen). Einen „ontologischen" Bezug hat dieser Prozess, weil in ihm grundlegende und in ihrem Sosein vormals als biologisch unabhängig wahrgenommene Variablen wie Geschlecht, Mutter- und Vater-

---

6 Einen Vergleich dieser Diskurse für die BRD und die USA liefert Hofmann (1999 und 2003).
7 Für eine umfassende Auseinandersetzung mit dem Geschlechterdiskurs im Kontext generativer Praxis siehe Heitzmann (2017). Eine Kritik des zuweilen geführten feministischen Diskurses zur Reproduktionsmedizin und eine differenziertere Darstellung ihrer Praxis bietet Ullrich (2007).

schaft neu definiert werden. Als „choreografisch" lässt sich der Prozess beschreiben, weil er weder linear noch nach logischen Prinzipen abläuft, sondern zum Teil kunstvolle und verschlungene Wege bestreitet, die sich aus den koordinierten Beiträgen unterschiedlicher Akteure im Schnittpunkt von Alltag(swissen), Wissenschaft(skulturen) und technologischen Neuerungen ergeben. „The term ontological choreography refers to the dynamic coordination of the technical, scientific, kinship, gender, emotional, legal, political, and financial aspects of ART clinics" (Thompson 2005: 8). Thompson bringt mit diesem Konzept eine wichtige ethnografische Erkenntnis über ihren Gegenstand auf den Begriff. Sie zeigt darüber hinaus zentrale Aspekte und Spannungsfelder auf, die das empirische Feld bereithält und knüpft an ausgewählte Diskurse insbesondere feministischer Studien und der Science and Technology Studies an.

Unter den frühen explorativen Arbeiten ist insbesondere Franklins (2022 in zweiter Auflage erschienene) Monografie „Embodied Progress" (1997) zu nennen, eine empirisch-kulturanthropologische Studie, die die in den 80er und 90er-Jahren in England sich ausbreitende Reproduktionsmedizin in ihren unterschiedlichen diskursiven Kontexten untersucht, insbesondere aber auch aus der Sicht der Patientinnen. Anhand von narrativen Interviews geht sie der Frage nach, wie Frauen die IVF-Behandlung erleben und welche Haltung und Einstellungen sie gegenüber der Medizintechnologie entwickeln. Sie kann etwa das Phänomen beobachten, dass die strapaziöse IVF-Behandlung auch bei anhaltendem Misserfolg nicht als Fehlgriff interpretiert wird, sondern wie Patient:innen, getrieben vom Gefühl, das technisch Mögliche auszuschöpfen zu wollen, den Glauben an die Technologie und die Hoffnung auf Erfolg im nächsten Versuch nur schwer aufgeben (können). So hält die technische Rationalität der Behandlung immer stärker Einzug in ihren Lebensalltag. Franklin beschreibt die IVF der 80er-Jahre als Inbegriff kontrafaktischer Technikgläubigkeit nicht zuletzt auf Kosten von Frauen(körpern). Seitdem hat Franklin die Entwicklung rund um die IVF mit vielen weiteren Publikationen begleitet, darunter „Born and Made" (2006 mit C. Roberts), eine Studie zur Präimplantationsdiagnostik. In einem Review-Artikel, in dem Franklin (2013) die sozialwissenschaftliche Forschung zu medizinisch assistierten Fortpflanzungsmethoden Revue passieren lässt, kommt sie unter anderem zu dem Schluss, „that assisted and unassisted reproduction now more closely resemble one another than they did when IVF was first introduced" (Franklin 2013: 753). Während sich das Verständnis der IVF früher an der Vorstellung natürlicher Empfängnis orientierte, ist heute das Gegenteil der Fall: „unassisted pregnancy is understood by analogy to IVF" (Franklin 2013: 753), künstliche und natürliche Befruchtung haben sich epistemologisch einander angenähert.

Zahlreiche Studien hat die Reproduktionsmedizin im Bereich der New Kinship Studies hervorgerufen[8], die mitunter auf die Sozialanthropologin Strathern zurückgehen (Strathern 1992, Edwards u. a. 1993). Strathern rekonstruiert ausgehend vom *Human Fertilization and Embryology Act* von 1990 in Großbritannien insbesondere die Figur des Embryos außerhalb des Körpers und dessen Implikationen für westliche Vorstellungen

---

8 Für einen Überblick siehe Inhorn & Birenbaum 2008: 181 f.

der Grenze zwischen Natur und Kultur.[9] Die New Kinship Studies haben gezeigt, wie einige Verfahren der Reproduktionsmedizin, die etwa auf Tragemutterschaft und Fremdsamen zurückgreifen, den klassischen Stammbaum der Blutsverwandtschaft und daran geknüpfte Abstammungsnarrative durcheinanderbringen. Knecht u. a. (2007) beschreiben, wie mithilfe der Reproduktionsmedizin – aber auch in Kombination mit Adoptionsverfahren – Verwandtschaft im Sinne eines „doing kinship" (Knecht u. a.: 2007) aktiv hergestellt, gestaltet und neu geordnet wird, bzw. „wie Verwandtschaft im Rahmen *neuartiger sozio-technischer Arrangements* in einem zunehmend *transnationalen* Raum ‚gemacht' wird" (Knecht u. a.: 12).[10] Einerseits verstärken die Reproduktionstechnologien also Vorstellungen biologischer Substanzverwandtschaft, indem sie genau auf deren Herstellung aus sind. Andererseits haben sich auch neue Relevanzen in Bezug auf die soziale Interpretation von Verwandtschaftsverhältnissen ergeben: Die reproduktive Absicht ist in den Vordergrund getreten, „(...) foregrounding intention as the critical determinant of which biological claims matter and which do not in the making of kinship" (McKinnon 2015: 464). Eindrücklich wird dies am Beispiel von Tragemutterschaft illustriert: Mutter soll die Frau sein, die das Kind als das ihre *beabsichtigt* hat. Thompson bezeichnet ein damit oft verbundenes opportunistisches Interpretieren von Abstammungsfaktoren, wenn diese für eine Beziehung als konstitutiv erklärt werden, solange sie mit sozialer Elternschaft kongruent sind, während andere (etwa die Abstammung von einem Samenspender) sozial ausgeblendet werden. Im Anschluss an Strathern (2003) und Franklin (1997) spricht sie hier von „strategic naturalizing" (Thompson 2005: 145). Die Reproduktionstechnologien machen die biologischen Grundlagen der Verwandtschaft technisch verfügbar und bringen neue Formen und Rekombinationen biologischer und sozialer Verwandtschaft hervor, wie im Falle von gleichgeschlechtlichen, Solo- oder Co-Elternschaften. Verwandtschaft zeigt sich als „gegenwärtig biologisch wie sozial unterdeterminierte, gestaltungsoffene wie gestaltungsnotwendige soziale Ordnung" (Knecht 2008: 193). Im Zusammenhang der Neuordnung von Familie und Verwandtschaft ist auch die journalistisch-kulturwissenschaftliche Monografie von Bernard (2014) zu erwähnen, eine historisch informierte Abhandlung über Ursprung und Entwicklung von Zeugungstheorien und der Verbreitung der neuen Reproduktionstechnologien von der künstlichen Befruchtung über Samenspende bis hin zur Leih- bzw. Tragemutterschaft. Eine umfassende Kulturgeschichte der Verwandtschaft hat zuletzt Braun (2018) vorgelegt. Schröder (2003) untersucht in ihrer lesenswerten ethnologischen Studie kulturelle Konstruktionen von Verwandtschaft, indem sie verschiedene Wege in die Elternschaft (IVF, Adoption und Pflegschaften) empirisch miteinander vergleicht.

---

9 Die Reproduktionsmedizin verweist damit auch ins Zentrum jener lebendigen Debatte um die Unterscheidung zwischen Natur und Kultur, die uns auch im Zuge der vorliegenden Studie wiederbegegnen wird (siehe u. a. Latour 1993, Descola 2011).
10 Zur internationalen Ökonomie der Reproduktion siehe Lie & Lykke 2017, Lundin 2012, ferner McKinnon 2015 (471 ff.) und Inhorn 2011, insbesondere zum Beispiel der Eizellenspende siehe Bergmann 2014.

Die Familiensoziologie hat neben kritischen Stimmen gegenüber der Reproduktionsmedizin (z. B. Beck-Gernsheim 2016, Stöbel-Richter u. a. 2008) vor allem quantitative Studien produziert, unter anderem zu Fragen der soziostrukturellen Zusammensetzung von Paaren in Kinderwunschbehandlung, nach deren Motivlagen oder warum sich die einen früher, andere später in Behandlung begeben (Passet-Wittig 2017). Ein 2015 von Mayer-Lewis & Rupp herausgegebener Sammelband widmet sich den Bedingungen von Fertilitätsentscheidungen, den Ursachen von Unfruchtbarkeit (etwa das durchschnittliche Alter der Frauen oder Umweltfaktoren wie Stress und Drogen), insbesondere frauengesundheitlichen, aber auch andrologischen Faktoren, daneben den rechtlichen Herausforderungen der Gameten- und Embryonenspende sowie ethischen, psychosozialen und versicherungstechnischen Gesichtspunkten in der Kinderwunschbehandlung und -beratung.

Zu den ethnografischen Pionierarbeiten über die IVF-Behandlung zählen in Deutschland frühe explorative Erkundungen von Honer (1991a/b & 1994a/b), in England die erwähnte hauptsächlich interviewbasierte Studie von Franklin (1997) mit bereits starkem Bezug zu Verwandtschafts- und Zeugungstheorien, daneben die Studie von Becker (2000) für die USA. Eine erste umfassende ethnografische Arbeit in Deutschland stammt von Ullrich (2012). Auf letztere beiden gehe ich im Folgenden kurz in groben Zügen ein: Beckers Monografie „The Elusive Embryo" (2000) geht u. a. auf eigene Betroffenheit und Krisenerfahrung einer Kinderwunschbehandlung zurück. Die Ethnografie basiert darüber hinaus auf über hundert Interviews mit in Kinderwunschbehandlung befindlichen Personen und Paaren und gibt Einblicke zum einen in deren Erleben im Spannungsfeld von Sexualität, Kinderwunsch, Familie und Geschlecht, zum anderen der spezifischen im Laufe der Behandlung sich entfaltenden Eigenlogik der Reproduktionsmedizin. Neben ihrem hohen deskriptiven Wert enthält die Studie auch einige Ideen zur Charakterisierung und Verortung ihres Gegenstandes im Kontext theoretischer Fragen. Welche genderspezifischen Bedeutungen biologischer Reproduktion kommen im Wunsch und Streben nach einem leiblichen Kind zum Ausdruck? Becker lässt Frauen wie Männer zu Wort kommen und zeigt, wie Diagnosen bezüglich Fruchtbarkeit und Zeugungsfähigkeit Geschlechteridentitäten tangieren und wie die Betroffenen damit umzugehen lernen. Sie sieht ähnlich wie Thompson (2005) im Angebot und Gebrauch reproduktionsmedizinischer Techniken ein Feld vor sich, in dem soziale, kulturelle, ökonomische und politische Aspekte neu vermittelt werden. Indem die Reproduktionsmedizin die ‚Heilung' des unerfüllten Kinderwunsches verspreche und im Rahmen ihrer Möglichkeit auch umzusetzen vermag, stellt sie ein Instrument dar, um die Normalität jenes bürgerlichen Familienmodells der (amerikanischen) Mittelschicht affirmativ zu reproduzieren. „They are remaking nature, as they understand it. In doing so, they are creating a cultural shift in how people think about what is natural" (Becker 2000: 239). Becker stützt sich auf konsumtheoretische Überlegungen nach Slater (1999), wenn sie im Kern behauptet, dass die biologische Reproduktion mithilfe der neuen Reproduktionstechnologien, also deren Konsumption, gleichermaßen die Reproduktion einer bestimmten und bestimmenden kulturellen Form beinhalte. Die Reproduktionsmedizin stellt in dieser Hinsicht nach Becker zunächst eine ‚konservierende' Technologie dar, indem sie zur Reproduktion ganz bestimmter Gender- und Statusidentitäten beitrage (Becker 2000: 240 f.). Der Erfolg der *künstlichen Befruchtung* – so kann man mit Becker (2000) sagen – liegt in der Wiederherstellung *natürlicher* Verhältnisse. Exemplarisch dafür sei die verbreitete Policy von Paaren, mit dem Eintritt der Schwangerschaft die Künstlichkeit der Zeugung aus ihrem Narrativ eher zu entfernen; „(...) new reproductive technologies affirm gender identity, and when they work and a child is conceived, they symbolize the return of normalcy" (Becker 2000: 240). „No radically different family forms are introduced by the people in this book. Most of them still subscribe to the American ideal of the two-parent family" (Becker 2000: 250). Aus Beckers Interviewdaten geht hervor, dass die Krankheitskonstruktion der Kinderwunschbehandlung, die sie zu heilen verspricht, in der sozialen Anomalie biologischer Kinderlosigkeit besteht. Eigene Kinder zu produzieren, stellt für Paare die Eintrittskarte in eine neue, normativ hochgradig besetzte und beinahe alternativlose Lebensform dar: „Dialogues about family values in American politics are laden with moral authority: those who are not viewed as upholding family values are looked down on and may even be viewed as 'un-American'. Being childless does not fit these cultural ideals of family, and consequently, women and men feel the weight of moralizing dialogues about normalcy" (Becker 2000: 61). Die Interviews zeigen, wie die Erfahrung der Unfruchtbarkeit im Erleben der Informantinnen die Ordnung der Welt aus den Angeln hebt: „I think of myself as a 'good person'. It [infertility] goes against the way I've interpreted life so far" (Becker 2000: 62). Es ist die natürliche Ordnung der Dinge, die angegriffen scheint, wie es u. a. auch in Selbsthilfegruppen zum Ausdruck komme (Becker 2000: 63 ff.).

Becker fragt aber auch nach progressiven Impulsen, die von den NRT (new reproductive technologies) ausgehen und wird ebenfalls fündig. Zwar verstärkten die NRT das Rekurrieren auf Biologie, Abstammung und traditionelle Elternschaft und erschwerten andere Modelle, darunter die Entscheidung zur Adoptivelternschaft. Praktiken wie die Samenspende führten hingegen zu einer Irritation der kulturellen Ideologie vom eigenen biologischen Kind (Becker 2000: 244, 249). Einen transformativen Effekt sieht die Autorin aus der Reflexion dieser Technologien von den Frauen ausgehen, die die Strapazen und damit zunehmend auch den Sinn und Zweck der Behandlung immer stärker hinterfragen, um sich dabei nicht zuletzt als Opfer eines biomedizinischen Fruchtbarkeitsbusiness industriellen Ausmaßes wiederzuerkennen. Dieser Effekt ist am stärksten, wenn die Behandlung dauerhaft ohne Erfolg bleibt und die Personen dazu zwingt, nach alternativen Lebensformen jenseits des Ideals der konventionellen Familie zu suchen (Becker 2000: 205 ff.).[11] Die Monografie stellt anhand umfangreichen Interviewmaterial nicht nur das direkte Erleben der Kinderwunschbehandlung, sondern auch den Diskurs zur Schau, der die drohende Kinderlosigkeit umgibt. Diese Konzentration auf die Narrative der Patientinnen und weniger auf Beobachtungsdaten macht gleichzeitig die Schlagseite der Studie aus. Eine solche liegt auch im feministischen Kern der Analyse

---

11 Zum Umgang mit dem Scheitern von IVF-Behandlungen siehe auch Gameiro u. a. 2012 sowie Throsby 2006.

begründet, indem sie die NRT vor allem um Frauen und deren Körper zentriert. Dazu kommt ein gesellschaftskritischer Impetus, der Becker die Reproduktionsmedizin und deren in den USA (nach wie vor) sehr liberale Ausformungen als Erscheinung einer kommerzialisierten Befruchtungsindustrie sehen lässt, mit all ihren Implikationen bezüglich kommerzieller Zwänge und sozialer Ungerechtigkeiten: „My task in this book has been to examine how people's experiences of infertility and their efforts to empower themselves are entwined with cultural ideologies and with broad institutional forces that reflect those ideologies, particularly those that provide new reproductive technologies and represent powerful industrial interests" (Becker 2000: 245).

Die jüngste Ethnografie zur Praxis reproduktionsmedizinischer Kinderwunschbehandlungen in Deutschland stammt von Ullrich und ist 2012 unter dem Titel „Medikalisierte Hoffnung?" erschienen. Die vergleichend angelegte Studie hat ein schul- und ein alternativmedizinisches Setting zum Gegenstand, „insbesondere um die in der bisherigen Diskussion herausgestellte Rolle der Technik in der Medikalisierung des Kinderwunsches vergleichend zu untersuchen" (Ullrich 2012: 94). Die Studie basiert hauptsächlich auf teilnehmender Beobachtung und Interviews mit Patientinnen und Ärzt:innen, die mit der qualitativen Inhaltsanalyse nach Mayring ausgewertet wurden. Eine der zentralen Leitfragen lautet, „wie und inwieweit der lebensweltliche Wunsch nach einem Kind als ein medizinisch zu lösendes Problem hergestellt wird" (Ullrich 2012: 14). Ullrich liefert im theoretischen Teil ihrer Studie eine differenzierte Grundlagendiskussion zur sozialen Konstruktion von Krankheit und Gesundheit. Mit einem reflexiven Technikverständnis wendet sie sich gegen technikdeterministische oder a priori technikkritische Ansätze und behandelt es als eine empirische Frage, ob und wie Technik Soziales strukturieren und beeinflussen kann (Ullrich 2012: 75). Es werden auch Verwaltungsroutinen und Organisationstechniken in den Blick genommen, in denen sich die „Transformation eines Patientenproblems in ein medizinisch handhabbares Problem" (Ullrich 2020: 79) vollzieht. Um die Relationen zwischen Leib, Körper und Technik im Falle der Kinderwunschbehandlung jenseits eines Leib-Körper-Dualismus besser verstehen zu können, zieht Ullrich die Konzeption reflexiver Körpertechniken von Crossley (2006) heran. Damit setzt sie technik- und medizinkritischen Sichtweisen, die den Körper (in erster Linie von Frauen) durch die Reproduktionsmedizin eindimensional als objektiviert und marginalisiert betrachten, ein differenzierteres Modell entgegen (Ullrich 2012: 88 ff., siehe auch Ullrich 2007). Im empirischen Teil der Studie wird gezeigt, wie der sogenannte unerfüllte Kinderwunsch aus verschiedenen Perspektiven verstanden, konstruiert und definiert wird, etwa in den medizinischen Leitlinien der WHO (World Health Organization), den ICD (International Statistical Classification of Diseases and Related Health Problems), und im Gegensatz dazu aus Sicht der Paare selbst (Ullrich 2012: 114 ff.) bzw. von Ärzt:innen (Ullrich 2012: 138 ff.). Die Kinderwunschbehandlung subsumiert Ullrich hier Crossleys Kategorie einer „marginalen Körpertechnik" (170). Crossley verfolgt mit seinen „zones of practice" (Crossley 2006: 119) allerdings eine rein quantitative, surveygestützte Verteilungsermittlung reflexiver Körpertechniken. Auch wenn Ullrichs Einordnung stimmig ist, geht daraus meines Erachtens kein allzu großer Mehrwert für eine Beleuchtung der Kinderwunschbehandlung als körperliche Praxis hervor. Besonders ertragreich sind wiederum vor allem die beiden empirisch dichten Kapitel 6 und 7, die weitreichende Einblicke in die Zusammenarbeit zwischen Ärzt:innen und Patientinnen im Verlauf der Behandlung liefern. Nicht nur das Erleben und der aktive Mitvollzug der einzelnen Behandlungsschritte, etwa in Form einer umfangreichen Wissensaneignung seitens der Patientinnen, wird ausführlich und differenziert dargestellt, sondern auch, wie die Behandlung in den Lebens- und Beziehungsalltag der Paare hineinreicht und sie vor besondere Herausforderungen stellt. Insbesondere wird anhand von Interviews mit Ärzt:innen auch deren Perspektive auf die Patient:innen beleuchtet. Insgesamt folgt Ullrich in ihren Betrachtungen einer „Verschiebung des analytischen Blicks weg von der Medikalisierung als statischem Ist-Zustand hin zu einer Medikalisierung als Definitionsprozess, der in seiner Prozesshaftigkeit, Relationalität und Kontextualisierung zu verstehen ist" (Ullrich 2012: 329). Meine Studie verfolgt in dieser Hinsicht eine ähnliche Argumentation, wenn sie Medikalisierung weder als per se problematischen noch als einseitig determinierenden, sondern als einen vielschichtigen und wechselseitigen Prozess begreift. Allerdings sucht sie auf Grundlage flexiblerer Analysestrategien eine qualitativ dichtere Beschreibung der Kinderwunschbehandlung vor allem in ihrem paarsoziologischen Gehalt. Eine große Rolle dabei spielen Paarinterviews, während bei Ullrich ausschließlich die Patientinnen zu Wort kommen. Sie übernimmt damit eine Asymmetrie des Gegenstands in ihre Analyseoptik, wie sie allerdings selbst kritisch reflektiert. Auch fokussiert meine Studie im Gegensatz zu Ullrich noch stärker die Frage, welche Implikationen die Kinderwunschbehandlung für den transitorischen Prozess der Familienbildung hat. Dies liegt auch am Forschungskontext, in dem diese Studie entstanden ist und der im Folgenden kurz skizziert werden soll.

1.3 Forschungskontext: pränatale Sozialität

Die vorliegende Studie näherte sich ihrem Gegenstand im Fahrwasser eines vierjährigen DFG-Forschungsprojekts an der Universität Mainz, an dem ihr Autor beteiligt war und das die Schwangerschaft als soziales Phänomen von ihrer lebensweltlichen Seite her empirisch entdecken und sozialtheoretisch verorten wollte (Hirschauer u. a. 2014). Sie fügt den dort beschriebenen sozialen Stationen der Schwangerschaft (ebd.: 13) eine weitere hinzu, nämlich jene, die sich ergibt, wenn auf die gepflegten Schwangerschaftserwartungen heterosexueller Paare keine Schwangerschaft folgt und Expert:innen hinzugezogen werden, um auf medizinisch assistiertem Weg zum Ziel zu kommen. Dies bedeutet, die Kinderwunschbehandlung nicht nur als medizinischen Heilungsversuch eines körperlichen Defizits von Paaren zu begreifen, sondern als eine eigene, der Schwangerschaft vorgelagerte Phase des Kinderkriegens zu explorieren und nach deren spezifischen sozialen Konstruktionsweisen zu fragen. Analog zum Erwartungsbogen sozialer Schwangerschaft (Hirschauer u. a. 2014: 263) stellt die Kinderwunschbehandlung einer (potenziellen) Schwangerschaft eine eigens strukturierte Zeit des ‚Zeugens' voran, deren Erwartungsbildung unter Bedingungen besonderer Unsicherheiten stattfindet. Es kann Wochen, Monate oder auch mehrere Jahre dauern und damit den Zeitraum einer Schwangerschaft um ein Vielfaches übersteigen, bis Behandlungen zum Erfolg führen. Dieser kann allerdings zu keinem Zeitpunkt garantiert werden und auch nach Jahren (schmerzlich) ausbleiben. Auf dieser Basis stellt sich die Frage, wie Paare diesen Ungewissheiten begegnen und welche spezifischen Spannungskurven von Kinderwunschbehandlungen ausgehen. Während durch (hetero-)sexuelle Interaktion unmerklich ausgelöste Schwangerschaften auf opaken Mechanismen im Inneren des Körpers beruhen und deren Evidenz erst nach und nach entdeckt werden muss (Hofmann 2014), konstituiert die Kinderwunschbehandlung eine ausgedehnte Phase pränataler Sozialität, in der eine in ihren sozialen Projektionen manchmal längst überkonturierte Schwangerschaft dem Körper zunächst durch aufwendige Verfahren einverleibt werden muss. Welche Rolle spielt dabei die soziale Flankierung des Paares durch medizinische Experten? Welche Frühformen ungeborener Personalität bilden sich im Angesicht befruchteter Eizellen außerhalb des Körpers heraus?

Auch der Teilnehmendenkreis pränataler Sozialität (Hirschauer u. a. 2014: 267 ff.) erweitert sich im Fall von Kinderwunschbehandlungen um signifikante Mitspieler: um Mediziner:innen und Labormitarbeiter:innen, aber auch um weitere an der Zeugung Beteiligte wie Samenspender, Eizellspenderinnen oder Tragemütter, und nicht zuletzt außerhalb des Körpers kultivierte Vorformen menschlichen Lebens. Welche Rollenzuschreibungen erfahren behandelnde Mediziner:innen im Kontext der Zeugung und ihren unterschiedlichen Verfahren bzw. Behandlungsstufen, etwa im Sinne einer „Menage á trois" (Honer 1991a)? In mancher Hinsicht liefert die Reproduktionsmedizin einen empirischen Türöffner für einen dezentrierten Blick auf die pränatale Sozialität der Schwangerschaftsherstellung, etwa indem sie hervortreten lässt, dass die Rolle der Mutter bereits verschiedene Figuren (Eizellspenderin, Austragende, Auftraggeberin, Adoptierende) auf sich vereint (Hirschauer u. a. 2014: 269). Es stellt sich die Frage, wie die Kinderwunschbehandlung ihre Partizipanden auf welche Weise ins Zentrum eines sich temporär formierenden Zeugungsteams rückt.

Eine wesentliche Frage unserer Soziologie der Schwangerschaft betraf pränatale Prozesse der Geschlechterdifferenzierung. Während Paare ihre geschlechtliche Zusammensetzung über weite biografische Strecken individualisierend ausblenden können (Hirschauer 2013), lassen Schwangerschaft und Elternwerdung die Relevanz der Geschlechterdifferenz auf spezifische Weise in den Vordergrund treten. In kaum einem anderen Bereich kann sie qua ihrer ‚Natürlichkeit' noch so durchschlagend soziale Ordnung generieren, sei es in Form der Gynisierung von Schwangerschaft und Kinderkriegen, der Personalisierung des Ungeborenen via Geschlecht, oder der Differenzierung von Elternrollen (Hirschauer u. a. 2014). Mit der geschlechtlichen Differenzierung und Entdifferenzierung pränataler Elternschaft haben wir uns in zwei Folgeprojekten im Rahmen der Mainzer DFG-Forschergruppe ‚Un/doing Differences' (2013 – 19) beschäftigt (vgl. Hirschauer 2019), deren Forschungspraxis diese Studie ebenfalls beeinflusst hat. Erst eine soziologisch dezentrierte Blickführung, die erstens die Fixierung von Schwangerschaft auf die Person, die ein Kind austrägt, hinterfragt (Hirschauer u. a. 2014: 267 ff.), und zweitens nicht *mit* der Geschlechterunterscheidung beobachtet, sondern im Sinne der Geschlechterdifferenzierungsforschung die Praxis der Unterscheidung selbst in den Blick nimmt (Hirschauer 1993), kann das Phänomen der Schwangerschaft in seinen Zurechnungsweisen auf Geschlecht beobachten.[12] Auf den Gegenstand dieser Studie bezogen, stellt sich damit die Frage, welche gegenstandsspezifischen Gendering-Prozesse im Verlauf von Kinderwunschbehandlung ins Spiel kommen.

1.4 Empirie und methodische Ausrichtung

Die Studie bedient sich ethnografischer Methoden der soziologischen Feldforschung (Breidenstein u. a. 2013) und orientiert sich am iterativ-zyklischen Modell eines Ineinandergreifens von Datengenerierung, Datenanalyse und theoretischen Überlegungen (Strübing 2014: 29 f.). Sie folgt damit einem Forschungsideal „theoretischer Empirie" (Kalthoff u. a. 2015), das „in der Rekonstruktion des sozialen Geschehens die Konstruktion des wissenschaftlichen Objekts reflexiv mitführt" (Kalthoff 2015: 20). Des Weiteren verortet sich die Studie in einem praxistheoretischen Bezugsrahmen (Reckwitz 2003), der von einer verteilten Agency heterogener und auch materieller Partizipanden des Tuns (Hirschauer 2004, Kalthoff u. a. 2016) und ihren unterschiedlichen Aktivitätsniveaus ausgeht (Hirschauer 2016). Den Begriff der Agency verwende ich hier weitgehend synonym mit Handlungsträgerschaft, um ihre Schwerpunktverschiebungen im soziotechnischen Kontext der Studie deutlich zu machen. Bei der Analyse der Daten bedient sich die Studie keinem streng ausformulierten Schema wie etwa der objektiven Hermeneutik, der Inhaltsanalyse, der dokumentarischen Methode oder einem anderen systematisch integrierten Interpretationsrahmen, sondern einem Mix an Analyseverfahren mit dem übergeordneten Ideal der Gegenstandsadäquanz (Breidenstein u. a. 2013: 39). Die Arbeit ist sehr nah an ihrem empirischen Material orientiert und möchte Deutungsangebote zur Verfügung stellen, die zur Diskussion einladen sollen, statt allgemein gültige oder gar abschließende Aussagen anzustreben. Der zugrundeliegende Datenkorpus lässt sich grob in drei Typen gliedern: Interviews (1), Dokumentation von Gesprächen zwischen Ärzt:innen und Patient:innen (2) und teilnehmende Beobachtungen im Reproduktionszentrum (3).

---

12 Als analytisch aufschlussreich für die Geschlechterdifferenzierung im Zuge der Elternwerdung erweisen sich insbesondere auch geschlechtsgleiche Paare, da sie schwer auf das Angebot und die Ordnungsleistung geschlechtlich differenzierter Elternrollen zurückgreifen können und so den Blick auf deren soziale Kontingenz freigeben. Sie standen im Fokus des zweiten der beiden genannten Projektphasen zur (Ent-)Differenzierung pränataler Elternschaft.

1.4.1 Interviewmaterial

Der neben den Sprechstundenprotokollen (s. u.) gewichtigste Teil der Daten setzt sich aus narrativen Interviews zusammen. Da sich das soziale Phänomen des Kinderkriegens über weite Strecken innerhalb der Privatsphäre von intimen Paarbeziehungen vollzieht, ist es der soziologischen Forschung nur begrenzt zugänglich. Interviewsituationen, die einen vertraulichen Rahmen bieten, können hier gute Einblicke liefern und den Beforschten die Chance bieten, jenseits ihres privaten Kommunikationszusammenhangs freier über Dinge zu sprechen. Dies setzt entsprechenden Rapport voraus, die Bereitschaft, sich auf seine Informant:innen einzulassen und, wenn diese das wollen, über einen längeren Zeitraum Kontakt zu halten. Insgesamt gingen neun Paarinterviews von sechs (heterosexuellen) Informantenpaaren in die Analyse ein, d. h. mit zwei der sechs Paare konnten mehrere Interviews zu unterschiedlichen Zeitpunkten der Kinderwunschbehandlungen realisiert und Einblicke in deren Verläufe gewonnen werden. Dazu kommen elf Einzelinterviews von insgesamt acht Informant:innen (sieben Frauen und ein Mann), von denen zwei ebenfalls zu mehreren Zeitpunkten interviewt werden konnten. In einem Fall erstreckte sich die Zeitspanne vom ersten bis zum letzten Interview auf knapp drei Jahre. Die Informant:innen meldeten sich zum größten Teil auf Flyer, die ich im Wartezimmer von Kinderwunschzentren auslegen durfte. Nach Wunsch der Interviewpartner:innen fanden die Gespräche entweder bei ihnen zuhause, in den Räumen der Universität oder auch in einem ruhigen Lokal statt. Ich bat die Interviewten je nach Situation entweder darum, die Geschichte ihrer (laufenden oder gerade erst begonnenen) Kinderwunschbehandlung von Anfang an zu erzählen oder aber dort einzusteigen, wo sie sich gerade befanden oder was sie zurzeit am meisten beschäftige. Die Interviewführung orientierte sich lose am Ideal des auf Schütze zurückgehenden Konzepts des *narrativen Interviews* (Schütze 1976; Rosenthal & Loch 2002), das den Informant:innen möglichst geringe Vorgaben macht, um deren intrinsische Erzählmotivation freizusetzen und produktiv zu nutzen.

Eine Besonderheit stellten die erwähnten Paarinterviews dar (vgl. Hirschauer u. a. 2015), die dem Interviewer eine zusätzliche Rolle als teilnehmender Beobachter verschafften, wenn die Paare immer wieder auch untereinander kommunizieren, sich gegenseitig korrigieren, die Sätze des anderen vervollständigen, sie/ihn dabei beobachten, wie er/sie auf bestimmte Fragen reagiert, oder in situ während des Interviews auf Perspektivdifferenzen stoßen und diese dann diskutieren. Paarinterviews ermöglichen Forschenden nicht nur die Produktion von Narrativen des Privaten, sie bieten eine Bühne, auf der sich die Paarbeziehung vor den Augen des Interviewers interaktiv ereignen kann. Dieser kann vom interviewten Paar wiederum unterschiedlich für seine Kommunikation eingebunden werden – als Vermittler, Zeuge einer Äußerung, Verbündeter oder neutraler Dritter. Die Interviews dauerten jeweils ein bis maximal zweieinhalb Stunden, wurden anschließend transkribiert[13] und zunächst in einem einfachen

---

13 Alle Paare und Teilnehmer:innen stimmten zu, dass ihr Interview jeweils aufgezeichnet, transkribiert

Kodierverfahren in thematische Blöcke eingeteilt. Anschließend wurden aus den Interviews *Fallbeschreibungen* entwickelt, die die Fälle in ihrer jeweiligen Individualität möglichst prägnant zur Darstellung bringen und signifikante Passagen hervorheben sollten. Diese portraitierenden Fallbeschreibungen dienten als Ausgangspunkt für weiterführende Analysen und Vergleiche mit anderen Fällen und mündeten dann in mit theoretischen Ideen angereicherten *Fallabstracts*, in denen verschiedene Deutungsmöglichkeiten, thematische Bezüge und offene Fragen festgehalten wurden. Der Verlauf der Analysearbeit vom Sichten und Kürzen des Rohtranskripts über Falldarstellungen bis hin zu den Fallabstracts beschreibt eine analytische Verlaufskurve, in denen sich die Fälle für unterschiedliche Aspekte als unterschiedlich ergiebig herausstellten, aber sich gleichzeitig auch wiederkehrende und übergeordnete Themen abzeichneten. Manche solcher konstitutiven Themen ließen sich später in ihrer Darstellung leichter von ihrem individuellen Fallkontext lösen als andere. Letztere mündeten dann eher in ausgeflaggte Einzelfallstudien, für die besondere Fälle herangezogen wurden, um *an* ihnen fallübergreifende und das soziale Phänomen betreffende Aspekte besonders gut herausarbeiten zu können.

Mindestens vier abstraktere Ebenen sind zu nennen, auf denen die Interviewdaten interessantes Material lieferten: (1) Sie enthalten Berichte und Darstellungen über faktische Verläufe von Kinderwunschbehandlungen aus der Sicht der Paare. Dies ist auf verschiedene Art auch dann der Fall, wenn die Informant:innen alleine auftreten. Sie begreifen sich vor dem Hintergrund des spezifischen Themas als Repräsentant:innen bzw. Teil eines Paares und aus vielen ihrer Äußerungen, Zitate und Situationsbeschreibungen scheint die Realität des Paares und die Rolle ihres Partners in Form eines polyphonen Monologs (vgl. Hirschauer u. a. 2015) hindurch. Anders als in einem Paarinterview können Informant:innen im Einzelinterview aber auch *über* ihren Partner sprechen, wie es im Paarinterview nicht möglich ist. Die Interviewten geben Einblicke in ihre Auseinandersetzung mit dem Kinderwunsch, ihre Behandlungserfahrungen, in relevante Kommunikationen und Paarinteraktionen, in Arzt-Patienten-Gespräche und viele weitere Szenen und Episoden der Kinderwunschbehandlung.

(2) Neben Berichten und Darstellungen enthalten Interviewdaten nicht immer genau davon trennbare Einblicke in das spezifische Erleben des Geschehens. Die Darstellungen sind perspektivisch gebrochen und vor allem dies zeichnet die Fälle in ihrer Individualität aus. Man muss tief in den spezifischen Fallkontext eintauchen, um diese für die Analyse wichtige Individualität möglichst gut zu verstehen. Eine Heuristik dabei war, verschiedene Thesen darüber zu entwerfen, was Informant:innen im Kern dazu bewogen haben könnte, am Interview teilzunehmen, das heißt sich analytisch zu fragen,

und für die Forschung verwendet werden darf. Sonderzeichen in den Transkripten wurden auf ein Minimum reduziert: „–" = signifikante Sprechpause, „/" = Satzabbruch, „(...)" = Auslassung, *Kursivdruck* = Betonung. Namen, Orte und sonstige Personendaten wurden anonymisiert und verfremdet, sodass Rückschlüsse auf konkrete Personen und Fälle ausgeschlossen sind. Namensübereinstimmungen oder Ähnlichkeiten mit realen Personen sind rein zufällig. Den Informant:innen sei für ihren Beitrag zur Forschung herzlich gedankt!

was sie an ihrer Geschichte interessant oder erzählenswert imaginierten, bis hin zu Motiven, etwas loswerden zu wollen, wozu die vor den Ohren vertrauter Dritter geschützte Interviewsituation eine gute Gelegenheit bot. Nicht immer wird man auf ein zentrales Motiv, häufig auf mehrere stoßen und selten lassen diese sich auf den ersten Blick erschließen. Dies soll nicht als soziologische Motivforschung (miss-)verstanden werden, sondern als ein Mittel zum Zweck, die Narrative der Interviews samt ihrer Subtexte analytisch besser erschließen zu können.

(3) Neben individuellen Tiefenstrukturen liefern Falldarstellungen narrativer Interviews auch eine Optik auf ähnlich oder anders gelagerte Szenarien, indem Fälle automatisch immer auch Marker ihrer eigenen Kontingenz mitliefern. Indem sich Fallgeschichten auf eine ganz bestimmte Weise realisieren, leuchtet in ihnen immer auch ein gewisses Fallspektrum mit auf. Das heißt die Fälle verweisen auf nicht realisierte, aber naheliegende andere Möglichkeiten, die sie indirekt mitrepräsentieren. An eine fallimmanente Analyse kann also eine Betrachtung anschließen, die nun mit entsprechender Fantasie des Forschenden diese im Fall angelegten Variationen zu entfalten versucht. Ziel war, auch und vor allem die in ihren Besonderheiten hervorstechenden und zunächst scheinbar vor allem auf sich selbst verweisenden Fälle für die Analyse nutzbar zu machen, um gerade durch ihre Individualität hindurch das (allgemeine) soziale Phänomen von Interesse in den Blick zu nehmen und die „individuelle Allgemeinheit des Falles" (Bude 1984) herauszuarbeiten, oder wie in Rückgriff auf Goffman formuliert wurde: „the investigation of the normal through the abnormal" (Drew & Wootton 1988: 7). In dieser Hinsicht können Fälle unterschiedlich instruktiv sein und es gilt besonders interessante Fälle zu identifizieren und nutzbar zu machen. Daraus kann ein Bias entstehen, da diese interessanten Fälle oft auch jene zu Extremen neigende Fälle sind. Im Falle der Kinderwunschbehandlung führt dies dazu, dass besonders unkomplizierte Fälle, in denen etwa sich reibungslos nach kurzer Behandlung eine Schwangerschaft einstellt, in den Daten unterrepräsentiert sind. Erstens weil diese Informant: innen schon unter den Interviewten unterrepräsentiert sind, da sich vor allem diejenigen für Interviews melden, die eine entsprechende Geschichte zu erzählen haben, und zweitens, weil die ‚komplizierteren' Fälle oft auch analytisch ergiebiger sind. Was für die quantitative Forschung die Ausreißer darstellen, kann im Sinne qualitativer Forschung besonders ‚repräsentativ' sein, indem diese Fälle, jeweils auf besondere und analytisch genau zu bestimmende Weise, den sozialen Sinn des Phänomens ausleuchten, im Sinne einer „case study as representative anecdote" (Cash 2015). Dennoch gilt es diesen Bias eines analytischen Präferierens solcher Fälle reflektierend im Auge zu behalten.

(4) Schließlich bieten Interviews immer auch jenseits ihrer fallkonstituierenden Geschlossenheit ein Sammelsurium aus signifikanten Passagen und Äußerungen zu ganz bestimmten vom Fallkontext ablösbaren Aspekten des untersuchten Phänomens. Diese Stellen zu identifizieren kann ebenfalls helfen, weg von der Beschreibung von Einzelfällen hin zu einer Beschreibung des sich über sie mitteilenden sozialen Feldes zu gelangen und von einer Sortierung der Daten nach Fällen zu einer nach signifikanten Themen zu gelangen.

1.4.2 Beratungsgespräche und Beobachtungsdaten

Als zweite zentrale empirische Datensäule dienten ärztliche Beratungsgespräche mit Patient:innen(paaren). In zwei Kinderwunschzentren wurde mir jeweils von einem Arzt gestattet, bei solchen Interaktionen als stiller Beisitzer anwesend zu sein, Notizen zu machen und die Gespräche in einigen Fällen, bei denen eine vorherige Absprache mit den Beteiligten möglich war, auch aufzuzeichnen. Insgesamt konnten ca. 75 solcher Gespräche in unterschiedlichen Phasen der Kinderwunschbehandlung dokumentiert werden, sie dauerten in der Regel 25 bis 45 Minuten. Sie erwiesen sich als aufschlussreiche Datenquelle, um die soziale Praxis der Kinderwunschbehandlung zwischen medizinischem Wissen und privatem Anliegen eines unerfüllten Kinderwunsches, kurz: zwischen Labor und Lebenswelt besser zu verstehen. Die Gespräche stellen eine für die Kinderwunschbehandlung zentrale Institution zwischen Ärzt:innen und zu behandelnden Paaren dar. Ihre Auswertung bediente sich einem Mix an Analysetechniken, um sie über das Gesagte hinaus als Interaktionsgeschehen und Gesprächspraxis in den Blick zu nehmen. Eine Leitfrage richtete sich auf die zwischen medizinischer Profession und Patientenpaaren auftretenden Perspektivdifferenzen. Häufig kamen auch detaillierte Sequenzanalysen zum Einsatz (vgl. Deppermann 2008), um unter der performativen Gesprächsoberfläche stattfindende Verständigungsprozesse möglichst detailliert nachzuvollziehen.

Eine dritte Datenquelle lieferten Beobachtungsprotokolle, die während und nach den Hospitationsphasen an mehreren Orten im Kinderwunschzentrum entstanden sind. Hier sind zum einen Informationsabende verschiedener Zentren zu nennen, die mir die Chance boten, Reproduktionsmediziner:innen in der Darstellung ihrer selbst und ihres Fachgebiets unmittelbar vor den Augen ihrer Interessent:innen zu beobachten (siehe auch Honer 1994a). Zum anderen konnte ich in zwei Zentren jeweils einige Tage im Labor hospitieren, mit Biolog:innen und Angestellten sprechen und Einblicke in deren Arbeitsalltag gewinnen. Gewisse Zugangsbarrieren wurden durch meine männliche Geschlechtszugehörigkeit verstärkt, sodass mir manche vor allem im Behandlungszimmer stattfindende Situationen wie Ultraschalluntersuchungen, die Eizellpunktion und der Embryotransfer zur direkten Beobachtung verwehrt blieben, letzteren konnte ich allerdings aus der Laborperspektive miterleben. Auf Notizblock in situ festgehaltene Beobachtungen aus dem Feld wurden später am Schreibtisch aus der Erinnerung ergänzt, verschriftet und nach und nach zunächst zu thematischen Blöcken und dann zu mit analytischen Ideen angereicherten Memos weiterentwickelt (Emerson 2007). Viele Gesprächssequenzen wurden auf Basis von stenografischen Notizen aus der Erinnerung heraus rekonstruiert und entsprechen nicht immer exakt dem Wortlaut, doch aber weitestgehend dem Gesagten.

2 Vom Kinderkriegen zum Kindermachen

2.1 Paare im Erwartungskontext des Kinderkriegens

Eine Kinderwunschbehandlung setzt nicht nur einen Kinderwunsch voraus, den Paare gegenüber Reproduktionsmediziner:innen zum Ausdruck bringen müssen, sondern auch dessen authentische Wahrnehmung und Einordnung als auf natürlichem Weg trotz aller Bemühungen unerfüllt gebliebener Kinderwunsch, der entsprechend nach medizinischer Hilfe verlangt. Der medizinisch anerkannte Behandlungsgrund des „unerfüllten Kinderwunsches" ist eine voraussetzungsreiche Konstruktion, die sich im Zuge medizinischer Behandelbarkeit sukzessive mitentwickelt hat und ihn wie eine Krankheit entwirft. Aber auch schon der Kinderwunsch selbst ist ein soziales Konstrukt, mit dem man sich beschäftigen muss, um das Kinderkriegen und die Kinderwunschbehandlung soziologisch verstehen zu können. In diesem Kapitel geht es darum, wie Paare zu *Kinderwunschpaaren* werden, auf welche Weise sie in den Kontext einer möglichen Kinderwunschbehandlung hineingeraten, welche Sinnhorizonte sich dabei innerhalb der Paarbeziehung auftun und wie sich diese entwickeln und verändern.[14] Um diese Entwicklungen zu erfassen, müssen wir bereits vorher ansetzen: Wie gerät ein Paar überhaupt in den Erwartungskontext des Kinderkriegens?

2.1.1 ‚Soziale Schwängerung' von Paarbeziehungen

Der Kinderwunsch ist ein Konstrukt, das historisch erst dann zum Vorschein kommt, wenn Kinderkriegen keine biografische Selbstverständlichkeit mehr darstellt, seit man sich also auch *keine* Kinder wünschen kann, bzw. sich auch Personen oder Paare Kinder wünschen können, die noch vor kurzer Zeit gesellschaftlich dafür nicht in Betracht kamen. Mit letzteren sind vor allem gleichgeschlechtliche Paare gemeint, die allerdings auch heute noch deutlich geringeren Erwartungen an das Elternwerden im Sinne einer „sozialen Schwängerung" (Hirschauer u. a. 2014: 263 f.) ausgesetzt sind. Frauen- und insbesondere Männerpaare müssen ihren Kinderwunsch, den sie sich oft selbst erst einmal zugestehen müssen (vgl. Dionisius 2021: 221 ff.), gegen ganz verschiedene Widerstände durchsetzen, die unter anderem auch von der Variante seiner Umsetzung sowie deren gesellschaftlicher Akzeptanz abhängen. Als motivationaler Grund wird der Kinderwunsch ansonsten meist nicht groß hinterfragt. Es wird als natürlich, selbstverständlich und meist seinerseits als grundsätzlich wünschenswert aufgefasst, dass Menschen ihn in bestimmten Phasen ihres Lebens zum Ausdruck bringen und umzu-

---

[14] Für eine detaillierte Fallstudie zur Kinderwunschkommunikation in der Paarbeziehung und der Verschränkung mit deren körperlich-sexueller Ebene siehe Heimerl & Hofmann 2016. Zu den Implikationen der Kinderwunschkommunikation für die Aushandlung elterlicher Zuständigkeiten siehe auch Hirschauer 2019.

https://doi.org/10.1515/9783110783674-002

setzen versuchen. Aus soziologischer Perspektive soll der Kinderwunsch weniger als motivationales Substrat, wie es in der Psychologie verwendet wird und auch eher dem Alltagsverständnis entspricht, sondern zunächst in Form von kontingenten und kontextgebundenen kommunikativen Äußerungen ins Blickfeld genommen werden, die wiederum unterschiedliche Erwartungshorizonte des Kinderkriegens widerspiegeln. Grob lassen sich zwei grundsätzliche Formen des Kinderwunsches unterscheiden:

(1) Eine Art Einstellung oder Lebenshaltung, die eigene Kinder als ein grundsätzlich biografisch wünschenswertes Ereignis mitführt, kann etwa schon von Kindern oder Jugendlichen zum Ausdruck gebracht werden: *Irgendwann will ich selbst mal Kinder haben, will selbst einmal Mama oder Papa sein.* Dieser abstrakte, auf eine unbestimmte Zukunft gerichtete Wunsch, einmal selbst Kinder haben zu wollen, oder auch die Reue, dies im Leben versäumt zu haben, ist nicht weiter legitimierungsbedürftig und harmoniert mit der gesellschaftlich etablierten Normvorstellung, dass Kinderkriegen möglicher Bestandteil eines erfüllten Lebens und eine gute Sache ist (Mamo & Alston-Stepnitz 2015: 521). Damit assoziiert ist ein mehr oder weniger weit gefasster Rahmen an Lebensumständen, die die Bedingungen fürs Kinderkriegen normativ abstecken. Exemplarisch hört sich das im Interview so an:

> Doris: Kinder wollten wir schon immer, das war klar. Wir haben uns/ wie das so ist: erstmal kennenlernen – und dann relativ schnell nach 'nem Jahr bin ich hierhergezogen. Dann war's so: Wir ziehen jetzt sowieso zusammen und dann is 'n Kind ganz normal. Wir hatten das Alter, wir sind jetzt/ er ist 34, ich bin 33, acht Jahre sind wir jetzt zusammen. Also bei uns war das einfach mit Mitte Ende 20 dann 'n Thema, wo man sagt: Wir sind jetzt so weit. Man hat alles, man ist im Beruf fest drinne und die Wohnung war fertig, hat im Prinzip alles erreicht, was so ringsum ist/ das war im Prinzip so: Hochzeit, Baum pflanzen und Kind kriegen.

Wir leben in einer Gesellschaft mit grundsätzlich pronatalistischen Idealen. Der Kinderwunsch wird mehr oder weniger vorausgesetzt – begründungsbedürftig erscheint eher die Präferenz für Kinderlosigkeit. Insbesondere Frauen müssen eher Überzeugungsarbeit dafür leisten, keine Kinder wollen zu dürfen, sich also auch ohne Kinder eines erfüllten Lebens wähnen zu dürfen (vgl. Diehl 2014).[15] Mit anderen Worten: Streitbar ist weniger der unerfüllte Kinderwunsch als vielmehr die erfüllte Kinderlosigkeit. Je unselbstverständlicher das Kinderkriegen aber auch für Frauen wird, desto ausgeprägter dürften sich individualisierte Motivrationalisierungen des Kinderwunsches durchsetzen.

---

15 Corell (2010) spricht im Anschluss an Althusser von „Anrufungen zur Mutterschaft", um zu beschreiben, wie Frauen und schon junge Mädchen biografisch als künftige Mütter entworfen werden und damit die gesellschaftlichen Primäradressatinnen des Kinderkriegens und auch des Kinderwunsches sind. Genau in diesem Sinne ist der Kinderwunsch bzw. die Schwangerschaftserwartung „nicht nur etwas, das Frauen (als ‚Kinderwunsch') *haben*, es ist auch etwas, das *sie* hat, d. h. auf sie gerichtet ist" (Hirschauer 2019: 10). Der Kinderwunsch ist auch heute noch ein primär gynisiertes Konstrukt. Frauen, die ihn vehement dementieren, können gefahrlaufen, ein Stück weit ihre Geschlechtszugehörigkeit einzubüßen. Zum entsprechenden Gegendiskurs siehe u. a. Diehl (2014) sowie Donath (2017).

(2) Für uns hier von größerem Interesse ist der Kinderwunsch weniger in diesem abstrakten, eher diskursanalytischen Sinne, sondern in seiner Konkretion in und um Paarbeziehungen, stärker auf das Hier-und-jetzt und auf seine praktische Umsetzung bezogen. Anders als Wünsche nach materiellen Gütern, einem bestimmten Einkommen oder einer Weltreise ist der Wunsch nach einem Kind primär eine Art Beziehungswunsch, der in der Regel eine:n passende:n Partner:in voraussetzt, also von einer sozialen Beziehung abhängig gemacht wird.[16] Die sozialen Konstellationen und Arrangements, in denen das Kinderkriegen stattfindet, haben sich in den letzten ca. vier Jahrzehnten pluralisiert und nebenbei auch verschiedene Gradierungen des Kinderwunsches hervorgebracht. So können z. B. Männer, die Frauenpaaren qua Samenspende zu einer Schwangerschaft verhelfen, etwa auch ausgedünnte Formen der Ko-Elternschaft anstreben. All dies soll hier nur angedeutet und kann nicht weiter ausgeführt werden. Gegenstand dieser Studie sind geschlechtsungleiche, heterosexuelle Paare und damit die häufigste Form der personellen Besetzung angestrebter Elternschaft, wie sie nach wie vor am stärksten den gesellschaftlichen Erwartungen entsprechen dürfte. Dies verlangt soziologisch nach einer Perspektive, die dies einerseits kulturell-historisch kontingent setzt und andererseits eine paarsoziologische Optik ansetzt, die Paare als soziale Einheiten fassen kann und sie nicht a priori in Individuen zerlegt. Wenn Paare etwa „wir sind schwanger" sagen, ist dies also nicht nur als Statement, sondern in einem bestimmten Sinne als lebensweltliche Realität des Paares zu lesen.

Der Wunsch nach einem Kind ist also doppelt kontingent, man wünscht sich diesen Wunsch in einer Beziehung wechselseitig als einen *gemeinsamen*. Idealerweise finden jene positiven Einstellungen zum Kinderkriegen in einer Paarbeziehung zueinander, sodass sich in der Intimkommunikation mehr und mehr die gemeinsame Vorstellung von einem gemeinsamen Kind verdichtet. Während die Fantasie oder vage Vorstellung gemeinsamer Kinder schon zu Beginn eine Partnerschaft inspirieren kann, kann viel Zeit vergehen, bis sich diese Vorstellung konkretisiert und in der Paarkommunikation zu einem gemeinsamen Wunsch heranreift. Zunächst ist keinesfalls selbstverständlich, dass es sich um intersubjektiv geteilte Vorstellungen handelt. Der kommunikative Prozess einer Paarbeziehung, in dem sich der gemeinsame Kinderwunsch synthetisiert, ist ebenso als Bestandteil des Kinderkriegens aufzufassen wie etwa die Paarsexualität, die dann zu einer Schwangerschaft führen soll. Einen Kinderwunsch gegenüber dem Partner zu früh zu äußern, ohne Gespür für seine Haltung, kann den *gemeinsamen* Kinderwunsch unter Umständen zerstören und damit künftigen Personen schon die Luft abdrehen, bevor sie in einer Partnerschaft gemeinsam gedacht wurden. Kinder-

---

16 Zunehmend entscheiden sich vor allem Frauen auch alleine zum Kinderkriegen und streben eine Alleinelternschaft an (Golombok u. a. 2016: 409). Sie greifen dafür auf anonyme Samenspenden zurück und immer mehr Kinderwunschzentren werben in Zusammenarbeit mit Samenbanken damit, auch diese Form des Kinderwunsches zu bedienen. In vielen Fällen basiert diese Entscheidung aber auch darauf, bislang keinen passenden Partner fürs Kinderkriegen gefunden zu haben und weniger auf von Anfang an intendierter Soloelternschaft (Jadva 2009). In jedem Fall entspricht der Kinderwunsch auch hier dem Wunsch nach einer familialen Beziehung zu einem (eigenen) Kind.

wünsche wachsen in (Liebes-)Beziehung und werden kommunikativ zur Welt gebracht. Daraus entstehen möglichst geteilte Vorstellungen einer gemeinsamen Zukunft zu dritt, die für die Paarbeziehung letztlich den Übergang in eine Zukunft als Familie bedeuten können.

Zu den normativen Erwartungen gehört, dass beide es ausdrücklich wollen sollten, wenn reproduktive Folgen (hetero)sexueller Paaraktivität nicht mehr verhütet werden. Eine typische Form des Wegs in die Schwangerschaft besteht in einem Handeln durch Unterlassen, indem eine oft jahrelange Routine der Empfängnisverhütung unterbrochen wird und sich das Paar in seinen Erwartungen auf eine mögliche Schwangerschaft einstellt. Man verlässt sich zunächst darauf, dass eine körperliche Reaktion, deren Funktionieren man selbst nicht überprüfen kann, schon irgendwann eintreten wird, während man diese Reaktion (das Eintreten einer Schwangerschaft) lange unterbunden hatte, ohne sie je erlebt zu haben. Ein interviewtes Paar äußert sich über den Weg in die Schwangerschaft retrospektiv so:

> Thorsten: Wir haben aktiv mit unserem Kinderwunsch/
> Mareike: gewartet, weil wir dachten, sobald wir uns angucken, werden wir schwanger.

Das aktive Warten (in Form fortgesetzter Ausübung der Schwangerschaftsverhütung) und das ihm entgegengesetzte passive Zulassen einer Schwangerschaft im Rahmen sexueller Aktivität bringen typische Formen der Handlungsträgerschaft des Schwangergehens zum Ausdruck. Für die meisten Paare sind Schwangerschaften biografisch seltene und besondere, wenn nicht singuläre Ereignisse. Gerade für Paare, die das erste Mal auf eine Schwangerschaft zusteuern, ergeben sich viele Unsicherheiten. Blendet man jene Unsicherheiten des Paares, die sich um die Frage der Entscheidung zur Elternschaft drehen, einmal aus, herrscht auch Unsicherheit hinsichtlich der Fragen: Wie schnell tritt eine Schwangerschaft überhaupt ein? Wie wird sie sich andeuten bzw. anfühlen? Was wird es mit uns als Paar machen? Aber bereits während Paare sich auf eine Schwangerschaft zubewegen, beginnt sich deren Beziehungssinn auf eine Zukunft zu dritt zu verlagern. Wenn sich Paare also auf die eine oder andere Weise auf das Kinderkriegen einstellen, haben sie damit bereits eine Veränderung ihres sozialen Status angestoßen, hinter den sie in ihrem Selbstverständnis nicht ohne Weiteres zurückkönnen (siehe auch Schadler 2013: 171 ff.). Vor dem Hintergrund bewusster Hinwendung zum Kinderkriegen kann dann die Nichtexistenz eigener Kinder zunehmend an Signifikanz gewinnen, in Form einer zunächst stillen, aber langsam lauter werdenden Selbstwahrnehmung als *immer noch kinderlos*. Gleichzeitig lässt sich die Herbeiführung von Schwangerschaften eben vor allem zeitlich nicht ohne Weiteres genau planen.

Diesen sozialen Kontext der Transition von Paarbeziehung gilt es im Hinterkopf zu behalten, wenn wir danach fragen, wie Paare zunächst für sich selbst Anzeichen spüren und dann untereinander darüber zu kommunizieren beginnen, dass sich bei ihnen vielleicht nicht nur zufällig, sondern aus anzunehmenden körperlichen bzw. medizinischen Gründen noch keine Schwangerschaft eingestellt hat. Sehen wir uns diesen Verlauf anhand einiger Fallbeispiele an:

> Mia und Tim (beide 34) haben sich im Studium kennengelernt, beide haben Geschwister, die bereits Kinder haben. Mia arbeitet derzeit als Übersetzerin, Tim ist wissenschaftlicher Mitarbeiter.
> Mia: Ich bin jetzt 34 Jahre alt. Wir sind seit 9 Jahren zusammen. Haben ungefähr angefangen, da war ich 29, dass wir ein Kind wollten. Und am Anfang (lacht) denkt man ja nichts Böses und glaubt, das klappt schon schnell. Hat es halt nicht! Und nach einem Jahr oder so fand ich das schon komisch. Am Anfang hab ich gedacht: Gut, ich hab lange die Pille genommen/ ist vielleicht normal, dass es nicht sofort passiert. Ich hab auch viele im Freundeskreis, bei denen/ nach zwei Monaten sind sie direkt nach Absetzen der Pille schwanger geworden. Und ich dachte, dass es halt bei mir ein bisschen länger dauert.

Das jeweils individuelle Lebensalter der Partner, aber auch das Alter der Beziehung, des gemeinsamen Kinderwunsches und die Dauer, die dieser bereits als *unerfüllter Kinderwunsch* erlebt wird, sind Thema dieser Anfangssequenz, die beschreibt, wie das wiederholte Ausbleiben einer Schwangerschaft immer mehr Gewicht bekommt, aber gerade noch normalisiert werden kann. Kinderwünsche finden im Kontext des sozialen Umfelds statt – Paare vergleichen sich mit anderen Paaren (der besten Freundin etc.) – und werden von außen getriggert, indem Geschwister und Freunde es vormachen. Sie sind außerdem zeitabhängig, ihre Salienz in Paarbeziehungen spitzt sich paarbiografisch zu bestimmten Zeiten und mit dem Eintreten bestimmter Lebensereignisse immer weiter zu. Gespeist wird der Kinderwunsch aus geteilten Vorstellungen der Paarbeziehung, etwa dass die Familiengründung zum Leben dazugehört, eine Sinnschöpfungsquelle künftigen Paarseins darstellt, aber auch, dass dafür bestimmte lebenspraktische Voraussetzungen erfüllt und biografische Posten erledigt sein sollten: unter anderem das Vorhandensein einer stabilen Beziehung, Abschluss von Ausbildung oder Studium, der Eintritt ins Berufsleben, ein eigenes Einkommen oder eine gemeinsame Wohnung. Indem Paare das Kinderkriegen an bestimmte Voraussetzungen binden, folgen sie entsprechenden sozialen Erwartungen. Gleichzeitig werden sie immer mehr auch zu Adressat:innen gesellschaftlicher Elternschaftserwartungen, je mehr sie diesen Voraussetzungen gerecht werden. Eine andere Informantin beschreibt eine solche soziale Schwängerung im Zeitraffer:

> Liana: Meine Eltern sind gebürtige Spanier und somit sind Kinder eh schon ein gesetztes Thema in dieser Familie. Dann hab ich einen Deutschen geheiratet vor drei Jahren, (…) alles wunderbar, aber wir ham natürlich erst mal bisschen zusammengelebt, sind dann zusammengezogen. Und dann kam immer wieder die Frage: na? Mh? Wann heiratet ihr denn jetzt endlich?! Und dann ham wir geheiratet, dann kam die Frage: Wann kommen die Kinder?!

Im Zuge sozialer Schwängerung sucht sich der gesellschaftliche Kinderwunsch seine ‚Wirte': Die Präfiguration sozialer Elternschaft in der Paarbeziehung lässt sich auch als eine Subjektivierungspraxis (Alkemeyer 2016) verstehen, in der sich Paare voreinander und füreinander pränatal als potenzielle Eltern eines künftigen, im Werden begriffenen Kindes entwerfen. Ein klassisches Ritual dieses Übergangs bestand früher, und in traditionellen Milieus noch heute, typischerweise in der Eheschließung. Ähnlich auch bei Anna und Heiner:

Anna: Der Kinderwunsch, das war kein fester Zeitpunkt, sondern wir haben eigentlich, seit wir verheiratet sind, von Anfang an gesagt: Wenn eins kommt, ist's gut und wenn nicht, dann sind wir erst mal auch zu zweit glücklich.

Der Kinderwunsch sickert langsam in die Beziehung ein und nimmt mit der Hochzeit etwas Fahrt auf. Anna lässt darauf schließen, dass sie und ihr Partner seit diesem Zeitpunkt nicht mehr verhüten. Der typische Weg in die Schwangerschaft bewegt sich in einer breiten Grauzone zwischen (paar-)biografischen Wunsch- und Planungsvorstellungen einerseits und passivem Geschehenlassen andererseits. Insbesondere jenes Handeln durch Unterlassen (von Verhütungsmaßnahmen), welches das ‚freudige Ereignis' dem Zufall überlässt, hat sich in Interviews immer wieder als eine typische, gegen strikte Planung gerichtete Erwartungshaltung bzw. Wunschvorstellung gezeigt. Dies entspricht einer sozialen Norm, die für das Kinderkriegen eine möglichst ungezwungene Form vorsieht: Kinderkriegen soll nicht wie ein Unfall völlig unvorhergesehen passieren, genauso wenig soll es aber durch einen geplanten Akt forciert wirken.[17] Vielmehr sollen Kinder möglichst auf ‚natürliche' Weise aus Liebesbeziehungen evolvieren, die eine Schwangerschaft dann als eine willkommene Überraschung und Bestätigung ihrer selbst feiern können, wie es in dieser Form freilich nur heterosexuelle Paare dazu in der Lage sind. Ein Kind wird zu diesem Zeitpunkt weniger *gemacht* als vielmehr zugelassen, um es als eine Art Geschenk ungezwungen in Empfang nehmen zu können. Es stellt nun einen typischen Verlauf der Kinderwunschentwicklung dar, dass Paare mit dem sich zunehmend abzeichnenden Ausbleiben einer Schwangerschaft auch ihren Kinderwunsch zunehmend artikulieren und explizieren. Die Informantin Regina frage ich, wie ihre Geschichte mit der Reproduktionsmedizin angefangen hat. Interessant ist zunächst, wie früh sie ansetzt:

Regina: Angefangen hat das eigentlich 2004 schon, als wir uns/ ja was heißt entschieden haben/ nein, eigentlich muss man noch früher anfangen, also es war für uns immer selbstverständlich, irgendwo so dieses: Heiraten, Kinder kriegen irgendwann. Als ich 20 war, hab ich meinen jetzigen Mann kennengelernt und dann ham wir erstmal fünf Jahre 'ne Wochenendbeziehung gehabt, (...) dann zusammengezogen, nach zehn Jahren geheiratet. Dann ham wir irgendwann uns eigentlich nicht richtig entschieden, aber ich hatte dann, weil ich diese ganzen Hormone nicht mehr wollte, nicht mehr die Pille genommen und wir ham mit Kondom verhütet. Und dann is mal eins geplatzt und da meint ich: okay, eigentlich können wir's jetzt eh lassen (lacht). (...) Und weil wir auch noch 'n Haus bauen wollten, grad Grundstück gekauft hatten – erstmal nicht wirklich drauf geachtet. Und dann ham wir aber entschieden, okay, jetzt gucken wir mal 'n bisschen, dass wir dann zu den Zeiten/ das auch 'n bisschen beobachtet und ham das 'n gutes Jahr probiert.

---

17 Diese Haltung spiegelt sich auch im weit verbreiteten Mythos wider, mit dem sich Paare, die sehnsüchtig auf eine Schwangerschaft warten, häufig in Form von Ratschlägen konfrontiert sehen: Sie müssten sich einfach nur entspannen und dürften die Sache nicht forcieren, dann würde es ganz von alleine klappen. Die aktuelle Studienlage liefert dagegen keine Evidenzen für einen Zusammenhang zwischen psychischem oder körperlichem Stress und dem Ausbleiben von Schwangerschaften (Miller u. a. 2019).

Regina beschreibt, wie die lange Zeitspanne impliziten Erwartens bezüglich des Kinderkriegens verschiedene Stadien durchläuft, immer stärker an die Oberfläche der Paarbeziehung gelangt und das Verfolgen einer Schwangerschaft in seinem Aktivitätsniveau zunimmt, von der stillen Übereinkunft einer sich zwanglos ergebenden Gelegenheit, auf die Hormoneinnahme zur Verhütung zu verzichten, dem willkommenen Unfall, bis hin zu gezielten Versuchen, die Befruchtungswahrscheinlichkeit zu erhöhen und den Geschlechtsverkehr daraufhin zu optimieren. Das *körperliche Funktionieren* rückt zunehmend in den Fokus der Aufmerksamkeit und es gilt nun abzuwägen, ob es einfach nur ein wenig länger dauert, oder ob im Inneren der Körper und in ihren biochemischen Reaktionen Gründe zu vermuten sind, die eine Schwangerschaft vielleicht systematisch verhindern.

2.1.2 Lebensweltliche Evidenzen der Unfruchtbarkeit

Wie wird ein Paar ‚unfruchtbar‘, d.h. wie verdichten sich Ahnungen, körperliche Wahrnehmungen und das Ausbleiben einer Schwangerschaft zu der innerhalb der Paarkommunikation zunehmend evidenten Vermutung, dass jene opaken Mechanismen innerhalb des Körpers gestört sind und das Eintreten einer Schwangerschaft verhindern? Wie verändert die Enttäuschung über eine nicht eintretende Schwangerschaft den Erwartungshorizont des Paares? Eine verwandte Frage stellte sich im Rahmen unserer Soziologie der Schwangerschaft, nämlich wie ein Paar schwanger wird: Die Entdeckung und Feststellung einer Schwangerschaft ist ein stufenweiser Prozess, der sich im Horizont eines bestimmten Erwartungskontextes vollzieht, von den ersten Ahnungen und körperlichen Vorboten, über konkrete Verdachtsmomente und den Gebrauch von Schwangerschaftstests, bis hin zur medizinischen Bestätigung und Feststellung einer Schwangerschaft in der Arztpraxis (Hofmann 2014: 24 ff.; Schadler 2013: 115 ff.). Erst wenn sich dieses Schicksal nicht von selbst einstellt, entwickelt sich das Kinder*kriegen* immer mehr zum Kinder*machen:*

> Hans: Wir haben es dann mit so einem Fertilitätsmonitor versucht/ (Lea: Ja, stimmt.) Das war aber schwierig, weil ich zu der Zeit arbeitsbedingt die ganze Woche unterwegs war. (Lea: durch die räumliche Trennung, genau.) Jetzt hält sich der Zyklus ja dummerweise nicht an die Wochenenden (lacht). Ich hab mir das dann in den Kalender eingetragen und dann (Lea: Ja) wurde immer gerechnet, mit bisschen Vor-, bisschen Nachlauf. Dann versucht, irgendwie einen Tag Urlaub zu nehmen oder ein langes Wochenende zu machen.
> Lea: Oder die Urlaube so zu legen, dass wir möglichst die Chance nutzen können.
> Hans: Also viele sagen ja, diese Kinderwunschbehandlung nimmt die Romantik. Das hatten wir *vorher auch* schon!
> Lea: Durch dieses logistische Problem, weil wir das immer *planen* mussten.

Der Sex, dessen Vollzug hier ganz implizit bleibt, wird seiner romantischen Dimension beraubt, indem er explizit unter das Primat des Zeugens gestellt wird. Ein Fertilitätsmonitor, der die fruchtbaren Tage vorgibt, macht das Zeugen für das Paar zum genau geplanten Akt, dessen technischer Vollzug in den Vordergrund rückt.

Es ist eine allmähliche Entwicklung, die die Unsicherheit, wann eine Schwangerschaft eintritt, mehr und mehr zur Frage werden lässt, ob eine Schwangerschaft überhaupt noch eintreten wird. Das allmähliche Gewahrwerden einer erfolgten Schwangerschaft ist als sozialer Vorgang zu verstehen, in dem bereits eine mögliche Zukunft ‚zu dritt' und unscharfe Skizzen einer sich vorankündigenden Person räsonieren. Gleichzeitig drängen der sich mitteilende schwangere Körper und das Wissen um eine Schwangerschaft von Anfang an auf ihre soziale Mitteilung. Ich unterscheide drei abstrakte Erwartungskomponenten, die bei der Entdeckung von Schwangerschaften konvergieren: deren Potentialität (kann ich überhaupt schwanger sein?), deren Normativität (darf/soll/will ich schwanger sein?), und deren Realisierungsstand (bin ich tatsächlich schon bzw. immer noch schwanger?) (Hofmann 2014: 26). Dieser Vorgang ist nun im Kontext der Anbahnung reproduktionsmedizinischer Behandlungen unter anderen Vorzeichen zu betrachten: Wie vollzieht sich jene Verdichtung von Evidenz, dass sich ‚überzufällig' keine Schwangerschaft einstellt bzw. diese zu lange auf sich warten lässt und deshalb Gründe vorliegen müssen, die eine Schwangerschaft offenbar verhindern? Dass das Elternwerden biologisch funktioniert, wird, solange nichts dagegenspricht, als selbstverständlicher körperlicher Vorgang still angenommen und vorausgesetzt, anders formuliert: Das Potenzial, Kinder zu kriegen, gehört bis auf Weiteres zur unhinterfragten Selbstverständlichkeit heterosexuellen Paarseins, bis Zweifel aufkommen:

> I: Haben Sie darüber gesprochen, warum es nicht klappt?
> Mia: Ja, das haben wir uns schon gefragt. Erst mal gar nicht, aber nach sieben, acht Monaten haben wir uns schon gefragt, warum das nicht klappt. Am Anfang hab ich gedacht, bei mir ist ja alles in Ordnung, mein Zyklus ist in Ordnung. Ich bin davon ausgegangen (lacht), nach vier, fünf Monaten wird man dann halt schwanger, wenn man schwanger werden will. (...) Dann hab ich gedacht, nach zehn Jahren Pille – gut, das wird halt seine Zeit brauchen! Aber irgendwann dachten wir: Irgendwas kann nicht stimmen. Bis wir aber zur Frauenärztin gegangen sind und so, hat es ein Jahr gedauert.

Wenn Mia ihren Satz mit „Am Anfang…" beginnt – den Anfang welchen Prozesses meint sie damit? Sie benennt eine sich anbahnende Zäsur, die retrospektiv den Beginn ihres unerfüllten Kinderwunsches bezeichnet, als sie und ihr Partner langsam realisierten, dass sich eine Schwangerschaft nicht ohne Weiteres einstellen will. Es ist der Anfang eines Prozesses aktiver Herstellungsversuche, eine Art Übergang vom passiven Geschehenlassen des Kinderkriegens hin zu einem methodengeleiteten ‚Kindermachen', oder – in einer häufig bemühten Feldsemantik gesprochen – der Übergang vom ‚natürlichen' zum einem ‚künstlichen' Weg.

> Mia: Wir [haben dann angefangen] immer zu kucken, dass es passt mit dem Eisprung. Wir haben das dann immer versucht aufzuschreiben. Zwei Jahre haben wir das versucht und es hat nicht funktioniert.
> Bei Anna (31) und Heiner (34), beide gläubige Katholiken, wächst der Druck von außen:

> Anna: Wir sind nicht bedrängt worden in dem Sinn, aber es kommen schon manchmal blöde Kommentare, weil die Leute einfach nicht wissen, wie sich das anfühlt. So dieses: Dir ist deine Karriere wohl auch wichtiger als Kinder (...), die ganzen Bekannten unserer Eltern: na, wann wirste Oma?! Es ist einfach nervig. (...) Das sind so die Sprüche: Ihr seid ja jetzt lang genug verheiratet [vorwurfsvoll]. (...) Das war am Anfang nicht so schlimm, weil da wollten wir ja Kinder und da haben wir gesagt: ja mei – bis jetzt ist halt noch nicht, aber wir arbeiten dran. Das wurde dann eigentlich erst anstrengend, wenn man's schon über Jahre versucht (...) Wir hatten da so 'ne Sonderstellung, weil wir ja nie gesagt haben, dass wir keine wollen, wir haben natürlich auch nicht jedem erzählt, dass es nicht klappt.

Das Umfeld ‚stoppt' die Zeit in diesem Fall sehr genau mit und für das Paar werden die gar nicht so impliziten Erwartungsstrukturen des gesellschaftlichen Umfeldes sukzessive virulent. Verwandte, Familie und Freunde gruppieren sich als ‚Dritte' um das eigentlich fortpflanzungswillige Paar und setzen es unter Rechtfertigungszwänge, die immer schwerer zu parieren sind. Gleichzeitig wächst der Kinderwunsch wie bereits erwähnt mit seinem Handlungsbedarf. Die Kombination aus (a) der lebensweltlichen Erwartung, dass Kinder kommen, wenn man es nicht gezielt verhindert, und (b) dem ausbleibenden Bekenntnis des Paares, sich gegen Kinder entschieden zu haben, lässt *ungewollte Kinderlosigkeit* (man beachte die doppelte Negation) erst als soziales Phänomen entstehen. Eine schon in der Welt befindliche Erwartung, die nicht explizit gestoppt wird, wächst automatisch mit dem Andauern der Ehe oder Paarbeziehung. Das Zeitfenster für die Ankunft des Kindes wird hier nicht so sehr durch das Alter, als vielmehr durch den sozialen Druck Dritter verengt und wirkt sich auf den Kinderwunsch des Paares aus:

> Anna: Als wir fünf Jahre verheiratet waren, war ich dann zum ersten Mal bei meiner Gynäkologin und hab gefragt, ob sie mal schauen kann, ob da alles in Ordnung ist, weil wir nie verhütet haben und es eben *so* nie geklappt hat. (...) Da wurde das erst richtig akut, wo wir dann gesagt haben: So! Jetzt wünschen wir uns wirklich ein Kind.

Eben diese Qualität eines nun klar explizierten Wunsches lässt das Paar Hilfe suchen, während die Gynäkologin die Lage aus ihrer Sicht entdramatisiert:

> Anna: Die Gynäkologin war bis dato eigentlich zurückhaltend, weil ich ja erst Mitte zwanzig war. [Sie] hat gesagt, es ist ja nicht so, dass ich fast vierzig bin und dass man sagen muss, wenn ich noch ein Kind will, dann bald, sondern es wäre ja noch Zeit. Aber nachdem wir ja relativ früh geheiratet haben und dadurch eben die Zeit schon relativ lang war – die Warterei – haben wir gesagt: nein, wir wollen da in die Kinderwunschklinik.

Aus dem zuerst entspannten, dann ungeduldigen ist mittlerweile der unbedingte Wunsch nach einem Kind geworden, der zum Besuch in einer Kinderwunschklinik führt. Die relative Zeit des Wartens kollidiert hier mit der biologischen Zeit des Kinderkriegens, die die Frauenärztin zur Gelassenheit aufrufen lässt. Ähnlich bei Liana:

> Liana: ich kann nicht sagen, warum, es war ein inneres Gefühl, dass irgendwas nicht stimmt. Dann bin ich zu meinem Frauenarzt gegangen, (...) was er dann sagte, war: Frau Bunto, Sie sehen gesund aus, sie haben nichts, alles gut, machen Sie weiter so (äfft den Arzt nach). Dann hab ich mir das einen Monat durch den Kopf gehen lassen und mir dann gesagt: Der kann mich mal, ja?! Und hab mich dann im Internet kundig gemacht, was ist bei uns in der Nähe und bin dann beim Kinderwunschzentrum gelandet. Fand das alles recht sympathisch und hab mir einen Termin geben lassen/ Natürlich musste ich vorher meinen Mann überzeugen, dass er da auch mitmuss.

Diese Einblicke lassen vor allem die soziale Konstruktionsarbeit am Kinderwunsch, seiner Relevanz, (relativen) Dringlichkeit und sich diskursiv verdichtenden Behandlungsnotwendigkeit erkennen. Körperliches und soziales Geschehen der Paarbeziehung, die Konstruktion des gemeinsamen Kinderwunsches sowie sukzessive hinzukommende medizinische Expertisen verschränken sich ineinander. Bei Mia und Tim kommt nun eine aufschlussreiche Dynamik ins Spiel:

> Mia: In der Zwischenzeit ist mein Partner dann nach München gezogen für zwei Jahre, hat da ein Referendariat gemacht. Da hatten wir eine Fernbeziehung. Wir haben gedacht: Gut, es ist jetzt halt eine Fernbeziehung, deswegen bin ich immer noch nicht schwanger. Sind aber dann parallel auch ins Kinderwunschzentrum gegangen. (...) Und dabei hab ich mich unwohl gefühlt, dass wir nicht zusammenwohnen, dass wir eine Fernbeziehung führen und immer treffen wir uns zum Eisprung oder um dann zur Kinderwunschbehandlung zusammen zu gehen. Das fühlte sich nicht so richtig an. Deshalb haben wir gesagt, machen wir eine Pause, bis er wieder hier ist.

Das Kinderkriegen wird durch biografische Ereignisse gestört, wodurch die Beiden eine Zeit lang eine Fernbeziehung führen müssen. Gleichzeitig rückt aber der Weg in die Schwangerschaft ins Zentrum der Paarbeziehung. Die befruchtungsaversive räumliche Separierung des Paares entfaltet in Kombination mit der laufenden Kinderwunschbehandlung eine zuspitzende Wirkung: Der soziale Kontakt und die gemeinsame Zeit sind eingeschränkt, während sich die wenigen Treffen am Eisprung orientieren und das Paar sich in Mias Wahrnehmung auf eine reproduktionsbiologische Funktionseinheit zu reduzieren droht. Die technische Ausdifferenzierung der Zeugung, so könnte man abstrakter formulieren, und die Sozialität der Paarbeziehung treten hier in der Selbstwahrnehmung des Paares zu weit auseinander, was auch die gemeinsame Konstruktion des Kinderwunsches als ein motivationales Substrat ihrer Beziehung tangiert und temporär ambivalent werden lässt.

Es sollte deutlich geworden sein: Die Transition der Modi bzw. Techniken des Kinderkriegens vom passiven Geschehenlassen hin zum *Kindermachen* ist ein Vorgang, der innerhalb der Paarbeziehung sowohl nach innen als auch nach außen sozial und kommunikativ vollzogen und moderiert werden muss. Selbstbeschreibung und Paaridentität müssen geschützt werden, während sich die Sexualität neu auszurichten beginnt und unter den Erfolgsdruck ihrer Funktion gerät, das Paar in eine Zukunft als Eltern zu führen. Erst für Paare, deren selbstverständliche Schwangerschaftserwartung nach einer Zeit lang unverhütetem Verkehr nachhaltig enttäuscht wurde, stellt sich die Frage, wie Kinderkriegen eigentlich geht, auf epistemisch neue Art. Was können Paare tun, wenn das schlichte Geschehenlassen reproduktiver Folgen sexueller Akte nicht

ausreicht? Dies reicht von Hausmitteln, Alltagswissen und überlieferten Volksweishei-
ten, über stärker medizinisch gestützte Wege wie Temperaturmessen, die Bestimmung
des Eisprungs und das Timing des Verkehrs, bis hin zu den besten Stellungen, Ernäh-
rungsratgebern und vielem mehr. Im Internet haben sich zu diesen Fragen sogenannte
‚Hibbelforen‘ gebildet, in denen sich überwiegend Frauen zu ihren erhofften Schwangerschaften austauschen (siehe auch Schadler 2013: 97 ff.). Auch die Beschäftigung mit
der Reproduktionsmedizin geht dem Besuch im Kinderwunschzentrum meist weit
voraus. Es gibt viele Wege, auf denen Paare im Zeichen ihres unerfüllten Kinderwunsches mehr und mehr in die Welt der Reproduktionsmedizin eintauchen. Zu welchem
Zeitpunkt Paare sich zum Besuch im Kinderwunschzentrum entscheiden, kann individuell sehr unterschiedlich sein (Passet-Wittig 2017: 167 ff.).

Man kann durchaus sagen, dass das traditionelle Dispositiv des Kinderkriegens, als
ein Akt des Geschehenlassens und ‚natürlichen‘ Ablaufs, und der reproduktionsmedizinische Weg sich in vielen Aspekten abstoßen (vgl. Lege 2017: 64). Die Welt der Reproduktionsmedizin ist für die meisten Paare zunächst eine fremde Welt, und dies nicht
nur, weil es sich um eine hochspezialisierte, medizintechnische Laborwelt handelt,
sondern auch, weil sie einen scharfen Kontrast zu dem darstellt, was die lebensweltlichen Vorstellungen vom Kinderkriegen sonst implizit prägt. Es ist ein weiter Weg vom
ungeschützten Geschlechtsverkehr, diesem vom Möglichkeitshorizont des Kinderkriegens elektrisierten Liebesakt, über die zunehmend methodische Abstimmung und
Ausrichtung des Verkehrs auf das gemeinsame Ziel einer Schwangerschaft, bis hin zu
den verschiedenen Behandlungsstufen der Reproduktionsmedizin und deren Eigenlo-
giken. Dieser Übergang vom impliziten, lebensweltlich verankerten Wissen und Vertrauen um die sexuelle Ermöglichung einer Schwangerschaft zur technisch expliziten
und explizierenden Schritt-für-Schritt-Rationalität der Reproduktionsmedizin ist eine
Art Weltenwechsel, den Paare aktiv mitvollziehen müssen. Dies auch deshalb, weil ihnen
zum einen informierte Entscheidungen für oder gegen bestimmte Behandlungen ab-
verlangt werden, die ihnen von der medizinischen Expertise nicht abgenommen werden
können (siehe Kap. 3.2), zum anderen, weil die reproduktionsmedizinische Behandlung
physisch wie psychisch eine vergleichsweise aktive Patientenrolle vorsieht (Ullrich 2007:
195 f.).

2.2 Selbstdarstellung eines Kinderwunschzentrums

Kinderwunschzentren sind medizinische Institutionen, deren Dienstleistungen einem
ganz bestimmten Zweck dienen, der aber ganz unterschiedlich vermittelt und zur Anschauung gebracht werden kann. Wie stellen sich Kinderwunschkliniken in der Öffentlichkeit dar? Welche Ästhetiken und Eigenrationalisierungen ihres Leistungsange-
bots kommen dabei zum Einsatz? Diese Fragen sollen im Folgenden anhand
ausgewählten Materials exploriert werden, indem wir zunächst einen kurzen Blick auf
mediale Darstellungsformate werfen und anschließend einen Infoabend besuchen, auf
dem sich die Einrichtungen einem kleineren Kreis interessierter Paare präsentieren.

Hin und wieder kann man im öffentlichen Raum großformatigen Babygesichtern und ähnlichen Motiven begegnen, die sich dann bei genauerem Hinsehen als Werbeplakate zu erkennen geben, mit denen Kinderwunschzentren auf sich und ihr Angebot aufmerksam machen. Auf solchen Plakaten, Homepages und in sozialen Medien präsentieren sie sich in unterschiedlicher Form, häufig kommen familiale Motive, glückliche Paare und insbesondere niedliche Baby-Ästhetik zum Einsatz – Teaser also, die sich genau auf das richten, was die Sehnsucht jener Zielgruppe ausmacht, die Kinderwunschzentren imaginieren und deren Wünsche sie zu erfüllen versprechen. Auf Homepages findet sich oft eine Mischung aus Werbeelementen, die sich aus Slogans, Grafiken und Bildern zusammensetzt, ergänzt von einem für Laien aufbereiten Informationsangebot wie Begriffserläuterungen und Erklärvideos. Die Darstellungen können als Einladung gelesen werden, sich die Hilfe von medizinischen Profis ins Boot zu holen, sich mit deren Methoden vertraut zu machen und Berührungsängste mit der Laborumwelt des Kinderkriegens abzubauen.

Der Behandlungsgrund der Kinderlosigkeit muss dafür auf eine bestimmte Weise gerahmt und zugerechnet werden. Auf den Infowebseiten einer Kinderwunschklinik heißt es im Zusammenhang eines psychotherapeutischen Begleitangebots, es sei „wichtig, die Kinderlosigkeit als ‚persönliche körperliche Schwäche', wie übrigens jede andere Erkrankung auch, anzuerkennen und zu akzeptieren". Dieses Deutungsangebot enthält gleichermaßen eine Pathologisierung von Kinderlosigkeit, wie im selben Schritt ihre Normalisierung als Krankheit und damit einhergehende Bestimmung als medizinisch zu lösendes Problem. Gleichzeitig impliziert dieses Statement, dass seine Deutung nicht als selbstverständlich angesehen werden kann. Ungewollte Kinderlosigkeit als Krankheit auszulegen, ergibt sich also daraus, dass Kinderwünsche zum einen in der Natur des Menschen gesehen werden, zum anderen aus ihrer physiologischen Grundierung und damit ihrer medizinischen Behandelbarkeit. Das *ungewollt kinderlose Paar* ist eine Sozialfigur, die vor diesem Hintergrund medizinischer Lösungen im gesellschaftlichen Diskurs auf neue Weise entworfen wurde, als es sich seinem Schicksal nicht mehr fügen muss, sondern einem wachsenden Set mittlerweile standardisierter Interventionsmöglichkeiten gegenübersteht. Die Entwicklung und flächendeckende Bereitstellung medizinischer Angebote, um die physiologischen Ursachen ausbleibender Schwangerschaften zu erkennen und medizinisch zu behandeln, hat die sogenannte *ungewollte Kinderlosigkeit* als medizinische Diagnose und als Gegenstand routinemäßiger Behandlungsformate hervorgebracht. Umgekehrt geht damit einher, dass Paaren, die diese Chancen nicht ergreifen, ihre Kinderlosigkeit nun zunehmend als selbst zu verantwortende Entscheidung zugerechnet werden kann, ähnlich wie das angesichts sicherer Verhütungstechniken für ungewollte Schwangerschaften schon lange gilt. Auch die Formen, unter ungewollter Kinderlosigkeit zu leiden, haben sich damit verändert.

Mediale Selbstrepräsentationen von Kinderwunschzentren wären eine eigene Studie wert. Bevor wir uns dem zentralen Datenmaterial dieses Kapitels, nämlich den Infoabenden, zuwenden, möchte ich zum Einstieg zumindest ein auf der Homepage eines Zentrums dargebotenes Bild[18] herausgreifen. Es zeigt die 23 Personen starke, freundlich lächelnde Praxisbelegschaft vor hellem einfarbigen Hintergrund in Frontalansicht barfüßig stehender in Ganzkörperaufnahme. Alle tragen legeres, strahlend weißes Gewand, einige kurzärmlige T-Shirts, die Hände locker in den Hosentaschen, selbstbewusst verschränkt oder in die Hüften gestützt. Exponiert im Vordergrund und als einzige sitzend, posieren vier Personen – zwei Männer mit einer Frau in ihrer Mitte – bei denen es sich um die ärztliche Leitung handeln könnte. Die Frau in der Mitte hält stolz ein kleines Baby auf dem Arm, das als klarer Protagonist des Bildes hervorsticht. Selbst wenn es sich dabei um *ihr* Baby handeln sollte, geht aus dem Bildkontext hervor, dass sie es stellvertretend für das gesamte Team in den Händen hält. Das Baby dürfte wiederum als Werbeträger stellvertretend für alle in dieser Einrichtung schon erfolgreich gezeugten Kinder stehen.[19] Daneben ruft das Bild eine Reihe weiterer Assoziationen hervor. Es symbolisiert weniger die technischen Möglichkeiten eines Labors als vielmehr die körperliche Präsenz eines starken Teams, das tatkräftig und entschlossen performiert: *Mit vereinten Kräften erfüllen wir auch deinen Kinderwunsch!* Die Barfußästhetik unterstreicht die soziale Nahbarkeit und die Leiblichkeit, die Zeugende und Gezeugte miteinander verbindet. So verkörpert das Bild, das fast wie eine Großfamilie wirkt, auch eine abstrakte Mitelternschaft des Reproduktionsteams als Teil einer menschlichen Fortpflanzungsgemeinschaft. In Kombination mit der weißen, legeren Kleidung kann das Bild ferner auch Assoziationen von Reinheit[20] und schöpferischer Schönheit wecken. Es wirkt sauber, aber nicht steril, professionell aber sozial nahbar und es lässt keine Zweifel daran, dass es hier um etwas Glückbringendes geht. In Selbstrepräsentationen von Kinderwunschzentren finden sich häufiger Motive, die möglichst eine Brücke vom medizinischen Laborsetting in die private Lebenswelt und Bedürfnisstruktur von Kinderwunschpaaren zu schlagen versuchen. Es variiert, wie stark die technische Seite betont wird, etwa in Form eines stilisierten Reagenzglases, einer Petrischale oder eines Mikroskops. In diesem Fall haben wir es eher mit der Orientierung am Ideal einer Art von Apple-Design – clean, simple, beautiful, white – zu tun, das die Komplexität des Technischen verbirgt.

Kinderwunschpaare kommen aber nicht umhin, sich im Detail mit den medizintechnischen Verfahrensweisen zu beschäftigen. Eine Möglichkeit sich unverbindlich mit der Welt der Reproduktionsmedizin zu konfrontieren und erste Einblicke zu bekommen, bieten alle Kinderwunschzentren in regelmäßigen Abständen in Form von Informationsabenden an, deren Termine sie auf ihren Homepages sowie auf Social-Media-Kanälen bekannt geben.[21] Für interessierte Paare bieten diese Veranstaltungen die

---

18 https://www.kinderwunschzentrum.de/de/team-und-praxis.html (zuletzt am 23.02.23)

19 Kapitel 5.3.1. beschäftigt sich genauer mit einer solchen (impliziten) Identifikation von Kinderwunschzentren mit Kindern als dem ,Produkt' ihrer Arbeit.

20 Zur Begriffsgeschichte und Inszenierung von Reinheit als Ideal und Fiktion, und wie sie u. a. als Verkaufsargument der Werbung eingesetzt wird, siehe Groebner 2019.

21 Seit der COVID-19-Pandemie und dem durch sie ausgelösten Digitalisierungsschub finden diese Abende selbstverständlich vermehrt auch zuhause synchron vor Kamera und Bildschirm statt.

Chance, mit den Räumen, den Experten, der Atmosphäre und dem medizinischen Inventar eines Kinderwunschzentrums in Kontakt zu kommen, etwas über Ursachen und Behandlungsmethoden zu erfahren, aber auch, sich als vielleicht künftige Patient:innen unter Gleichsituierten zu erleben. Abgesehen davon, dass sie sich gut für teilnehmende Beobachtungen anbieten, haben sich solche Infoabende für das ethnografische Interesse dieser Arbeit in doppelter Hinsicht als profitabel erwiesen: Nicht weit vom Interesse der Patient:innen entfernt, bieten sie dem Ethnografen die Gelegenheit, Kinderwunsch-mediziner:innen über ihre Arbeit sprechen zu hören und sich vor deren Zielpublikum präsentieren zu sehen. Gleichzeitig sind sie aber auch Events, wo jene Perspektiven-differenzen zwischen Labor und Lebenswelt aufeinandertreffen und auf praktische Weise miteinander vermittelt werden: Während die Patient:innen Einblicke in eine ganz besondere medizinische, ihnen bislang weitgehend fremde Welt erwarten, rechnen die sich präsentierenden Expert:innen mit den lebensweltlichen Relevanzen der Patient:innen und sprechen direkt zu ihrer Zielgruppe. Kapitel 2.1 beschäftigte sich mit den lebensweltlichen Erwartungsstrukturen des Kinderkriegens, hier treffen diese nun auf die Perspektive der Reproduktionsmedizin und ihre Vertreter. Von welchen Vorstellungen und Aufklärungsbedarfen ihres Publikums gehen sie aus? Welche Erwartungen richten sie ihrerseits an ihre Kundschaft? Diesbezüglich wird es im Folgenden, wenn wir einen Infoabend besuchen, darum gehen, insbesondere das Recipient Design (Bergmann 1988: 40) dieser Veranstaltungen, also deren Orientierung am Publikum nachzuvollziehen.

Die Informationsabende verlangen meist eine persönliche Anmeldung und wenden sich dezidiert an Paare, indem sie explizit die Anwesenheit beider Partner vorsehen. Auf einem Infoblatt ist zu lesen, die Informationsabende böten die Gelegenheit, an einem Vortrag über moderne Kinderwunschtherapie teilzunehmen sowie Fragen zu stellen und „uns genauer unter die Lupe zu nehmen". Es geht darum, seinen möglichen medizinischen Partner in Sachen Kinderkriegen ein bisschen näher kennenzulernen. Zur rein sachlichen Informationsaufnahme wären diese Abende entbehrlich – so umfangreich und gut aufbereitet die Informationen zu den Methoden und Behandlungsprogrammen heute jederzeit in unterschiedlichsten Formaten aus dem Internet abrufbar sind. Die Abendveranstaltungen erfüllen eher den Primärzweck, eine unverbindliche Kontaktaufnahme bereitzustellen, ohne sich bereits entscheiden oder zu viel über sich preisgeben zu müssen. So ist auch ein zögernder Partner zunächst vielleicht leichter zu einem solchen Abend, als gleich zum persönlichen und individuellen Beratungstermin zu bewegen. Man muss sich beim Infoabend nicht in die Karten schauen lassen, kann sich aufs Zuhören beschränken und in der Gruppe unauffällig bleiben. Aus Sicht von Kinderwunschzentren dürften Infoabende vor allem auch den Zweck einer Werbeveranstaltung zur Kundenrekrutierung erfüllen.

Die augenscheinlichste Auffälligkeit gegenüber anderen medizinischen Behandlungen liegt vor allem darin, dass ihre Adressat:innen und Behandlungseinheiten keine Individuen, sondern Paare sind – in einer der intimsten Angelegenheit, die diese miteinander teilen. Anders als bei klassischen Krankheiten, wo es darum geht, einen vormals gegebenen Gesundheitszustand einer Person wiederherzustellen, sind Kinderwunschzentren dazu da, Paaren zu einem eigenen Baby zu verhelfen und ihnen so eine Zukunft als Eltern zu sichern.

> Zum ersten Mal bei einem solchen Abend erscheinen meine Partnerin und ich pünktlich zum Termin und wir finden uns, zusammen mit den anderen Interessenten, paarweise sitzend in einem Raum ein, wo einige auf eine Leinwand ausgerichtete Stühle bereitstehen. Was die Paare im Raum verbindet, so kann man unterstellen, ist deren wie auch immer geartete Unfruchtbarkeit. Auf den Beginn der Veranstaltung wartend können meine Augen nicht anders, als unauffällig nach äußeren Merkmalen der auf diese Art ‚defizitären‘ und auf mich unvollständig wirkenden Paare zu suchen: Wie alt sind sie? Rauchen sie vielleicht zu viel? So in einem Raum versammelt, ist den Paaren im Raum das Manko ihrer ungewollten Kinderlosigkeit, so bilde ich mir ein, irgendwie anzusehen. Obwohl meine Partnerin und ich (noch?) keinen akuten Kinderwunsch haben, fühlen wir uns von der Situation ein klein wenig sozial geschwängert: Sollten auch wir nicht mehr zu lange warten?

Am eigenen Blick lassen sich hier bereits einige Insignien der Kinderwunschbehandlung studieren. Schon allein das Versammeltsein in einem Raum erzeugt eine Perspektive, die die Paare wechselseitig als *ungewollt kinderlos* zu erkennen gibt. Dies findet auch auf einer körperlichen Ebene statt. Die Paare erscheinen in diesem durch den Veranstaltungsrahmen erzeugten Kontext zwar nicht krank, aber doch in einem körperlichen Sinne als eingeschränkt und in einem sozialen Sinne als unvollständig, auch wenn dies den Paaren objektiv nicht anzusehen ist. Indem sie hier sind, machen sie sich zu potenziell medizinisch Hilfsbedürftigen. In wohl kaum einem anderen sozialen Setting wird der Blick auf die Paare so sehr auf ihre biologisch-körperliche Fortpflanzungsfunktion hin scharf gestellt und lässt Marker wie Alter, Gesundheit, Rauchen oder Übergewicht entsprechend hervortreten. Gleichzeitig drängt sich diesem Blick auf die Paare schnell auch die Frage auf, an wem es liegen könnte. Er zerlegt die Paare damit tendenziell bereits in jeweils biologisch möglicherweise defizitäre Einheiten.

> Es sind insgesamt sieben Paare im Raum, im Alter von etwa 30 Jahren bis weit in die 40er hinein, die Männer teils etwas älter. Der modisch und sportlich gekleidete Vortragende mit hellem Pullunder und Hemd erscheint lässig mit der Bemerkung, es sei immer wieder spannend, wie viele Leute tatsächlich kommen und organisiert weitere Stühle, damit alle Paare Platz finden, ohne getrennt sitzen zu müssen. Der Reproduktionsmediziner stellt sich vor und begrüßt die Leute u. a. damit, er sei der Meinung, dass *„man Ihnen die Füße küssen müsste, dass Sie Kinder haben möchten“*, denn das sei weiß Gott nicht selbstverständlich. Es gebe immer weniger Kinder und *„die Gründe möchte ich Ihnen heute Abend kurz vorstellen“*. Ich bin etwas überrascht, als er seinen Vortrag auf diese Weise in einen gesellschaftspolitischen Kontext stellt. Er zitiert Studien, die zeigten, dass sich die meisten Menschen durchaus Kinder wünschten, statistisch könne man aber sehen, dass dies oft nicht in Erfüllung gehe. Er zeigt den typisch geformten Grafen zur demografischen Entwicklung, an dem wenig zu ändern sei, *„wir müssen nur gucken, dass wir unsern Status Quo, den wir im Moment haben, aufrechterhalten, und dazu bräuchten wir – genau! – das hier“* (auf der Leinwand erscheint die Zahl der Geburten pro Frau, die für eine stabile Reproduktionsquote sorgen würde). *„Jede Frau von Ihnen, die noch kein Kind hat, (…) müsste zwei Kinder haben. Warum ist das so wichtig für uns?“* – Hat was mit Sozialstaat zu tun.“ Je weniger Leute das System stützten, umso weniger könne es in Zukunft funktionieren. Er geht sogar auf einige historisch-demografische Entwicklungen, von den Weltkriegen über den „Babyboom“, die Unterschiede in Ost- und Westdeutschland ein, bis hin zum

„Pillenknick", *„von dem wir uns nicht mehr erholt haben"* und dessen *„krasser Abfall* (zeigt auf den Grafen)" für jeden Kinderwunschspezialisten wie ihn ein Dorn im Auge sei.

Interessanterweise präsentiert der Redner sich und das Thema zunächst gar nicht rein medizinisch. Statt im weißen Kittel erscheint er im sportiven Outfit, das ihn nicht unbedingt gleich als Mediziner zu erkennen gibt. Indem er eher als Experte im Wohnzimmer auftritt, reißt er das Kinderkriegen nicht so abrupt aus seiner lebensweltlichen Umgebung, es wird nicht so brutal „entbettet" (Giddens 1996: 33 ff.). Er führt zunächst auf einer sozialpolitischen Ebene in das Thema ein, das er mit einem Lob des Kinderwunsches aller Anwesenden verknüpft. Statt auf die körperlich-medizinischen Ursachen kommt er zuerst auf Makrofaktoren zu sprechen, die für zu wenige Geburten sorgten, als für den Erhalt der Bevölkerung notwendig seien. Die Kinderwunschmedizin rückt er so in den Zusammenhang einer biopolitischen Gouvernementalität (Foucault 2017), indem sie nicht nur individuelle Kinderwünsche behandelt, sondern sich und ihre Patient:innen auch in einem gesellschaftlichen Auftrag sieht. So mobilisiert der medizinische Sprecher den demografischen Wandel als einen Aufruf zum Kindermachen. Dies entpathologisiert bzw. entstigmatisiert wiederum das Anliegen der Paare, indem es der Sache einen positiven überindividuellen Sinn verleiht. Das Motto des Subtextes lautet: Reproduziert Euch! Das Narrativ des Arztes verrät dabei auch die Selbstdeutung seiner Arbeit, nämlich als Mediziner:in nicht nur seinen Patient:innen zu helfen, sondern insgesamt für mehr Kinder zu sorgen. Darin kann man eine Übersetzung des Technologischen, mit dem man die Reproduktionsmedizin identifiziert, in einen gesellschaftlichen Rahmen beobachten. Dies enthält auch ein Deutungsangebot für die Klient:innen, denen hin und wieder das Klischee anhaftet, vom egoistischen Wunsch nach einem eigenen Kind um jeden Preis getrieben zu sein. Der Arzt lädt sie dagegen dazu ein, in ihrem Kinderwunsch und seiner reproduktionstechnischen Erfüllbarkeit auch ein altruistisches Engagement zu sehen. Die Paare werden von unfruchtbaren Mängelwesen zu Vorreitern gesellschaftlicher Bestandssicherung. Das technisch-künstliche Image der Reproduktionsmedizin, das manche abschrecken könnte, erhält durch diese Sinngebung eine soziale Wendung. Zugespitzt findet sich diese nicht unbedingt gängigste, aber doch häufiger vorkommende Deutungsfigur in folgender Werbung, in der ein saarländisches Kinderwunschzentrum im Jahr 2017 anlässlich seines 30-jährigen Jubiläums, zu dessen Feier es zu einem Symposium einlud, auf einem Plakat mit dem Slogan warb: *„Der Saarländer schafft. Wir schaffen Saarländer. Und das schon über 12.000 mal."*[22] Unterlegt ist der Schriftzug mit einem stilisierten Hochglanzbild einer labortypischen Petrischale, in der mit Pipetten hantiert wird. Kinderwunschzentren lassen sich einem solchen Selbstverständnis nach auch als gesellschaftliche Menschenproduktionsstätten begreifen, wie es in dieser Darstellung zum Ausdruck gebracht wird: Die Laborinstrumente symbolisieren das Technische und Handwerkliche, während die

---

22 https://www.ivf-saar.de/index/index/id/1405 (zuletzt am 23.02.23)

Überschrift dies auf humoristische Weise in einen soziopolitischen Kontext rückt, der über individuelle Kinderwünsche weit hinausgeht.

Der Arzt kommt beim Infoabend entsprechend seiner pronatalistischen Haltung, die er im Namen seiner Zunft gegenüber den Zuhörer:innen entfaltet, auch auf die ‚gegenteilige' Praxis zu sprechen:

> Er geht auf nationale Unterschiede bei den Geburtenzahlen und deren Gründe ein, z. B. sei Irland so geburtenstark, „(...) das ist ganz einfach, weil katholisch. (Zuhörer: Ah!) Keine Abtreibung, keine Pille. Ja? Also die Paare kriegen (betont) dann ihre Kinder." Mit einer Quizfrage wendet er sich an die Gruppe: „Was glauben Sie, wie viele Kinder abgetrieben werden in Deutschland pro Jahr? (Publikum schweigt) Niemand? – Einmal Xstadt – pro Jahr 130.000. (Zuhörerin verblüfft: Echt?) Konstant seit Jahren, 130.000. (Zuhörerin stöhnt: Boah) Ich war auch erschreckt, als ich die Zahl zum ersten Mal gehört hab". Die Zahl würde ihnen schon früh im Studium beigebracht, um daran mitzuarbeiten, sie möglichst zu senken „und den Frauen solche Dinge klarzumachen." Er gibt die Anekdote einer Frau zum Besten, die, weil ihr Mann nicht mitzog, mit vierzig eine Zwillingsschwangerschaft abgebrochen hatte und dann wenig später doch Kinder wollte. „Wir haben's aber leider nicht mehr hingekriegt. Solche Fälle gibt es und das sind Fehlentscheidungen, die Sie nie wieder gut machen können." Dann setzt er eine Zäsur – wenn es keine Fragen gibt, würde er nun zum eigentlichen Thema kommen.

Durch die Erörterung jener schwangerschafts- und geburtenfeindlichen Entwicklungen und den Verweis auf die gesellschaftlichen Gründe für Geburten- und Kinderarmut wird ein gemeinsamer imaginärer Raum der Empörung über die zu vielen Abtreibungen erzeugt und die Anwesenden werden in ihrem Kinderwunsch zusammen mit den Kinderwunschmediziner:innen moralisch auf die richtige Seite gestellt. Bevor der Arzt in seinem Vortrag also auf die eigentlichen medizinischen Themen zu sprechen kommt, verlässt er zunächst sein Fachgebiet, macht einen Exkurs zu den soziohistorischen Bedingungen des Kinderkriegens, spricht seinen Interessent:innen ein Lob für ihren Kinderwunsch aus und unterlegt ihn mit einer überindividuellen Sinngebung, die Behandelnde und Patient:innen verbindet. Der Hauptgrund für die heutige Kinderlosigkeit, fährt der Mediziner fort, sei der biografische Aufschub des Kinderwunsches immer weiter nach hinten:

> Jeder, der jung anfängt, sei zu beglückwünschen, da die Chance dann viel größer sei. Es müsse gesellschaftlich immer wieder klargemacht werden, „dass die besten Schwangerschaftschancen junge Leute haben". Kinderwunschzentren könnten zwar die Rate verbessern, auch für ältere Paare, „aber wir sind keine Wunderheiler". Er könne niemandem versprechen, durch seine Hilfe schwanger zu werden, auch wenn er und seine Kolleg:innen ihr Bestes täten. Er appelliert: „Wenn Sie diesen Wunsch haben und das angehen wollen, bitte schieben Sie das nicht weiter auf, sondern machen Sie's, weil Ihre Chancen einfach sehr viel besser sind". Es sei eine weit verbreitete Fehlinformation, dass die natürliche Fruchtbarkeit erst mit 40 oder 45 abnimmt, tatsächlich lässt sie schon ab 35 deutlich nach. Nicht nur auf natürlichem Weg sinke die Wahrscheinlichkeit mit dem Alter der Frau, sondern auch im Rahmen von Kinderwunschbehandlungen. „Je früher Sie starten, umso eher kann ich Ihnen versprechen, dass Sie auch zu den Schwangeren gehören werden."

Der Kinderwunschexperte gibt sich aufklärerisch und betont, dass er sich auch in Interviews und Zeitungen schon oft bemühte, diese Fakten klarzumachen. Er redet damit gegen einen der Reproduktionsmedizin vorauseilenden Ruf, dass gerade durch ihre modernen Methoden die altersbedingten Fruchtbarkeitsgrenzen immer weiter verschoben werden könnten, und stellt das Alter vielmehr als nach wie vor wichtigsten Begrenzungsfaktor heraus. Gleichzeitig weist er damit möglicherweise unrealistische Kinderwünsche in die Schranken technischer Machbarkeit (siehe Honer 1994a: 55 f.). Man kann hier auch die Struktur eines Verkaufsgesprächs wiederfinden, das – vor dem Hintergrund zwar begrenzter, aber immerhin guter Möglichkeiten – die drängende Zeit in Anschlag bringt, um im Sinne bester Chancenverwertung für einen möglichst schnellen Behandlungseinstieg zu werben.

Wenn der Arzt von der Fruchtbarkeit in Abhängigkeit vom biologischen Alter spricht, ist damit implizit vor allem das Alter der Frauen gemeint, das die fruchtbare Zeit des Paares limitiert. Der Kinderwunsch und seine Behandlung rückt also neben der Geschlechterunterscheidung auch die des Alters ins Zentrum, deren Verbindung sich im Kontext des Kinderwunsches und seiner Behandlung besonders zuspitzt. Auf einem Infoabend heißt es:

> *„Mit der normalen Fruchtbarkeit geht es schon ab dem 30sten Lebensalter nach unten."* Der Arzt erklärt dies mit der im Verlauf des Lebensalters unaufhaltsam sinkenden Zahl und abnehmenden Qualität der Eizellen. Dieser Prozess beginne bereits intrauterin, *„wenn das Mädchen noch nicht zur Welt gekommen ist. (...) im sechsten Monat ist die Zahl der Eizellen maximal und ab dann sinkt sie bereits."* Bei der Geburt seien schon achtzig Prozent der angelegten Eizellen nicht mehr da. *„Das muss man sich klar machen."*

Frauen werden in dieser seltsam anmutenden Rahmung bereits pränatal als Wesen mit schwindender Fruchtbarkeitsreserve beschrieben. Sie sind nicht nur diejenigen, an deren Körper die Behandlung in erster Linie ansetzt, auch ihre Fruchtbarkeit hängt stärker am Alter als die Zeugungsfähigkeit der Männer. Von dieser Verknüpfung von Geschlechter- und Altersunterscheidung geht ein asymmetrisierender Effekt aus. Umso wichtiger wird die eingangs erwähnte Adressierung des Infoabends ausdrücklich an Paare: Die Behandlung möge technisch verstärkt am Körper der Frauen ansetzen, dies soll aber möglichst gemeinsam im Namen eines Paares geschehen. Ein anderer ausgleichender Effekt geht von der immer wieder betonten Feststellung aus, dass die Ursachen in etwa zu gleichen Teilen auf Männer und Frauen verteilt sind:

> *„Manchmal haben wir Schwierigkeiten, die Männer zu motivieren, zu uns zu kommen. Da müssen wir dann erst mal Aufklärungsarbeit leisten, dass der Mann nicht unerheblich zur Fruchtbarkeit eines Paares beiträgt. Das kann auch mal zu Streit führen, wenn Paare sich klar werden müssen, dass eventuell der kettenrauchende Mann der Verursacher ist. In 15–30 % sind beide Partner betroffen."*

Der Arzt weist auf die soziale Brisanz innerhalb der Beziehung hin, die eine ungleiche Verteilung der medizinischen Ursachen haben könne. Er holt die Männer ins Boot, indem er klarmacht, dass sie keine Randfiguren sind, sondern unverzichtbar zur Fruchtbarkeit eines Paares beitragen und genauso häufig Ursache einer ausbleibenden Schwangerschaft sind wie die Frauen. Wieder geht es also um soziale Faktoren, die hier im Zusammenhang mit der Behandlung thematisiert werden und die im medizinischen Erwartungskontext offenbar eine erhebliche Rolle spielen. Ein anderer auf den Info-abenden zu beobachtender Erzählstrang besteht darin, auf die Intelligenz der im Inneren der Körper ablaufenden Prozesse hinzuweisen und eine gewisse Faszination dafür zu erzeugen:

> Etwa im Eileiter, vermeintlich *„nur ein Stück Rohr"*, in Wirklichkeit *„etwas hoch Komplexes"*, ein *„Muskelschlauch"*, der durch Druckwellen zunächst die Spermien zu ihrem Ziel befördert. Und erst wenn das Ei befruchtet ist, schaltet der Transportmechanismus automatisch um, um den Embryo in die Gebärmutter zu transportieren.

Dies zieht eine Perspektive in die Betrachtung ein, die das Kinderkriegen als komplexen und physiologischen Prozess jenseits des Alltagsverständnisses ästhetisiert und die Experten- gegenüber einer Laienperspektive distinguiert (siehe auch Honer 1994a: 52 f.). Erst vor dem Hintergrund solcher Darstellungen, wie voraussetzungsreich biologische Befruchtungsvorgänge doch seien, in Verbindung mit der Rarität der Eizellen, der abnehmenden Spermienqualität und dem steigenden Alter kinderkriegender Paare, wird folgende Bemerkung plausibel, die dem Arzt als Kommentar seiner eigenen Ausführungen unterläuft:

> *„Und doch ist es letztlich immer noch gut möglich, auch auf normalem Wege, ohne Kinderwunschtherapie schwanger zu werden."*

Es ist leicht zu sehen, dass diese Art der Aufklärung im Zeichen des Kinderwunsches gegenüber klassischer Sexualkunde, die mehr auf die Gefahren ungeschützten Verkehrs und das Risiko ungewollter Schwangerschaften gerichtet ist, invertiert ist, indem sie dem niederschwelligen Eintreten von Schwangerschaften dessen biologischen Voraussetzungsreichtum gegenüberstellt und eine Schwangerschaft als unwahrscheinliches Ereignis deutet. Der primäre Impetus dieser Art sexueller Aufklärung richtet sich, statt auf die Vermeidung ungewollter Schwangerschaften, auf die Realisierung potenziell nie eintretender. Die Vermittlung des Wissens um die vor allem altersbedingt abnehmende Schwangerschaftschance will zu lange zögernden Paaren eine Art mentalen Fertilisierungsanstoß geben, sich also möglichst fürs Kinderkriegen zu entscheiden, bevor die ‚biologische Uhr' immer lauter tickt und es irgendwann zu spät ist. Auch als konkret auf die verschiedenen Methoden und Behandlungsschritte eingegangen wird, erhalten Zeitfragen für die Behandlung große Bedeutung.

> *„Wann sprechen wir überhaupt vom kinderlosen Paar?"* Nach ein bis zwei Jahren regelmäßigem Verkehr ohne Erfolg solle man sich Gedanken machen und aktiv werden, während das bei jüngeren Frauen erst nach zwei, bei älteren schon nach einem Jahr gilt. *„Nicht jedes Paar, was zu uns kommt, kriegt automatisch 'ne künstliche Befruchtung".* Wenn zielführend würden auch *„ganz einfache Therapien"* angeboten. *„Einer Frau mit 39 würde ich allerdings nicht anbieten, damit zu beginnen. Da wirklich lieber schneller und etwas intensiver, um die Erfolgswahrscheinlichkeit hochzuhalten."*

Kinderlosigkeit ist medizindiagnostisch also vor allem zeitlich definiert und Mediziner: innen weisen immer wieder darauf hin, dass das Alter, neben Rauchen, Alkohol und Übergewicht, zu den entscheidenden, aber auch zu den beeinflussbaren Faktoren zählt. Zwar sei es normal, dass Schwangerschaften bei älteren Frauen länger auf sich warten ließen, trotzdem lautet das Prinzip, erst recht bei älteren Frauen schon nach umso kürzerer Zeit alarmiert zu sein und mit höherstufigen Behandlungsmethoden einzusteigen, um für weitere Interventionen nicht noch mehr Zeit zu verlieren. Die Reproduktionsmedizin scheint hier gegen die eigene, ihr diskursiv vorauseilende Bugwelle anzukämpfen, es sei mit ihrer Hilfe kein Problem, auch später noch Kinder zu kriegen. Medienwirksame Berichte von schwangeren ‚Glamour-Frauen' jenseits der vierzig täten dabei ihr Übriges, verschwiegen allerdings, dass es sich fast ausschließlich um das Austragen fremder Eizellen junger Spenderinnen handelt:

> Statistisch habe etwa jedes siebte Paar, das Kinder bekommt, reproduktionsmedizinische Hilfe in Anspruch genommen. Das Thema sei oft ein Tabu, viele sprächen nicht gerne darüber, *„und ich würde wetten, dass es in Ihrem Bekanntenkreis auch Leute gibt, denen wir geholfen haben, oder die in einem anderen Kinderwunschzentrum waren. Prinzipiell misstrauisch müssen Sie werden, wenn 'ne Frau mit 39 oder 40 Zwillinge bekommt. Es ist sehr wahrscheinlich, dass so eine Frau eine künstliche Befruchtung oder Ähnliches hat machen lassen."*

Der Arzt verweist auf eine Dunkelziffer von Paaren, die nur dank Reproduktionsmedizin schwanger wurden, und damit auf ein Tabu, das die Reproduktionsmedizin bis heute umgebe. Diese Botschaft enthält erneut ein Normalisierungsangebot: Man ist keine Seltenheit und muss sich nicht schämen, wenn es ohne nicht klappt. Orland (1999) oder Knecht u. a. (2011) haben schon früh auf solche Normalisierungspraktiken hingewiesen, die vom einstigen „Tabubruch zum reproduktionsmedizinischen „business as usual"" (Knecht u. a. 2011: 28) geführt haben. Scheinbar kann aber auch heute nicht die Rede davon sein, dass der Weg ins Labor, um Kinder zu kriegen, jegliche soziale Besonderheit abgelegt hätte. Jedenfalls weisen die Akteure des Feldes selbst immer wieder darauf hin, wie tabuisiert das Thema ihrer Erfahrung nach immer noch sei.

Im Folgenden ist der Arzt nun dabei, einen typischen Verlauf darzustellen und die charakteristische Abstufung der Behandlungsmodi zu erläutern:

> *„Nächster Therapieschritt wäre dann schon die Reagenzglasbefruchtung."* Wenn die Insemination nicht funktioniert, etwa weil die Eileiter verschlossen sind, *„dann wäre das der logische nächste Schritt."* Dies mit der Idee, *„dass wir Ihnen 'ne realistische Einschätzung der Chance bieten möchten, sodass Sie immer die Entscheidungsfreiheit haben, zu sagen „ja, wir machen's noch mal" oder „nein, wir hören auf""*.

Auf der einen Seite wird der Schritt zur künstlichen Befruchtung aus der Perspektive medizinischer Rationalität als alternativlos dargestellt, auf der anderen Seite wird demgegenüber die Wahlfreiheit der Patient:innen hochgehalten. Als Grundlage für diese Entscheidung stellt der Redner sein Wissen um die Verteilung der Chancen zur Verfügung:

> *„Wir können Ihnen gemittelt einundzwanzig Prozent bieten – die Individualchance kann wesentlich größer sein pro Zyklus."* Der Arzt vergleicht diese Zahl mit der Schwangerschaftschance derselben Altersgruppe von Paaren auf natürlichem Weg: *„Wir verzehnfachen also die Chance im Vergleich zur Natur mit dieser Therapie – immer mit Blick auf die Altersklasse. Man hört häufig: „Die Chancen sind doch gar nicht so gut! Warum soll ich das überhaupt machen?!" Aber Sie müssen es immer in Relation zur natürlichen Chance und zum jeweiligen Alter sehen. Da sind wir in jedem Fall deutlich besser."*

Das Publikum wird in die Welt der Schwangerschaftsstatistik eingeführt, was der Experte mit Ernüchterung und Ermutigung zugleich verbindet. Ernüchternd wirken die insgesamt eher niedrigen Wahrscheinlichkeiten einer Schwangerschaft pro Zyklus, Mut sollen dagegen die Wahrscheinlichkeitssteigerungen durch die Behandlung insgesamt machen. Sie werden jeweils in Relation ihrer Konkurrenz mit der ‚natürlichen Chance' innerhalb derselben Altersgruppe gesetzt. Die daraus im Verhältnis resultierenden Chancensteigerungen sind das Produkt, das der Mediziner seinen Paaren vermitteln will. Immer wieder kommt er auf dieses Spiel mit Wahrscheinlichkeiten zu sprechen, aber warnt davor, die Strapazen einer Therapie zu unterschätzen. Er könne den Paaren nichts versprechen, sondern nur *„ganz objektive Schwangerschaftschancen pro Zyklus nennen. Daraus ergibt sich, dass die Wahrscheinlichkeit pro Zyklus, 'ne Schwangerschaft zu erzielen, niedriger ist, als dass Sie keinen Erfolg haben pro Zyklus."* In der Gesamtheit der Behandlungen würden aber zum Glück fast alle schwanger. *„Wir erreichen bis zu 80, 85 % Schwangerschaftsraten nach vier Zyklen, sodass nur 'ne kleine Gruppe am Ende nicht schwanger wird."*

Auf die eher schlechte Nachricht über relativ niedrige Schwangerschaftsraten pro Zyklus folgt wieder die gute Nachricht von der Erfolgsaussicht bezogen auf die gesamte, über mehrere Zyklen sich erstreckende Behandlung. Dies regt unterschiedliche Vergleiche bezogen auf die relativ hohen Misserfolgswahrscheinlichkeiten pro Zyklus an:

> *„Je älter, desto mehr Zyklen sollten sie von vornherein einplanen. (...) [Wir haben nicht selten] Behandlungen, die sich über 15, 18 Monate ziehen und einfach nicht zum Erfolg kommen. Genau das ist auch die Besonderheit dieser Therapie: Wenn Sie heute zum Zahnarzt gehen, kriegen Sie in den allermeisten Fällen 'ne definitive Lösung. Und das ist halt bei uns nicht so."*

Dazu ein ähnlicher O-Ton eines anderen Infoabends:

> *„Über achtzig Prozent der Paare gehen schwanger nach Hause. Eine Erfolgszahl, die es woanders in der Medizin bei weitem nicht gibt."*

Die in diesen Äußerungen enthaltenen Selbstbeschreibungen der Kinderwunschmedizin kennzeichnen diese zum einen als leistungsfähige Methode, die mithilfe von allerlei Wissen und Techniken unwahrscheinliche Schwangerschaften möglich macht, zum anderen aber kaum über den Status eines Trial-and-Error-Verfahrens hinausgelangt. Um also die Möglichkeiten der Disziplin auszuschöpfen, ist vor allem eines nötig: Misserfolge wegstecken können und weiterhin an den Erfolg glauben, um auch nach mehreren Fehlversuchen den Mut nicht zu verlieren und neue Versuche anzuschließen. Es braucht einen medizinischen Appell an die Geduld der Patient:innen unter Zurückweisung

„unrealistischer Patienten-Wünsche" (Honer 1994a: 53/55), so auch das direkte Signal auf dem Infoabend:

> Die Misserfolge seien *„hartes Brot".* Man müsse versuchen, so normal wie möglich weiterzuleben, auch wenn das schwierig sei. (...) Außerdem müsse man versuchen, immer realistisch zu bleiben und zu verstehen, *„dass wir [Ärzt:innen] keine Wunderheiler sind. Wer Ihnen irgendwas verspricht von wegen „Sie werden schwanger", da würde ich rausgehen und sagen „Nee, da lass ich mich sicher nicht behandeln". Das kann Ihnen keiner versprechen, der das wirklich ernst meint mit Ihnen."*

Die zukünftigen Patient:innen werden bereits vorsorglich auf diese einkalkulierten und auf dem Weg zum gewünschten Erfolg zu verkraftenden Rückschläge eingestellt. Gleichzeitig läuft eine solch nüchterne Darstellung allerdings Gefahr, auf dem Konkurrenzmarkt Nachteile einzufahren, wenn andere Anbieter vermeintlich höhere Erfolgschancen in Aussicht stellen. So wehrt man sich gegen unlautere Versprechungen von Kolleg:innen oder verzerrte Medienberichte, dass etwa in Nachbarländern Behandlungsmethoden erlaubt seien, die in Deutschland verboten. Eine der größten Frustrationsgefahren bei Behandlungsrückschlägen, vor denen gewarnt wird, gehe allerdings von der Peergroup und dem Kinderwunschpaar selbst aus:

> *„Dass man sich fragt: „Mh – Bekannte von mir hat zweimal abgetrieben, dann raucht die auch noch und hat aber zwei Kinder. Warum klappt das eigentlich bei mir nicht?!""* Schlimmer noch seien *„Partnerschaftskonflikte und gegenseitige Vorwürfe: Der Mann sagt „Mensch, du übertreibst doch! Lass es doch laufen!" Dann muss die Frau versuchen, den Mann zu verstehen, weil Männer haben da 'ne natürliche Abwehr, die besser funktioniert, weil Männer immer Plan B noch in der Tasche haben, weil sie genau wissen, es kann nicht alles funktionieren (lacht), Frauen sind da natürlicherweise anders."* Man solle so gut wie möglich gegenseitiges Verständnis pflegen, *„insbesondere, wenn Vorwürfe kommen: „Ich mach das ja nur, weil deine Eileiter zu sind!", „Wir müssen das Ganze ja nur machen, weil deine Spermien nicht gut sind!",* Von solchen Vorwürfen solle man sich frei machen, die Dinge möglichst objektivieren und offen miteinander sprechen.

Hier wie auch an anderen Stellen werden in der Kinderwunschbehandlung gerne Geschlechterstereotypen herangezogen, um jene soziopersonelle Umwelt der medizinischen Behandlung zu rationalisieren. Die Kinderwunschtherapie findet operativ *an* sexuell aufeinander bezogenen Körpern statt, sie findet aber auch *in* Paarbeziehungen statt, deren psychosozialer Realität sich die Medizin nicht entziehen kann. Es scheint dann naheliegend, sich auch das soziale Geschehen zwischen den Partnern im Rahmen der Behandlung geschlechterspezifisch vorzustellen.

Nach dem Zweifel an sich selbst und an der Paarbeziehung greife der Zweifel in der Frustration möglicher Misserfolge irgendwann auch auf die Behandlung selbst und die Behandelnden über. Dies vorwegnehmend wird auf falsche Versprechen mancher Konkurrenzanbieter hingewiesen, die dazu führten, dass einige Patient:innen irgendwann geneigt seien ,fremdzugehen':

> *„Bitte versuchen Sie, Probleme in der Therapie, insbesondere solche Zweifel, ob wir das alles richtig machen, erst mal mit uns zu besprechen, bevor Sie darüber nachdenken, uns zu verlassen. Sie dürfen*

gerne eine Zweitmeinung einholen, aber bei 'nem Wechsel müssen die Sie erst mal von Null neu kennen lernen."

Diese Warnungen zielen darauf ab, einen möglicherweise länger andauernden Misserfolg zu schnell auf Schuldige zu attribuieren und daraufhin in verschiedene Richtungen aktiv zu werden, statt statistisch erwartbare Fehlschläge auszusitzen und auf den abschließenden Erfolg zu vertrauen. Stattdessen wird, um mit psychischen Belastungen umzugehen, die nicht direkt in den reproduktionsmedizinischen Bereich fallen, auf psychologische und naturheilkundliche Begleitangebote verwiesen:

> *„Wir als Mediziner sind eher für den wirklichen Behandlungspart zuständig. Wir wollen, dass Sie schnell schwanger werden."* Für *„die anderen Dinge"* stünden Angebote mit Leuten parat, die kompetent zur Seite stehen, *„wenn Sie irgendwie merken „Mir geht's nicht mehr gut", ja? Aber wie gesagt, die meisten Frauen werden schwanger, ja? Bleiben Sie dran, versuchen Sie sich positiv zu motivieren."*

Dies propagiert eine Arbeitsteilung zwischen Körper und Psyche, auch in Sachen therapeutischer Zuständigkeit. In diesem Statement wirken die Zusatzangebote allerdings fast schon wieder überflüssig, denn die meisten Frauen würden ja ohnehin schwanger. Es schwingt der diffuse Verdacht mit, dass vor allem psychotherapeutische Angebote rund um die Kinderwunschbehandlung nicht ganz am selben Strang zögen, insofern sie sich auch mit Alternativen auseinandersetzen, falls der Kinderwunsch nicht in Erfüllung geht, und diesen damit automatisch ein Stück weit seiner Relativierung aussetzen müssen. Eine gewisse Unbedingtheit des Kinderwunsches ist andererseits grundlegend und unverzichtbar, wenn Paare sich für die Kinderwunschbehandlung entscheiden, und sie muss mit jeder Entscheidung zu weiteren Versuchen mitwachsen, um Misserfolgen durch Weitermachen trotzen zu können.

Einen zentralen Bestandteil von Infoabenden stellt die Erläuterung der verschiedenen Behandlungstechniken selbst dar, darunter das klassische Prinzip der In-vitro-Fertilisation, die hier wie folgt eingeführt wird:

> Diese bestehe einerseits aus Stimulieren, um mehrere Eier in einem Zyklus zu bekommen, und andererseits aus der Unterdrückung der natürlichen Eisprungfunktion. Man müsse dem Körper also beibringen, was er machen soll. *„Der soll nämlich nicht nur ein Ei zum Reifen bringen, sondern mehrere."* Im statistischen Mittel seien das zehn bis fünfzehn Eier, die in einem künstlichen Befruchtungszyklus heranreifen. Dann müsse man *„dem Körper beibringen, dass er jetzt bitte kein Signal für den Eisprung gibt, ja?"* Dies könne sonst dazu führen, dass sich die Eier irgendwo in der freien Bauchhöhle oder im Eileiter aufhielten, wo sie nicht zu extrahieren sind. *„Es sind zwei Injektionen, die Sie durchführen über etwa zehn Tage, dann findet 'ne Ei-Entnahme statt"*, in Form eines *„kleinen operativen Eingriffs über die Scheide, den wir ambulant durchführen. Da sind Sie vormittags bei uns und gehen am späten Vormittag wieder nach Hause."*

Auf möglichst einfach verständliche Weise wird erklärt, wie und mit welchen Zwischenzielen der Körper unter medizinische Kontrolle gebracht werden soll. Man bekommt Einblick in die einzelnen Schritte der Embryonenproduktion, zuallererst der Eizellgewinnung, bei der ein bisschen wie bei einer Dressur *mit* dem Körper *gegen* ihn gearbeitet wird. Die Eizellenentnahme stellt den invasivsten Eingriff im Rahmen der Behandlung dar und es wird versucht, den Patientinnen die Angst davor möglichst zu nehmen:

> *„Oft hat man vor der Follikelpunktion doch so bisschen Furcht, dass da was Schlimmes passiert; also das ist eine ganz milde Sedierung ohne Intubation."* Eine Fachärztin für Anästhesie sei vor Ort, die Betäubung sei wie *„so 'n kurzer Rausch, die allermeisten Frauen finden das ganz toll (Lachen im Publikum)"* und es müsse sich niemand davor fürchten.

In Beschreibungen wie dieser, die die Eizellgewinnung – häufig als unangenehmsten Part empfunden – beinahe als einen Rausch der Gefühle verkauft, schlägt sich wiederholt eine Tonart nieder, die die medizinisch-technischen Vorgänge des Zeugens für die Patientinnen nicht nur als gut zu ertragen, sondern gar als latent lustvoll darzustellen versucht. Vielleicht steckt dahinter der Versuch, das Zeugen im Labor zumindest notdürftig an sein lebensweltliches Ritual zu assimilieren und so erneut die Polarität, die sich zwischen beidem auftut, ein wenig zu lindern. In scharfem Kontrast zur Eizellenentnahme, die unter Sedierung stattfindet, steht die Spermagewinnung, die nicht ans Labor gebunden ist, aber aus zeitlichen und logistischen Gründen möglichst labornah stattfinden sollte. Sie wird in den Beschreibungen oft mit einer Brise Humor unterlegt:

> Während die schwierige Aufgabe in der Gewinnung guter Eizellen bestehe, *„liegt die Spermiengewinnung – hätte fast gesagt in der Hand – auf der Hand (peinlich berührtes Schmunzeln im Publikum)"*. Der Arzt führt uns später auch zu den sogenannten Produktionszimmern, *„das zeigen wir ihnen natürlich auch gerne, wo wir dann die Männer hineinbitten."* Auch diese Räume seien *„gut ausgestattet"*. Es gebe auch Praxen, wo man zum Masturbieren auf die Toilette geschickt werde, was hier nicht passieren soll. Es sei genug Zeit, Ruhe und ein angenehmes Klima.

„Gut ausgestattet" bezieht sich hier gerade nicht auf labortypisches Equipment, das dem Gelingen wohl kaum zuträglich wäre, sondern auf ein räumliches Ambiente, das den Männern ihren solitären Akt der Spermagewinnung erleichtern und deren Beitrag vielleicht auch aufwerten soll. Anders als sonst ist die Masturbation hier in den Dienst der Reproduktion gestellt. Es steht ein eigens gestalteter Raum mit pornografischem Material als Hilfsangebot sowie ein bequemer Liegesessel zur Verfügung. Technisch ist vor allem ein geeigneter Behälter zum Auffangen des Ejakulats notwendig, der den Männern ausgehändigt wird. Die Besichtigung des Masturbationszimmers lässt bei den Führungen unter den Anwesenden meist eine komische, teils schamvolle, teils von einer gewissen Skurrilität begleitete Stimmung entstehen. Es geht eine gewisse Exotisierung der anwesenden Männer daraus hervor, deren masturbatorische Aktivität hier indirekt zur Schau und gleichzeitig auf ihre Weise labortechnisch domestiziert wird, indem sie sich in einen getakteten Laborverarbeitungsprozess einreihen muss. Es ist die einzige im engeren Sinne sexualisierte Handlung, die die Kinderwunschbehandlung verlangt und zu deren Ausführung das Labor einzig und allein die Räume zur Verfügung stellen muss (vgl. Hahn 2011). Deren Gestaltung machte auf mich gelegentlich einen seltsam hybriden

Eindruck zwischen schlüpfrigem Rotlicht und medizinischer Sterilität. Wir werden in späteren Kapiteln auf diesen Part der Kinderwunschbehandlung zurückkommen.

Ein entscheidender Faktor, den das Kinderwunschzentrum performieren muss, ist die technische Infrastruktur für eine möglichst optimierte Schwangerschaftswahrscheinlichkeit, etwa durch einen speziellen Inkubator, der den interessierten Paaren stolz präsentiert wird. In ihm wird die Zellteilung der befruchteten Eier per Kamera überwacht und unter exakt kontrollierten Bedingungen gehalten, weil jede Schwankung, jedes Abweichen nach oben und vor allen Dingen nach unten, also Auskühlen, beeinträchtige letztlich den Embryo, die Eizelle oder die Spermien negativ und führe zu Entwicklungsverzögerungen und dadurch am Ende auch zu einer schlechteren Einnistungsrate. Ein sogenanntes Embryoskop ermöglicht, dass die Embryonen zu ihrer Kontrolle nicht mehr aus dem Brutschrank geholt werden müssen. Dank eingebauter Kameras lässt sich die Entwicklung und Zellteilung der Embryonen ausschließlich extern auf dem Monitor verfolgen und ein Computerprogramm hält die Zellteilungsprozesse in Kurzfilmen fest. Der Eindruck, den die Vorführung des teuren Gerätes stiftet, besteht in einer Mischung aus technischer Faszination und dem Gefühl, dass die Embryonen hier außerhalb des Körpers, aber im Inneren eines vertrauenswürdigens Hightech-Brutkasten in guten Händen sind.

Ein anderer eher unscheinbarer, aber mindestens genau so wichtiger Aspekt verlangt ebenso unbedingtes Vertrauen in die Laborarbeit, nämlich sicherzustellen, dass beim Zirkulieren der Materialproben durch das Labor deren Zuordnung zu den jeweiligen Patientenpaaren nicht aus Versehen vertauscht wird. Für diesen Zweck nutzen die Zentren ausgeklügelte Codierungssysteme,

> wo jedes Röhrchen, was Gewebe eines Menschen enthält, direkt mit einem Code verbunden ist, der nur dieser einen entsprechenden Person zugeordnet sei. Jedes Röhrchen ist mit einem Etikett versehen, ähnlich einem Barcode. Wenn dieses an der Antenne vorbeikommt, *„dann sagt die Antenne, so an diesem Platz müsste Patient X sein, aber in dem Röhrchen ist Patient Y, dann schlägt es Alarm."* Dieses System biete zusätzliche Sicherheit zum Vier-Augen-Prinzip: *„Der eine hält, sagt den Namen, der andere liest es nach. Genauso bei der Sameneinspülung: Ich zeige der Frau, das ist ihre Probe, da steht der Name drauf, das sieht sie, dann wird erst weitergemacht, um dieses Risiko so minimal wie möglich zu halten."*

Dennoch äußern einige Anwesende bei der Besichtigung der Kryotanks, in denen hunderte Samenproben und befruchtete Eizellen bei minus 196 Grad Celsius gehalten werden, Misstrauen bezüglich der Verwechslungsgefahr, angesichts der vielen dünnen Halme, ähnlich überlangen Kugelschreiberminen, die tief im Tank versenkt sind. Mehrfach wird versichert, dass alles für die Patientensicherheit, die genau in diesem Punkt ihre höchste Relevanz hat, unternommen wird. Kommuniziert wird explizit, dass es sich um ein seriöses und durch Dritte (wie Ärztekammern) kontrolliertes Vorgehen handelt, und implizit, dass viele weitere Betroffene, deren Halme im Tank lagern, auf diese Technologie des Zeugens angewiesen sind. Die besondere Brisanz, die eine prinzipielle Verwechslungsgefahr birgt, wird mitunter dadurch erzeugt, dass ein Fehler unter Umständen gar nicht auffiele, die Halme also technisch gesehen durchaus austauschbar wären. Das macht den Ausschluss von Verwechslungen für den Herstellungsprozess jener Kongruenz zwischen biologischer und sozialer Verwandtschaft, auf die die Kinderwunschbehandlung abzielt, so essenziell bedeutsam.[23]

Infoabende enden meist mit der Möglichkeit, sich für einen persönlichen Beratungstermin anzumelden und geben sich so wiederum auch als Marketingveranstaltungen zu erkennen, die darauf aus ist, für ihre eigene Reproduktion zu sorgen und Kundschaft zu gewinnen. Entsprechend gibt eine Ärztin zum Schluss ihres Vortrags ihrem Publikum folgende Take-Home-Message mit auf den Weg:

> *„Wichtig ist, dass Sie sich auf dieses Abenteuer Fortpflanzung einlassen. 80 Prozent aller Paare, die ins Kinderwunschzentrum gehen, kommen schwanger zurück. Das ist wirklich sehr viel, das gab's noch nie. Deshalb lohnt es sich auch, sich mit diesen Dingen zu beschäftigen."*

Ethnografisch liefert die Veranstaltung viele Fährten, die im Verlauf des Buches wieder aufzugreifen sein werden. Die Selbstdarstellung von Expert:innen gab einen Hinweis auf die Imagepflege von Reproduktionsmediziner:innen und Rationalisierungen ihres Fachgebiets, das sich hier auf ganz bestimmte Art präsentiert, verbunden mit der Bemühung, antizipierten Stereotypen und falschen Erwartungen aktiv entgegenzutreten. Ihren Besucher:innen machen die Veranstaltungen verschiedene Sinnstiftungsangebote, indem sie ihr Expertenwissen zu reproduktiven Vorgängen für ein Laienpublikum übersetzen, und zwar nicht als ein in erster Linie durch seine Künstlichkeit hervorstechendes Verfahren, als vielmehr eines am tiefen Verständnis menschlicher Natur ansetzendes. Indem sich die Fortpflanzungsexpert:innen als verlängerter Arm bzw. Agent:innen biologischer Prozesse beschreiben, wirbt die Reproduktionsmedizin gerade nicht in erster Linie mit der Eigenschaft ihrer Technizität, sondern gerade mit der Natur und Natürlichkeit, nach der sie sich richtet und die sie performativ mit hervorbringt, wenn sie diese ,nur' nach außerhalb des Körpers verlagert. Ärzt:innen und Laborpersonal präsentieren sich als professionelle Mittler zwischen dem unerfüllten Kinderwunsch von Paaren und ihren Körpern. Die signifikante Probabilistik und das mögliche Scheitern des Verfahrens kann wiederum dafür Pate stehen, dass es hier mit ,natürlichen' Dingen zugeht, der Zeugungsvorgang sich in letzter Konsequenz seiner technischen Kontrolle entzieht und somit die Unverfügbarkeit werdenden menschlichen Lebens erhalten bleibt.

2.3 Erweiterung der Zeugungsdyade

Im Folgenden werfen wir einen Blick auf die Phase, in der Paare ihren ersten individuellen Termin im Kinderwunschzentrum wahrnehmen und damit einen ersten Schritt unternehmen, um ihre Probleme in Sachen reproduktiver Sexualität mit dafür ausgebildeten medizinischen Expert:innen zu besprechen. Die Beziehungspartner sind also

---

23 Zu einer erhellenden systemtheoretischen Betrachtung des Verhältnisses zwischen biologischer und sozialer Verwandtschaft siehe Schmidt 2008.

mehr oder weniger gewillt und vorentschieden, eine Behandlung zu beginnen und es bahnt sich eine Beziehung zu einem professionellen Dritten an.

2.3.1 Kollektivierung und stille Distinktionen

Auch wenn Paare, Diagnosen und die Verfahren, die in einem Kinderwunschzentrum angewandt werden, unterschiedlich und vielfältig sind – von einer moderaten hormonellen Stimulation über Varianten der Befruchtung außerhalb des Körpers bis hin zur Fremdsamentherapie –, finden sich Paare zunächst gemeinsam mit anderen Patient:innen vor:

> Lina: Das Erste war eigentlich schon mal im Wartezimmer überraschend, wie voll das war! Wie *viele* Paare da sitzen, die auch alle so in dem Alter zu sein scheinen.
> Hans: Da waren jüngere und welche, die so alt aussahen wie wir. Das fühlte sich so an/ wir sind hier irgendwie ganz normal.

Dieses kollektivierende, vor allem das (geschätzte) Alter betreffende Moment, sich als Fall unter vielen anderen zu erleben, sich in Relation vielleicht sogar jung fühlen zu können, stiftet Zugehörigkeitsgefühle, entschärft ein wenig das Devianzerleben und bietet gleichzeitig Gelegenheit für stille Distinktionen. Im Folgenden ein paar gesammelte Eindrücke aus dem Wartezimmer:

> Sylvia (36): Ich finde, das ist so 'ne ganz eigenartige Wartezimmeratmosphäre. Es liegt was in der Luft. Das ist nicht wie beim Arzt. (…) Da sitzt 'ne Schwangere, die grinst wie 'n Pferd, weil's halt geklappt hat, eine (andere) sieht tief deprimiert aus.

> Mia (34): Ich werde oft jünger geschätzt und da kucken schon immer viele, die vielleicht 'n bisschen älter sind, so nach dem Motto: ach *bei der* klappt's auch nicht?! (…) Aber eine Frau, die ich angesprochen hab, hab ich auch nicht auf 19 geschätzt, die sah älter aus. Sie wollte alles wissen dann und ich hab erzählt, dass ich halt ICSI mache. Dann ist mir so rausgerutscht: „Sie sind ja noch so jung, das klappt bestimmt bald!" Das tat mir hinterher leid (lacht).

> Miriam (36): Erschreckend, wie viele junge Leute, weil ich hab ja eher gedacht, so unsere Altersgruppe. Ich hab mich da mehr als Oma gefühlt (lacht). Da waren manchmal Leute, wo ich dachte, die sind doch noch keine dreißig!

> Meike (40): Getröstet hat uns, dass da viele junge Menschen rumsaßen. Und dass wir schon 'n Kind haben. Das hat uns ein Stück entspannt, dass wir gedacht haben: Gut, wär schade nur ein Kind, aber wir *ham* eins. Die anderen/ hat man gemerkt, mit was für 'ner Anspannung die Leute dort sitzen. (…) Ich würd die Leute da nicht so aufeinandersitzen lassen. Irgendwie beguckt sich ja doch jeder: Hat *die* 'nen dicken Bauch, hat's bei der geklappt, hat's bei *der nicht* geklappt?

> Hans (38): Ich hab mir die schon genau angeguckt. So, wie alt sind die? Ähm – wie viele Dicke? Weil das, wurde immer gesagt, sind die zwei größten Sachen, die man selber in der Hand hat, Übergewicht und Rauchen. (…) Man versucht dann schon auch zu vergleichen. Warum klappt's bei denen wohl nicht?

Noch vor der Unterscheidung nach Alter oder anderen Gründen für die Kinderlosigkeit sticht hervor, wie Paare sich in diesem Kontext überhaupt gegenseitig als Kinderwunsch, das heißt in einem bestimmten Sinn als Mängelpaare (an)erkennen. Erst vor dieser geteilten Perspektive des unerfüllten Kinderwunsches werden dann alte und junge, fremd- oder möglicherweise ‚selbstverschuldete' Kinderlosigkeit unterschieden, Paare, die bereits ein Kind haben und jene davon meilenweit entfernten unfreiwillig kinderlosen. Wie dies schon im alltäglichen Umkreis von ‚normalen' Paaren geschieht, die sich im Erwartungshorizont einer möglichen Schwangerschaft bewegen, setzt auch die wechselseitige Beobachtung ungewollt kinderloser Paare eine gewisse detektivische Neugier frei, die sich für die Ursachen und Hintergründe der Kinderlosigkeit der Anderen interessiert und soziale Vergleiche triggert. Beobachtungsfolien der Gleichheit und Differenz drängen sich für die Hygiene der eigenen Selbstwahrnehmung und Entstigmatisierung auf, bergen aber auch Fallstricke der Verunsicherung. Schon jenseits jeder Kinderwunschbehandlung deutet die Klatschaffinität, die beim Thema Kinderkriegen zu beobachten ist, auf seine gesellschaftliche Alltagsbrisanz hin. Es ist kaum übertrieben, sich Eltern und Nichteltern in sozialer Hinsicht wie durch eine Art ‚Geschlechterdifferenz' voneinander unterschieden vorzustellen. Ein ähnliches Muster lässt sich auch in der sozialen Relativität des Kinderwunsches festmachen: Man stelle sich eine junge Frau, die gerade abgetrieben hat, weil die Schwangerschaft zum ungünstigen Zeitpunkt kam, neben einem Paar vor, das seit vielen Jahren verzweifelt alles für eine Schwangerschaft in Bewegung zu setzen versucht.[24] Während für die eine ihre Schwangerschaft eine zu kurierende Krankheit darstellt, besteht diese für die anderen gerade in deren hartnäckigem Ausbleiben. Auch hier stellt sich die Alterskategorie als äußerer Marker für den Dringlichkeitsgrad heraus. Mia beispielsweise beobachtet an sich eine bestimmte Altersdiskriminierung: Vor allem die im Vergleich jungen Frauen werden mitleidig beäugt, da man gerade bei ihnen Fruchtbarkeitsprobleme nicht so stark vermutet. Insgesamt geht vom Miteinander ungewollt Kinderloser aber vor allem ein das medizinische Behandlungsszenario normalisierender Effekt aus, denn alle sind letztlich aus demselben Grund hier, wenn auch mit verschieden gelagerten Ursachen.

Eine scharfe Distinktion findet zwischen denen statt, die vielleicht bereits schwanger sind oder schon Kinder haben. Dies stellt wohl die markanteste Humandifferenzierung im Kinderwunschzentrum dar: Glückliche Eltern können verzweifelt Kinderlosen förmlich wie eine andere Spezies vorkommen. Vor diesem Hintergrund wird auch klar, dass Eltern in Begleitung ihrer Kinder und auch sichtbar Schwangere im Kinderwunschzentrum jenes Unter-sich-sein der Kinderwünschenden irritieren:

> Sonja: Einmal musste ich meinen Sohn mitnehmen, da hatte ich das Gefühl, ich werd gesteinigt. (...) Es is natürlich schon so, dass man denkt: „Boa, bei denen hat's geklappt!" oder „Die ham 'n Kind!" Ich mein, es könnt ja auch ein Kind aus 'ner anderen Beziehung sein, ja? Man weiß ja noch nicht mal, ob das das echte eigene und geklappte Kind ist oder auch ein im Kinderwunschzentrum entstandenes.

---

24 Kinderwunschbehandlungen und Abtreibungen unter einem Dach anzubieten, wäre wohl schon aus Marketinggründen ziemlich ungünstig, ein gemeinsames Wartezimmer schiene undenkbar.

Wie mir ein Arzt mitteilte, wird die gleichzeitige Anwesenheit von Paaren mit Kindern und (noch) Kinderlosen in Kinderwunschzentren wenn möglich vermieden, um den kinderlosen Patient:innen diesen Anblick zu ersparen. Paare, die mit ihrem mithilfe des Kinderwunschzentrums entstandenen Kind die Praxis noch einmal besuchen, um ihre Dankbarkeit auszudrücken, werden wenn möglich zu Terminen empfangen, die sich nicht mit zu behandelnden Paaren schneiden. Anders als in anderen medizinischen Einrichtungen ist die Atmosphäre in der Praxis stärker von einem verbindenden Element geprägt, das den Kinderwunsch eben nicht nur als einen individuellen, sondern auch als einen kollektiv getragenen Wunsch erkennen lässt.

2.3.2 Erstgespräche

Erstgespräche im Kinderwunschzentrum stellen einen ersten persönlichen Kontakt zwischen Paar und Reproduktionsmediziner:in und damit auch den Beginn einer sozialen Beziehung dar, die zum Zweck der Kindsproduktion eingegangen wird. Die fortgesetzten gemeinsamen Gespräche bilden dann über den gesamten reproduktionsmedizinischen Behandlungsablauf eine wichtige Institution, in der Paar und Mediziner:in individuelle Problemstellungen eruieren und definieren, zu gemeinsamen Deutungen und Entscheidungen finden, sich auf bestimmte Behandlungsprogramme einigen und diese auch vertraglich festlegen, um schließlich die Zeugung eines Kindes auf den Weg zu bringen. Für diese Gespräche gibt es in jedem Kinderwunschzentrum eigens dafür vorgesehene Besprechungsräume, die ausschließlich dem Gespräch dienen und als Rückzugsorte in einem gewissen Kontrast zu den übrigen Räumlichkeiten stehen. Teils mit Sofa und ansprechendem Bürodesign ausgestattet, ist von medizinischer Umgebung oder Laboratmosphäre hier oft wenig zu spüren. Häufig sind dort Störche anzutreffen, als Besuchersofas zierende Stofftiere oder als stilisiertes Dekoelement.[25]

---

25 Störche finden sich auch anderswo in Kinderwunschzentren als beliebtes Symbolobjekt wieder (siehe auch Ullrich 2012: 321). Simons volkskundliche Analyse des Storchs als Kinderbringer ergab, dass dieser zusammen mit dem Osterhasen und dem Weihnachtsmann einer bürgerlich-städtischen Lebenswelt entstammt (Simons 1990: 32f.), mit ihren im Laufe des Zivilisationsprozesses hervorgebrachten Trennungen (z.B. zwischen Kinder- und Erwachsenenwelt) und Tabus: „Während aus gelehrten Schriften der frühen Neuzeit (...) eine für uns heute geradezu unbekümmerte Haltung der Erwachsenen gegenüber ihren Kindern und ihrer Sexualität spricht, ist später eine immer stärkere Verdrängung und Tabuisierung festzustellen. Die Geschichte vom Klapperstorch gehört in diesen ‚Prozeß der Zivilisation', der letztlich als ein großer kultureller Verdrängungs- bzw. Umgestaltungsprozeß zu sehen ist" (Simons 1990: 33). Mit der sexuellen Revolution ist die Geschichte vom Klapperstorch wieder weitestgehend verschwunden bzw. in den Hintergrund getreten (Simons 1990: 35). Umso interessanter ist es, dass die Störche nun ausgerechnet im Kontext der modernen Reproduktionsmedizin wiederbelebt wurden. Als deren Maskottchen übernehmen sie eine doppelte Funktion: Einerseits binden die Störche die Außeralltäglichkeit der Reproduktionsmedizin im Erleben ihrer Nutzerinnen an eine alte Symbolik des Kinderkriegens zurück. Die Zeugung im Reagenzglas erfährt damit eine Art Normalisierung und verliert ihren Schrecken des Technisch-Künstlichen. Andererseits wirkt die Symbolik auch in ihrem ursprünglichen Sinne einer

Als ein Alleinstellungsmerkmal des unerfüllten Kinderwunschs als medizinisch zu behandelndes Problem hielten wir fest, dass er nicht auf den einen individuellen Patient:innenkörper bezogen ist, sondern auf die organische Funktionalität zweier Körper, und soziologisch noch bedeutsamer, auf zwei Personen und ihren zu *einer* Paarbeziehung gehörenden Körpern verteilt ist. So unterscheidet sich der Termin im Kinderwunschzentrum von anderen Arztbesuchen zuallererst dadurch, dass er in der Regel gemeinsam als Paar wahrgenommen wird. Wie schon der Informationsabend richtet sich das Angebot des Kinderwunschzentrums explizit an Paare als kulturell prädestinierter Sozialform der Elternschaft. Reproduktionsmediziner:innen lassen sich in dieser sich konstituierenden Arzt-Patienten-Beziehung als eine klassische Figur des Dritten beschreiben (Simmel 1908: 102 ff.)[26], die zwischen zwei Körpern eines Paares technisch vermitteln soll. Dies kann nicht geschehen, ohne mit den Besitzer:innen dieser Körper eine spezifische soziale Beziehung einzugehen.

Ärzt:innen stellen sich darauf ein, mit Paaren unterschiedlicher Vorgeschichten und Wissensstände konfrontiert zu sein. Erstgespräche sind sowohl für erfahrene Reproduktionsmediziner:innen als auch für Paare aus mehreren Gründen eine sensible Angelegenheit: Die Paare sprechen oft das erste Mal gemeinsam mit einem (fremden) Dritten über ihr Problem, werden zu intimen körperlichen Aspekten befragt und legen ihm intime Details ihrer Sexualität offen. Sie wollen einen vertrauenswürdigen und vielversprechenden medizinischen Partner finden, der ihnen zu einer Schwangerschaft verhelfen kann. Für die routinierte Reproduktionsmediziner:in geht es immer wieder erneut und im weiteren Behandlungsverlauf insbesondere nach Misserfolgen darum, Vertrauen herzustellen und das Paar für eine Kinderwunschbehandlung zu gewinnen bzw. zu weiteren Versuchen zu motivieren, um am Ende zum Erfolg zu kommen. Die Erstgespräche dienen dem Kennenlernen, wo sich beide Seiten kommunikativ danach abtasten können, ob und wie eine Behandlung gemeinsam angegangen werden soll. Auch wenn, oder *weil* diese (ersten) Begegnungen im Kinderwunschzentrum organisational bereits sehr enggeführt sind, stellt sich situationstheoretisch die Frage, wie sie interaktiv immer wieder neu definiert werden, welche Rahmungen sich also aus dem Hilfegesuch der Paare und der Zuständigkeit des Mediziners in situ ergeben. Die empirische Leitfrage ist, wie der Anlass des Gesprächs im Schnittpunkt zwischen Lebenswelt und medizinischer Zuständigkeit situativ entworfen und definiert wird, mit dem ethnomethodologischen Postulat im Hinterkopf, dass die Verstehbarkeit des sozialen Sinns der Situation von ihren Akteuren selbst hervorgebracht werden muss, so vordefiniert sie institutionell oder kontextuell erscheinen mag (Garfinkel 1967). Schauen wir uns im Folgenden einige Gesprächseinstiege genauer an, wenn das Problem des unerfüllten Kinderwunsches auf seine in Aussicht gestellte Lösung, das Therapieangebot der Medizin, trifft. Die erwähnte Verschiedenheit zu anderen medizinischen Dienstleis-

---

(Wieder-)Verzauberung, um nun die volle und ernüchternde Transparenz des Zeugungsvorgangs, die die Kinderwunschbehandlung mit sich bringt, abzufedern.

26 Bernard (2010) hat im Kontext eines neueren Diskurses zur Figur des Dritten die Leihmutter als eine solche beschrieben.

tungen drückt sich auch im empirischen Material aus, wenn der Arzt das Gespräch nach kurzer Begrüßung so einleitet:

> Arzt: Das Einfache bei uns ist ja, dass man gar nicht fragen muss: Was wünschen Sie?
> Er: – das stimmt.
> Sie: Ja (zurückhaltend, beide Partner den Witz der Äußerung nicht erwidernd)
> Arzt: – Gut. – Sie haben noch kein Kind?
> Sie: Nee.
> Arzt: Waren Sie schon mal schwanger? (sie: nickt) – Aber?
> Sie: Aber dann nicht mehr.
> Arzt: Ging nicht gut.
> Sie: Nee.

Während der Arzt durch eine gut gelaunte Anfangsgeste einen emotional eher positiv besetzten Kinderwunsch antizipiert, stellt sich schnell heraus, dass das etwas schüchterne Paar sich in dieser Stimmungslage nicht wiederfinden kann, stattdessen trübt die tiefsitzende Enttäuschung über eine kurz zurückliegende Fehlschwangerschaft, wie sich dann zeigen wird, jede Form der Gelassenheit in Sachen Kinderkriegen. Dieses Paar hat nicht nur kein Kind und ist verzweifelt, weil es (noch) nicht (ge)klappt (hat), es hat bereits eines pränatal verloren. Der Kinderwunsch ist durch diese Vergangenheit entsprechend emotional besonders aufgeladen und verweist vielleicht stärker auf diese traurige Verlusterfahrung als auf eine glücklich imaginierte Zukunft zu dritt, die damit in weite Ferne gerückt ist. Der Arzt muss sich im Laufe des Gesprächs entsprechend auf diesen individuellen Fallkontext einstellen und das heißt vor allem, sich der Stimmung des Paares anpassen.

Ein anderes Mal bittet der Arzt das wartende Paar so in den Besprechungsraum:

> Arzt: (das Paar gestisch empfangend) Nicht erschrecken, ich beiße nicht (lacht, öffnet die Tür zum Sprechzimmer, führt das Paar hinein, das Paar und er nehmen Platz.) So – (macht ein paar Mausklicks am PC, öffnet die Patientendatei, alle richten sich auf ihren Stühlen ein) ich bin ganz Ohr! – (Arzt erteilt dem Paar gestisch das Wort.)
> Susanne: Jiaaa (lacht, wirkt leicht verlegen). – Wir hätten gerne ein Kind und es will nicht so richtig klappen.
> Arzt: Hab ich mir gedacht! (ironischer Tonfall, alle lachen)
> Susanne: Und das möchten wir gerne ändern.
> Arzt: Ok. Was wissen Sie denn schon so von sich? Gibt's eine eingrenzende Suche?
> Susanne: Ich hab mal bisschen was mitgebracht. (Sie hält einen mitgebrachten Ordner mit Unterlagen und Befunden hoch.)

Versucht der behandelnde Arzt hier zu Beginn den beiden die Angst vor dem Erstkontakt mit einem Reproduktionsmediziner zu nehmen? Zumindest beugt er einer möglichen Verlegenheit und Unsicherheit des Paares vor, nun gleich persönlich mit seinem intimen Problem dem Mediziner gegenüber zu sitzen. Dieses Paar wirkt im Vergleich zum Vorherigen deutlich unvorbelasteter, musste zumindest noch keine größeren Misserfolge wegstecken. Sie unterscheiden sich darin, dass hier der prospektive Kinderwunsch viel stärker im Vordergrund steht als im ersten Fall, der von der retrospektiven Krisenerfahrung einer Fehlgeburt geprägt ist. Gemeinsam ist den beiden Sequenzen aber, dass in ihnen jeweils die Selbstverständlichkeit des Anliegens – die Paare wollen ein Kind – auf die ein oder andere Weise noch einmal explizit zum Ausdruck gebracht wird. Dieses Anliegen entspräche in anderen medizinischen Angelegenheiten einem allgemeineren, still und selbstverständlich unterstellten Ziel, (wieder) gesund werden zu wollen. Während der dringend geäußerte Wunsch, wieder gesund zu werden, in anderen Kontexten aber nicht unbedingt zwingende Voraussetzung für eine medizinische Behandlung ist, liefern hier nicht etwa körperliche Defekte, Schmerzen oder Einschränkungen die entscheidende Grundlage für die Behandlung, sondern ausschließlich der individuelle und subjektive Kinderwunsch. Bei einer Kinderwunschbehandlung handelt es sich also nur sekundär um eine Behandlung, die an der (fehlenden) Gesundheit der Patient:innen ansetzt (vgl. Ullrich 2012). Kein Kind zu haben ist per se kein medizinisch auffälliger Wert, und auch wenn sich trotz Geschlechtsverkehr keine Schwangerschaft einstellt, gewinnt dies erst in Verbindung mit einem Kinderwunsch medizinisch Relevanz, der aber nicht so einfach unterstellt werden kann wie der allgemeine Wunsch nach Gesundheit. Die Art der Therapie hängt dementsprechend viel stärker von der Intensität des Wünschens als von medizinischen Diagnosen ab, wie es sich auch im Statement dieser Ärztin zeigt:

> Ärztin: Es gibt Paare, die sagen: komm, wir probieren 's und wenn's nicht klappt, klappt's halt nicht, ja? Und es gibt andere Paare, die sitzen mit Mitte zwanzig hier und sagen: *wir machen jetzt hier künstliche Befruchtung* (klopft dreimal im Rhythmus des Sprechens mit der Hand auf den Tisch, die Vehemenz der Aussage unterstützend), wir wollen jetzt 'n Kind! So unterschiedlich ist das.

Die Ärzt:innen haben es also mit unterschiedlichen Graduierungen des Wünschens und verschieden ausgeprägten Handlungs- und Opferbereitschaften zu tun, aber auch mit unterschiedlichen sozialen Wunschformatierungen. In folgendem Fall sieht sich die Patientin gleich zu Beginn zu einer Art Geständnis genötigt. Marit (38) und ihr Partner Jürgen (41) kommen ins Sprechzimmer:

> Arzt: (schließt die Tür, alle setzen sich) Sooo! Sie dürfen. – Erzählen Sie mal.
> Marit: – Ja, ich hab eigentlich schon vier Kinder.

Marits erster Satz kommt wie eine Art ‚Coming Out' daher. Auf die klassische Medizin übertragen wirkt ihre Eröffnung ein bisschen wie: *ich bin eigentlich kerngesund* – was die Legitimität bzw. den Sinn des Arztbesuchs in Frage stellt. Marit scheint zu spüren, dass ihr eine als typisch unterstellte Indikation als Patientin im Kinderwunschzentrum fehlt – sie ist auf den ersten Blick alles andere als kinderlos. Hinzukommt, dass sich Marit im Laufe des Gesprächs auch noch für ihre nach dem vierten Kind vor acht Jahren getroffene Entscheidung rechtfertigen muss, sich nämlich damals einer Sterilisation unterzogen zu haben. Marit mag sich ein wenig erleichtert gefühlt haben, jedenfalls fällt mir als Beobachter auf, dass jene Besonderung ihrer selbst, mit der sie sich als bereits vierfache Mutter vorstellt, vom behandelnden Arzt keinerlei Erwiderung erfährt und ihr Wunsch nach einem weiteren Kind auf keine Weise in Frage gestellt wird. Er beginnt unbeeindruckt die Daten aufzunehmen, etwa wann die Kinder geboren wurden, ob sie alle auf natürlichem Weg gezeugt wurden – Marit: „und schneller als ich wollte" – und ob alle Kinder vom selben Partner sind:

> Marit: (verneint gestisch) zwei – zwei (zeigt mit der Hand zwei mal zwei Finger).
> Arzt: zwei und zwei – und das sind nicht Sie (zu Marits anwesendem Partner)?
> Marit: richtig.
> Arzt: also das wäre jetzt Partner drei, mit dem Sie jetzt nochmal Kinderwunsch haben.
> Marit: ja.
> Jürgen: genau.

Angesichts Marits vergangener kinderreicher Beziehungen steht die Beziehung mit Jürgen nun allemal und vielleicht erst recht als ‚kinderlos' da. Auch Jürgen wird gefragt, ob er Kinder habe oder von Schwangerschaften anderer Frauen wüsste und er verneint dies. Dann fragt ihn der Arzt:

> Arzt: Haben Sie schon mal 'nen Test machen lassen?
> Jürgen: HIV-Test?
> Arzt: Spermientest.
> Jürgen: nein.

Der Arzt nimmt eine Inventur aller gezeugten Kinder und vergangener Schwangerschaften beider Partner vor. Das kleine Missverständnis zeigt, dass Jürgen diese Fragen, anders als vom Arzt intendiert, vielleicht stärker auf einer sozialen Ebene verortet. Der Sinngehalt eines womöglich indizierten HIV-Tests würde vielmehr auf das Risiko wechselnder Sexualpartner verweisen. Während der Arzt vielmehr im Hinblick auf eine mögliche Kinderwunschbehandlung herausfinden will, ob Jürgens Spermien schon einmal zum Erfolg führten, scheint Jürgen sich eher in seinem Sexualleben durchleuchtet zu fühlen. Das den Fragen zugrundeliegende Interesse des Arztes ist aber viel eher technischer Art, indem er z. B. mit dem Problem konfrontiert ist, Marits Sterilisation rückgängig zu machen bzw. verfahrenstechnisch zu umgehen. Für die Krankenkasse spielt ihre Entscheidungsinkonsequenz, nun nach ihrer Sterilisation doch noch weitere Kinder austragen zu wollen, aber durchaus eine Rolle:

> Arzt: das Argument von denen ist natürlich: Das Hin-und-her können wir doch nicht mitmachen.

Die Behandlung des Kinderwunsches entspricht der Revision von Marits damals getroffener und am eigenen Körper vollzogener Entscheidung, keine weiteren Kinder mehr zu wollen. Damals ließ sie ihrer Fruchtbarkeit auf medizinischem Weg aktiv den Hahn zudrehen. Die Sequenz verweist andererseits auf die soziale Verfasstheit des Kinderwunsches, der aus Marits Perspektive wie ein aus der neuen Beziehung resultierender, zu deren Affirmation notwendiger Zugzwang anmutet. Mit Jürgen nun kinderlos zu bleiben, würde die Beziehung im Vergleich zu den vorherigen womöglich degradieren. Ein anderes mögliches Szenario ist, dass es sich tatsächlich um das erste

‚Wunschkind' handelt, während die anderen Kinder zwar vielleicht gewollt, aber ohne dezidiert ausgeflaggten Kinderwunsch entstanden sind. Für den Behandlungskontext spielen all diese Fragen der Genese und Vorgeschichte des Kinderwunsches aber nur bedingt eine Rolle und werden entsprechend abgetastet, etwa danach, ob es sich um eine für eine Behandlung legitim erscheinende bzw. legale Beziehungskonstellation handelt. So wollen sich behandelnde Ärzt:innen in der Regel davon überzeugen, dass Patient: innen ihre Paarbeziehung etwa nicht nur vortäuschen und es sich beim männlichen Partner nicht in Wahrheit nur um einen privaten Spender handelt.

Für die Prognose bedeuten Marits bereits vorhandene Kinder ein gutes Vorzeichen:

Arzt: Ihre Chance ist sicher gut, Sie sind noch nicht zu alt und Sie haben vier Kinder auf normalem Weg bekommen.

Es werden diejenigen Informationen herausgefiltert, die für die medizinische Behandlung relevant sind. Genau dieses Zuschneiden der Informationen auf die Behandlung des Kinderwunsches ist eine Funktion, die die Erstgespräche erfüllen. Gleichzeitig beginnt sich mit dem Austauschen und Sammeln von Informationen die Arzt-Patienten-Triade ihrerseits sozial zu formieren. Schauen wir uns einen weiteren Einstieg in ein Erstgespräch, vor dem Hintergrund der Frage an, wie sich die Arzt-Patienten-Beziehung in den ersten Gesprächsminuten entwickelt:

Der Arzt bittet das Paar (er 45, sie 29) ins Sprechzimmer und eröffnet das Gespräch, während das Paar platznimmt:
Arzt: Schön, dass sie schwanger werden wollen! (Sie lacht) Junge Frauen sehen wir hier gerne. (Sie: okay?!) – Für uns zählen sie noch als jung.
Er: (leise) Ich nicht mehr. (Sie lacht)
Arzt: Die Männer dürfen ja älter sein. Von daher sehen wir das entspannt.
Der Arzt kuckt in seinen Bildschirm auf die bereits angelegten Patientendaten.
Arzt: Soo. Jahrgang 65? Sie sind ja mein Jahrgang! (Er: nickt) Sie sehen aber jünger aus als ich.
Sie: Er ist Jungfrau (lacht)
Arzt: Das hätt ich jetzt nicht gedacht. Gut, ok! Sie rauchen nicht, ne?
Er: doch. Aber nicht viel.
Arzt: Is ja noch besser! Wieviel?
Er: vier bis fünf Zigaretten am Tag.

Paare im Kinderwunschzentrum outen sich quasi automatisch als ‚Kinderwunschpaare'. Der Arzt lobt das junge Alter der Frau und macht daraus eine Art besonderen Willkommensgruß. Im Vordergrund steht der lockere Einstieg ins Gespräch, der hier gut gelingt und schnell eine persönliche Ebene zwischen Paar und Mediziner schafft. Mit der locker eingeflochtenen Frage nach den Rauchgewohnheiten geht der Arzt bereits fließend zur Abarbeitung seiner Anamnesefragen über. Das Alter der Frau stellt in der Reproduktionsmedizin einen entscheidenden Faktor dar: Einerseits verdankt sich die Zunahme und der Bedarf an Therapien dem biografisch später aufkommenden Wunsch, Kinder zu bekommen, andererseits sinken mit steigendem Alter vor allem der Frauen auch die Erfolgschancen reproduktionsmedizinischer Behandlungen. Ganz nebenbei reproduzieren sich hier Altersklischees in der Zusammensetzung von Paaren: Die Frauen sollen jung, die Männer dürfen älter sein. Was für den Mediziner seine Relevanz auf Basis biostatistischer Daten gewinnt, nämlich dass die Schwangerschaftschance vor allem mit steigendem Alter der Frauen abnimmt, gerät hier zur Bestätigung und biologischen Reifizierung einer sozialen Norm, der das Paar (zufällig) entspricht. Dass *sie* für den Arzt *noch als jung* zählt, verweist genau auf die medizinisch-statistische Datengrundlage der Kinderwunschbehandlung, die vor allem Frauen ab 40 rapide sinkende Chancen bescheinigt. Der Arzt lobt sie dementsprechend für ihr junges Alter und ihn für sein Jung-geblieben-sein.

An dieser Anfangssequenz, die die soziale Arbeit des Gesprächs, die lockere Annäherung, und gleichzeitig bereits das medizinische Abtasten im Hinblick auf Schwangerschaftschancen dokumentiert, wird der ambivalente Deutungshorizont sichtbar, der sich im Rahmen des Gesprächs an der Schnittfläche zweier Welten ergibt: der biomedizinischen Perspektive des Arztes und eines alltagsweltlichen Gendering und Aging. Die Alterszusammensetzung des Paares ist für die Behandlung *sozial* nur sekundär relevant, gewinnt aber im Rahmen der Sozialität der Behandlung Signifikanz. Indem das Paar vom Arzt spielerisch in den Bedeutungshorizont der Behandlung eingeführt wird, werden das Alter der Partner sowie deren Altersunterschied in ihrer Bedeutung hochgefahren und mischen sich mit alltagsweltlichen Normen der Paarbildung.

Einblicke in den hohen Stellenwert der Vertrauensbeziehung, die Paare bei der medizinischen Assistenz ihres Kinderwunsches eingehen, lassen sich auch gewinnen, indem man die Aufmerksamkeit auf jene Paare richtet, die aus Unzufriedenheit heraus das Zentrum wechseln. Nach einem längeren Erstgespräch, in dem bereits viele Informationen ausgetauscht wurden, stellt Tom, der mit seiner Partnerin einem anderen Kinderwunschzentrum den Rücken gekehrt hatte, die Frage:

> Tom: Würden sie uns als Patienten aufnehmen?
> Dr. Gerb: ja klar! Natürlich, warum sollte ich nicht?!
> Tom: also ich weiß nicht, ob du (zu seiner Partnerin) das auch so siehst, aber ich fühl mich hier aufgehoben.
> Heike: (lacht) ja, klar (alle lachen) ist so.

Nachdem Heike und Tom mit kritischer Haltung gegenüber einem Kollegen des Arztes ins Gespräch gegangen waren, bekundet Tom nun sein Commitment. Fast demütig bittet er ihn darum, dass seine Frau und er zu seinen Patient:innen werden dürfen. Implizit verleiht er damit auch der Beziehung zu Dr. Gerb einen Rahmen jenseits bloßer Dienstleistung. Im Subtext fragt er ihn, ob dieser bereit wäre, deren Kinderwunsch zu seiner (persönlichen) Angelegenheit zu machen. Der Ausdruck *„jemanden aufnehmen"* lässt sich mit der behutsamen Integration in eine soziale Gemeinschaft oder Institution assoziieren, in die nicht jeder ohne Weiteres aufgenommen wird. Auch die Assoziation mit einer Art ‚Adoption' liegt nicht fern: In Toms Geste steckt eine Art förmlicher Antrag an Dr. Gerb, ob er bereit wäre, so etwas wie eine Patenschaft für ihren Kinderwunsch zu übernehmen. Gerb reagiert auf den Rahmungsversuch von Tom mit einem selbstverständlichen, die gestellte Frage in Frage stellendem Ja. Indem er seine Frage als mehr oder weniger überflüssig erscheinen lässt, geht er nicht auf Toms vielleicht zu intim anmutenden Rahmen ein und rückt ihn wieder in die Nähe einer medizinischen Dienstleistung. Welchen Grund sollte er haben, Tom und Heike nicht als Patient:innen aufzunehmen? Tom schließt dann vielleicht ebenso etwas verwirrt mit einer Frage an, die eigentlich im Verlauf des Gesprächs schon geklärt schien, worauf ihn seine Partnerin sogleich hinweist:

> Tom: Was würden Sie uns empfehlen?
> Heike: Wir haben das ja jetzt doch! (zu ihm)
> Arzt: Also Sie müssen das entscheiden. Sie müssen ein gutes Gefühl haben. (Tom: ja) Ich würde es davon abhängig machen, wie dringend das für Sie ist. Wenn Sie sagen: wir würden das gern mal probieren, wenn es klappt, wär das schön/ Das ist 'ne ganz andere Grundvoraussetzung, als wenn Sie sagen: Das ist jetzt unser festes Ziel, wir wollen das.
> Tom: nee, also wir wollen 's schon/ wir wollen schon richtig. Wir wollen das wirklich sehr, ja.
> Arzt: Wenn Sie eher in die zweite Gruppe gehören, würde ich nicht rumprobieren, dann sollten Sie die künstliche Befruchtung machen. (Heike: ok) Wenn Sie sagen: wir wollen 's einfach mal probieren und kucken, dann können Sie's durchaus erstmal mit der Insemination probieren.

Während Tom um das Commitment des Arztes bat, fordert der Arzt im Gegenzug die Compliance des Paares an seinen Kinderwunsch heraus. Möglich ist auch, dass Tom seine eigene Unsicherheit, die Behandlung fortzusetzen, hinter der von ihm inszenierten Aufnahmeentscheidung des Anbieters versteckt, indem er den Wechsel der Zentren unnötig dramatisiert und als Bittsteller auftritt. Mit der Frage, vor die Dr. Gerb sie nun stellt, in welche Gruppe sie gehören (wollen), diagnostiziert er im buchstäblichen Sinne ihren *Kinderwunsch*, um anschließend auf der Basis eines stabilen Wunsches die Kinderlosigkeit behandeln zu können. Tom und Heike beteuern daraufhin abschließend nochmals, dass sie es *„wirklich ganz dolle wollen"*. Erneut geht es darum, auf der Ebene des Kinderwunsches Fakten zu schaffen und die Behandlung an die Intensität des Wunsches anzupassen.

Die Formierung der Fortpflanzungstriade und deren sozialer Beziehungsgehalt zeigt sich auch an verschiedenen anderen Stellen. Der behandelnde Arzt kann etwa auch als positiver Evaluierer der Beziehung genutzt werden, wie im folgenden Interviewauszug:

> Regina: Doktor Werner muss das ja dann im Prinzip beurteilen/ er soll das ja nur machen oder unterschreibt nur dann, wenn das seiner Meinung nach eine stabile Beziehung ist. Und da hab ich ihn gefragt, ob er sich da wirklich Gedanken drüber macht. Und da hat er eben gesagt, er hat auch schon welche weggeschickt und gesagt, sie sollten doch erst mal überlegen (lacht), vielleicht 'ne Eheberatung zu machen.

Regina fühlt sich in ihrer Beziehung zu ihrem Partner vom Arzt positiv bestärkt, nachdem sie sich vergewissert hat, dass nicht jede Beziehung dem prüfenden Blick des Arztes standhält. Indem der Arzt die Beziehung implizit auf ihre soziale Tauglichkeit zum Kinderkriegen prüft, legitimiert und bestätigt er zugleich deren Kinderwunsch.

Ein anderer konstituierender Moment der Arzt-Patienten-Beziehung zeigt sich in folgendem Behandlungssetting, deren Intimgrenzen sich im Rahmen der Kinderwunschbehandlung verschieben. Die von der Informantin geschilderte Szene gibt einen Einblick, wie im praktischen Verlauf einer Inseminationsbehandlung und anfänglicher Ultraschalluntersuchungen, die hier von Doris' Gynäkologin durchgeführt werden, die Paar- und die Arzt-Patienten-Beziehung miteinander fusioniert werden:

> Doris: Wenn ich auf diesem Stuhl liege, war ja vorher nie mein Mann mit dabei. Dann käme ich mir schon blöd vor, weil ich weiß, wir hatten den ersten Vaginalultraschall und waren bei meiner Gynäkologin und ich lag breitbeinig auf diesem Stuhl. In der Anfangszeit [der Kinderwunschbehandlung] hat sich mein Mann nicht rein getraut. (...) Mir war es auch ein bisschen komisch, weil das ist eine Situation, die hab ich sonst normalerweise mit ihr [der Ärztin] alleine. Und auf einmal stand da der Mann mit dabei. Aber er hat das dann ganz cool gemacht. Sie meinte: Sie können ruhig reinkommen. Und er hat sich dann so seitlich bei mir hingestellt und hat mit auf den Bildschirm geguckt. Und da ging das bei mir dann auch relativ schnell weg, dieses erste unangenehme Gefühl.

Eine gynäkologische Routinesituation, deren intimen Einblicke für die Informantin lange Zeit vom Vertrauen zu ihrer Ärztin und durch Ausschluss jeglichen Publikums getragen war, findet nun in einem verschobenen Kontext statt, der im Rahmen des gemeinsamen Kinderwunsches jetzt auch ihren Partner etwas angeht, was eine für alle Beteiligten ungewohnte Konstellation hervorruft. Es ist die Intimität zwischen der Ärztin und ihrer Patientin, die hier durch deren Partner zunächst gestört wird, der dann von der Ärztin wiederum behutsam in die Situation geholt und damit seinerseits zu einem zugehörigen Dritten gemacht wird. Ähnliches geschieht in folgender Beratungssituation, in der die Patientin ohne ihren Partner mit dem Arzt spricht:

> Eva (33) kommt alleine zu einem Folgegespräch. Sie hatte ihren Zyklus überwachen und einen Bluttest machen lassen mit dem vorläufigen Ziel, vielleicht ohne Kinderwunschbehandlung auszukommen. Sie wollte fragen:
> Eva: (...) was Sie da zu den Blutwerten sagen/ wie das so alles aussieht.
> Dr. Kranig kann keine Abnormalitäten erkennen, es gebe „keinen hormonellen Hinweis, dass irgendwas komisch ist". Es sei alles soweit in Ordnung, sofern dies anhand der Daten zu beurteilen sei.
> Eva: Zu meinem Freund dürfen Sie wahrscheinlich nichts sagen, oder?
> Der Arzt gibt gestisch diskret durch verneinende Kopfbewegung zu erkennen, dass sich auch hier keine Auffälligkeiten gezeigt hätten. Dem versichert sie sich mit der Nachfrage:
> Eva: Das heißt, Sie meinen, wenn man das nur ganz geschickt anstellt, müsste das auch funktionieren?
> Der Arzt bestätigt dies schweigend und sie schickt die indirekte Frage hinterher:
> Eva: Ne Freundin sagte mir, das würde auch nichts bringen, wenn man jeden Tag Verkehr hätte/
> Arzt: Bloß nicht! – Also wenn's Spaß macht, ja! Aber es ist nicht zielführend. Weil Sie dann 'nen Verdünnungseffekt erreichen. Wenn Sie schon kurz nach der Periode anfangen, ist es logisch, dass dann am Tag X ein Verdünnungseffekt eintritt. Dann sind wahrscheinlich nicht mehr ausreichend Spermien da. Wenn Sie sich dem Problem nähern wollen, nur indem Sie das mit LH-Tests oder so probieren, (...) Kucken, wann ist der Eisprung, und wenn der positiv wird, möglichst Verkehr haben.

Zwar ist Evas Mann bei diesem Gespräch nicht anwesend. Es bildet sich aber immerhin ein legitimer Rahmen heraus, auch über ihn bzw. besser: über seine das Paar und seine Reproduktion betreffenden Werte des gerade erst durchgeführten Spermiogramms sprechen zu dürfen. Die Sequenz gibt gut zu erkennen, wie Sexualität und Medizin hier langsam aufeinander zubewegt werden und sich gleichzeitig eine Fortpflanzungsgemeinschaft zwischen dem Arzt und dem durch Eva repräsentierten Paar zu formieren beginnt. Der Sex soll auf eine Schwängerung hin optimiert werden, er wird zum medizinisch verordneten Akt, dessen optimaler Zeitpunkt durch einen Test bestimmt werden soll. Davor sollte nicht schon ‚zu viel Pulver verschossen' worden sein. Neben den Werten des Spermiogramms, die der Arzt diskret als unauffällig preisgibt, kommen weitere, den Berufsalltag des Paares betreffende Relevanzen hinzu:

> Eva: Dadurch, dass ich ja fliege, ist das auch immer nie so ganz sicherzustellen/
> Eva ist Stewardess und durch die beruflich bedingte Abwesenheit ist der Geschlechtsverkehr, erst recht zum richtigen Zeitpunkt, nicht immer machbar, wie sie im Gespräch selbst diagnostiziert. Gleichzeitig möchte sie wissen, ob ihr insbesondere durch Nachtflüge und Zeitdifferenzen geprägter Arbeitsrhythmus sich zusätzlich negativ auf ihre Fruchtbarkeit auswirken könne. Dr. Kranig bestätigt ihr dies und verweist auf Studien, die nachwiesen, dass dadurch unter Umständen *„tatsächlich das Zyklusgeschehen unordentlich wird"* und häufiger keine Eisprünge oder Zyklusverschiebungen auftreten könnten.

Mit dem Arbeitsrhythmus und dessen hormonellem Einfluss geht aber nun noch ein anderes soziotechnisches Problem einher:

> Eva: Ich krieg mein Freund nicht dazu, zu sagen: So heute müssen wir/ das ist ihm zu anstrengend (lacht).
> Arzt: Das ist nur eine Frage der Taktik.
> Eva: Ja, nein, klar, ich weiß/
> Arzt: Sie sagen 's ihm einfach gar nicht.
> Eva: Hab ich dann auch gedacht. Beim letzten Mal war's halt doof, das fand er gar nicht lustig, so auf Kommando.
> Dr. Kranig erläutert ihr, die Frage sei, was beim Mann tatsächlich dahinterstecke, *„ob er auch wirklich so weit sei"*. Es gebe immer wieder Männer, die in dem Moment nochmals begännen nachzudenken und vor der Endgültigkeit der Sache des Kinderkriegens zurückschrecken. Eva verständigt sich mit dem Mediziner darauf, dass sie und ihr Partner nun nochmal kucken werden, ob sie das Problem mit der Fliegerei in den Griff kriegen, *„und wenn nicht, haben wir gedacht, vielleicht dann doch nochmal vorbeikommen"*. Dr. Kranich weist sie darauf hin, dann aber im Fall einer Behandlung ebenso mit jenem Terminproblem konfrontiert zu sein, insofern *„wir dann auf einen Tag X hinarbeiten würden"*.

Instruktiv und besonders anschaulich an diesem Fall ist die sich anbahnende Verknüpfung von sozialen, das Paar und deren Sexualität betreffenden Faktoren, und gleichzeitig medizinischen wie technischen Faktoren: Die Sexualität des Paares wird zunehmend ihrem vordringlicher werdenden Ziel untergeordnet, erweist sich aber vorerst nicht als zielführend. Mögliche Gründe dafür werden auf unterschiedlichen Ebenen verortet: in einem beruflich bedingten hormonellen Ungleichgewicht, in zeitlichen Koordinationsproblemen der Beziehung, hinzukommt eine Art Ladehemmung seinerseits, wenn es darum geht, den Geschlechtsverkehr um des Kinderkriegens willen zu timen. Der Arzt räumt in einer Mischung aus männlicher und sexualpsychologischer Expertise ein, dass dies mental bedingt sein könnte und Evas Partner möglicherweise noch nicht bereit für eine Familiengründung sei. Auch die Abwesenheit des Partners im Gespräch könnte für den Arzt auf einen mangelnden Kinderwunsch seinerseits schließen lassen. Er kann aber trotz zunächst unauffälliger Hormonwerte auch nicht ausschließen, dass (auch) ein medizinisches Problem vorliegt, das in die Kernzuständigkeit des Arztes fällt.

Das Gespräch mit dem Mediziner gerät zu einer Art Paar- und Sexualberatung, in der der Arzt seiner Patientin eine Art Psychologie des männlichen Kinderwunschs anbietet und ihr Tipps gibt, wie sie ihren Partner möglichst stressfrei zum richtigen Zeitpunkt zum Verkehr bewegen kann, indem sie die Fortpflanzungsabsicht verschweigt. Sie wird gewissermaßen zur Fruchtbarkeitsagentin des Arztes, der mit ihr als Auftraggeberin eine Zweierallianz gegen den zögernden Partner bildet. Dieses dynamische Zusammenspiel verschiedener Aspekte des Kinderkriegens stellt dessen soziotechnischen Charakter heraus. Belange der Paarbeziehung – deren Sozialität, Geschlechterdifferenz und Sexualität – und Belange des Medizinischen werden in Kontakt gebracht und miteinander vermittelt. Auch die Abwesenheit von Evas Mann ist instruktiv. Dieser geht aus der Kommunikation zwischen Arzt und Patientin als eine Art zu überlistender Samengeber hervor. Kehrt man die Geschlechterrollen fiktiv einmal um und stellt man sich diese Konstruktion analog als Gespräch zwischen dem Mann und dem Arzt vor, die sich über die abwesende Frau unterhalten, verrät dies einiges über die Geschlechterasymmetrie des Behandlungssettings, in der der Frau a priori eine Art Führungsposition zugewiesen wird. Die Abwesenheit des Mannes führt hier auch zu einer besonderen Entstehung von Intimität zwischen Patientin und Arzt, mit dem sie ihr Wissen nicht nur über sich und ihren Körper, sondern auch über ihren Mann teilt, dessen Zeugungsbeteiligung dadurch aus der Sicht ihrer Beziehung zum Arzt eine gewisse Objektivierung bzw. ‚Bemächtigung' erfährt.

Werfen wir anhand von retrospektiven Interviewdaten noch einen Blick auf ein gescheitertes Erstgespräch, das bereits auf Ergebnisse einer im Vorfeld durchgeführten Diagnostik zurückgreift und in dem das Paar gleich zu Anfang mit den schlechten Werten eines Spermiogramms konfrontiert wird:

> Mia Das Erstgespräch ist nicht gut gelaufen. Wir hatten 'n Termin, aber wurden erst nach anderthalb Stunden aufgerufen. Die Ärztin hatte dann aber auch nicht mehr viel Zeit. Wir waren nicht gut vorbereitet, das muss man auch dazu sagen. Aber sie hat uns auch nicht gut beraten. Wir hatten schon diese Broschüren uns durchgelesen. Aber ich hab nicht damit gerechnet, dass uns direkt ICSI an/ so angedreht wird, sag ich mal. Ich dachte, vielleicht kann man 's mit Leichterem versuchen. Wir waren beide nicht gut vorbereitet, auch auf diese Spermaergebnisse nicht/ dass es so schlecht ausgefallen ist. Wir waren überfordert, dass wir gleich ICSI machen sollten und direkt so diese ganzen Sachen mit Narkose und dies und jenes. Für ein Erstgespräch war das für uns beide zu viel. Deswegen haben wir auch erstmal mit Insemination versucht. Bis ich mich dann an diesen Gedanken gewöhnen musste, dass es vielleicht doch nur durch ICSI klappt.

Diese Interviewsequenz von Mia ist Dokument einer missglückten Erstgesprächskommunikation und einer daraufhin kaum tragfähigen (bzw. ‚fruchtbaren') Beziehung zur behandelnden Ärztin. Die Stimmung ist schlecht schon aufgrund eines zu langen Wartezimmeraufenthalts und im Gespräch selbst fühlen sich Mia und ihr Partner überrumpelt. Andererseits gesteht Mia ein, selbst nicht gut vorbereitet gewesen zu sein und stellt die Zusammenkunft mit der Ärztin so als eine wechselseitige Angelegenheit dar. Die Empfehlung zu einer ICSI stellt sich später, wie sich zeigen wird, nicht als falsch heraus. Fachlich hat die Ärztin also keinen Fehler gemacht. Schon mit den im Gespräch mitgeteilten Ergebnissen des Spermiogramms überfordert, sind Mia und Tim nicht in der Lage, dieses Ergebnis auch noch in seinen Konsequenzen für die Behandlung, also als Indikation für eine ICSI, zu verarbeiten. Mit anderen Worten: Die vertrauliche Beziehung zwischen Paar und Mediziner:in kann hier mit dem Tempo der Diagnose und ihren Folgen nicht schnell genug mitwachsen. Als junges Paar haben Mia und ihr Partner einen solch steilen Einstieg in die Behandlung nicht erwartet. Man ist fast geneigt, die Begegnung mit einem ersten Date zu vergleichen, bei dem eine von beiden (in diesem Fall die Ärztin) erst zu spät erscheint und dann zu schnell zur Sache kommt, und somit schon von Anfang an verunmöglicht, was hätte werden können. Insgesamt lässt sich an diesem Material der Erstgespräche gut zeigen, wie zu Beginn einer erst anlaufenden Kinderwunschbehandlung verschiedene Ebenen konvergieren: die der Paarbeziehung und des (gemeinsamen) Kinderwunsches, der Sexualität als soziale und gleichzeitig befruchtungstechnische Aktivität, die Ebene reproduktiver Körperfunktionen im Schnittpunkt der Paarsexualität und schließlich der Vertrauensbildung einer neu entstehenden Arzt-Patienten-Beziehung. Als Beginn einer spezifischen Arzt-Patienten-Beziehung geben Erstgespräche Einblicke in den sinnhaften Aufbau reproduktionsmedizinischer Behandlungspraxis.

3 Zwischen Labor und Lebenswelt

3.1 Zerlegung des Paarkörpers – Komposition des Zeugungsapparats

Damit Ärzt:innen die medizinische Regie über Zeugung und Befruchtung übernehmen können, müssen sie sich zunächst anamnestisch mit den vorhandenen Körpern vertraut machen. Aus diesen gesammelten Daten wird in der Folge ein gemeinsamer Fortpflanzungsapparat zusammengesetzt, dessen Zustand und Ausstattung mögliche Behandlungsformen eingrenzt. Zu Beginn findet also eine organismische Bestandsaufnahme statt, in der die körperlichen Voraussetzungen des Patientenpaares über das Abfragen im Arzt-Patientengespräch, das Studieren schon vorhandener Befunde und anhand zusätzlicher körperlicher Untersuchungen und Tests, erfasst und zusammengeführt werden (siehe auch Ullrich 2012: 233 ff.). Anlass dieser Diagnostik sind nicht in erster Linie individuelle Beschwerden eines Partners, sondern die enttäuschte gemeinsame Erwartung einer Schwangerschaft, also ein körperliches Versagen im Schnittpunkt zweier Körper. Daran ansetzende soziologische Fragen sind, wie in diesem zwischen Ärzt:innen und Patientenpaaren aufgespannten kommunikativen Raum die Patient:innenkörper mit den Reproduktionstechniken der Medizin durchleuchtet und verknüpft werden, welche Körper und perspektivischen Spannungen in diesem spezifischen Fall eines „body multiple" (Mol 2003) zum Vorschein kommen, welche sozialen Implikationen sich für das Paar daraus ergeben und wie sich Perspektivendifferenzen zwischen Patient:innen und Ärzt:innen, aber auch innerhalb des Paares entwickeln. Der Fokus liegt nun nicht mehr auf der Frage, wie die Gespräche als medizinische Situation hergestellt werden, sondern wie in diesem Rahmen ein Sprechen über den Körper stattfindet und auf welche spezifische Weise körperliche, soziale, geschlechtliche, medizinische und technische Bezüge miteinander in Verbindung gebracht und ineinander übersetzt werden. Hierbei orientieren wir uns an ausgewählten Themen und Motiven, die von der reproduktionsmedizinischen Behandlung fokussiert und hervorgebracht werden.

3.1.1 Der Paarkörper und seine reproduktionsmedizinische Objektivierung

Die obligatorische Frage der Ärzt:in zu Beginn lautet nicht wie bei vielen anderen medizinischen Konsultationen, wo die Beschwerden liegen, sondern:

Seit wann versuchen Sie schwanger zu werden? Wie lange probieren Sie denn schon?

Oder:

Wie lange haben Sie schon Kinderwunsch?

https://doi.org/10.1515/9783110783674-003

Die öfters beobachte Formulierung der Frage nach dem Kinderwunsch ohne Artikelverwendung verrät sofort den medizinischen Erwartungskontext einer Pathologie im Sinne einer medizinisch zu behandelnden Symptomatik. Eine erste Einschätzung der Behandlungsbedürftigkeit ungewollter Kinderlosigkeit ergibt sich dabei allein aus der Dauer einer ausbleibenden Schwangerschaft, eine ‚normale' Frequenz ungeschützten Verkehrs vorausgesetzt. Eine häufig herangezogene Definition setzt diese Dauer bei einem Jahr an – ein Wert, der allein auf Wahrscheinlichkeitsüberlegungen, also darauf beruht, dass das Eintreten von Schwangerschaften auch bei einem sexualmedizinisch völlig gesunden Paar, das regelmäßig Verkehr hat, selbst wenn dieser Verkehr genau zum richtigen Zeitpunkt im Zyklus stattfindet, von einer gewissen Zufälligkeit geprägt ist. Anders formuliert: Es kann auch bei einem gesunden Paar einmal länger dauern, ohne daraus gleich auf eine Anomalie schließen zu können.

Das Eintreten einer Schwangerschaft lässt sich zwar retrospektiv auf den sexuellen Verkehr eines Paares zurückrechnen und auch prospektiv begünstigen, aber nicht kausal erzwingen. Die Zufälligkeiten und genauen Zusammenhänge biochemischer Interaktionen im Inneren des Körpers lassen sich reproduktionsmedizinisch bislang weder vollständig durchschauen noch vollends kontrollieren. Diese nicht zu eliminierenden Unwägbarkeiten erfolgreicher Schwängerung erweisen sich als Herausforderung bei der Beratung der Paare, wenn es darum geht, auf Basis ermittelter Befunde und Werte die (Un-)Wahrscheinlichkeit einer Schwangerschaft auf natürlichem Wege richtig einzuschätzen. Unter der Überschrift „Relativität von Subfertilität" heißt es in einem Lehrbuch für Reproduktionsmedizin:

> „Den schwierigsten Schritt stellt (...) die aus dem Gesamtbild resultierende individuelle Einschätzung der Spontanchance auf eine Schwangerschaft [dar]. Nur auf dieser Grundlage ist es überhaupt möglich, das Kinderwunschpaar zu beraten. Nur in Kenntnis der Spontankonzeptionschance kann das Paar selbst nachvollziehen und aktiv mitentscheiden, welche weitere Therapie sinnvoll erscheint" (Ludwig u. a. 2013b: 6).

Ziel der Diagnostik ist also, Gründe und Anhaltspunkte für eine bislang ausbleibende Schwangerschaft herauszufinden – eine Aufgabe, die sich nur mit Blick auf beide jeweils unterschiedlich zur Schwangerschaft beitragende Körper beantworten lässt, also unter Berücksichtigung des „Gesamtbildes des Kinderwunschpaares" (Ludwig u. a. 2013b: 5). Vereinfacht ist die Frage: An wem liegt es? Häufig (bei ca. 80 Prozent der Paare) verteilen sich die Ursachen mehr oder weniger auf beide (Ludwig u. a. 2013b: 3), lautet die ausgleichende Nachricht aus der Medizin. Die Herausforderung behandelnder Ärzt:innen besteht vor diesem Hintergrund darin, den Patient:innen objektiv geltende Wahrscheinlichkeiten so nahezubringen, dass sie in der Lage sind, dieses abstrakte Wissen in konkrete und für sie sinnvolle Entscheidungen zu übersetzen (siehe Kap. 3.2.2). Das Denken in Wahrscheinlichkeiten bildet dabei den epistemologischen Rahmen für die Evaluation des körperlichen Fortpflanzungsinventars.

Während die Befruchtungsvorgänge im Rahmen praktizierter Paarsexualität körperlich verborgen stattfinden und für das Paar nur laienhaft nachvollziehbar bzw. imaginierbar sind, werden sie nun vor dem Hintergrund ihres mehr oder weniger offensichtlichen Nichtfunktionierens unter ärztlicher Führung medizinisch schrittweise expliziert und möglichst bis auf die Mikroebene biochemischer Vorgänge labortechnisch untersucht. Dabei kommen teils standardisierte Untersuchungsmethoden zum Einsatz (wie etwa Bluttests oder Spermiogramme). Die Untersuchung findet aber auch nicht pauschal bei jedem Paar gleich statt, sondern wird von Beginn an individuell beraten und besprochen. Diese Verlagerung des Geschehens – sozusagen vom Schlafzimmer ins Labor – findet schrittweise statt und wir haben uns einige ihrer Stationen bereits angesehen. Eine interessante weitere Station dieser Transition zwischen Lebenswelt und Labor ist im gemeinsamen Gespräch zwischen Ärzt:in und Patient:innen(paar) zu beobachten, wenn die Körper der Patient:innen und die entsprechenden biologischen Vorgänge vor dem Hintergrund ihrer möglichen medizintechnischen Kontrollierung und steuernder Eingriffe besprochen werden. Die Patient:innen sind gefordert, sich auf die systematische Untersuchung ihrer Körper einzulassen und sich auf eine schonungslose Bestandsaufnahme ihrer zur Fortpflanzung relevanten organischen Ausstattung einzustellen. Sie müssen sich in einem anderen Sinne als beim Geschlechtsverkehr, nun explizit zum Zwecke ihrer Fortpflanzung, im übertragenen Sinne körperlich ‚nackig‘ machen, voreinander und gemeinsam vor ihrem behandelnden Mediziner. Anders als beim Schammanagement in Kliniken (Heimerl 2006) findet diese Situation in der personellen Konstellation einer sich für medizinische Interventionen öffnenden Paarbeziehung statt. Genitalien und Sexualorgane geraten hier nicht im Rahmen anderer Handlungskontexte (etwa der Hygiene im Falle pflegerischer Genitalwaschung) unfreiwillig oder zufällig ins Blickzentrum, sondern stehen bewusst im sachlichen und auf ihre reproduktive Funktion ausgerichteten Fokus der Aufmerksamkeit.[27]

Behandelnde Ärzt:innen sind im Gespräch mit den Patient:innen zunächst gefordert, ihre medizinische Expertise möglichst verständlich zu kommunizieren und sich auf die Laienperspektive der Paare einzustellen. Dies insbesondere deshalb, da eine Kinderwunschbehandlung von den Patient:innen in vieler Hinsicht aktives Engagement und Mitmachen verlangt (vgl. auch Ullrich 2012: 197), vor allem aber, weil die Entscheidung für oder gegen eine ganz bestimmte Behandlung von den Patientenpaaren selbst getroffen werden muss. Zwischen ihnen und dem medizinischen Dritten muss sich für die gemeinsame Durchführung einer Kinderwunschbehandlung zum einen das nötige Vertrauen (in das Personal und dessen Institution), zum andern eine hinreichende Verstehensgrundlage herausbilden, die die Unwahrscheinlichkeit einer Schwangerschaft ohne medizinische Hilfe sowie den technischen Ablauf einer möglichen Behandlung mit all ihren Implikationen für das Paar plausibel machen. Vor dem Hintergrund ihres Laienverständnisses reproduktiver Vorgänge müssen sie Teile und Mechanismen ihres Körpers neu kennen lernen, um zu verstehen, wo die Reproduktionstechniken ansetzen, wie diese wirken und zum Ziel kommen sollen. Das geht mit der

---

27 In einem scharfen Kontrast dazu stehen etwa pornografische Praktiken, in denen Geschlechtsteile in einem völlig anderen, maximal sexualisierten Rahmen ins Rampenlicht gestellt werden (vgl. Boll 2019).

teilweisen Übernahme einer instrumentellen Perspektive auf die eigenen Körper und mit deren Objektivierung im Zuge ihrer medizintechnischen Aneignung einher.

Die medizinische Anamnese bedeutet für die behandelnden Ärzt:innen tägliche Routine, dennoch sind die Fälle, die ihnen jeweils begegnen, medizinisch und sozial hochgradig individuell. Die anamnestische Interaktion beginnt schon mit den Eindrücken, die sich bei der ersten Begegnung mit dem Paar für den reproduktionsmedizinisch geschulten Blick unweigerlich ergeben: das Alter, allgemeiner Gesundheitszustand oder starkes Übergewicht deuten sich unter Umständen hier schon an oder geben erste Anhaltspunkte. Nachdem die Paare sich mit ihrem Anliegen vorgestellt haben, folgen meist standardisierte Anamnesefragen. Sie erscheinen wie eine Art Warm-up des Gesprächs und tasten sich von anfangs harmlosen Fragen nach dem Personenstand (ob das Paar verheiratet ist), dem Beruf, Alter und der Körpergröße zu etwas heikleren Fragen vor. Bei diesen Standardfragen folgen Behandelnde einer vom Eingaberaster ihres Computers vorgegebenen Reihenfolge. Die Art und Weise, wie die Fragen weitgehend gleichförmig abgespult werden, unterstreicht deren obligatorischen Status. Der Einstieg in die mehr oder weniger standardisierte Fragebatterie gestaltet sich etwa wie folgt:

Arzt: Kinderwunsch wie lange schon?
Sie: Och, seit drei Jahren fast schon, ja (lacht etwas, die Dringlichkeit ihres Kinderwunsches untertreibend)
Arzt: verheiratet?
Sie: Nein. –
Arzt: Haben Sie schon mal Hormone bekommen?
Sie: Nein, – glaub ich nicht.
Arzt: Gut. Was macht Ihr Zyklus?
Sie: Absolut normal, alle 28 Tage, wie ein Uhrwerk.
Arzt: Blutung dauert?
Sie: sieben bis acht Tage.
Arzt: Tut weh?
Sie: Nee, nicht wirklich.
Arzt: Die erste Blutung als junge Frau hatten Sie mit?
Sie: – So mit zwölf.
Arzt: Sie waren noch nie schwanger.
Sie: nee. Zumindest nicht, dass ich was davon wüsste (lacht).
Arzt: Ok (lacht auch). Was machen die Haare an Ihrem Körper? Würden Sie sagen, dass Sie als Frau normal behaart sind? (betont gesprochen)
Sie: (zögernd) Joa, würd schon sagen.
Arzt: Haben Sie Probleme mit der Haut, Pickelbildung?
Sie: Manchmal, das wechselt.
Arzt: Zyklusabhängig?
Sie: ja, zyklusabhängig.
Arzt: Können Sie sich erinnern, dass Sie mal eine Infektion hatten im Bereich Eierstock, Eileiter, Scheide, Gebärmutter?
Sie: nein.
Arzt: Ihre Familie, Eltern, Großeltern, Geschwister, sind die alle gesund?
Sie: Also meine Oma, die is jetzt grad 90 und außer der Tatsache, dass sie mal irgendwann ihre Gebärmutter rausbekommen hat, eigentlich topfit. Mein Vater hat Bluthochdruck, meine Mutter hat

auch ihre Gebärmutter rausgenommen bekommen, joa, ansonsten alles fein. Meine Schwester ist superfit, ja. Die ist auch grad schwanger (in fröhlichem Tonfall).

Die Fragen sind unterschiedlich invasiv, aber doch umfassend, sie reichen weit in die Vergangenheit und bis hin zu Erkrankungen und körperlichen Auffälligkeiten der Herkunftsfamilie und in der erweiterten Verwandtschaft. Neben der diagnostischen Sammlung medizinisch relevanter Daten findet vonseiten der Patientin eine soziale Öffnung gegenüber dem Mediziner statt. Indem sie die Fragen des Arztes kompetent beantwortet, zeigt sie gleichzeitig ihre Bereitschaft, sich auf eine mögliche Behandlung einzulassen. Zunächst richten sich die Fragen an die Frau, danach an den Mann. Der jeweils andere Partner hört aktiv mit und wird zum Zeugen der Auskünfte des anderen. Auf diese Weise des Befragens der Partner getrennt voneinander, aber in Anwesenheit des anderen, hält gleich zu Beginn eine scharfe analytische Trennung der beteiligten Körper Einzug, deren Daten der Arzt im PC festhält. Immer wieder zeigt sich aber auch eine gemeinsame Zuständigkeit für den Körper des jeweils anderen:

> Arzt: Ihre Größe?
> Mann: Zwischen 1,80 und 1,83.
> Sie: Nein, Du bist genauso groß wie ich, 1,76!
> Mann: 'n Hauch größer. (lachen beide)
> Arzt: Ich mach 1,77. (alle lachen)
> Mann: Ja, genau, genau.
> Arzt: Gewicht?
> Mann: – mh (sich ahnungslos gebend)
> Sie: 80 Kilo, ne?
> Mann: letztes Wiegen ist schon 'ne Weile her.
> Arzt: Würden Sie sagen, Sie haben zugenommen zum letzten Mal wiegen?
> Sie: Sagen wir einfach 80 Kilo, hm? Das passt doch.
> Mann: Ich müsst jetzt raten.
> Arzt: Ok, schreib ich 80. – (er/sie lacht) – Mein Computerprogramm will das immer so genau wissen.
> Mann: Ach so (lacht).
> Arzt: sonst hab ich hier so 'n rotes Ausrufezeichen, das die ganze Zeit aufleuchtet.

Die Fragen erfahren eine soziale Aneignung durch das Paar, indem die Frau, deren Anamnese hier bereits vorausging, nun auch seine Fragen aktiv mitbeantwortet und ihm bei Bedarf auch widerspricht. Simple Daten wie die Körpergröße werden mit diffusen Bedeutungen versehen – findet er sich zu klein? Das Gewicht der Fragen wird durch die lockere Art der Kommunikation aber auch etwas heruntergefahren und der beteiligte Arzt beruft sich auf die unnachgiebige ‚Penetranz' seines EDV-Systems, um die Beantwortung der Fragen zu forcieren. Die systematisch gestellten Fragen generieren medizinische Daten, gleichzeitig performieren sie genau dies, nämlich dass es sich um einen evidenzbasierten, medizinischen Problemlösungsansatz handelt, der nach einer solchen Systematik verlangt. Außerdem ist dieser kurzen Sequenz zu entnehmen, wie die Situationsteilnehmer im gemeinsamen Beantworten der indirekt vom Computer gestellten Fragen anzeigen, dass sie sich einem gemeinsamen Ziel verpflichtet sehen.

Arzt und Paar formieren sich zunehmend als Gemeinschaft und indem sich der Arzt wiederum auf den Aufforderungscharakter seiner Eingabemaske auf dem Bildschirm beruft, begibt er sich symbolisch auf die Seite des Paares und solidarisiert sich mit ihm.

Während die Behandlungsgemeinschaft in der gemeinsamen Beantwortung der Fragen auf solche Weise zunehmend an Tiefe und Substanz gewinnt und gleichzeitig Informationen über den Paarkörper akkumuliert und festgehalten werden, werden die Fragen zunehmend intimer und persönlicher. Die Fragen betreffen z. B. bestimmte Lebensgewohnheiten, die die Patient:innen selbst beeinflussen können (sollen), vor allem Ernährungsgewohnheiten, Alkoholkonsum und Rauchen. Starker Alkohol- und Nikotinkonsum, Über- und Untergewicht können fürs Kinderkriegen schädlich sein und markieren einen Bereich in der Kinderwunschbehandlung, der mehr oder weniger stark auf die Verantwortlichkeit der Patient:innen rekurriert. Ein Thema, auf das häufiger intensiv eingegangen wird, stellt zum Beispiel Übergewicht dar. Ein mit Übergewicht in Zusammenhang stehendes Krankheitsbild von Frauen ist das sogenannte PCO-Syndrom (polyzystische Ovarien). Es ist bis dato nicht genau geklärt, ob PCO Übergewicht, oder aber eher Übergewicht PCO verursacht, lediglich dass es einen Zusammenhang gibt, stehe außer Frage. Nach der Anamnese, in der eine vorhandene PCO der Patientin (32, Krankenschwester) zur Sprache kommt, resümiert der Arzt:

> Arzt: Also PCO ist im Prinzip 'ne dankbare Sache. Die Chance, schwanger zu werden, ist gut. Man muss es nur in den Griff kriegen.
> Sie: mh (skeptisch)
> Arzt: Ich würde es über 'ne Spritzenstimulation probieren. Das bedeutet für Sie, unter die Haut spritzen (Sie: subkutan), mit so 'nem Pen-System. Und dann kucken wir, ob das funktioniert. – (Pause) Sie wissen wahrscheinlich, *dass* – die Dünnen und die Dicken schlechte Schwangerschaftsraten haben. Nimmt man 100 Dünne und 100 Normalgewichtige, haben die Dünnen schlechtere Chance, das gleiche gilt für die Dicken. Da wäre also ein Punkt, wo nur Sie selbst ansetzen können. Wir haben auch 'ne Ernährungsberaterin hier. Sie schaffen es nur über eine Ernährungsumstellung mit gleichzeitig mehr Körperumsatz. Dieses Verhältnis stimmt offenbar nicht bei Ihnen.

Der Arzt stellt der Patientin einerseits gute Behandlungsmöglichkeiten bezüglich des PCO-Syndroms in Aussicht. Dann aber, nach einer signifikanten Sprechpause, kommt er auf ihr Übergewicht zu sprechen und appelliert an ihre Eigenverantwortlichkeit. Mit plastischer lebensnaher Rhetorik spricht er von *den Dicken* und *den Dünnen*, nicht etwa von Übergewicht oder Adipositas. Ein diskriminierungsabschwächender Effekt wird erzeugt, indem die Dicken und die Dünnen sozusagen in einen Topf geworfen werden, die Dünnen sind also auch nicht ‚besser'. Dem folgt eine Erläuterung, dass ein Abnehmen unter Umständen einen regelmäßigeren Zyklus versprechen würde und geringere Dosen Hormonstimulation ausreichen würden. Außerdem wird auf eine dadurch sinkende Kostenbelastung des Paares für Medikamente hingewiesen. Abhängig von einem noch anstehenden Spermiogramm des Mannes rät der Arzt dann zu einer Insemination mit Hormonstimulation, die allerdings neben dem aus dem Übergewicht resultierenden Risiko für Schwangerschaft und Geburt ein gewisses Mehrlingsrisiko mit sich bringe, da gelegentlich auch zwei oder drei Eier entstehen können:

> Arzt: Sie müssen das Risiko tragen und sich im Klaren darüber sein, was Sie tun, und nicht hinterher, wenn's schief geht, dann sagen: oh Gott.
> Er: hätten wir das mal/
> Arzt: hätten wir das mal lieber gelassen.
> Er: Auf welches Gewicht müsste man das reduzieren, um eher in den/
> Sie: normalen BMI oder/
> Arzt: Sie sind ja jetzt/ Sie wissen das selbst, ich sag Ihnen da gar nichts Neues. Und die Worte, die da immer fallen, die stigmatisieren auch, das ist so. Es gibt da ja so 'ne Einteilung nach BMI, dort gibt's die Untergewichtigen, die Normalgewichtigen, die Übergewichtigen und die Fettleibigen. Und Sie gehören sicher in diese letzte Gruppe.

Der Arzt erörtert, dass es vielleicht ein realistisches Ziel wäre, in die Gruppe der Übergewichtigen (statt in die der Fettleibigen) zu fallen, um dem Körper nicht zu viel an Veränderung abzuverlangen. Anschließend referiert er verschiedene Strategien und Mythen des Abnehmens, rät von radikalen Diäten ab und verweist auf systematische Diätprogramme wie Weight-Watchers. Langfristige Gewichtsabnahme sei nur über ein Umlernen von Essgewohnheiten und mehr Bewegung machbar. Er empfiehlt, die Sache gemeinsam als Paar anzugehen:

> Arzt: Sie müssen das entscheiden, ja? Letztendlich ist es immer gut, wenn beide was machen, als wenn der Mann abends normal isst und die Frau sitzt irgendwie vor 'm Teller/ (lachen)
> Der Mann erklärt sich sofort bereit und verweist auf seinen eigenen Abnehmerfolg des letzten dreiviertel Jahres, indem er *die Trinkerei* weggelassen habe. Die Frau verweist auf ihren Schichtdienst, der es ihr besonders schwer mache.

Die Haltung des Arztes changiert in der gesamten Konversation zwischen deutlichen Risikohinweisen aufgrund des Übergewichts, sowohl die Behandlung betreffend als auch den Verlauf einer möglichen Schwangerschaft und Geburt:

> Arzt: Wir wissen, dass aufgrund der Körperlichkeit die Wahrscheinlichkeit, dass Sie 'n Zucker entwickeln werden in der Schwangerschaft sehr hoch ist. Aber auch für eine sogenannte Gestose, Schwangerschaftsvergiftung, also Proteinausscheidung im Urin, Bluthochdruck etc., was im Extremfall dazu führen kann, dass Sie das Kind verlieren.

Er weist zusätzlich auf überdurchschnittlich häufige Geburtskomplikationen wie etwa eine frühzeitige Ermüdung des Geburtsfortschrittes hin, die Saugglockeneinsatz erforderlich machten, daneben Notkaiserschnitte, z. B. wenn die kindlichen Herztöne absacken.

> Arzt: Diese Risiken müssen Sie wissen! Nicht dass Sie hinterher sagen: Hätte ich das gewusst, wäre ich nicht schwanger geworden. Das muss Ihnen bewusst sein: am besten wäre abzunehmen. Wenn Sie sagen: okay, ich weiß das alles, ich bin Krankenschwester, ich muss das akzeptieren, will aber jetzt schwanger werden – hab' ich nichts dagegen, dass Sie das tun. Mein Job ist nur, Sie drauf hinzuweisen, weil es eben 'n Risiko für Sie bedeutet.
> Er: Im Fall einer natürlichen Schwangerschaft wäre das genauso?!
> Arzt: genauso. Genauso.

Im Kontext der Behandlung bzw. dieser Interaktion wird das Übergewicht der Patientin zunächst als ein reproduktionstechnisch relevantes Merkmal definiert. Das Übergewicht eines Partners, das vorher möglicherweise keine Problematisierung erfahren hatte, wird nun angesichts des gemeinsamen Kinderwunsches unter reproduktionsmedizinischen Vorzeichen zur Herausforderung des Paares im Sinne eines Risikomanagements. Das Übergewicht wird nicht nur als eine mögliche Ursache einer ausbleibenden Schwangerschaft ans Licht gebracht. Es wird gleichzeitig auch zu einem Risiko einer möglicherweise mit reproduktionsmedizinischer Hilfe herbeigeführten Schwangerschaft. Ihr Übergewicht wird zur Paarsache, indem es schließlich zum Risiko einer gemeinsamen Entscheidung für eine mögliche Behandlung wird.

Während der Behandelnde nicht müde wird, auf das durch Übergewicht bedingte Risiko hinzuweisen, weist der Mann am Ende ganz nebenbei und indirekt auf einen wichtigen Aspekt dieses Risikodiskurses hin, nämlich dass es sich nur deshalb um Risiken handelt, insofern es um intentionales und ärztlich kontrolliertes Handeln geht. Dies gibt wiederum Aufschluss über die Bedeutung des häufig in Opposition zu reproduktionsmedizinisch entstandenen Schwangerschaften gebrauchten Begriffs der *natürlichen Schwangerschaft*. Diese unterscheidet sich vor allem in ihrem Zurechnungsdesign. Sie geht zwar auf sexuelle Handlungen eines Paares zurück und vor allem ungewollte Schwangerschaften können einer verantwortungslosen Verhütungskontrolle des Paares zugeschrieben werden. Aber auf natürlichem Wege entstandene erwünschte Schwangerschaften haben mehr den Charakter eines Ereignisses, dessen Zurechnung zu einem großen Teil in den Bereich der Unverfügbarkeit von nicht intentional zu verantwortenden und selbstablaufenden Prozessen fällt. Dies wirft ein interessantes Licht auf die soziale Präkonstitution von Risikoschwangerschaften im Kontext der Reproduktionsmedizin, die allein dadurch resultieren können, dass jegliches Handeln oder Verhalten intentional und medizinisch aktenkundig zugerechnet werden kann. Es geht dem Arzt hier nicht nur darum, das Paar vor den Risiken zu warnen, vielmehr geht es um eine klare Zurechnung, wer dieses Risiko zu verantworten hat. Dies verweist auf die soziale Bedeutung der behandelnden Akteure als verantwortliche Schwangerschaftsverursacher mit beschränkter Haftung. Umso mehr müssen sie die Risiken, die mit diesem Unterfangen verbunden sind, auf diejenigen übertragen, im Auftrag derer sie handeln. Im späteren Arztbrief wird explizit erwähnt: *„Habe die Patientin auf adipositasbedingte Schwangerschaftsrisiken explizit hingewiesen"*.

Indem der Arzt in der Interaktion allerdings selbst zur Sprache bringt, dass die Fokussierung auf das Übergewicht für Betroffene stigmatisierend wirken kann, zeigt er, dass er auch auf eine zweite, lebensweltlich offensichtlichere Bedeutungsdimension von Übergewicht eingestellt ist, die hier aber sekundär ist. Hinzukommt, dass diese Thematisierung nicht nur zwischen Arzt und Patientin, sondern im Kreis der Arzt-Patienten-Triade stattfindet. Körperlichkeiten des Paares, die im Rahmen des Paardiskurses ganz unterschiedlich gehandhabt werden, Gesprächsthema, belanglos, oder auch Tabu sein können, werden nun unter medizinischen Prämissen ans Licht gezerrt und besprochen. Immer wieder lässt sich die Ambivalenz beobachten, die mit der Doppelcodierung des Körperlichen zwischen Schambesetzungen und ihrem sozialen Management innerhalb einer Paarbeziehung einerseits einhergehen, mit der Nüchternheit medizinischen Beratens andererseits. Diese Grenzziehungsarbeit wird uns auch im Folgenden weiter beschäftigen.

Ein weiteres Körpermerkmal und zugleich ein diagnostischer Marker, der bei der reproduktionsmedizinischen Anfangsdiagnostik häufig in den Fokus gerät, ist die Körperbehaarung. Die standardmäßig gestellte Frage bei der Erfassung erster Daten lautete: *„Würden Sie sagen, Sie sind als Frau normal behaart?"* Als ethnografischer Beobachter empfand ich diese Frage in situ immer ein sensibles Thema berührend. Ähnlich wie das Körpergewicht ist die Körperbehaarung Gegenstand von kosmetischen Normvorstellungen und Attraktivitätsdiskursen. Diese können für die ästhetische Selbst- und Fremdwahrnehmung von Männern und Frauen als männlich oder weiblich eine wichtige Rolle spielen. Anders als bei ,harmloseren' Fragen, wich der Arzt bei dieser Frage von der Standardformulierung seiner Fragebatterie selten ab. Statt die Mechanizität der obligatorischen, mehr oder weniger standardisierten Fragen der Natürlichkeit des Gesprächs anzupassen, indem er sie jeweils immer ein wenig anders formulierte, war es bei dieser Frage immer dieselbe zweiteilige, abgelesen wirkende Formulierung. Man gewinnt den Eindruck, als stelle gar nicht er selbst die Frage, sondern gebe diese nur weiter, wie es das System, in Form fragender Felder der digitalen Patientenakte auf seinem PC-Monitor, von ihm verlange. Möglicherweise tut er dies instinktiv, weil er den heiklen Moment der Frage sehr wohl auch selbst spürt. Zugespitzt wird dies durch den (meist) anwesenden Partner. Auch hier wird unter Umständen ein in der Körperlichkeit des Paares bislang nicht angesprochenes Thema forciert. Jedenfalls kann diese Art der Zwangsthematisierung einer möglicherweise starken Körperbehaarung in Gegenwart des Partners ein empfindliches Moment darstellen. Es ließ sich schließlich auch beobachten, dass diese Frage bei den Befragten beinahe immer gewisse Irritationen auslöste:

> Sie: (lacht) Die Frage hatte ich jetzt noch nicht. – Ja, eigentlich schon. So ziemlich. (...)

Die Paare zeigten sich überrascht und für einen kurzen Moment peinlich berührt. Sie brauchten stets einen kurzen Augenblick länger als bei anderen Fragen, um sich auf die Beantwortung einzulassen. Diese Pause lässt sich als eine Art Rekontextualisierungspause (vgl. Cicourel 1997) deuten, in der die Patientinnen sich auf die reproduktionsmedizinische (statt etwa einer rein ästhetischen und damit medizinisch irrelevanten) Bedeutung ihrer Haare am Körper einstellten. Für den Arzt hat die Auskunft auf die Frage lediglich einen medizinischen Informationswert, der auf bestimmte für die Behandlung relevante hormonelle Gegebenheiten schließen lassen kann, während das mit der Behaarung assoziierte ästhetische Moment irrelevant ist. Die Haare am Körper werden als medizinischer Indikator herangezogen, um eventuell auf ungünstige hormonelle Bedingungen schließen zu können, die wiederum mit weiteren Faktoren, etwa dem bereits beschriebenen Problem von Übergewicht, zusammenhängen können. Auch das Übergewicht wird vom Arzt wie gesagt in einen rein medizinischen Kontext gestellt:

Arzt: Das Fettgewebe ist ein wichtiges Reservoir für den Hormonstoffwechsel. Weibliche Hormone werden im Fettgewebe zu männlichen Hormonen umgewandelt, was Sie (an die Patientin gerichtet) ja auch an dem zunehmenden Behaarungsmuster bemerken.

Der Arzt führt weiter aus, dass die zu vielen männlichen Hormone dazu führen könnten, dass der Zyklus zum Erliegen kommt, eine für PCO typische Symptomatik. Auch der Laborbefund der Patientin zeigte, dass die männlichen Hormone zu hoch bzw. im oberen Grenzbereich liegen. Zu viele Haare und Übergewicht seien zwei Symptome, die beide auf ein PCO-Syndrom hindeuten.

Es geht an dieser Stelle nicht darum, das Krankheitsbild der polyzystischen Ovarien medizinisch bis ins Detail zu verstehen. Vielmehr möchte ich am Beispiel des Syndroms versuchen nachzuvollziehen, wie bestimmte Körperlichkeiten der Patient:innen situativ aufgerufen werden und wie darüber kommuniziert wird. Die Geschlechtlichkeit, in deren Rahmen sich das Kinderkriegen reproduktionsmedizinisch zwangsläufig vollzieht – hier repräsentiert durch die vom Arzt aufgerufene Unterscheidung zwischen männlichen und weiblichen Hormonen –, entfaltet ihre Wirkung nicht nur an den Körpern, sondern auch an den anwesenden Personen. In der Beobachtungssituation spüre ich, ähnlich dem bereits erwähnten tendenziell diskriminierenden Sprechen über Übergewicht, auch vom Sprechen über das Behaarungsmuster eine schamvolle Wirkung ausgehen. Erneut prallen zwei verschiedene Perspektiven auf den Körper aufeinander: zum einen eine medizinische, körperlich-informationelle, zum anderen eine sexuell-intime, geschlechterästhetische. Dies verweist auf die ambivalenten Mehrfachcodierungen des Körpers als ästhetisch, geschlechtlich, gesundheitlich, medizinisch, oder auch spezifisch reproduktionsmedizinisch. Der Blick auf den (Paar)Körper wird im Rahmen der Kinderwunschbehandlung reproduktionsmedizinisch scharf gestellt und dies bringt für die Patient:innen bislang unbekannte und fremde Bedeutungsebenen ihrer Körper hervor. Während Übergewicht und Körperbehaarung auch alltagsweltlich potenzielle Relevanz besitzen, werden an anderer Stelle bislang kaum beachtete Körperteile in ihrer Bedeutung neu besetzt bzw. überhaupt erst als Körperteile hervorgebracht.

Im folgenden Beispiel geht es erneut um eine medizinisch geschulte Patientin, die in einer Besprechung mit dem Arzt zunächst die Frage stellt, ob die bereits zahlreichen Fehlversuche ihrer Kinderwunschbehandlung möglicherweise mit der bei ihr recht dünn ausgeprägten Gebärmutterschleimhaut zusammenhängen könnten.

Arzt: Ich hab schon Schwangere gesehen, die hatten nur fünf Millimeter, und die sind schwanger, ja? Genauso haben wir Frauen mit zehn zwölf Millimeter, wo man sagt, das ist aber 'ne super Schleimhaut, mit super Embryonen, aber trotzdem nicht schwanger. Das hat nicht so viel zu bedeuten. Aus meiner Erfahrung ist überzeugender, das in Relation zu sehen zu Ihrer Gebärmuttergröße.

Sie: Hatten Sie nicht gesagt, meine Gebärmutter wäre ein bisschen klein?

Arzt: Ja – also sie passt zu Ihnen. Ist jetzt nich so, dass man denkt, die ist winzig, sondern passt zu Ihrer sonstigen Körpergröße und Konstitution. Und dazu passt eben auch die Schleimhaut. Da wird nie 'ne Schleimhaut mit zehn, zwölf Millimetern sein. Das geht schon anatomisch nicht.

In dieser Gesprächssequenz steht die medizinische Relevanz der Schleimhaut und ihrer (per Ultraschall) gemessenen Dicke in Frage. Deren Bedeutung im Gespräch weist aber über die rein medizinische Funktion hinaus. Der Arzt beruhigt die Patientin, eine *„super Schleimhaut"* sei nicht unbedingt ausschlaggebend, gleichzeitig sei ihre Gebärmutter auch gar nicht so winzig und harmoniere nicht nur mit ihrer Schleimhaut, sondern auch mit ihrem körperlichen Format insgesamt. Ein von der Patientin als disproportional und möglicherweise pathologisch befürchtetes Körperbild wird so wieder etwas zurechtgerückt. Die Dicke der Schleimhaut ist ein gutes Beispiel dafür, wie die Behandlung bestimmte Parameter hervorbringt, die dann im Arzt-Patienten-Diskurs auf besondere Weise angeeignet werden und sie wie hier zu einem latenten Fruchtbarkeitssymbol werden lassen. Hören wir eine andere Patientin im Interview:

> Regina: Er [der Arzt] sagt mir immer wieder, wir hätten jetzt eigentlich die besten Voraussetzungen, weil ich hab 'nen regelmäßigen Zyklus und ich hab wohl prima Schleimhaut (lacht)/ is' total witzig, weil er immer: „Ha! Ihre Schleimhaut is so toll!" Er lobt immer die Schleimhaut. Leider passiert trotzdem nichts. Er sagt, aus seiner Sicht gibt's keinen Grund.

Die Gebärmutter wie auch die Schleimhaut werden als Körperteile in ihrer Bedeutung und Relevanz im Behandlungsgespräch und dessen fokussierter Betrachtung hervorgebracht. Dabei zeigt nicht die Patientin dem Arzt ihre Schleimhaut, sondern der Arzt zeigt sie der Patientin, nämlich unter gemeinsamer Betrachtung von Ultraschallvisualisierungen, aus der sich insbesondere deren Dicke in Zentimeter herauslesen lässt. Diese (neu hervorgebrachte) Körperlichkeit der Patientin wird einerseits fast zu einem Gegenüber dieser Arzt-Patienten-Dyade, nämlich zu einem wichtigen, von der Person der Patientin tendenziell abgelösten, widerständigen Akteur im Fortpflanzungsgeschehen, auf den es in Zusammenarbeit mit dem behandelnden Arzt Einfluss zu nehmen gilt. Andererseits werden zuvor separierte, qua Ultraschall vermessene Körperteile und -merkmale immer wieder in ein Ganzes eingefügt. So wird dieser durch den medizinischen Blick generierte ‚Reproduktionskörper' dann auch mit der Patientin re-identifiziert, z. B. indem er *„gut zu ihr passt"* (siehe oben).

Im Zuge der medizintechnischen Konfiguration für die Zeugung notwendiger Körperteile und -substanzen erfahren diese immer wieder eine gewisse sprachliche Aneignung und Bewertung. Häufig wird von einer „tollen" Schleimhaut oder auch von „tollen" Embryonen gesprochen. Der Erfolg der Behandlung korreliert mit diesen Parametern nicht unbedingt. Aus visuell als „toll" oder „schön" identifizierten Embryonen resultiert nicht notwendig auch eine Schwangerschaft. Diese der soziomedizinischen Praxis entspringenden ikonographischen Formen erfüllen aber die Funktion, die Behandlung für die Patient:innen handhabbar, aktiv erleb- und gestaltbar zu machen. Der Arzt-Patienten-Beziehung schenken sie einen gemeinsamen Zugriff auf die materiellen Entitäten der Behandlung und machen sie für die Patient:innen zugänglich. Nachdem die Patientin immer wieder auf ihre Schleimhaut zu sprechen kommt, antwortet der Arzt:

> Man kann sicher überlegen, ob man mit 'ner Spritzenstimulation vielleicht da nochmal mehr erzwingen möchte. (...) die Schleimhaut vielleicht doch versucht auf acht neun zu bringen, wenn das Ihr Bauchgefühl auch unterstützen würde und Sie sagen: ich möchte gerne mehr Schleimhaut haben.

Wenn Sie mich fragen würden, ob es das bringt? – Eher nicht. Sondern das sind andere Faktoren, die wir zum jetzigen Zeitpunkt leider noch nicht kennen, die aber wahrscheinlich 'ne Rolle spielen.

Diese Aushandlung illustriert, wie das Wissen der Reproduktionsmedizin interaktiv prozessiert und Behandlungsparameter individuell definiert werden. Dies bewegt sich auf einer Schnittfläche zwischen medizinischem Wissen (die Gebärmutterschleimhaut ist wichtig für die Embryoneneinnistung), statistischen Erfahrungswerten (ihre Dicke ist nicht so entscheidend), der individuellen Passung (Schleimhaut passt zur Gebärmuttergröße) und schließlich dem Bauchgefühl der Patientin. Indem der Arzt auf Letzteres rekurriert, inkludiert er die Patientin in die individuelle Abstimmung des Behandlungskonzepts. Und während es im zuvor diskutierten Fall aus medizinischer Sicht darum ging, das Risiko des Übergewichts in die Verantwortung des Paares zu legen, so geht es hier aus der Sicht der Patientin darum, das Risiko einer zu dünnen Schleimhaut quasi in die Verantwortung des Arztes zu legen, indem sie ihn mehrfach auf ihre aus ihrer Sicht zu dünne Schleimhaut hinweist. Am Ende muss auch der Arzt selbst eine gewisse Restunsicherheit bezüglich der Relevanz der Schleimhautdicke einräumen.

Zwei Faktoren kommen zusammen: Es gibt erstens sowohl medizinische Ermessensspielräume als auch medizinisches Nicht-Wissen in der Frage, wie hoch die (Dicke der) Gebärmutterschleimhaut in ihrer Bedeutung für die Schwangerschaftswahrscheinlichkeit einzuschätzen ist. Dies eröffnet zweitens Spielräume, die Entscheidung für oder gegen einen Behandlungsschritt nicht nur nach medizinischen Evidenzkriterien zu entscheiden, sondern auch auf das Bauchgefühl der Patientin einzugehen. Je mehr jenes medizinische Nicht-Wissen zutage tritt, warum auch nach vielen Versuchen trotz neuester Methoden und ohne konkrete Gründe keine Schwangerschaft erzielt wird, desto stärker geht häufig die Regie auf die Patient:innen selbst über, wenn es darum geht, was beim nächsten Versuch vielleicht noch variiert werden soll, auch wenn die harten medizinischen Daten nicht unbedingt einen Mehrwert erwarten lassen. Es ist ein allgemeines Merkmal des reproduktionsmedizinischen Behandlungsverhältnisses, dass *gemeinsam* am Körper gearbeitet wird. Punktuell liegt die Agency reproduktionsmedizinischen Handelns zwar vollständig in der Hand des medizinischen Personals, etwa wenn unter Narkose Eizellen entnommen werden oder eine geübte Person im Labor Spermien ins Innere von Eizellen manövriert. Insgesamt verlangt die Kinderwunschbehandlung aber von ihren Patient:innen eine hohe Selbstbeteiligung und Eigenverantwortlichkeit.[28] Sie spielen bis hin zur Frage, welche Behandlungsschritte (als nächstes) erfolgen sollen, eine aktive und tragende Rolle als Koregisseure und Entscheider:innen ihrer Behandlung (siehe Kap. 3.2).

---

28 Ullrich (2007: 249 ff.) beschreibt diesen Prozess ausführlich unter der Überschrift: „Arbeit der Paare an der Verlaufskurve".

3.1.2 Diagnostische Bestimmungen: AMH-Wert und Spermiogramm

Unter den Laborwerten, die im Zuge einer Anfangsdiagnostik bezüglich der Fruchtbarkeit eines Paares erhoben werden, sind zwei besonders prominente Befunde: das Spermiogramm für die Männer und der AMH-Wert für die Frauen. Beide Diagnostiken sind hier auch deshalb interessant, weil deren Verständnis auch für die Laienperspektive der Patient:innen sehr einfach und anschaulich ist. Sie konzentrieren sich auf die Essenzen des Zeugens (siehe Kap. 4.1), die Spermien und die Eizellen. Während die Spermien ikonisch für den männlichen Part stehen, so ist die Eizelle das genuin weibliche Pendant (Martin 1993, Moore 2002). Eizellen und Spermien sind die körperlichen Extrakte, die es reproduktionsmedizinisch zu gewinnen und zu isolieren gilt, um den Befruchtungsvorgang quasi auf dieser elementaren Ebene labortechnisch zu prozessieren.

Der AMH-Wert, der das sogenannte Anti-Müller-Hormon misst, hat die Form einer einstelligen Zahl mit Nachkommastelle, die die quantitative Reserve an noch verfügbaren Eibläschen einer Frau anzeigt, die mit dem Lebensalter immer weiter sinkt. Der AMH-Wert ist damit ein Wert, der sehr eng mit weiblicher Fruchtbarkeit assoziiert wird und diese in einer einzigen Zahl auszudrücken vermag. Er stellt zugleich ein medizintechnisches Diagnoseinstrument dar, das Alters- und Geschlechtsdifferenzierung in numerisch verdichteter Form miteinander verbindet. Ein Wert unter eins kann andeuten, dass der Vorrat unter Umständen bald knapp wird. Ein abweichend niedriger AMH-Wert kann auch mit einer gewissen Wahrscheinlichkeit auf verfrüht eintretende Wechseljahre schließen lassen:

> Miriam: Weil im Kinderwunschzentrum, die haben gesagt, die [Eizellen] sind zwar in Ordnung von der Qualität, aber – äh/ ein AMH-Wert von 0,4/ das is nich mehr so viel. Der Originalton war: „Biologisch sind Sie schon drei vier Jahre älter." Und wenn man das natürlich so kurz vor vierzig gesagt bekommt und denkt, naja, fast wie 43. Wie viele Frauen haben Glück und werden mit 43 noch schwanger?!

Das Wissen eines nachlassenden oder bereits niedrigen AMH-Werts kann für Frauen bzw. Paare durchaus schockierend sein. Da die diagnostische Bestimmung des AMH-Werts indirekt für eine quantifizierende Bestimmung der individuellen ‚Restfruchtbarkeit' einer Frau steht, kommt der Wert einer medizinischen Bestimmung der sogenannten ‚tickenden Uhr' damit recht nahe. Ein medizinischer Facharzt titelt entsprechend mit „Das Anti-Müller-Hormon. Ein Blick auf die biologische Uhr?" (Gnoth 2011). Darin ist in Zusammenhang mit der Bestimmung der Aussagekraft des Wertes in Verbindung mit anderen Parametern zu lesen: „AMH-Werte unter dem 50. Perzentil sprechen dafür, dass die biologische Uhr bezogen auf das Alter vorgeht; AMH-Werte über dem 50. Perzentil deuten darauf hin, dass sie nachgeht" (Gnoth 2011: 241). Die abgeleitete Empfehlung für die frauenärztliche Praxis lautet am Ende: *„Patientinnen mit Kinderwunsch im Alter von über 30 Jahren sollte eine AMH-Bestimmung empfohlen werden. Durch die Kombination mit einem AFC* [antraler Follikelcount – einer weiteren Form der Follikelzählung] *kann festgestellt werden, ob die biologische Uhr vorgeht oder noch ausreichend Zeit verbleibt"* (Gnoth 2011: 243). Soziologisch auffällig ist, welch enge semantische Verbindung der AMH-

Wert mit der umgangssprachlichen Rhetorik der tickenden Uhr eingegangen ist, die von diesem Diagnoseparameter gewissermaßen ein wissenschaftlich zertifiziertes Ziffernblatt verliehen bekommt (Friese u. a. 2006). Hat der Wert bereits begonnen zu sinken, läuft die Fruchtbarkeit der betroffenen Frau bzw. dem Paar förmlich davon, praktisch unaufhaltsam und unwiderruflich. Davon geht ein unmittelbarer technosozialer Druck auf das Paar aus, der die Sache (noch) ernster werden lässt:

> Arzt: Wir haben häufig – auch in ihrem Alter – Paare in dieser Situation und wir erzielen trotzdem immer noch Schwangerschaften mit denen. Also es wäre falsch zu sagen: das geht nicht. Aber Sie sollten nicht rumspielen. Wenn sich der Wert bestätigt, müssen Sie Vollgas geben. Das mein ich ganz ernst. Dann sollten Sie sich für eine künstliche Befruchtung entscheiden.

Den Kinderwunsch eines Paares versetzt der Wert, sobald er sich im kritischen Bereich befindet, in eine erhöhte Alarmstufe. Im Zentrum steht dann nicht mehr so sehr der ermöglichende, wunscherfüllende Charakter der Behandlung, das heißt die Chancenerhöhung. Jetzt geht es eher darum, noch vorhandene Restchancen zu nutzen, sofern sie überhaupt noch gegeben sind. Ein kritischer AMH-Wert entzieht dem Wunsch auf gewisse Weise seine Freiwilligkeit: Ihr müsst es jetzt versuchen, sonst könnt Ihr nie wieder!

Aus medizinischer Sicht ist der AMH-Wert eines der wichtigsten diagnostischen Instrumente:

> Arzt: Das ist wirklich ein belastbarer Wert/ sehr hart in seiner Aussage, zuverlässig, hat keine Schwankungen, variiert bisschen von Labor zu Labor, aber dann variieren auch die Grenzbereiche. (...) Der ist allein in seiner prognostischen Kraft so hoch anzusiedeln, dass er alles andere übertrifft.

Es ist aber nicht nur diese hohe Validität, die den Wert auszeichnet, soziologisch interessant ist vor allem die Anschaulichkeit und unmittelbare Verstehbarkeit, mit der diese diagnostische Kennzahl für die Patient:innen auftritt:

> Arzt: Sie müssen es so sehen: der Wert misst die Anzahl der noch tatsächlich zur Verfügung stehenden Eizellen. Sie verlieren in jedem Zyklus nicht nur ein Ei, was springt, sondern immer eine sogenannte Kohorte von Eizellen. Der Wert wird also logischerweise immer weniger. Wann das erschöpft ist, kann man nicht genau sagen/ man nähert sich dem. Je mehr Frauen untersucht werden und je mehr Erfahrung man gewinnt/ irgendwann wird man das plus minus ein halbes Jahr voraussagen können, aber dazu gibt's noch nicht genug Untersuchungen weltweit.

Es ist vor allem die Rückführung der Befruchtung auf so essenzielle Einheiten wie das Spermium und die Eizelle, die den komplexen Vorgang der Zeugung, an dem viele weitere Prozesse beteiligt sind, einfach vermittelbar macht. Schauen wir uns im Folgenden eine Situation an, in der einer Patientin die Auswertung verschiedener Diagnostiken mitgeteilt und sie insbesondere über ihren auffällig niedrigen AMH-Wert aufgeklärt wird. Anlass des Gesprächs ist, dass nun einige im Labor ermittelte Werte vorliegen.

Arzt: Was an den Werten auffällt, ist, dass man relativ gut sieht, dass die Funktion der Eierstöcke (Sie: mh)/ – Es ist jetzt die Frage, was kann man da draus machen.

Erkennbar ist zunächst, dass der Arzt hier selbst nach den richtigen Worten sucht, um zu benennen, um was es geht bzw. dies der Patientin auf gute Weise zu vermitteln. Er fährt fort:

„Was man auf jeden Fall aufgrund der Werte sagen kann, ist, dass Sie früher als durchschnittlich in die Wechseljahre kommen werden." Auch die verkürzten Zyklen, von der die Patientin berichtete, würden darauf hindeuten, dass die Funktion der Eierstöcke langsam nachlasse. Der Arzt wird sukzessive immer deutlicher, indem er sagt, dass dieser Prozess unaufhaltsam sei und sich die Funktion der Eierstöcke nicht wiederherstellen lasse. Zum besseren Verständnis vergleicht er dies mit der Zuckerkrankheit, wo man die „normale Körperfunktion" auch nur dadurch aufrechterhalten kann, indem von außen Insulin zugeführt wird. *„So ist das bei den Eierstöcken auch. Das bedeutet, man kann nur Hormone zuführen, um ihre Weiblichkeit zu erhalten."*

Bemerkenswert ist, dass der Arzt den Verlust dieser „normalen Körperfunktion" mit dem Verlust von „Weiblichkeit" gleichsetzt, was wiederum eine der Reproduktionsmedizin inhärente biologische Perspektive aufs Geschlecht anzeigt, dessen Funktion ganz in der Fortpflanzung zentriert wird. Männlichkeit und Weiblichkeit gehen nach dieser Logik verloren, sobald diese Funktion verlorengeht.

Was nun, so der Arzt weiter, noch hinzukäme, sei die sich gleichermaßen unaufhaltsam reduzierende Anzahl zur Verfügung stehender Eizellen. *„Deshalb muss ich ihnen dringend raten, über eine sogenannte künstliche Befruchtung nachzudenken, um das Maximum aus dem Eierstock nochmal zu fordern, damit er nochmal viele Eizellen bildet, die wir dann außerhalb des Körpers befruchten, die besten aussuchen und wiedereinsetzen können."* Alles andere nennt er eine „verlorene Zeit". Die Patientin quittiert die Ausführungen immer wieder mit einem verhaltenen „mh" und fragt, ob abzuschätzen sei, wie viel Zeit noch bleibt. Man könne nur so viel sagen, daraufhin der Arzt, dass die Wechseljahre verfrüht eintreten werden, nicht aber wann genau.

Der AMH-Wert in seinen Erläuterungen macht die Endlichkeit weiblicher Fruchtbarkeit besonders plastisch, indem diese als eine materiell zurechenbare Quelle im Innern des Körpers vorstellbar wird, die wie eine Sanduhr früher oder später zum Erliegen kommt. Es gibt wohl keinen medizinischen Marker, der das metaphorische Ticken der biologischen Uhr besser zur Schau stellen könnte:

„Wenn Sie wissen möchten, wie es um Ihre Eizellmenge steht, sollten Sie daher einen Termin bei Ihrem Frauenarzt abmachen." (Aus einem Internet-Blog für Reproduktionsmedizin)[29] Oder: „Mit Hilfe des AMH-Tests findest Du heraus, wie viel Zeit Dir in Sachen Familienplanung noch bleibt" (Auf einer Kinderwunschseite im Internet).[30]

---

29 https://ivi-fruchtbarkeit.de/blog/was-sind-vorteile-eines-tests-anti-mueller-hormon-amh/ (zul. am 2.4.23)
30 https://mutterinstinkte.de/kinderwunsch/amh-wert/ (zuletzt am 22.02.23)

Entsprechend reicht die Bedeutung dieser schon für rund fünfzig Euro einzuholenden Kennzahl weit über den Behandlungskontext hinaus, wo der Wert etwa Anhaltspunkte zur Wahl der Methode sowie zur angemessenen Dosierung hormoneller Stimulationen liefert. Der Test wird zu einem Planungstool, indem er die (verbleibende) Fruchtbarkeit einer Frau in einem einfachen Zahlenwert quantifiziert und damit das sich schließende Zeitfenster sichtbar macht. Ein niedriger Wert kann auch dazu auffordern, um im Rahmen begrenzter Möglichkeiten an ihm zu arbeiten, etwa Gewicht zu reduzieren oder mit dem Rauchen aufzuhören. Seine einfache Anwendbarkeit in Verbindung mit hoher medizinischer Aussagekraft, aber auch seine symbolische Performanz machen den Test zu einem mächtigen soziotechnischen Artefakt, das den Kinderwunsch einer Paarbeziehung beeinflussen, die Selbstwahrnehmung verändern und zu technischen Lösungen aufrufen kann. Letztere liegen eben vor allem darin, eine Behandlung nun möglichst schnell zu beginnen und direkt mit maximal effektiven Therapiemethoden einzusteigen. Der AMH-Test kann umgekehrt aber auch Zeitgewinne mit sich bringen:

> Einer Patientin, die sich ein zweites Kind wünscht, wird vorgeschlagen, den AMH-Wert nach einiger Zeit nochmals neu zu ermitteln: *„Der zeigt, was für 'ne Reserve Sie im Eierstock tatsächlich noch zu erwarten haben. Den (…) könnten wir nochmal aktualisieren, um Ihnen vielleicht bisschen Entlastung auch zu geben. Wenn der Wert sehr gut ist, dann können Sie noch ein Jahr oder so warten. Wenn der jetzt langsam einknickt, dann würde alles dafürsprechen, lieber schneller nochmal zu versuchen, als das vor sich her zu schieben.“*

Der AMH-Wert wird als eine Art Guthaben auf einem Zeitkonto gelesen und als belastbare Grundlage für Empfehlungen herangezogen, um mit der noch vorhandenen Eierstockreserve zeitlich zu haushalten. Der Wert kann entsprechend auch als Maß für das biologische Alter einer Frau in Relation zu ihrem Lebensalter verstanden werden (Friese u. a. 2006: 1552):

Einem Paar, dass zunächst auf natürlichem Weg versuchen möchte, schwanger zu werden und sich nach hormonellen Möglichkeiten der Chancenoptimierung erkundigt, wird geraten:

> Arzt: Der Wert zeigt die Reserve an, die noch im Eierstock vorhanden ist. Und man sieht eben Ihrem Alter entsprechend, dass das etwas reduziert ist. Es ist noch nicht im Bereich, wo man Angst haben müsste. Ich würde aber trotzdem diesen natürlichen Weg nicht zu lange machen, weil man schon sieht, dass Sie im Vergleich mit ihren Altersgenossinnen etwas niedriger sind. Es weiß keiner, wie schnell der abfällt. Man kann da keine Prognose stellen, wie lange das noch gut geht. Aber er ist schon in 'nem Bereich, wo man sagen würde: Probieren Sie das maximal drei, vier, fünf Monate – dass Sie sich dann vielleicht doch mal dem anderen Thema [einer höherstufigen Behandlung] nähern.

Das Bestreben des Paares, es zunächst auf natürlichem Weg zu probieren, bevor eine künstliche Befruchtung ins Haus steht, ist hier also mit einem (im Vergleich zum sogenannten ungeschützten Verkehr invertiertem) Risiko behaftet: Je länger sie es durch normalen Sex versuchen, desto schwieriger kann es später, selbst mithilfe reproduktionsmedizinischer Verfahren, werden. Der AMH-Wert liefert also kaum medizinische Information, die ursachenbekämpfende Interventionen zuließen, um etwa die Fruchtbarkeit entscheidend zu verbessern. Das Schwinden des Eizellenreservoirs lässt sich weder aufhalten noch verlangsamen. Der medizinische Test lässt sich vielmehr als Planungstool beschreiben, um zu beurteilen, wie viel Zeit fürs Kinderkriegen, mit oder ohne reproduktionsmedizinische Intervention, für ein Paar noch bleibt. Bei der Entscheidung, wie auf einen entsprechenden AMH-Wert zu reagieren ist, kann es für Paare also auch um eine Art Risikoabwägung ihrer zeitlichen Lebensplanung gehen. Die Botschaft eines entsprechenden AMH-Werts kann lauten: Wenn sie noch Kinder wollen, müssen sie es jetzt tun! In der Logik dieses Tests ist bereits jene Denkungsart angelegt, die auch für das sogenannte *Social Freezing* prägend ist: die Entnahme und Kryokonservierung von Eizellen Ende der 20er oder Anfang der 30er-Lebensjahre, um sich für den passenden Zeitpunkt des Lebens die biotechnischen Ressourcen, Kinder zu kriegen, durch das konservierte Material zu bewahren. Aus der Erfahrung der Reproduktionsmedizin heraus gedacht, es häufig mit Paaren zu tun zu haben, deren Schwierigkeiten vor allem vom Alter herrühren, stellt Social Freezing das logisch konsequente Präventivangebot dar. Es liegt genau auf der Linie des modernen Trends der Medizin, Nachsorge in Vorsorge zu verwandeln (vgl. Kiesel 2012).

Das männliche Pendant zum AMH-Wert ist das Spermiogramm, das ebenfalls auf non-invasive Weise Daten generiert, die auf die Ursache einer ausbleibenden Schwangerschaft hinweisen können. Während der eine Wert als Indikator für weibliche Fruchtbarkeit fungiert, soll der andere die männliche Fertilität beziffern. Das Spermiogramm spielt „die zentrale Rolle, um das Reproduktionsvermögen eines Mannes zu beurteilen" (Zehnder 2014). Insofern ist es kein Zufall, dass genau diese beiden Werte besonders stark mit dem Frau- bzw. Mann-Sein assoziiert sind und auch identitär entsprechend mit Bedeutung aufgeladen werden können. Das Spermiogramm steht am Anfang jeglicher männlichen Fruchtbarkeitsuntersuchung und Männer müssen dafür nur in der Lage sein, das Labor mit einer Probe ihres Spermas zu versorgen. Anders als für den weiblichen Part deckt das Spermiogramm bereits einen Großteil des diagnostischen Inventars ab, das die Reproduktionsmedizin für die Männer anzubieten hat. Es besteht in einem standardisierten Verfahren, das drei verschiedene Bewertungskategorien enthält, deren Norm und Abweichungsgrade von der WHO festgelegt werden. Sie betreffen die Anzahl der Spermien (Spermatozoenkonzentration), die Form der Spermien (Morphologie) und deren Beweglichkeit (Motilität). Das Spermiogramm kann als konzentrierter Steckbrief männlicher Befruchtungsfähigkeit verstanden werden. Seine niederschwellige und kostengünstige Durchführbarkeit kombiniert mit dessen starker Aussagekraft macht es zu einem weitreichenden und mächtigen Diagnoseinstrument der Kinderwunschbehandlung. Die Bestätigung eines entsprechend schlechten Spermiogramms reicht bereits aus, um eine ICSI als einzig sinnvolle Therapie zu begründen. Mit dem AMH-Wert hat es gemeinsam, dass bei einem schlechten Ergebnis auch hier kaum wirksame Therapien existieren, um etwa Einfluss auf Anzahl und Qualität der Spermien nehmen zu können.

> Arzt: Leider ist es beim Mann so, dass es zwar dicke Bücher gibt, aber wenige Behandlungsmöglichkeiten, sodass das meistens die Frau ausbaden muss. Man kann Spermien nur in seltenen Fällen deutlich verbessern.

Die angesagte Therapie liegt vielmehr darin, die für eine Befruchtung notwendige Anzahl intakter Spermien von einigen Millionen, die für eine Befruchtung auf natürlichem Weg gebraucht werden, reproduktionstechnisch so weit zu reduzieren, dass im Extremfall ein einziges befruchtungsfähiges Spermium ausreicht. Anders als der durch den AMH-Wert repräsentierte Vorrat an Eizellen im Körper, lässt sich der Rückgang von Quantität und Qualität der Spermien weniger gut in Abhängigkeit vom Alter prognostizieren. Wenngleich auch hier das Alter eine wichtige Rolle spielt, ist die Altersgrenze weniger genau bestimmbar, auch in späteren Jahren können Männer noch über befruchtungsfähige Spermien verfügen. Das medizinische Angebot bzw. der Imperativ eines Social Freezing besteht auch hier, ist allerdings im medialen Diskurs weniger präsent. Schlechte Spermiogramme, so ließ sich in Interviews und Gesprächen beobachten, werden alltagsweltlich anders gerahmt als schlechte AMH-Werte. Erstere wurden von den Paaren oft mithilfe harter Begriffe umschrieben:

> Mareike: Das erste Spermiogramm war katastrophal. – Kann man das so sagen? (zu ihm) – Hat uns sehr niedergeschlagen, sehr erschreckt.
> Thorsten: Ja gut, es war insofern katastrophal, dass der Arzt sagte: damit kann 'ne Schwangerschaft auf natürlichem Weg nicht erzeugt werden. Der Arzt hat einmal gesagt: es ist verwunderlich, er hatte so 'n Spermiogramm noch nie, weil meine Spermien/ ich produziere viele, Anzahl is gut, aber die Beweglichkeit is gering, die Jungs schwimmen immer im Kreis, als hätten sie kein Navi. Er sagte: die Zahl is in Ordnung, sie sind nur planlos.
> Mareike: Aber die Geschwindigkeit war auch nicht/
> Thorsten: War auch nicht okay. Die Anzahl war in Ordnung, aber der Rest halt eben nicht.

Neben *katastrophal* wurden Spermiogramme auch als *grottig, grottenschlecht* oder als *desaströs* bezeichnet. Thorsten stimmt seiner Partnerin zunächst zu, schränkt das harte Urteil dann aber in Form einer differenzierteren selbstkritischen Beschreibung ein, deren Sprache ebenfalls typisch ist. Sein Spermiogramm ist ganz besonders: Er verfügt sogar über mehr Spermien als andere, aber die machen nicht, was sie sollen. Es könnte sein, dass er durch diese Beschreibung seiner in großer Zahl vorhandenen, aber planlos agierenden Spermien sein männliches Selbstbild aufrechtzuerhalten versucht, nach dem Motto: ‚Die verplanten Jungs tun einfach, was sie wollen.' Vielleicht kann man in dieser Form des Verplanten eine Männlichkeitschiffre sehen, die ihm hilft, mit der verlorenen Virilität umzugehen. Anders als die Eizelle werden die Spermien als aktive Einheiten, oft als männliche kleiner Racker beschrieben, die, wenn auch chaotisch und planlos, aber doch in irgendeiner Form *agieren*. Man ist geneigt an eine Armee planloser Krieger oder kleiner Soldaten zu denken (vgl. Martin 1991, Moore 2002). Darin spiegelt sich, dass die *männliche Potenz*, die neben der Erektionsfähigkeit in Zeiten der Reproduktionsmedizin eben auch mit dem Spermiogramm assoziiert ist, stark mit aktivem Handeln verknüpft ist. Demgegenüber ist die *weibliche Fruchtbarkeit* stärker als eine passive Eigenschaft codiert, man denke an den Begriff der Empfängnis. Die oftmals bemühte harte Sprache, so meine vorsichtige Deutung, wird der Männlichkeit dieses Körpersubstrats möglicherweise eher gerecht: *desaströs* und *planlos*, aber immerhin ‚Jungs'. Auch sie als partielle Versager zu charakterisieren, bewegt sich immerhin im Rahmen eines leistungsorientierten Männlichkeitsbildes. Die Virilität kann auf verschiedene Weisen verteidigt werden, dazu ein weiteres Beispiel:

> Herr P: Das war 'ne wahnsinnige Enttäuschung, eine Wut auf wen auch immer, auf die Natur, auf den eigenen Körper, auf den lieben Gott, Sie sind einfach ohnmächtig/ irgendwas zu wollen, was aber nicht geht. Ich mein, technisch klappt das ja alles, ja? Es geht nicht darum, dass der Geschlechtsverkehr nicht praktiziert werden kann, sondern nur das, was halt rauskommt, ist nicht in der Lage, ein Kind zu zeugen.
>
> Herr P. koppelt das Substrat vom lebensweltlichen Vollzug der Zeugung ab, indem er seine Erektionsfähigkeit und Qualität als Sexualpartner dagegenstellt. Darin spiegelt sich indirekt wiederum eine gewisse Bagatellisierung des männlichen Beitrags zur Zeugung („nur das, was halt rauskommt"). Diese Art der Männlichkeitsbewahrung geht nicht nur vom Mann aus:
>
> Doris berichtet von der Reaktion ihres Partners auf dessen negative Testergebnisse:
>
> D: Für ihn war's schlimmer als für mich. Was ich bei 'nem Mann verstehen kann, weil das ja auch mit der Standhaftigkeit (leichtes Lachen, richtet symbolisch ihren Oberkörper auf) zu tun hat (lächelt). Also die sind ja dann doch mehr gekränkt als 'ne Frau, würde ich jetzt mal sagen. (…) Wie die Männer halt so sind – Männlichkeit ist dann gestört. Ich musste ihn ein bisschen trösten und dann ging's weiter.

In der Beschreibung von Doris zeigt sich eine geschlechtliche Umbesetzung. Sie als Hauptperson des Fortpflanzungsgeschehens tröstet ihren Partner (wie man es normalerweise den Männern zuschreibt), der sich wegen einer Lappalie anstellt. Die Formulierung „ein bisschen trösten und dann ging's weiter" erschiene im umgekehrten Fall, also zur Verwendung gegenüber einer unfruchtbaren Frau, weitgehend unangebracht. Dies setzt hier ebenfalls eine Bagatellisierung des männlichen Beitrags zur Fortpflanzung voraus. Der dramatische Effekt, der bei einer Frau die Identität sensibel tangiert, wird hier der männlichen Unfruchtbarkeit nur sehr abgeschwächt konzediert. Sie kann ihn so von seiner zentralen Rolle im Fortpflanzungsgeschehen entbinden, ohne seine Männlichkeit stark zu verletzen.

Spermiogramm und AMH-Wert sind soziologisch interessante medizinische Diagnoseverfahren, weil ihre Performanz das Wissen von der zweigeschlechtlichen Fortpflanzung, die die Reproduktionsmedizin technisch gekonnt zur Anwendung bringt, sehr genau spiegelt und weit in das alltagsweltliche Verstehen dieser Praxis hineinreicht. Nicht nur geht vom medizinischen Wissen eine Medikalisierung des Alltagsverständnisses aus, auch das medizinische Wissen ist getränkt mit Vorstellungen und Metaphern des Alltagswissens (Keller 1995, Hirschauer 2008, Laqueur 1992), sowohl in seinem Produktionskontext als auch, wenn es um seine kommunikative Vermittlung geht. Zwischen der Biologie der Fortpflanzung, auf der die Kinderwunschbehandlung beruht, und einem Soziobiologismus, der diese Biologie auf die soziale Ebene überträgt und umgekehrt, liegt nur ein sehr kurzer Weg.

Neben solchen typischen Formen des Umgangs gibt es auch andere emotionale Reaktionen auf schlechte Spermien, die wiederum auffallend unaufgeregt sind. Nicht jeder Mann gerät in eine Identitätskrise, wenn schlechte Spermien diagnostiziert werden. Darin lässt sich ein entgegengesetzter Effekt des medizinisch-technischen Kontexts der Kinderwunschbehandlung erkennen, der in der obigen Sequenz (*der Geschlechtsverkehr kann praktiziert werden, nur was halt rauskommt, ist nicht fähig, ein Kind zu zeugen*) ebenfalls bereits angelegt ist: Die Essenzen des Zeugens, allen voran die Eizellen und die Spermien, werden außerhalb des Körpers zu technischen, auf ihre Funktion reduzierten Substraten transformiert, die als kollektive Ressourcen der Fortpflanzungsgemeinschaft eine vor allem sachliche Charakterisierung erfahren. Sein Sperma ist auch ihres, ihre Eizellen sind auch seine, wenn es darum geht, mit technischen Mitteln gemeinsam schwanger zu werden. Man kann hier auch von einem technischen Geschlecht dieser Substrate sprechen, das im Rahmen der reproduktionsmedizinischen Behandlung in den Vordergrund rückt und das soziale Geschlecht mehr oder weniger stark in den Schatten stellen kann. So wird der Paarkörper im Zuge seiner reproduktionsmedizinischen Behandlung diagnostisch zerlegt, vermessen und personell entkoppelt, um dann unter medizintechnischen Vorzeichen neu zusammengesetzt zu werden. Auf diese Weise wird im Rahmen der Kinderwunschbehandlung auf der Schnittfläche zwischen Alltagswelt und Labor eine völlig neue Soziomaterialität des Zeugens hervorgebracht, die uns zwingt, Natur, Technik und Materialität, Sex und Gender als eng miteinander verflochten zu analysieren (vgl. Villa 2017: 218 f., Kalthoff u. a. 2016, Barad 2003, Heintz 1993).

3.1.3 Über den Körper des anderen sprechen

Paare müssen sowohl intern als auch mit ihren jeweils behandelnden Ärzt:innen über die Möglichkeiten der Kinderwunschbehandlung sprechen. Sie kommen nicht umhin, sich die verschiedenen Behandlungsformen und deren Varianten auch sprachlich anzueignen, allerdings ohne zunächst über eine gut internalisierte Fachsprache wie die des medizinischen Personals zu verfügen. Paare können sich demgegenüber meist nur mit einem gewissen Halbwissen versorgen, müssen sich die Reproduktionsmedizin also im Rahmen eines Laiendiskurses verfügbar machen, der Leiberleben und medizinisches Körperverständnis miteinander verbindet (vgl. Lindemann 2017). Im Folgenden sehen wir uns einige Beispiele genauer an, wie in Beratungsgesprächen in Anwesenheit des Partners über dessen Körper und Körperlichkeiten gesprochen wird. Den Einstieg bietet eine direkte Frage eines Mannes zur Eizellenproduktion seiner Partnerin:

> Er: Wie viele/ normalerweise/ oder bei einer Frau in ihrem Alter, bekommt man wie viele Eizellen?
> Arzt: Im statistischen Mittel kriegen wir so zehn bis zwölf Eizellen. Das muss man einfach sehen, wie das auf sie/Sie (?) zutrifft. Sie wissen, so eine Statistik ist immer so 'ne Gaußsche Normalverteilung.

Die Frage des Mannes zielt auf statistische Erfahrungswerte ab, wie viele für eine Befruchtung zur Verfügung stehende Eizellen von seiner Partnerin nach einer Hormonstimulation zu erwarten sein würden. Aus der Antwort des Arztes geht nicht hervor, wen er genau mit „sie/Sie" anspricht, die Frau bzw. das Paar in der zweiten Person im Sinne von „Sie (beide)", oder *sie,* die Frau in der dritten Person. Setzt er also das in der gestellten Frage angefangene Sprechen über die mitanwesende Patientin in der dritten Person Singular fort? Diese kleine Ambivalenz erweist sich als insofern signifikant, als die Frau und ihr Körper sowohl separat als ‚Lieferantin' der Eizellen, als auch als Teil der Fortpflanzungsgemeinschaft vorkommt, die sich wiederum im kurz vorher verwendeten „wir" ausdrückt. Im Gespräch kommt es auf solche Weise immer wieder zu verobjektivierendem Sprechen über den (Köper des) Anderen. Im gemeinsamen Vorhaben des Kinderkriegens und seiner medizintechnischen Aneignung halten also entsprechend spezialisierte Betrachtungsweisen der beteiligten Körper Einzug in den Paardiskurs. Die beiden Körper des Paares und deren biologische Ausstattung werden zum möglichst effizient einzusetzenden Material des gemeinsamen Projekts der Schwängerung. Die biomedizinisch kontrollierte Kombinatorik dieser Körper, die diesem Ziel dienen soll, drückt sich auch im Sprechen der Paare und behandelnden Ärzt:innen im gemeinsamen Zugriff auf die zur Verfügung stehenden Körper aus, die nun als (mitgebrachte) körperliche, reproduktionstechnisch zu nutzende Ressourcen in Erscheinung treten und vor allem die biomedizinisch relevanten Körperteile und Substanzen in den Vordergrund rücken. Es entsteht ein Paarkörper, der aus diesen Teilen im Rahmen der Beratungsgespräche neu zusammensetzt und konfiguriert wird. Der hervorgebrachte Paarkörper wird als Reproduktionsapparat dadurch gleichzeitig auf Distanz gebracht, sodass eine medizinisch mediatisierte Subjekt-Objekt-Beziehung zwischen der Arzt-Patienten-Triade und diesem Paarkörper etabliert wird und darauf im Sprechen abseits der Personengrenzen Bezug genommen werden kann. Der distanzierende Blick wird auch dadurch gefördert, dass er von einer statistisch abstrakten Denkweise grundiert wird, die den Paarkörper probabilistisch auf seine Schwangerschaftschancen abtastet.

Zu diesem Zweck und um die Chance zu maximieren, teilen die Patient:innen möglichst alle in diesem Zusammenhang wichtig erscheinenden Informationen zu ihrer Sexualität mit und müssen dabei gewisse Schamgrenzen überwinden. In der folgenden Situation ist der behandelnde Arzt gerade dabei, mit dem Paar seinen Standardfragenkatalog abzuarbeiten, nach dessen Abschluss die Patientin in Anwesenheit ihres Partners auf ein bislang unerwähntes Problem zu sprechen kommt:

> Britta: Ich weiß nicht – eins sollten wir vielleicht wirklich noch ergänzen. – Du hast wirklich ääh große Probleme mit dem Thema Erektion, (...) wir ham etliche Anläufe gehabt, bis wir 'n Medikament gefunden haben, das angeschlagen hat, ne?
> Martin: Cialis, aber die kleinste Dosis.
> Britta: Aber/ also die ersten anderthalb Jahre war's echt extrem schwierig, gell? (Bestätigung ihres Partners suchend)

Sie spricht ein bei ihm verortetes sexuelles Problem an, womöglich weil sie befürchtet, dass ihr Partner es seinerseits vielleicht nicht erwähnt hätte, obwohl sie es für den Arzt im Sinne der Behandlung als möglicherweise wichtige Information einstuft. In diese Richtung weist, dass er das Problem etwas herunterspielt, insofern es sich schließlich schon mit *kleinster Dosis* beheben ließ. Dass sie aber überhaupt vor dem Arzt dieses heikle und intime Problem relativ problemlos zur Sprache bringen kann, lässt sich dadurch begründen, dass dies vor dem Hintergrund der gemeinsamen Sache und im Sinne einer geteilten medizinischen Relevanz geschieht. Möglicherweise entlastet es ihn gar, dass *sie* dieses heikle Problem *für* ihn zur Sprache bringt. Vorstellbar ist aber auch, dass ihm diese Thematisierung durch sie durchaus unangenehm ist und gegen den Strich geht. Allerdings dürften sich Paare auch dazu angehalten fühlen, sich gegenüber Ärzt:innen harmonisch zu präsentieren, sodass der ein oder andere Konflikt latent gehalten wird. Ein wenig später im Gespräch ergänzt Martin seine Partnerin, als es um Auskünfte zu ihrer Periode geht:

> Arzt: Wie sind Sie [zu ihr gesprochen] aktuell im Zyklus?
> Britta: Muss ich grad mal schauen (blättert im Kalender) – Wann hab ich sie gehabt – am 29. August (zögerlich) – genau. Davor hatte ich die Periode am 1. August. Genau vier Wochen vorher. Der Zyklus hat sich wieder einigermaßen eingependelt. Ich geh davon aus, dass die dann wahrscheinlich am 26. September kommen. –
> Arzt: ok, mh (tippt)
> Martin: Wobei die Zyklusse wieder relativ lang waren.
> Britta: Da is immer mal 'n Ausreißer dabei, wo es sehr sehr lang dauert, aber im Normalfall sind's immer 28 Tage.

Wie ist Martins Einschub zu deuten? Eine starke Interpretation wäre, dass er angesichts seiner durch sie thematisierten Erektionsprobleme, die er selbst für gar nicht so schwerwiegend erachtete, nun umgekehrt interveniert, indem er ihre Darstellung eines perfekt regelmäßig verlaufenden Zyklus nach unten korrigiert, im Sinne einer Art Gerechtigkeit in der Repräsentanz des Paarkörpers. Die gemeinsame Gesprächssituation mit dem Arzt (und dem ethnografischen Hospitanten) ermöglicht es jedenfalls, dass die Partner Aussagen des jeweils anderen korrigieren und ergänzen können, und teilweise auch Aspekte hinzufügen, die der Partner vielleicht vergessen, nicht für relevant hielt, oder auch aus Unbehagen nicht preisgeben wollte. Ein weiteres Beispiel:

> Bei Kara (28) war bereits von einem anderen Arzt festgestellt worden, dass bei ihr kein Eisprung vorhanden ist. Auch die Temperaturkurve sehe nicht gut aus. Im Erstgespräch im Kinderwunschzentrum arbeitet der Arzt seine Anamnesefragen ab und gelangt wieder zur bereits erwähnten Frage nach der Körperbehaarung:
> Arzt: Was machen die Haare am Körper? Würden Sie sagen, sind Sie als Frau normal behaart?
> Kara: mm (verneinend)
> Arzt: Wo fällt Ihnen das auf?
> Kara: Ähm, Unterschenkel, Oberschenkel sind auch leicht, Oberlippe/
> Hans: (ergänzend) hier unten (zeigt es an sich), am Kinn hier unten/
> Arzt: zum Nabel hoch?
> Kara: auch, ja.
> Arzt: Hautakne? Ist das n Thema?
> Kara: ja, im Moment sehr stark.
> Arzt: Wo?
> Kara: Achsel, Bauch
> Hans: (ergänzend) Innenseite Oberschenkel.
> Sie: Innenseite Oberschenkel, genau.

Auch in dieser Sequenz, in der Hans dabei hilft, ihrem gemeinsamen Arzt das Behaarungsmuster seiner Partnerin Kara zu beschreiben und an seinem eigenen Körper durch Zeigen veranschaulicht, wird eine gemeinsame Zuständigkeit für den Körper (des anderen) gepflegt. Gleichzeitig wird dieser Körper durch den anwesenden Arzt und seine Frageweise in einen medizinischen Kontext gerückt und damit auch analytisch auf Distanz gebracht. Dies geschieht vor allem dadurch, dass die Körperlichkeiten, über die hier gesprochen wird, also die zu vielen Haare an der falschen Stelle, nicht das eigentlich zu bearbeitende Problem oder die „Krankheit" darstellen, um die es geht, sondern nur als diagnostisches Mittel zum Zweck genutzt werden, um das Paar in eine Schwangerschaft zu führen. Es wird aber durchaus auch von ärztlicher Seite überwacht, wer wann mit welcher Zuständigkeit über den Körper des Anderen spricht:

> Arzt: Würden Sie sagen, Sie sind als Frau normal behaart?
> Sie: (lacht laut) Er sagt, ich hab zu viel Haare!
> Arzt: Was würden Sie selbst sagen?
> Sie: Ja, ich hab schon ziemlich viele Haare.
> Arzt: hell oder dunkel?
> Sie: helle.

Diese auf den ersten Blick unscheinbare Sequenz ist vor allem deshalb aufschlussreich, als sie eine in der Situation auftretende Perspektivdifferenz sichtbar macht. Das Lachen der Patientin kann als ein Zeichen ihrer Irritation angesichts der Frage gedeutet werden. Die Antwort, ihr Partner sage, dass sie zu viele Haare habe, verweist auf jene bereits beschriebene Doppelcodierung des Körperlichen zwischen medizinischer Relevanz und der Lebenswelt der Paare. Meint ihr Partner womöglich, sie habe *ihm* zu viele Haare, was eher auf seinen ästhetischen Blick verweist? Oder aber ihr erster Rekurs auf seine Stimme stellt einen Ausweichversuch dar, mit dem sie zum einen Zeit gewinnt, zum anderen das Thema ins Feld der Meinungen abzudrängen versucht. Dies wird unterbunden, indem der Arzt erneut einen medizinischen Blick veranschlagt. Aber durch seine erneute an sie gerichtete Nachfrage zeigt er auch, dass auch er hier eine Perspektivdifferenz wittert und zu klären sucht. Auch die Nachfrage nach der Farbe der Haare zielt darauf ab, zu eruieren, ob die infrage stehende starke Behaarung der Patientin medizinisch relevant sein könnte, das heißt auf ein hormonelles Missverhältnis hinweist. Ärzt:innen müssen also in der Lage sein, die Selbstauskünfte der Paare im Rahmen dieser spezifischen Form einer diskursiven Anamnese richtig zu filtern und in möglichst objektive Daten zu übersetzen.

Folgendes Paar (Mina und Ali) hatte zwei Fehlgeburten nach auf natürlichem Wege entstandenen Schwangerschaften. Es sucht gemeinsam mit dem Arzt nach möglichen Gründen. Dieser fragt unter anderem nach deren Verwandtschaftsverhältnis, familiären Erkrankungen, dem Konsum von Zigaretten und Alkohol. Am Ende des Fragenkatalogs fügt Ali hinzu:

Ali: Ich würde noch gerne was sagen: Meine Frau schwitzt auch extrem. An den Händen, an den Füßen. Also manchmal tropft so richtig Wasser runter.
Arzt: Mh. Ja, da würden wir einfach nochmal bestimmte Hormontests auch durchführen bei Ihnen.

Durch die vorsichtige Ankündigung zeigt der Partner an, dass er sich der Sensibilität seiner dann doch recht plastischen Anmerkung bewusst ist. Nicht nur der Arzt mit seinen Anamnesefragen, auch das Paar selbst berührt Schamgrenzen. So nutzt es den medizinischen Rahmen in ärztlicher Anwesenheit, um gewisse Beobachtungen am Partner loszuwerden, die ihrer Einschätzung nach möglicherweise reproduktionsmedizinisch relevant sein könnten. Bestimmte Dinge aus Scham- oder Diskretionsgründen unerwähnt zu lassen, könnte schließlich das Risiko geringerer Schwangerschaftschancen nach sich ziehen. Es ist die medikalisierte Konstruktion eines Paarkörpers im Sinne eines gemeinsamen, medizintechnisch zu steuernden Fortpflanzungsapparates, der die Intimgrenzen der Paarsexualität hinter das übergeordnete Ziel des Kinderwunsches und seiner medizinischen Erfüllbarkeit zurücktreten lässt. Die unaufgeregte Antwort des Arztes entschärft das Problem mit dem Schwitzen, lenkt und filtert die Information aber auch in Richtung medizinischer Relevanzen.

Im Zuge der Anamnese bildet sich im Zeichen des Kinderwunsches ein gemeinsamer Arbeitsmodus zwischen Ärzt:innen und Patientenpaaren heraus. Es formiert sich ein gemeinsamer, auf analytische Distanz gebrachter Bezugskörper mit verteilten Zuständigkeiten. Die Bedeutung, die die Körper dabei erlangen, kann zwischen Paarsozialität und medizinisch-technischer Verfahrensrationalität changieren. Die Körper des Paares werden auf diese Weise objektiviert, durch die Zuschreibung von medizinischen Werten und biologischen Besonderheiten aber auch re-individualisiert. Sie werden nicht aus der Sozialität des Paares entlassen, vielmehr müssen sie als medizinisch objektivierte Körper im Sozialraum der Arzt-Patienten-Beziehung und des Paares neu angeeignet werden.

3.1.4 Manöverbesprechungen

Zur Aneignung der Kinderwunschbehandlung gehört im weitesten Sinne bereits auch, wenn Paare über die Möglichkeit einer Behandlung sprechen, sich im Internet über das Angebot und die verschiedenen Möglichkeiten informieren, einen Infoabend besuchen oder sich dafür entscheiden, einen ersten Beratungstermin wahrzunehmen. Damit ist ein Subjektivierungsprozess (Alkemeyer & Buschmann 2016) verbunden, in dem Paare sich in mehreren Schritten mit den unterschiedlichen Facetten einer Kinderwunschbehandlung vertraut machen, sich mit Widerständen auseinandersetzen, die Kinderwunschbehandlung entsprechend für sich durchleben, interpretieren und die Behandlung zu *ihrer* Behandlung machen. Paare müssen sich je auf ihre Weise auf die medizinische Logik und die Verfahrensweisen der assistierten Befruchtung einlassen. Dabei kann etwa der Verlauf einer künstlichen Befruchtung schnell unübersichtlich werden. Angefangen von der Diagnostik, über Kalküle bezüglich der Krankenkassenfinanzierung, die Hormonbehandlung und Selbstinjektion von Spritzen, bis hin zur Eizellentnahme – um nur einige Schritte zu nennen – entfaltet die Kinderwunschbehandlung eine hohe Eigenkomplexität, die für die Patient:innen dennoch nachvollziehbar bleiben muss. Dies vor allem aus zwei Gründen: Die Kinderwunschbehandlung ist erstens eine hochgradig folgenreiche medizinische Therapie, die ausschließlich durch den Willen der Patient:innen (weniger durch die Objektivität einer dringlichen Erkrankung) getragen wird und noch stärker als andere medizinische Behandlungen deren ausdrückliche Zustimmung erfordert. Ärzt:innen müssen sich versichern, dass, wer künstlich befruchten will, weiß, auf was man sich einlässt. Der zweite Grund, warum die Kinderwunschbehandlung hohe Ansprüche an das Verstehen der Patient:innen ihrer eigenen Behandlung stellen muss, ist, dass sie die einzelnen Behandlungsschritte aktiv mitgehen müssen und insbesondere ihren Beitrag zu deren Timing leisten müssen. Im Beratungsgespräch werden an bestimmten Stellen immer wieder Zäsuren markiert, an denen Ärzt:innen die einzelnen Schritte kompakt zusammenfassen und erklären. Exemplarisch kann sich dies etwa so anhören:

> Arzt: Sobald Sie die Genehmigung haben, sind Sie frei in der Entscheidung, jederzeit zu beginnen mit der Therapie. Wir hatten ja besprochen, dass wir sinnvollerweise, aufgrund des Spermiogramms, 'ne künstliche Befruchtung machen sollten. Das würde so aussehen: Sobald Sie die Zusage haben, warten wir 'ne Blutung ab, am Beginn der Blutung geht die hormonelle Unterstützung los. Das sind Spritzen, die Sie selbst machen können über maximal zwei Wochen. In der Zeit müssen wir uns drei- viermal sehen und kontrollieren, wie der Erfolg ist. Dann kommt der Tag, wo die Eier aus dem Körper raus müssen. Das ist ein kleiner operativer Eingriff über die Scheide/ da schlafen Sie so 'ne viertel Stunde, machen wir ambulant. Am zweiten Tag müssen *Sie* (zu ihm) natürlich auch dabei sein, wir brauchen Ihre Spermien und Sie müssen Ihre Frau da wieder transportieren. Dann machen wir die künstliche Befruchtung, rufen Sie am nächsten Tag an und teilen Ihnen mit, wie das Ergebnis ist. Fünf Tage später sehen wir uns wieder, um die Befruchteten, die schönsten davon bei Ihnen wieder einzusetzen. Wenn darüber hinaus noch welche übrig bleiben, könnten wir die einfrieren und hätten dann den Vorteil, dass Sie nicht erst wieder starten müssen mit Spritzen, Eientnahme, Narkose und so weiter, sondern man würde einfach Ihren natürlichen Zyklus überwachen. Wobei wir abwarten müssen, wie viele Eier kriegen wir, wie viele können befruchtet werden, wie entwickeln sich die, lohnt sich das einzufrieren, ja? Das besprechen wir dann jeweils. [Er weist noch auf die Unwahrscheinlichkeit der im Beipackzettel der Medikamente genannten Nebenwirkungen hin:] Lassen Sie sich da nicht verunsichern! Dann brauchen wir nur noch die Blutung zum Zyklusstart, dann können wir loslegen.

Das Paar hört aufmerksam zu und bekundet in regelmäßigen Abständen Verstehen und Zustimmung. Indem der medizinische Sprecher die Behandlungsschritte in Gegenwart des Paares komplexitätsreduziert im Zeitraffer ablaufen lässt, werden sie nochmal in verkürzter und verdichteter Form als kompaktes Ganzes greifbar. Auch wenn im Gedächtnis des Paares nicht alle Schritte so klar repräsentiert sind, entsteht gemeinsam mit dem Arzt ein intersubjektiv adressierbarer Ablauf, an dem sich alle Beteiligten orientieren können sollen. Es erinnert an eine Art Manöverbesprechung, bei der kurz vor dem Start noch einmal alle Abläufe durchgegangen werden, um sich zu versichern, dass jede:r im Team weiß (und dass jede:r weiß, dass jede:r weiß), was zu tun ist. Auffallend ist, dass die kompakte Darstellung des Arztes insgesamt zunächst einen recht reibungslosen Ablauf suggeriert und von einem gewissen Optimismus getragen ist. Potenziell strapaziöse Phasen der Behandlung wie die Hormonbehandlung zuhause oder die Eizellentnahme kommen nicht vor, was allerdings vor dem Hintergrund zu verstehen ist, dass die einzelnen Schritte samt möglicher Risiken und Komplikationen bereits im Vorfeld ausführlicher besprochen wurden. Diese sind auch Bestandteil eines Konvoluts an Zustimmungserklärungen, die von den Patient:innen im Vorfeld einer Behandlung unterschrieben werden müssen. Am Ende der Sequenz springt die Beschreibung wieder an den nun anstehenden Beginn der Behandlung, man warte eben *nur noch* auf die Blutung, um *loslegen* zu können. Diese Art und Weise der Einstimmung auf die zu beginnende Behandlung schwingt das Paar darauf ein, nun tatsächlich in die Kinderwunschbehandlung einzusteigen. Es entscheidet aber letztlich nur das Paar selbst, wann es bereit ist zu beginnen.

Die Wortwahl der Beschreibung lässt oft keineswegs an ein Hightech-Verfahren denken, etwa wenn von „schönen Eizellen" gesprochen wird, die während eines „Schläfchens" aus dem Körper raus müssen, von *Einfrieren* (eher an die heimische Gefriertruhe erinnernd) statt von Kryokonservieren die Rede ist. Es hat sich zwischen medizinischer Fachterminologie und lebensweltlicher Patientenperspektive eine eigene Umgangssprache herausgebildet. Bei einer Insemination werden *die Guten rausgesammelt*, während bei einer ICSI ein passendes einzelnes Spermium in die Eizelle *eingepiekst* wird. All dies ist nicht falsch, blendet aber tendenziell aus, wie labortechnisch voraussetzungsreich diese Vorgänge doch sind. Dabei müssen sich Patientenpaare und behandelnde Ärzt:innen im Gespräch immer wieder auch gegenseitig anzeigen und versichern, dass sie verstanden haben, was gemeint ist. Eine Interaktionstechnik, die sich dabei beobachten ließ, ist, dass Patient:innen im Gespräch anfingen, die erklärenden Sätze des Arztes teilweise selbst zu vollenden bzw. in eigenen Worten erneut wiederzugeben:

> Steffen: genau, ob es tatsächlich was wird und dann, dass man sieht, wie es sich entwickelt/ Embryonen dann, ja, dass man sieht: okay, die sind tatsächlich gut, oder nee, die entwickeln sich doch nicht weiter.
> Steffen spricht in erklärendem Tonfall, den Arzt beinahe imitierend, oder so, als würde er es ihm nochmal (zurück) erklären. Er paraphrasiert immer noch einmal die letzten Sätze des Arztes und übersetzt sie in seine eigenen Worte.
> Arzt: ganz genau. Also was ich Ihnen raten würde, wäre Einfrieren wie gesagt.
> Steffen: genau!
> Julia: genau, das wollten wir eh machen.
> Arzt: und die Blastozystenkultur würde ich Ihnen raten.
> Julia: genau.
> Steffen: das ist das, nachdem sie sich schon entwickelt haben, ne?
> Arzt: genau.
> Steffen: und genau, aber da hat man dann schon/ sagen wir mal, zehn sind befruchtet worden, vier fünf gute, also friert man den Rest gleich weg, die anderen lässt man sich entwickeln und kuckt/
> Arzt: genau, genau.

Julia und Steffen nutzen das Gespräch, um sich all ihre noch verbleibenden Fragen vom Arzt beantworten zu lassen, angefangen beim Umgang mit den Eizellen. Vor allem Steffen zeigt sich sehr interessiert: Er fragt immer wieder genau nach und wiederholt in eigenen Sätzen, was er bereits weiß, um sich dieses Wissen vom Arzt erneut quittieren zu lassen. Er zeigt, wie interessiert er ist, aber auch, dass er bereits gut informiert ist und verstanden hat, wie es läuft. Durch die dialogische Konstruktion des gegenseitigen Sätze-Vollendens stellen Steffen und Julia auf einer performativen Ebene dar, dass sie verstanden haben, worum es geht. Der Arzt bestätigt mit *„genau, genau"*. Aus einer Alltagsperspektive hat man das Gefühl, dass die offenen Fragen regelrecht durchgekaut werden. Man kann das auch als eine Technik deuten, mit der Steffen versucht, einerseits die Behandlungs-asymmetrie zwischen ihm und seiner Partnerin auszugleichen, als auch das Wissensge-fälle zwischen ihm und dem behandelnden Arzt situativ abzubauen. Wenn Stefan „genau" sagt, stellt er seinen informierten Status und sein Commitment dar, wenn der Arzt „genau" sagt, anerkennt er umgekehrt die Laienkompetenz seiner Patient:innen.

Fragen wir nun am Beispiel der ICSI, deren Abkürzung für *intrazytoplasmatische Spermieninjektion* steht und meist als Wort [ˈɪksi] ausgesprochen wird, genauer nach den Repräsentanzen reproduktionsmedizinischen Wissens. Der Begriff Icsi bietet sich an, da er zu jenen Ausdrücken und Grundbegriffen der Reproduktionsmedizin zählt, die genau an der Grenze zwischen Laien- und Expertenkommunikation gebaut sind. Wenn Paare von ihrer *ersten Icsi* [ˈɪksi] oder im Plural von den *drei Icsis* [ˈɪksis] sprechen, die sie vor oder bereits hinter sich haben, was meinen sie damit eigentlich genau? Für die Paare steht eine „Icsi" in diesem Kontext zunächst für die Abgeschlossenheit eines Versuchs, angefangen bei der hormonellen Stimulierung, über die Eizellgewinnung, die Sperma-produktion und deren labormedizinische Aufbereitung, das Einsetzen der befruchteten Eizellen bzw. Embryonen, bis hin zum Schwangerschaftstest. Am Ende einer Icsi steht eine Schwangerschaft – oder eine weitere Icsi, oder ein weiterer Versuch mit aus der vorangegangenen Icsi vorhandenen eingefrorenen Eizellen.

Die Abkürzung ICSI wirkt als Wort [ˈɪksi] ausgesprochen etwas verniedlichend, klingt fast mehr nach einer Süßigkeit als nach Reproduktionstechnik, der Begriff mutet passend zum Zweck kindlich an. Im Vergleich zur ausgeschriebenen Bedeutung stiftet das sich aus der Abkürzung neu zusammensetzende Kurzwort einen kompakten Begriff, der wie eine Brücke zwischen dem komplexen medizinischen Wissen und seiner Fachsprache auf der einen Seite und der Alltagswelt der Patient:innen auf der anderen Seite fungiert. Ein mittlerweile weitgehend unbekanntes Vorgängerverfahren hieß übrigens *Suzi* (subzonale Spermieninjektion) (Ludwig & Diedrich 2013a). Die Icsi wirkt „harmloser" als ihr technisch deutlich einfacheres und nach wie vor praktiziertes Pendant der IVF, deren Name em-blematisch für die künstliche Befruchtung schlechthin steht und deren ausgesprochene Form „In-vitro-Fertilisation" weitaus stärker ins Alltagswissen eingedrungen ist als die *intrazytoplasmatische Spermieninjektion*. Mittlerweile jedoch dürfte die Kurzform Icsi der IVF den Rang abgelaufen haben. Die Übersetzbarkeit medizinisch-therapeutischer Ver-fahren in Laienverständlichkeit kann sehr unterschiedlich sein. Insbesondere die Icsi profitiert davon, dass ihr Grundprinzip sehr schnell und anschaulich zu erklären ist: Ein einzelnes Spermium wird mittels einer Pipette direkt in die Eizelle initiiert. Dieses einerseits recht junge und technisch anspruchsvolle Verfahren setzt andererseits an biologischen Artefakten (Spritze, Pipette, männliche und weibliche Samenzellen) an, die uns bereits lange vertraut und basaler Bestandteil jeden Biologieunterrichts sind. Darüber hinaus handelt es sich im Wesentlichen um einen mechanischen, über einen sogenannten Mikromanipulator händisch gesteuerten Vorgang, der leicht vorzustellen ist und zudem über Bilder und Videos anschaulich gemacht werden kann. Dem Anspruch an die Transparenz der angewendeten Verfahren lässt sich so leicht nachkommen. Der Vorgang des Eindringens und Hineinspritzens bzw. Injizierens lehnt wiederum eng an der Reproduktionsmetapher, dass schließlich das *eine* in das *andere* muss, damit es zu einer Befruchtung kommen kann. Die Icsi schließt also in bester Form an unser biologisches Alltagswissen an und mutet in ihrer Funktion eher ‚low tech' an, der technische Voraussetzungsreichtum liegt in den Randbedingungen: der außerordentlichen Empfindlichkeit und Winzigkeit der biologischen Artefakte, deren Gewinnung, Isolierung, Aufbereitung und Verarbeitung wiederum ein hohes Maß an labortechnischer Kontrolle (etwa der Temperatur und des chemischen Milieus), händische Übungsroutine und biomedizinisches Wissen erfordern.

Einerseits beruht die Kinderwunschbehandlung auf der medizinischen Öffnung jener Blackbox, um die Vorgänge innerhalb und zwischen den Körpern zu verstehen und medizinisch kontrollierbar zu machen. Auf der anderen Seite zeigt sich aber auch die Reproduktionsmedizin in ihren Mitteln und Wegen von einer Art Schleier des Nichtwissens umgeben (siehe auch Ullrich 2012: 163 ff. u. 263 ff.), der manche tiefere Zusammenhänge des Befruchtungs-, Einnistungs- und Fortpflanzungserfolgs verbirgt:

> Arzt: Wir wissen tatsächlich heute ungefähr die Hälfte von dem berühmten Eisberg, der im Wasser schwimmt. Es gibt also noch ungefähr 40 Prozent von Dingen, die wahrscheinlich 'nen Einfluss haben, die wir noch gar nicht kennen.

Es gibt Verfahren, die sich zwar statistisch bewährt haben, d. h. die Schwangerschaftsrate erhöhen, ohne aber immer genau zu wissen, worauf dies genau beruht. Woanders wiederum lassen sich die körperlichen Eigentätigkeiten zwar nicht gezielt steuern, doch aber in einem bestimmten Grad vorhersehen, um Behandlungsschritte optimal auf die Eigenzeit des Körpers abzustimmen.

Eine Patientin hat beim letzten IVF-Versuch trotz Hormonbehandlung nur sehr wenige Eizellen produziert und ihr Arzt schlägt nun vor:

> Es gibt eine Möglichkeit, dass man ganz früh im Zyklus 'n Ultraschall macht, wenn die Blutung einsetzt. Ganz oft sieht man dann dem Eierstock schon an, was er diesmal bereit ist, zu produzieren. Wir könnten das so handhaben: Wenn man im Vorhinein sieht, dass da nicht viel da ist, dann macht man ohne Hormone, und wenn man sieht, da sind drei vier Ansätze, dann nimmt man die Hormone doch dazu. (...) Der Körper entscheidet schon im Vorzyklus, wenn Sie so wollen, welche in der nächsten Runde dran sind. Ja? Die werden dann schon mal so angestupst, die kann ich dann auch schon sehen.

Auch hier wird der Körper kommunikativ begreifbar gemacht, indem er und seine Elemente, hier der Eierstock, als aktive Mitspieler im Fortpflanzungsgeschehen entworfen werden.[31] Aus ärztlicher Sicht geht es darum, dem Körper seiner Patientinnen, dort wo dieser (noch) dazu in der Lage ist, in seiner reproduktiven Aktivität auf die Sprünge zu helfen, ihn also dort abzuholen, wo er reproduktionstechnisch steht. Dazu muss der zu schwängernde Körper und seine Teile zunächst für die Patient:innen verstehbar gemacht werden. Dies leisten u. a. spezifische Redeweisen über den Körper und vereinfachte Beschreibungen der technischen Verfahren, die zwischen medizinischer Expertise und den praktischen Relevanzen der Behandlung pragmatisch vermitteln. Es geht hier daher weniger um eine biologisch exakte Darstellung des Eierstocks, sondern darum, ihn als gemeinsames Wissens- und Bezugsobjekt zugänglich zu machen. Auf dieser Grundlage wird unter ärztlicher Regie ein Arbeitskonsens für mögliche Interventionen geschaffen.

3.2 Aushandeln und Entscheiden

Ähnlich wie die Entscheidung zur Elternschaft einem sozialen Prozess innerhalb von Paarbeziehungen und deren Umfeld unterworfen ist (Heimerl & Hofmann 2016), ist auch die Entscheidung für oder gegen eine bestimmte Methode in einen sozialen Prozess eingebettet, der sich vor allem in der triadischen Behandlungsbeziehung vollzieht. Aber anders als alltagsweltliche Aushandlungs- und Entscheidungsprozesse in Intimbeziehungen finden die Entscheidungen im Rahmen einer Kinderwunschbehandlung unter dem Rationalitätsdruck des medizinisch-wissenschaftlichen Hintergrunds der Reproduktionsmedizin statt, der vor allem durch die ärztliche Begleitung repräsentiert wird und fallspezifisch zu einer individuell 'vernünftigen' Behandlungsentscheidung strebt. Die Wege der Kinderwunschbehandlung lassen sich aber nur zum Teil aus medizinischen Befunden und den Fakten schwangerschaftsverhindernder Ursachen ableiten, sie hängen genauso stark von der Dringlichkeit des Kinderwunsches selbst ab, darüber hinaus von Einstellungen, die Paare gegenüber bestimmten Methoden entwickeln. Dies macht Behandlungsentscheidungen zu einem interessanten Phänomen der Aushandlungspraxis zwischen Patientenpaaren und Mediziner:innen. Im Folgenden sollen diese Aushandlungs- und Entscheidungsprozesse soziologisch analysiert werden. Wir werden sehen, dass deren Praxis von verschiedenen Rationalitäten geprägt ist, die in einem dynamischen Prozess miteinander verbunden werden und von denen die rein medizinische Logik nur einen Ausschnitt darstellt.

Kinderwunschbehandlungen können in ihrem Verlauf den Patient:innen einiges an Entscheidungen abfordern, meist mit wachsender Intensität. Geht es erst (nur) darum,

---

31 Damit ist nicht gesagt, dass sich die Agency des Eierstocks in solchen Zuschreibungen und Sprechweisen erschöpft. Sie wird daneben auch durch spezifische Untersuchungs- und Messpraktiken, medizinisches Lehrbuchwissen und einschlägige visuelle Darstellungen konstituiert (vgl. Latour 2006).

zu entscheiden, ob überhaupt und wenn ja, wann eine Behandlung beginnen soll, können sich mit der Zeit immer mehr Entscheidungssituationen ansammeln: Angefangen mit der Frage, wie oft eine bislang erfolglose Methode wiederholt werden oder durch eine andere Behandlungsstufe ersetzt werden soll, über Fragen der Verwendung eingefrorener Embryonen und des Abwägens von Zwillings- und Drillingsrisiko, bis hin zur Überlegung, gegebenenfalls auf Fremdsperma zurückzugreifen, was wiederum eine Entscheidung für eine bestimmte Samenbank und einen bestimmten Spender nach sich zieht. Schließlich muss über die Frage entschieden werden, ob und wann eine Behandlung nach dauerndem Misserfolg (vorerst) beendet werden soll, ob die Möglichkeit einer Adoption eine Alternative sein könnte, oder aber, ob nach erfolgreicher Kinderwunschbehandlung der Wunsch nach einem zweiten Kind erneut eine aufwendige Therapie rechtfertigt. Nur in seltenen Fällen lässt sich die Antwort auf diese Fragen ambivalenzfrei aus medizinischen Befunden deduzieren und manchmal ist die erste Entscheidung im Rahmen einer Kinderwunschbehandlung auch auf ganz andere Aspekte bezogen, etwa wenn die Hochzeit eines Paares zur Bedingung der Kostenübernahme durch die gesetzliche Krankenversicherung und damit die Heiratsurkunde zur Eintrittskarte in die Behandlung wird.[32] Hierzu ein Beispiel:

> In einem Beratungsgespräch im Vorfeld einer Behandlung, wo es immer auch um Fragen der Finanzierung geht, zeigt sich beispielsweise folgende Konstellation eines bislang unverheirateten Paares: Er ist privat, sie gesetzlich versichert. Stellt sich sein Spermiogramm als schlecht genug heraus, kann seine private Versicherung herangezogen werden, deren Leistungen nicht an eine Ehe des Paares gebunden sind. Andernfalls kommt ihre gesetzliche Krankenkasse zum Zug, für die das Paar aber verheiratet sein muss. War das Paar zunächst von einem unauffälligen Spermiogramm ausgegangen, hat es sich nun bei einem ersten Test als defizitär erwiesen, was folgende Worte des Arztes erklärt: „Sie müssen für die Kostenübernahme nicht heiraten, wenn das Spermiogramm wieder so ausfällt. Dann könnten wir sogar schneller starten – es sei denn, Sie *wollen* jetzt heiraten."

Dank seines auffälligen Spermiogramms, das nun seine Versicherung ins Spiel bringt, erübrigt sich die aus Kostengründen bereits geplante Hochzeit des Paares. Es resultiert also eine Ebenenverknüpfung zwischen der sozialen Institution der Eheschließung, dem medizinischen Befund und der versicherungstechnischen Frage der Kostenübernahme.

Ein anderes Paar erscheint nach dem Erstgespräch nun frisch verheiratet erneut:

> Arzt: Glückwunsch erstmal! Sie sind ja verheiratet jetzt, sodass wir jetzt, wenn sie möchten, 'n Antrag stellen könnten bei der Krankenkasse und die Kostenübernahme beantragen.

Die versicherungstechnische Regelung, die trotz zunehmender Kritik für Kassenpatienten noch immer gilt, ist ein Relikt aus einer Zeit, in der die Ehe moralische Bedingung

---

32 Ähnlich wie ich betont auch Ullrich (2007) in ihrer Ethnografie die Entscheidungsintensität der Kinderwunschbehandlung. „Ebenso wie der Kinderwunsch ist auch die Entscheidung für seine medizinische Behandlung eingebettet in vielfältige und widersprüchliche Lebenswelt- und Biographieentwürfe der Paare. Diese Einbettung wird auch während der Therapie nicht von einer Dominanz der Medizin ersetzt" (Ullrich 2007: 324).

des Kinderkriegens war. Über die gesetzliche Krankenkasse wird also eine alte soziale Norm in die Behandlung geschleust, während die private Versicherung die Bedingung der Ehe wiederum gesetzlich gar nicht (mehr) stellen darf. Dies soll als Einstiegsbeispiel dafür dienen, welche kunstvollen Verbindungen zwischen sozialen, medizinischen und bürokratischen Aspekten die Kinderwunschbehandlung hervorbringen kann.[33] Die verschiedenen Konstellationen solcher Verbindungen spannen auch den Raum von Möglichkeiten auf, in dem sich die zu treffenden Entscheidungen von Kinderwunschbehandlungen bewegen.

3.2.1 Die Behandlung des Kinderwunsches

Am Anfang der Kinderwunschbehandlung steht im Gegensatz zur Behandlungsnotwendigkeit einer Erkrankung vor allem die Dringlichkeit des Kinderwunsches. Neben den möglichen medizinischen Ursachen für das Ausbleiben der Schwangerschaft gilt es für Ärzt:innen, den Grad dieser Dringlichkeit aufseiten des Patientenpaares zu fixieren, da sie die wichtigste Grundlage für die Entscheidung zu einer Kinderwunschbehandlung darstellt. Wie dies geschieht, soll anhand folgender Ausschnitte analysiert werden.

Ein (reproduktionsmedizinisch) relativ junges Paar (Nora 31, Fatim 38), bei dem bislang keine nennenswerten Einschränkungen gefunden werden konnten, erscheint zum zweiten Mal in der Praxis, um das weitere Vorgehen zu beraten, nachdem eine leichte Hormonbehandlung, die die Wahrscheinlichkeit einer Schwangerschaft ein bisschen anschieben sollte, nicht gefruchtet hatte. Der behandelnde Arzt fragt sie, nachdem zum Einstieg schon einige Informationen ausgetauscht wurden:

> Haben Sie noch Geduld? Oder (sie: nein!) soll das schnell?/ (sie lacht)

Ihr Lachen auf die Frage, ob Sie noch Geduld habe, beruht vermutlich darauf, dass sie zu diesem Zeitpunkt die Intention der Frage noch nicht richtig verstanden hatte. Ihr aus der Pistole geschossenes *Nein* dürfte wiederum auf der von ihr empfundenen Selbstverständlichkeit beruhen, ja genau deshalb die Hilfe des Arztes gesucht zu haben, *weil* sie nicht länger auf eine Schwangerschaft warten wollte. Der Hintergrund der Frage klärt sich gleich im Anschluss:

> Arzt: Dann sollten wir Schritt eins überspringen und direkt über eine Insemination sprechen.
> Nora: Ach so! So viel Geduld hätt ich glaub ich schon (lachend) (alle lachen)
> Arzt: Ja? Okay.

Der Arzt erläutert den Beiden weiterführende in Betracht kommende Möglichkeiten, deren Einsatz er vom Erfolgsdruck seiner Patient:innen abhängig macht. Nora reagiert

---

33 Ein Reproduktionsmediziner berichtete kritisch von 38 verschiedenen Versicherungskonstellationen, mit denen er und seine Paare es zu tun haben.

ablehnend: An eine Insemination im Labor und damit die Entkopplung des Zeugungsaktes von der Sexualität mit ihrem Partner ist für sie scheinbar noch nicht zu denken.
Der Arzt stellt weitere Möglichkeiten aber bereits in Aussicht und diese sind nach dem
nächsten Misserfolg für das Paar vielleicht schon nicht mehr so abwegig:

> Arzt: okay, wir kontrollieren den Zyklus, kucken, wann ein Ei da ist oder zwei vielleicht sogar, geben
> Ihnen wieder das Auslösehormon und Sie probieren 's nochmal auf normalem Weg. Sie müssen mir
> nur irgendwann, wenn Sie keine Lust mehr haben, sagen: ‚jetzt wollen wir 'n Schritt weiter gehen'.
> Ich mach das, solange Sie das wollen.

Während der Arzt performiert, sich ganz nach den Wünschen seiner Patientin zu
richten, lockt er Nora gleichzeitig bereits mit der nächsthöheren Behandlungsstufe. Sie
setzt dem ihre Frustrationstoleranz entgegen und nimmt geringere Chancen zugunsten
geringerer Invasivität in Kauf. Patient:innen müssen auf solche Weise selbst beurteilen,
welchen Optionen des Leistungsspektrums sie sich zu welchem Zeitpunkt bedienen
wollen. Sie sind von Anfang an dazu angehalten, sich mit einem gewissen Grad an
Wissen zu verschiedenen Behandlungsmöglichkeiten zu versorgen. Aus Noras sponta-
nem und indirektem Nein zur Insemination geht hervor, dass sie damit bereits bestimmte Vorstellungen assoziiert, aber darauf hofft, zunächst ohne sie auszukommen. Je
länger eine Methode nicht zum Erfolg führt, desto mehr steigt der Druck, sich weiter-
führenden Methoden zu öffnen und damit vertraut zu machen, um informierte Entscheidungen treffen zu können. Am einfachsten für den Arzt ist es, wenn die Patient:
innen ihren Kinderwunsch bereits selbst klar in einen Behandlungswunsch übersetzen
können (siehe auch Ullrich 2012: 174):

> Arzt: Was sagt so Ihr Bauchgefühl? Würden Sie das ganz gerne mal ohne Hormone probieren? Oder
> sagen Sie: nee, machen wir gleich mit Hormonen, um die Chance zu erhöhen.
> Sie: Ja, würde ich auf jeden Fall machen. Ich muss Ihnen ehrlich sagen, ich will das/ wir wollen das
> jetzt so schnell wie möglich anfangen, wollen nicht mehr warten. Das Effektivste wird wahr-
> scheinlich von vornherein 'ne künstliche Befruchtung, oder?
> Arzt: Ja, immer! Unabhängig, ob die Eileiter offen oder zu sind oder sonst was, ist das die erfolg-
> versprechendste Therapieform, ja.
> Sie: richtig, genau. Wir haben gesagt, wir wollen das erst mit 'ner Insemination probieren, und wenn
> das jetzt mit diesen Hormonen noch größere Chancen bringt, dann mach ich das gleich so.
> Arzt: Ich geb Ihnen auch 'ne Aufklärung mit über das Ganze, das lesen Sie sich bitte nochmal durch.
> Muss auch Ihr Mann dann noch mit unterschreiben, nicht dass der in zwei Jahren dann sagt, er
> wollte kein Kind.

Der Kinderwunsch stellt die entscheidende Indikation für die Behandlung dar und der
Reproduktionsmediziner muss sich gegenüber der festentschlossenen Patientin nur
noch per Unterschrift versichern, dass er auch vom nicht anwesenden männlichen
Partner geteilt wird. Ansonsten ist der Arzt in der Rolle eines Dienstleisters, der hier
einen klaren Auftrag entgegennehmen darf. Wenn Paare sich dagegen nicht auf eine
Behandlung festlegen können, verschiebt der Arzt den Fokus häufig von medizinischen
Fragen auf eine stärker motivationale Ebene:

> Arzt: Sie sollten sich Gedanken machen darüber, wie wichtig der Kinderwunsch für sie ist. Wenn das jetzt so schnell wie möglich funktionieren soll, kann ich Ihnen nicht raten, mit Kleintherapien was zu probieren, sondern dann sollten wir lieber künstliche Befruchtung machen. Wenn Sie sagen: nee, ich bin da frustrationstolerant, wenn das auch drei vier fünf sechsmal nicht funktioniert mit Zyklusbeobachtungen, das macht nichts, ich will's erst mal so probieren – und die Spermien geben das auch her, dann kann man diesen Weg auf jeden Fall machen.

Der Arzt fungiert als eine Art Hebamme des Kinderwunsches, um dessen Grad an die Behandlungsstufe anzupassen. Er wirbt für das Chancenpotenzial intensiverer Behandlungen, delegiert aber, nachdem alle medizinischen Fragen expliziert wurden und dennoch keine Entscheidung gefallen ist, die Frage nach der für die Patient:innen geeigneten Behandlung an das Paar zurück:

> Arzt: Was stellen Sie sich jetzt vor, wie wir Ihnen helfen sollen? Sie haben doch bestimmt 'ne Idee. Denn es gibt viele Möglichkeiten. Die Frage ist, wie weit wollen Sie gehen? Je größer Ihr Aufwand ist, umso erfolgversprechender ist das Ganze auch. Was nicht heißt, dass Sie nicht mit was Einfachem auch schwanger werden können.

Der Kinderwunsch und das technische Verfahren müssen im Rahmen des Behandlungsverhältnisses zueinanderfinden, ihre Passung muss kommunikativ erarbeitet werden und bestenfalls von einer Vertrauensbeziehung zwischen Patient:innen und Ärzt:in getragen sein. Dies soll nun anhand eines Falles gezeigt werden, bei dem diese Passung sich nicht ohne weiteres herstellen lässt und zunächst scheitert. Das Paar hatte sich nach einem missglückten Erstgespräch empört von einem anderen Kinderwunschzentrum abgewandt:

> Tom: Wir hatten ein Gespräch mit Frau Dr. Horn. Die sagte uns, die ultimative und einzige Lösung ist diese Invitro/ – fertilisation (Heike: IVF). Wohingegen mein Urologe sich das angeschaut hat, und irgendwie ist das nicht so klar. Er ist der Meinung, das muss auch anders gehen, er sieht das alles nicht so schlimm. Die Empfehlung von Dr. Horn war, wir müssen jetzt sofort heiraten und ehm/ Heike: ja, wegen der Bezahlung. Aber wir müssten jetzt sofort das machen. Ich hab noch gefragt, ob wir vielleicht noch eine hormonelle Beobachtung machen können oder es eine andere Möglichkeit gibt, bevor ich mich diesem Eingriff unterziehe, da hat sie gesagt: ‚nein, auf keinen Fall!' Mehr Beratung hab ich nicht bekommen.

Mit dieser Erfahrung und Empörung über einen zu direktiven und wenig erörternden Umgang einer Reproduktionsmedizinerin im Gepäck sucht das Paar nun ein anderes Kinderwunschzentrum auf. Heike und Tom kommen also vor allem vor dem Hintergrund einer sozialen Enttäuschung zu Dr. Gerb, nachdem sie sich woanders bei mangelnder Aufklärung zu einer künstlichen Befruchtung genötigt gefühlt hatten. Vom neuen Ansprechpartner erhoffen sie sich nun eine differenziertere Beratung. Nach seiner eigenen ausführlichen Anamnese sagt dieser:

> Dr. Gerb: Es sind ja verschiedene Faktoren, die in so eine Entscheidung oder Empfehlung einfließen sollten (beide nicken zustimmend). In der Kinderwunschtherapie ist ein wichtiger Faktor das Alter. Von daher hat Dr. Horn nichts falsch gemacht, wenn sie sagt: Wenn Sie das ernst meinen und schnell

schwanger werden wollen, sollten Sie 'ne künstliche Befruchtung durchführen.
Heike: ok. | Tom: mh.
Dr. Gerb: Diesen Rat muss ich Ihnen auch geben, allein wegen des Alters. Das heißt nicht, dass Sie
nicht mit anderen Therapien auch schwanger werden können, aber Sie müssen eine niedrigere
Chance akzeptieren – und das hat sie Ihnen vielleicht nicht gesagt.
Tom: Genau, darum ging's ja eigentlich, deshalb waren wir auch unzufrieden mit der Beratung.
Dr. Gerb: Es gibt keinen Grund jetzt nur wegen der Spermien zu sagen, Sie *müssen* eine künstliche
Befruchtung machen. Diese Aussage würde sich für mich nur ergeben als Empfehlung aufgrund des
Faktors Alter, und im Hinblick darauf: Sie werden vierzig und ab vierzig zahlt die Krankenkasse
nicht mehr.
Heike: Richtig, ja. | Tom: ja.
Dr. Gerb: Danach müssen Sie die Therapie voll selbst zahlen. Das wären aber weiche Gründe, die
dafürsprechen würden, diese Therapieform zu wählen (Tom: mh) (Heike: ja). Oder Sie sagen, es soll
so schnell wie möglich eine Schwangerschaft eintreten. Das würde auch für die künstliche Befruchtung sprechen. Nur mal ein Vergleich in Zahlen: Die Schwangerschaftschance in Ihrem Alter
auf natürlichem Wege liegt ungefähr bei fünf bis fünfundzwanzig Prozent pro Jahr. Aber Sie müssen
das frei entscheiden können.
Tom/Heike: mm (leicht verdutzt kuckend)

Dr. Gerb steht ein bisschen vor der Herausforderung, dieselbe Empfehlung wie seine
Kollegin auszusprechen, aber gleichzeitig einen Unterschied zu markieren, um den
sozialen Erwartungen des Patientenpaares gerecht zu werden. Er nimmt die zuvor
konsultierte Kollegin zunächst in Schutz, um sich dann auf bestimmte Weise von deren
Beratungsstil zu distanzieren und die bereits von seiner Kollegin getroffenen Empfehlungen im Verhältnis von unterschiedlichen Therapieformen zu deren Erfolgschancen
differenzierter zu erörtern. Die Interpretation dieses Verhältnisses überlässt er dann
wiederum sachte seinen Patient:innen, indem er auf ihre freie Entscheidung bzw., wie
weiter oben, auf deren „Bauchgefühl" rekurriert. Die Patient:innen sollen angesichts
ihrer Wahrnehmung von Kinderwunschintensität und Wahrscheinlichkeitsaussagen,
flankiert durch Finanzierungsfristen der Versicherung, anhand ihres medizinischen
Laienverständnisses und gesunden Menschenverstands selbst auswählen, welche Behandlung für sie die richtige ist. Während im Beratungsverhältnis zuvor offenbar die
rein medizinische Rationalität absolut gesetzt und dem Paar oktroyiert wurde, versucht
der nun behandelnde Arzt stärker jene sozialen, außerhalb der medizinischen Rationalität liegenden Faktoren der individuellen Kinderwunschsituation in Rechnung zu
stellen. Er gibt dem Paar das Gefühl, selbst die Kontrolle über die Behandlungsentscheidung zu haben, nimmt es damit aber gleichzeitig in die Verantwortung, für sich das
Richtige zu wollen.

3.2.2 Spiel mit Wahrscheinlichkeiten

Um die Wahl für eine bestimmte Behandlung zu treffen, müssen die Paare mit einer
epistemischen Eigenschaft umgehen, die die Kinderwunschbehandlung prägt: Die unterschiedlichen Methoden unterscheiden sich vor allem auch in Prozentzahlen ihrer

statistischen Erfolgswahrscheinlichkeiten und die Paare sind damit konfrontiert, diese abstrakten Zahlen zu verarbeiten und in ihre Entscheidungen einfließen zu lassen. In der Fortsetzung des vorherigen Falles (Heike & Tom) führt der Arzt weiter aus:

> Wenn Sie eine Insemination durchführen, hieße das, *Sie* geben uns Spermien, *wir* selektieren die guten raus und spritzen die im optimalen Zeitpunkt bei Ihnen ein. Das erhöht Ihre Chance auf ungefähr zehn Prozent pro Zyklus. Wenn wir das Maximum machen, also eine künstliche Befruchtung durchführen, haben wir eine Chance statistisch von etwa dreißig Prozent pro Zyklus. Heike: das wäre Maximum, ja.

Erneut beschreibt der Arzt den Behandlungsablauf einer Insemination auf typische Weise technisch vereinfacht, sodass für seine Patient:innen ein gut vorzustellendes Bild der Abläufe entsteht. Mit der Insemination wird ein besonders einfaches Verfahren einem komplexeren, der künstlichen Befruchtung, gegenübergestellt. Es ergibt sich ein Abwägungsverhältnis zwischen Einfachheitsaspekten und damit auch einem Mehr an Natürlichkeit auf der einen Seite, der Chancensteigerung auf der anderen. Der Arzt stellt mit diesen kompakten Beschreibungen und Gegenüberstellungen zunächst eine für die Patient:innen greifbare Vergleichbarkeit der Verfahren her und schafft so überhaupt erst die Grundlage für deren Entscheidungsfähigkeit. Dabei klingen die Zahlen, ob 10 oder 30 Prozent, nicht unbedingt vielversprechend, lassen sie einen doch schnell begreifen, dass es mit einem einzigen Versuch wahrscheinlich nicht getan sein wird. Im beschriebenen Fall fährt der Arzt sogleich fort, indem er einem vielleicht naheliegenden Missverständnis in der Chancenabwägung vorzubeugen versucht:

> Arzt: Sie dürfen jetzt aber nicht rechnen: ich mach vier Inseminationen, dann bin ich genau so gut wie eine künstliche Befruchtung, das geht nicht.
> Tom: nee, das ist klar, das muss man dann mit'nander multiplizieren/ Wahrscheinlichkeiten, ja.
> Arzt: Es gibt in der Wahrscheinlichkeit 'ne andere Berechnungsgrundlage (Tom: ja), die nie auf irgendwie ein genaues Ergebnis kommen wird, ja? Sie können da nicht von einem genauen Ergebnis ausgehen, sondern wir können's eigentlich immer nur rückblickend analysieren. Hundert Paare im Alter von neununddreißig/ wie viele sind nach vier Zyklen Insemination schwanger, wie viele sind nach drei Zyklen künstliche Befruchtung (Tom: ok), und da spricht eben alles für die künstliche Befruchtung.
> Heike: für die künstliche, ja.

Der Arzt versucht seinen Patient:innen zu vermitteln, dass die von ihm genannten Zahlen statistischen Erhebungen entnommen sind, also nicht direkt auf die individuelle Chance übertragbar sind. Tom markiert sofort Sachverständnis in Sachen Wahrscheinlichkeitsrechnung. Aber schon dieser Sachverhalt stößt in seiner Abstraktheit an bestimmte Grenzen der Verstehenskontrolle, wenn es darum geht, den Patient:innen die für sie praktische Bedeutung der genannten Zahlen zu kommunizieren. Der Arzt versucht zu zeigen, wie die Zahlen zu lesen sind und distinguiert sich noch einmal von seiner Vorgängerin, indem er die tendenzielle Empfehlung zur künstlichen Befruchtung erneut relativiert und die Entscheidungsfreiheit der Patient:innen hochhält. Dann folgt allerdings eine Wendung, die für Irritation sorgt:

Arzt: Wir können sehr wohl eine Insemination durchführen, dann müssen Sie nur akzeptieren, dass die Chance nicht so riesig ist (Tom: mh | Heike: mm). Von den rein medizinischen Werten spricht nichts dagegen. (Tom: ok, mh) Da müssen Sie 'ne freie Entscheidung treffen können, hinter der Sie auch stehen und sagen: Wir haben aus den und den Gründen so oder so entschieden. (Heike: ja) Ich finde es falsch, zu sagen: Machen Sie schnell, Sie müssen jetzt! Das ist Unsinn, Sie müssen gar nichts, ja? (Tom: ja.) Sie müssen – zufrieden sein in zwei drei Jahren, egal wie das ausgeht.
Heike: Was meinen Sie damit?
Arzt: Egal ob Sie schwanger werden, ja? Im Idealfall machen wir zwei Inseminationen und Sie erzielen die Schwangerschaft, dann sagen Sie hinterher: der Dr. Gerb hatte ja 'ne Meise. Oder aber: Sie machen fünf sechs sieben Inseminationen, sind nicht schwanger und machen dann doch die künstliche Befruchtung und sagen hinterher: Hätten wir das doch gleich gemacht, dann hätten wir nicht das halbe Jahr verloren.

Den Patient:innen wird die Kehrseite ihrer Wahlfreiheit vor Augen geführt, nämlich dass mit dem Treffen einer autonomen Entscheidung auch die Verantwortung in die Hände der Entscheidenden fällt, und das meint hier vor allem die Verantwortung für den möglichen Misserfolg. Aus Sicht der Patientin bedeutet dies gerade nicht, ihr Schicksal in die Hände des Arztes zu legen, wie etwa bei einer Operation unter Narkose, sondern die Autorschaft der Behandlung bis zu einem gewissen Grad selbst zu tragen. Umgekehrt ist damit eine Absicherung des Arztes verbunden, der im Rahmen der von den Patient:innen gewünschten Behandlung seine beste Arbeit anbietet, aber für Erfolg nur im begrenzten Rahmen statistischer Wahrscheinlichkeiten garantieren kann. Dies mag von medizinischer Seite systematisch dazu motivieren, eher zu intensiveren, ergo zu erfolgsversprechenden Verfahren zu tendieren. Gleichzeitig ermöglicht es diese Struktur, vor allem den Misserfolg der Statistik, den Erfolg dagegen der Behandlungsleistung zuzurechnen. Im obigen Beispiel hält der Arzt entsprechend an seiner Empfehlung für eine IVF fest, belässt die Entscheidung aber ausdrücklich beim Paar, gibt aber mahnend die Wahrscheinlichkeiten angesichts ihres Alters zu bedenken: *„Sie müssen zufrieden sein in zwei drei Jahren, egal wie das ausgeht."* In diesem Satz steckt zweierlei: ,*Wenn Sie sich jetzt für eine niederschwellige Behandlungsmethode (wie z. B. eine Insemination) mit geringeren Erfolgsaussichten entscheiden, werden Sie sich später selbst vorwerfen müssen, warum Sie nicht der Empfehlung für eine ,gescheite' Behandlung gefolgt sind. Aber auch wenn Sie sich jetzt für eine IVF entscheiden, kann ich nicht für den Erfolg garantieren. Am Ende müssen Sie so und so mit dem Ergebnis leben, mit oder ohne Schwangerschaft.'* Diese Logik setzt sich fort:

Tom: Nochmal für mich zum Verständnis: Sie meinen, *wenn* wir schon IVF machen, dann könnte man gleich Icsi machen, weil der Aufwand und die Belastung ist ja für sie (seine Partnerin) die gleiche, oder?
Arzt: Ich würde sagen, wenn wir die künstliche Befruchtung machen – nichts riskieren. Angenommen Sie produzieren fünfzehn Eizellen (Tom: ja) und haben dann nur eine oder keine befruchtet – das würd ich nicht machen an Ihrer Stelle, sondern dann würd ich sagen, machen wir wirklich das Maximum, suchen einzelne Spermien raus und piksen die in die zur Verfügung stehenden Eizellen ein.
Tom: genau, das würde ich auch so sagen, ja (kuckt zu seiner Partnerin, ihre Zustimmung suchend).

> Heike: Wegen mir mach dir keine Sorgen – wenn es so sein soll, dann machen wir das, wir wollen als
> Ergebnis 'n Kind. Das ist die Hauptsache!

„Nichts riskieren" bekommt im Rahmen der Wahrscheinlichkeiten eine interessante Bedeutung: Würde man nicht zur ICSI greifen und ‚nur' IVF machen, würde man vor dem Hintergrund höheren Aufwands und höherer Belastung (im Vergleich zu einer Insemination) riskieren, nicht die höchstmöglichen Erfolgswahrscheinlichkeiten herauszuholen. Daraus kann sich eine Steigerungskaskade entwickeln: *Wenn schon Kinderwunschbehandlung, dann IVF, und wenn schon IVF, dann am besten ICSI.* Je geringer der Behandlungsgrad, desto mehr muss der Arzt seine Patient:innen im Vorfeld auf Misserfolgserfahrungen einstellen, wie exemplarisch in folgenden Auszügen:

> Ich kann Ihnen nur sagen, wie gut ist die Chance pro Zyklus. Die liegt ungefähr bei 15 bis 18 Prozent.
> Es ist also eher wahrscheinlich, dass Sie wiederholen müssen. Wenn Sie sagen: ach nee, wir wollen
> jetzt eigentlich bald mal zum Zug kommen, das soll möglichst schnell Erfolg haben, spricht natürlich
> alles für die sogenannte künstliche Befruchtung. Die wiederum hat 'ne Trefferwahrscheinlichkeit
> von, wenn's sehr gut läuft, 50, 55 Prozent pro Zyklus.

Oder:

> Wissen müssen Sie, dass nach zehn Zyklen ungefähr acht von zehn Frauen schwanger sind. Es gibt
> also 'ne hohe Wahrscheinlichkeit, dass Sie das öfter wiederholen müssen. Ich würde aber an Ihrer
> Stelle diese Anzahl zehn durchaus in die Kalkulation einbeziehen, wobei Sie jederzeit sagen können:
> nee, jetzt will ich das mit 'ner höheren Chance, wir machen jetzt 'ne künstliche Befruchtung.

Die genannten statistischen Chancen werden je nach medizinischer Einschätzung der individuellen Disposition des Paares ein bisschen angepasst, indem die Zahlen ein wenig nach unten oder oben korrigiert werden. Mit der Warnung vor Misserfolgen verbindet der Arzt auch hier wieder eine gewisse Werbung für die künstliche Befruchtung und deren im Vergleich höheren Erfolgsaussichten. Der Arzt kann, wie im letzten Beispiel ersichtlich, keine ganz genauen Wahrscheinlichkeiten für den individuellen Fall angeben und nur eine grobe Hilfestellung geben, um aus den statistischen Werten Handlungsdirektiven abzuleiten. In der Gesprächsführung stellt er mögliche Szenarien immer wieder aus der Patientenperspektive nach, indem er den Patient:innen ihre möglichen Überlegungen und Gedanken vorspricht und damit in den Mund legt. Er bugsiert sie damit noch mehr in die Position als Entscheider:innen und nimmt die Rolle eines Maklers ein, der die Patient:innen zu der von ihnen gewünschten Entscheidung führen soll. In folgendem Fall passt der Arzt seine Empfehlung im Laufe des Gesprächs auf interessante Weise der Haltung seiner Patientin an. Diese erkundigt sich nach der Einnahme eines bestimmten Medikaments, um die Behandlungschancen zu erhöhen. Ihr Arzt hält dies allerdings weder für notwendig noch zielführend und will seine Patientin zunächst von der unnötigen Einnahme eines Medikaments ohne nachgewiesenen Nutzen abbringen:

> Arzt: Wissen Sie, ich bin ganz sturer Wissenschaftler, ich glaub nur, was wissenschaftlich belegt ist. Und wenn irgendwas in größeren Untersuchungen nicht bewiesen ist, dass es was bringt, dann empfehle ich es auch nicht.
> Sie: Ich will halt alles richtig machen dieses Mal. Ich hab nur noch einen Versuch.

Dann, je mehr sie einlenkt, überzeugt er sie nun umgekehrt, sich entgegen seiner ursprünglichen Empfehlung doch für die zwar harmlose, aber aus medizinischer Sicht wirkungslose Medikamenteneinnahme zu entscheiden:

> Arzt: Nehmen Sie's! Dann brauchen wir hinterher nicht nachkarten. Stellen Sie sich mal vor, Sie nehmen 's nicht und werden nicht schwanger. Dann ärgern Sie sich. (...)
> Sie: Ich vertrau Ihnen. Wenn Sie sagen, das bringt nichts, dann bringt es nichts. Ich schluck jetzt nicht alles, nur um irgendwie/ wenn's nichts bringt, das will ich auch nicht (lacht), dann kann ich auch drauf verzichten (lachen). Ich wollte das nur abklären. Wenn Sie sagen, das bringt nichts, dann is es/
> Arzt: Ich tue das, was Ihr Gefühl verbessert. – Das ist wichtig! – Stellen Sie sich vor, Sie würden nicht schwanger – dann denken sie: Warum hab ich das nicht gemacht? Dann hätt 's funktioniert.
> Sie: Nee, so bin ich auch nicht.
> Arzt: Ich will, dass Sie sich gut fühlen. – Und nicht hinterher/ Es ist ja auch nicht negativ – das zu tun. Machen Sie's!
> Sie: Na gut, dann mach ich's.

Indem der Arzt in seiner Einschätzung umschwenkt, nämlich eine von der Patientin vorgeschlagene, in seinen Augen zunächst nutzlose Medikamentierung nun doch zu empfehlen, verhindert er vorsorglich, dass die Patientin einen möglichen Misserfolg der Behandlung auf die Nicht-Einnahme eben dieses Medikaments und damit auf eine versäumte Chance und womöglich auf die Fehlleistung ihres Behandlers zurechnen kann. Es geht ihm also auch darum, eine Behandlung anzubieten, an die die Patientin glauben kann, selbst wenn er dadurch von seinen medizinischen Überzeugungen abrücken muss. Die Patientin wiederum zeigt sich irritiert, dass er ihr nun empfiehlt, was er zuvor als medizinisch sinnlos abgelehnt hatte, war sie doch gerade so weit, sich überzeugen zu lassen.

Häufig zeigen sich Patient:innen mit dem Entscheiden über das eigene Behandlungsdesign überfordert. Immerhin geht es um die nicht unerhebliche Frage, auf welche Weise ihr Kind gezeugt werden soll. Zudem müssen die Paare auch untereinander erst einmal Konsens über die Wahl des Behandlungsformats herstellen. Im Beratungsgespräch kann diese Situation ad absurdum geführt werden, indem Patient:innen mit immer weiteren und sich zum Teil wiederholenden Fragen Boden unter den Füßen ihrer Entscheidung gewinnen wollen, deren Unsicherheiten aber nicht auszuschalten sind. Schon aus zeitökonomischen Gründen müssen Ärzt:innen solche Gespräche, die sich auch in paarinternen Diskussionen festfahren können, dann zu einem vorläufigen Ende führen:

> Arzt: Sie sollten einfach versuchen, 'nen Nenner zu finden, wo Sie sagen: wir probieren 's jetzt erst nochmal einfacher, führen 'ne Insemination durch, oder Sie sagen: Wir wollen so schnell wie möglich, dann sollten wir die künstliche Befruchtung machen. Sie können mir Ihre Entscheidung jederzeit mitteilen und dann formulieren wir das Schreiben für Ihren Versicherer.

In einem anderen Gespräch noch deutlicher:

> Arzt: Sie besprechen das einfach nochmal miteinander und wenn Sie 'ne Entscheidung getroffen haben, sagen Sie mir, wie Sie sich entschieden haben, dann können wir eine entsprechende Beantragung machen.

Die Entscheidung für die richtige Behandlung ist nicht etwa nur einmal zu Beginn zu treffen, sondern eine, die spätestens nach jedem Zyklus, der mit einem negativen Schwangerschaftstest endet, neu zur Disposition steht, jederzeit hinterfragt und angepasst werden kann. Mit wenigen Ausnahmen folgt dies einer Logik der Behandlungsintensivierung. Ein Strukturmerkmal der Kinderwunschbehandlung besteht in ihrer Steigerungslogik:

> Er: Ich muss für mich 'ne Entscheidung treffen/ wenn ich sag: okay, das kostet das, das kostet das, das kostet das. Das dauert so lang, das dauert so lang. Wenn ich das hab, dann setz ich das wie 'n Puzzle zusammen, dann sag ich, dann machen wir erst das und dann das. Aber so ganz griffig und schlüssig is' mir das noch nicht. In welcher Reihenfolge man was wie machen kann. Oder wie/
> Arzt: Im Prinzip ist die Reihenfolge wählbar, wobei Sie überlegen müssen: Wenn Sie erstmal den Maximalaufwand betreiben, dann wieder auf den kleinen zurückzugehen, macht wenig Sinn.
> Sie: das ist Nonsens, ja. Er: (nickt zustimmend)
> Arzt: Wenn Sie eher mit einer milden Form des Eingriffs liebäugeln, dann wäre sicher vernünftig, zuerst die Insemination zu probieren.

Diese Rationalität der Maßnahmensteigerung, den Druck auf den Körper, schwanger zu werden, vom leichten Einstieg bis hin zur Maximaltherapie, sukzessive zu erhöhen, folgt keiner genuin medizinischen, sondern einer rein probabilistischen Logik, es sei denn, es liegen konkrete medizinischen Gründe vor, die einen Erfolg bestimmter Methoden fallspezifisch mehr oder weniger ausschließen. So kann etwa im Falle verschlossener Eileiter oder kaum nachweisbarer Spermien im Ejakulat eine Insemination kaum zum Ziel führen. Die sukzessive Steigerung der Behandlungsintensität ist für die Patient:innen unmittelbar plausibel. Die nächste Stufe geht jeweils mit mehr Aufwand und gleichzeitig mit der Hoffnung auf größere Erfolgsaussichten einher. *Wann*, etwa nach wie vielen fehlgeschlagenen Inseminationsversuchen, allerdings von einem Verfahren auf ein anderes übergegangen werden soll, ist häufig erneut eine Abwägungsfrage, die wiederum weitgehend in die Hände der Patient:innen gelegt wird.

Ein Patientenpaar erscheint nach wiederholt erfolglosen Inseminationen erneut zum Gespräch. Arzt und Paar kennen sich bereits. Die beiden wirken etwas zerknautscht und frustriert. Nach einer kurzen Begrüßung mit Smalltalk zum nasskalten Wetter, kommt der Arzt zum Thema:

> Arzt: So. Keine Lust mehr?
> Sie: *schüttelt etwas ratlos den Kopf, seufzt und quittiert ihr eigenes Seufzen mit einem kurzen Lachen.*
> Arzt: Lieber IVF machen jetzt?
> Sie: Also auf jeden Fall mal künstliche Befruchtung.
> Arzt: Mh, okay. Wollen wir denn noch eine Insemination machen dann in der Zwischenzeit? – Haben wir dazu noch die Zeit? – Weil der Antrag braucht ja erfahrungsgemäß so 10 bis 14 Tage, bis er

genehmigt ist. Kommt drauf an, wann Ihre Blutung kommt.
Sie: Ich geh davon aus, dass die jetzt bald kommt. (Zu Partner gewandt:) Sollen wir noch einen Versuch machen?
Er: Ah ja gut, wenn's dauert, ich mein/

Schon der Einstieg des Arztes impliziert eine starke Deutung der Gestimmtheit des Paares und kurz darauf folgt der Vorschlag, nach mehreren Inseminationsversuchen nun mit einer höherstufigen Schwängerungsmethode fortzufahren. Neben dieser einen typischen Behandlungsrationalität, bei Nichterfolg den ‚Schwangerschaftsdruck‘ auf den Körper schrittweise zu erhöhen, kommt hier eine weitere zum Zug, nämlich entstehende zeitliche Lücken (hier bis zur kassenärztlichen Genehmigung eines ausstehenden Antrags) zu nutzen, um mit Glück vielleicht doch noch auf einfachere Weise schwanger zu werden. Auffällig ist aber vor allem die Implizität, in der dies im Gespräch kommuniziert wird. Dies zeugt von einer Verstehensunterstellung bzw. -fiktion, von der die Beteiligten stillschweigend ausgehen. Die Patientin kann den Vorschlag des Arztes, nun eine intensivere Behandlungsmethode zu wählen, um die Erfolgswahrscheinlichkeit zu erhöhen und effizient weitere Versuche zu platzieren, zunächst scheinbar richtig deuten. Allerdings stellt sich heraus, dass dem Paar doch noch nicht klar ist, wovon überhaupt genau die Rede ist:

Sie: Ähm, die/ wie heißt/ ehm IV – F? (Arzt: Mh) Was, wie/ was is des jetzt für 'ne Methode?
Arzt: Im Prinzip funktioniert's so, dass Sie auch wieder hormonell unterstützt werden, aber höher dosiert, dass man mehrere Eizellen bildet. Diese Eizellen entnimmt man über 'nen kleinen operativen Eingriff, macht die Befruchtung außerhalb vom Körper und setzt dann die befruchteten Eizellen wieder zu Ihnen zurück. Logischerweise wird die Trefferquote viel größer damit, 'ne? Weil Sie ja die ersten Schritte und Hürden dann schon nehmen (Er: mh) (Sie: mh). Sie wissen also: Da sind Eier, Sie wissen, die sind befruchtet, Sie können die besten davon auswählen, wiedereinsetzen, logischerweise wächst dann auch die Trefferwahrscheinlichkeit.
Er: Wie hoch is die dann?
Sie: 50 Prozent.
Arzt: 50 Prozent, wenn es ideal läuft.
Sie: Das bedeutet, das sind eigentlich nur diese fünfzig Prozent, ob es sich einnistet oder nich, 'ne?
Arzt: genau.

Nachdem sich das Paar bezüglich weiterführender Methoden ziemlich desinformiert gibt, macht der Arzt ihnen den assistierten Weg zur Schwangerschaft wie eine Art Hindernislauf plausibel: Je mehr Hürden bereits außerhalb des Körpers labortechnisch genommen werden können, desto weniger Hindernisse bleiben im Körper dem unkontrollierbaren Zufall überlassen. Wann von einer Methode auf eine höherstufige Behandlung gewechselt werden soll, kann der Arzt seinen Patient:innen nahelegen oder vorschlagen, die Entscheidung lässt er dann wieder ganz ausdrücklich von den Patient:innen selbst ausgehen:

Arzt: Wenn Sie sagen, wir wollen so schnell wie möglich 'n Treffer hinkriegen, macht's keinen Sinn über die Insemination nachzudenken. Ziel ist klar, Sie wollen schwanger werden. Aber es gibt eben leider 'n paar mehr Möglichkeiten, um das Ziel zu erreichen. Das müssen Sie entscheiden. Das darf kein Arzt für Sie machen. Sie müssen mit 'nem guten Gefühl da reingehen und sagen, das ist richtig.

Dieses iterative Zurückdelegieren der Behandlungsentscheidung an das Paar ist ein auffälliges und soziologisch instruktives Merkmal des Aushandlungs- und Entscheidungsprozesses. Dies ist zumindest dann der Fall, wenn man davon ausgeht, dass die zu beobachtende Passivität ärztlichen Entscheidens weit über das hinaus geht, was auch in anderen Bereichen der Medizin als „Informed Consent" (Stollberg 2008) praktiziert wird. In weiten Teilen der Medizin ist eine starke Direktive in Fragen der Behandlungsentscheidung unverzichtbar und Ausdruck der funktionalen Wissensasymmetrie, die das Behandlungsverhältnis prägt (Saake 2003). Während es dort meist um eine informierte Zustimmung zur von ärztlicher Seite vorgeschlagenen adäquaten Behandlung geht, sollen die Patient:innen hier selbst aktiv entscheiden, welche von mehreren möglichen Behandlungen die richtige für sie ist, und Ärzt:innen stimmen zu, solange es sich noch in einem medizinisch sinnvollen Rahmen bewegt. *Warum* der Arzt hier die Entscheidung für eine bestimmte Behandlung so stark in die Hände des Paares legt, bleibt in deren Kommunikation implizit.

Welche Aufschlüsse kann uns dies hinsichtlich unseres spezifischen Gegenstands, der Sozialität der Kinderwunschbehandlung, geben? Anders als in anderen medizinischen Settings lässt sich das potenzielle Gut oder der Wert einer Kinderwunschbehandlung nicht ohne Weiteres entlang der Unterscheidung zwischen *gesund* und *krank* verorten. Die Kinderwunschbehandlung ist meist nicht darauf ausgelegt, die reproduktive Gesundheit eines Paares insofern wiederherzustellen, als ihre Intervention eine natürliche Schwangerschaft im Rahmen normalen Geschlechtsverkehrs ermöglichen soll. In den meisten Fällen, insbesondere den höherstufigen Verfahren, werden nicht die Ursachen für eine ausbleibende Schwangerschaft behandelt (etwa schlechte Spermien oder verschlossene Eileiter). Die ICSI beispielsweise ändert nichts an der Pathologie eines Spermiogramms, sondern sie ist wie auch die IVF darauf ausgelegt, trotz biologischer Einschränkungen eine Schwangerschaft zu erzielen, indem die eingeschränkte Fruchtbarkeit eines Paares medizintechnisch umgangen bzw. technisch ausgehebelt wird. Der Benefit liegt also weniger in einer Form gesundheitlicher Genesung als in der Erfüllung des Kinderwunsches *trotz* körperlicher Einschränkungen.

Dies verschiebt nun ein Stück weit den sozialen Sinn des Behandlungsverhältnisses, wie er uns sonst vertraut ist. Die Erfüllung des Kinderwunsches ist nicht wie der universelle Wunsch nach Gesundheit oder Genesung eine Leistung, deren Wert selbstverständlich und fraglos, sondern individuell und intentional gebunden ist. Erfüllt werden darf der Kinderwunsch medizinisch nur, solange er von dafür legitimierten sozialen Einheiten individuell und authentisch zum Ausdruck gebracht wird. Aber nicht nur dies: Die Paare müssen auch bestimmen, *wie* ihr potenzielles Kind entstehen soll und treffen hier eine Art präelterliche Entscheidung. Ärzt:innen dagegen müssen sich in dieser Entscheidung zurückhalten, um als zeugungsbeteiligte Akteure, unter deren medizintechnischer Regie das Kind schließlich entstehen soll, nicht auch zum Teil eines elterlichen Projektes zu werden – eine Gefahr, der Ärzt:innen im Dienst der klassischen

Behandlung von Krankheiten nicht ausgesetzt sind. Umgekehrt müssen sich Ärzt:innen auch davor schützen, für den nicht unwahrscheinlichen Misserfolg der Behandlung verantwortlich gemacht zu werden. Selbst bei optimal scheinenden Ausgangsbedingungen, kann eine Kinderwunschbehandlung unter Umständen dauerhaft erfolglos bleiben und dies erfordert von Seiten der Behandelnden entsprechendes Erwartungsmanagement. Kinderwunschmediziner:innen können sich also nicht direkt an der Behandlungsbedürftigkeit eines gesundheitlichen Problems orientieren, da die Behandlungsbedürftigkeit vor allem auch von der paarspezifischen Ausprägung des Kinderwunsches selbst abhängt. Diese Situation führt dazu, dass die Entscheidung für eine bestimmte Behandlung, zu der Patient:innen gemeinsam mit Ärzt:innen finden müssen, von einer doppelten Kontingenz wechselseitiger Erwartungen (vgl. Luhmann 1985: 152) geprägt ist: Ärzt:innen müssen diese Entscheidung vor allem von der Kinderwunschintensität des Paares abhängig machen und somit immer wieder an das Paar zurückdelegieren, während die Patient:innen ihre Entscheidung maßgeblich von den ihnen genannten Erfolgswahrscheinlichkeiten abhängig machen und dabei Kosten und Nutzen abwägen. Der Kinderwunsch der Patient:innen kann in dieser Art der Abwägung mindestens so schwer zu fassen sein wie statistisch ermittelte Wahrscheinlichkeiten. Diese sind wiederum aus unterschiedlichen Gründen nicht ohne weiteres in rationale Handlungsentscheidungen übersetzbare und mitunter äußerst schwammige Konstrukte:

> Arzt: Was wir sehen, ist, dass ab fünfunddreißig einfach die Chancen so langsam dann/
> Heike: zurückgehen, klar! (Tom: mh)
> Arzt: Was nicht heißt, dass 'ne Frau in Ihrem Alter nicht normal Kinder kriegen kann! Es geht wirklich nur um die Chance!
> Tom: das ist nur die Wahrscheinlichkeit, ja genau.
> Arzt: Sie haben auf natürlichem Weg auch 'ne Chance!
> Tom: Ja klar.
> Arzt: Die *haben* Sie (Tom: mm), ja? Aber die ist nicht riesig hoch!
> Tom: ja, klar.

Auch das Eintreten eines möglichen dauerhaften Misserfolgs der Behandlung, der Zustand der Kinderlosigkeit, liegt im Falle der Kinderwunschbehandlung außerhalb des Medizinischen, das heißt jenseits der Gesund-krank-Unterscheidung. Ein Misserfolg der Kinderwunschbehandlung ist somit weniger eine medizinische Fehlleistung, sondern kalkuliertes Risiko der Behandlung, die (anders als manch andere medizinische Behandlungen) legitimerweise auch ohne klar angebbare Gründe dauerhaft scheitern kann. Diese Struktur ermöglicht wiederum zweierlei: zum einen trotz maximierter medizinischer Kontrolle den Erhalt der Schicksalhaftigkeit des Kinderkriegens[34], die

---

34 Diese Zufälligkeit von Schwangerschaftsereignissen liefert auch im lebensweltlichen Kontext bei auf ‚natürlichem Weg' eintretenden Schwangerschaften die Grundlage dafür, diese als schicksal- bzw. naturhafte Ereignisse deuten zu können. Die Tatsache, dass sie sich der vollständigen technischen Kalkulation entziehen, kann auch bereits der Unverfügbarkeit einer künftigen Person zugerechnet werden. Der

auch zu einer Unverfügbarkeitsgarantie des daraus hervorgehenden menschlichen Lebens beiträgt (vgl. Habermas 2005). Sie ermöglicht den Patient:innen aber zum anderen auch, dieses Schicksal mit medizinischer Hilfe immer wieder aufs Neue herauszufordern, was in eine für die Kinderwunschbehandlung typische Trial/Error-Logik mündet. Denn selbst ausgefeilte Methoden der Reproduktionsmedizin können keine erfolgreichen Schwangerschaften erzwingen, nur deren Wahrscheinlichkeit erhöhen, und dies oft ohne Gründe dafür angeben zu können, warum es beim einen Mal klappt und beim anderen Mal nicht.

Es scheint, als fuße das Commitment zwischen Ärzt:in und Patient:innen vor allem auf diesem Übereinkommen: Einerseits dem Vertrauen, dass von medizinischer Seite bestmögliche Arbeit geleistet wird, und andererseits, dass Misserfolge entsprechend als Folge eines Spiels mit Wahrscheinlichkeiten in Kauf genommen werden. Das Behandlungsangebot muss immerhin (a) eine relativ schwache Erfolgsquote pro Behandlungszyklus, (b) hohe finanzielle Eigenkosten sowie (c) die Inkaufnahme körperlicher und psychischer Belastungen rechtfertigen können. Umso stärker kommt es auf einen stabilen und belastbaren Behandlungswunsch an, der diese Belastungen tragen und Misserfolge aushalten kann. Ginge es, wie bei einer schweren Krankheit ums Überleben, würde sich ein ‚nichts unversucht lassen' von selbst plausibilisieren. Diese Dringlichkeit einer mit hohen Kosten verbundenen Behandlung muss allein durch den Kinderwunsch erzeugt werden. Der Kinderwunsch ist als funktionales Äquivalent zum Genesungswillen (vgl. Parsons 1958) eine Art medizinische Hilfskonstruktion, die bei Anwärter:innen einer Behandlung vorausgesetzt werden muss. Ein abschließender Fall zu diesem Thema:

Im Beratungsgespräch hat der Arzt es mit einer zunächst eher skeptischen Patientin zu tun, die vor der Entscheidung zu einer künstlichen Befruchtung steht. Nach einem Erstinformationsgespräch, in dem sich Arzt und Patientenpaar bereits kennengelernt hatten, kommt das Paar nun zum zweiten Mal in die Praxis, um angesichts seiner schlechten Spermienwerte erste Behandlungsschritte in Angriff zu nehmen.

> Britta: Was würden Sie denn aufgrund des letzten Befundes für 'ne Prognose stellen?
> Dr. Storck: Mit der ICSI-Therapie ganz normal. Dafür ist die ICSI ja entwickelt worden, um diese Befunde aufzufangen.
> Britta: Was is normal?
> Dr. Storck: Normal ehm, es kommt drauf an, wie die Embryonen sich dann entwickeln, 'ne? Allein von Ihrem Alter her haben Sie 'ne überdurchschnittlich gute Chance. Wenn das gut läuft und wir wirklich zwei ideale Embryonen einsetzen können, liegt Ihre Chance bei 55 Prozent.
> Britta: okay. Also prozentual kann man's jetzt nicht ausdrücken, dass man das jetzt anhand von anderen Spermiogramm-Werten und auch und vom Altersdurchschnitt der Frau irgendwie?
> Dr. Storck: Nee, des bringt nichts. Wissen Sie, wenn wir jetzt gucken, wie is der Durchschnitt bei den 28-Jährigen, dann sagt das noch nichts über Ihre individuelle Chance aus. Die steht und fällt mit der Embryonenqualität. Wenn die eben sehr gut is, is die Chance natürlich sehr viel besser als das Mittel

---

genaue Eintrittszeitpunkt eines Schwangerschaftsereignisses kann lebensweltlich insofern als transzendent betrachtet werden, als er sich sinnlicher Erfahrung weitgehend entzieht.

sein würde. Deswegen kann man so 'ne Gesamtprognose eigentlich immer nur individuell stellen, und zwar nach dem ersten Zyklus, ja? Wenn man sieht, was passiert jetzt hier eigentlich, ja? Was passiert im Moment der Embryonenbildung, also in dem Moment, wo das Spermium und Ei zusammenfinden. Entwickelt sich da was Ideales oder tut es das nich? Wenn es sich ideal entwickelt, is Ihre Individualchance eben sehr gut. Wenn sich's nich ideal entwickelt, is die Individualchance eben niedriger. Deswegen bringen so Mittelzahlen/
Britta: gar nichts. (seinen Satz zu Ende führend)

Die Kommunikation über Wahrscheinlichkeiten bewegt sich zwischen einerseits alltagsweltlichen Wahrscheinlichkeitsvorstellungen und andererseits wissenschaftlichen Ansprüchen an Präzision und Vorhersagequalität. Als der Arzt die Alltagssprache bemüht, er ihre Chancen also als *normal* bezeichnet, gibt sie sich damit nicht zufrieden. Mit ‚normal' meint der Arzt hier, dass die Einschränkungen durch das schlechte Spermiogramm durch die ICSI-Methode quasi ausgeschaltet werden und nicht mehr zum Tragen kommen. Die Schwangerschaftswahrscheinlichkeit steigt also auf ein Niveau, als wären keine Einschränkungen vorhanden. Auf ihre Nachfrage stellt sich heraus, dass auch mit statistischen Mitteln die individuelle Chance auf Schwangerschaft nur schwer anzugeben bzw. zu vermitteln ist. Der Arzt holt dazu weiter aus und zeigt die Faktoren auf, mit denen die individuellen Chancen steigen oder fallen. Dazu wiederum muss der Arzt zu einer vereinfachten und klar verständlichen Beschreibung des Befruchtungsvorgangs finden. Es hänge von der Qualität dessen ab, *was sich da zwischen Spermium und Ei entwickelt.* Der Zeugungsvorgang wird auf diese Weise einerseits repräsentiert und andererseits auch a-präsentiert. Um was es sich dabei handelt, „was sich da entwickelt", bleibt in den Worten des Arztes auf signifikante Weise unbestimmt. Britta kann mit ihrem bereits aus dem ersten Gespräch gewonnenen Halbwissen anschließen und fragt nach dem konkreten Optimierungsprozess:

> Britta: Und diese/ wie heißt das? Ehm Plastozystenkultur?
> Dr. Storck: Die hat den Vorteil, dass Sie dann in jedem Falle sehen können, welches am besten wächst. Ich würde das tun an Ihrer Stelle.
> Britta: Also da *muss* ich Ihnen ja dann vertrauen, weil ich kann's ja jetzt nich einschätzen, ob's gut is oder nich.
> Dr. Storck: Ist ganz einfach verständlich: Stellen Sie sich vor, Sie befruchten zehn Stück (Britta: mh) und würden *ohne* Plastozystenkultur einfach zwei Stück davon nehmen und die Ihnen einsetzen (Britta: mh). Bei der Plastozystenkultur warten wir bis zum Tag fünf, welches am besten wächst. Ich hoffe, das is einleuchtend, dass dann logischerweise auch die Schwangerschaftsrate größer wird, wenn Sie einfach gucken, was wächst denn am besten.

Auf sehr nüchterne Weise erklärt der Arzt den kalkulierenden Umgang mit der Stückzahl von Embryonen und deren Entwicklungswahrscheinlichkeiten in der Gebärmutter. Statt die Embryonen einfach in die Gebärmutter der Patientin einzusetzen, sei es besser, sie zunächst länger im Labor zu beobachten. Britta macht hier auf jenes Entscheidungsparadox aufmerksam, als Patientin Entscheidungen über das Verfahren treffen zu müssen, die eigentlich nur der Arzt kompetent beurteilen kann. Sie kann sich nicht auf ihr Wissen verlassen, sondern muss sich in ihrer Entscheidung stattdessen auf ihr Vertrauen in das medizinische Wissen und den Rat ihres Gegenübers stützen.

3.2.3 Chancensteigerung versus Mehrlingsrisiko

Die Orientierung an Wahrscheinlichkeiten ist ein tiefgreifendes Strukturmerkmal der Kinderwunschbehandlung. Dies setzt sich auch in anderer Richtung fort, wenn es darum geht, nicht zu viele Kinder (auf einmal) haben zu wollen. Im Gespräch mit einem Arzt antwortet er auf meine Bemerkung, dass die Anamnesefragen im Erstgespräch doch sehr umfangreich seien:

> Arzt: Das geht alles in die Gesamtbeurteilung mit ein. Es zählt wirklich nicht nur der direkt gynä-kologische Hintergrund, sondern auch viele andere Dinge, die ein Risiko erkennen lassen oder sowas. Sie übernehmen letztendlich eine Verantwortung nicht nur für die Patient:innen, sondern ja auch für das werdende Leben.

Es geht hier weniger um das werdende Leben im Sinne eines etwa schon vorhandenen Ungeborenen, sondern um die Verantwortung für zukünftiges Leben, an deren Herstellung die Reproduktionsmedizin im Dienste ihrer Patient:innen maßgeblich beteiligt ist. Dies spitzt sich besonders zu, wenn unter Umständen mehr künftige Kinder auf den Weg gebracht werden, als eigentlich geplant oder gewollt waren. Signifikant ist daher, was in dieser Sequenz nicht explizit gesagt wird: Die Verantwortung der Ärzt:innen für das werdende Leben muss möglichst geringgehalten werden, indem sie von Anfang auf bestimmte medizinische und behandlungstechnische Aspekte begrenzt wird, während die Entscheidung zur Herstellung von menschlichem Leben sowie die spätere elterliche Verantwortung a priori dem zu behandelnden Paar übertragen werden muss. Indem auf medizinische Risiken explizit hingewiesen wird, wird auch diese Verantwortung in gewissem Maße dem Paar übertragen, wie wir es eindrücklich bereits am Umgang mit dem Übergewicht einer Patientin gesehen haben. Ein anderes behandlungstechnisches Risiko ist von besonderer Charakteristik: das Zwillings- bzw. Drillingsrisiko, verbunden mit der Entscheidung, die Paare im Rahmen einer künstlichen Befruchtung zu treffen haben, nämlich wie viele von mehreren verfügbaren befruchteten Eizellen in die Gebärmutter eingesetzt werden sollen. Eine große Anzahl gewonnener Eizellen stellt eine Ressource zur Erhöhung der Schwangerschaftswahrscheinlichkeit dar, aber aus überzähligen Eizellen dürfen keine überzähligen Kinder hervorgehen. Analog muss auch bei einer Insemination darüber entschieden werden, ob nach hormoneller Stimulation eine Insemination auch dann erfolgen soll, wenn mehrere Eizellen im Körper herangereift sind.

Zwillings- und Mehrlingsgeburten haben seit der flächendeckenden Verfügbarkeit der Kinderwunschbehandlung zugenommen[35] und im gesellschaftlichen Diskurs über

---

35 Dies gilt vor allem für Länder wie die USA, wo sich die Praxis etabliert hat, auch fünf oder mehr befruchtete Eizellen einzusetzen. Dies zog zum Teil selektive Abtreibungen nach sich, wenn sich zu viele

das Kinderkriegen hat sich das Wissen verbreitet, dass Zwillings-, erst recht Drillings-geburten mit einer gewissen Wahrscheinlichkeit auf künstliche Befruchtung zurück-gehen. Die medizinische Behandlung des Kinderwunsches bewegt sich so betrachtet in einem spannungsreichen Spektrum zwischen Misserfolg und Übererfüllung. Entspre-chend besorgt trägt ein Patient zu Anfang eines Erstgesprächs seine Befürchtungen vor:

> Er: Jetzt für mich als Laie, weil man hört ja viel! Das ist jetzt nicht irgendwie 'ne hormonelle Be-handlung, wo dann gleich kommen Drillinge?! Weil das hat 'n Freund von mir, das brauch ich nicht wirklich!
>
> Arzt: Sie entscheiden immer, bei wie vielen Eiern Sie noch dabei sind. (...) Wobei Sie, wenn Sie drei Eier haben, nicht automatisch Drillinge haben.
>
> Er: Aber die Wahrscheinlichkeit ist größer, als wenn's nur ein oder zwei Eier sind.
>
> Arzt: Klar. Wenn Sie von vornherein sagen, drei brauchen wir auf keinen Fall, dann dürfen sie auch nicht aktiv werden, wenn sie drei Eier produziert haben. Sie haben immer die Entscheidungsfreiheit zu sagen: nee, diesmal machen wir nichts.

Die Kalkulation von Chance und Risiko erinnert an ein Glücksspiel, bei dem man nicht zu hoch pokern darf. In der Reproduktionsmedizin ist dies als sogenanntes Mehrlingsrisiko bekannt, das im Falle einer Insemination auftritt, wenn nach hormoneller Behandlung (wie oben) mehrere Eizellen zum Reifen gebracht werden, bzw. im Falle künstlicher Be-fruchtung mehr als nur ein Embryo eingesetzt wird. Es kann zunächst in zwei Risiken differenziert werden. Es beinhaltet auf der einen Seite ein rein medizinisches bzw. ge-sundheitliches Risiko, welches darin besteht, dass Mehrlingsschwangerschaften und -ge-burten häufiger mit Komplikationen sowohl für die schwangere Frau als auch für die Föten einhergehen. Aufgrund des medizinischen Fortschritts gilt dies vor allem erst ab Drillingen, während Zwillingsschwangerschaften gynäkologisch zwar als Risikoschwan-gerschaften eingestuft werden, deren behandlungsbedingt häufigeres Auftreten aber als ethisch vertretbar eingeschätzt wird. Ab Drillingen, erst recht bei Vierlingen, die nach einer reproduktionsmedizinischen Behandlung auftreten, wird zunehmend von repro-duktionsmedizinischem Versagen bzw. auch ärztlicher Unverantwortlichkeit gesprochen, da sie ein zu hohes Früh- und Fehlgeburtsrisiko mit sich bringen und mit weiteren Risiken auch für die schwangere Person verbunden sind. Ziel von Kinderwunschbehandlungen sind aus Sicht der Behandelnden prinzipiell Einlingsschwangerschaften. Will man bei der künstlichen Befruchtung eine möglichst hohe Schwangerschaftswahrscheinlichkeit er-reichen, indem nicht nur eine, sondern zwei oder drei (oder gar noch mehr) befruchtete Eizellen eingesetzt werden, muss diese erhöhte Chance auf eine Schwangerschaft mit dem genannten Mehrlingsrisiko abgewogen werden.

Das mit Mehrlingsschwangerschaften verbundene Risiko beinhaltet neben dem me-dizinischen auf der anderen Seite auch ein, wenn man es so nennen möchte, soziales Risiko, das darin besteht, statt mit einem Kind plötzlich mit zwei oder drei Kindern ge-segnet zu sein. Dass es sich dabei um ein Handlungsrisiko, nicht um eine bloße Gefahr

---

Eizellen einnisteten (Thompson 2005: 260 f.). In Deutschland setzt sich immer mehr das Ideal durch, bei guten Bedingungen möglichst nur eine oder höchstens zwei Eizellen einzusetzen.

handelt (Luhmann 1993), hängt zum einen von der Zurechenbarkeit auf die Behandlung ab, die dieses Risiko anders als bei Mehrlingen nach Geschlechtsverkehr zu einer kalkulierbaren bzw. zu einer zwingend zu kalkulierenden Größe macht, zum anderen von der Einstellung der Patient:innen, die die Zwillingswahrscheinlichkeit nicht nur als Risiko sehen, sondern sich Zwillinge durchaus auch wünschen können. Erneut wird die Entscheidung, welche Wahrscheinlichkeit einer Zwillings- oder Drillingsschwangerschaft als Risiko in Kauf genommen werden soll, weitgehend in die Hände der Patient:innen gelegt:

> Arzt: Wissen Sie, ich hab auch da alles schon erlebt! Deswegen kann ich Ihnen nicht sagen, machen Sie's so oder so. Ich hab Paare erlebt, die strikt immer nur eine Eizelle einsetzen wollten und dann zwei Zyklen erfolglos waren/ dann beim vierten Mal gesagt haben, jetzt nehmen wir die zwei, und dann die Einlingsschwangerschaft erzielt haben. Genauso hatte ich Paare, die gesagt haben, wir nehmen nur einen und waren nach einem Zyklus schwanger! Deswegen kann ich Ihnen keinen guten Tipp geben. Sie müssen sich überlegen: Ist der Zwilling für uns die Katastrophe? Dann dürfen Sie keine zwei einsetzen. Denn hinterher ist dann Jammern und Zähneknirschen, ne?
> Steffen: und das ein Leben lang.
> Arzt: Und dann kommen Sie vielleicht noch auf die Idee, wir machen selektiven Abort, ja?
> Julia: nee! Auf gar keinen Fall.
> Arzt: Was man in Amerika ja zum Beispiel häufig tut und dann Folgeprobleme nach sich zieht. Wie wäre der andere geworden?! Solche Fragen kommen einem dann. Das sollten Sie bedenken. Abgesehen davon, dass Zwillingsschwangerschaften heute in den allermeisten Fällen gut laufen. Das sollte Ihnen keine Angst machen. Das ist nicht mehr so gefürchtet wie noch vor fünfundzwanzig Jahren. Es gibt 'ne gewisse Häufung von Frühgeburten oder Kaiserschnitten, aber was die kindliche Gesundheit betrifft, geht's denen gut.

Der Arzt stellt das soziale Risiko sogar weit über das mit Frühgeburten und Kaiserschnitten verbundene medizinische Risiko, wenn er seinen Patient:innen das Szenario unwillkommener Zwillinge vor Augen führt. Man kann neben der Frage, welche Methode der Reproduktionsmedizin Anwendung finden soll, auch in der Frage, wie viele Embryonen im Falle einer IVF oder ICSI eingesetzt werden sollen, ein präelterliches Entscheidungsszenario sehen. Wie Ärzt:innen und Patient:innen mit dieser Frage umgehen, lohnt es sich, genauer zu betrachten.

Häufig müssen Ärzt:innen ihre Patientenpaare darin bremsen, die Chance auf ein Kind durch Einsetzen von drei Eizellen zu erhöhen:

> Marion im Interview: Als wir entscheiden mussten, wie viele man einsetzt, – weil wir hätten ja auch drei Eizellen einsetzen können – hatte der Arzt noch gemeint: „Bleiben wir lieber vernünftig!"

Oder ein Auszug aus einem Patientengespräch:

> Britta: Also wäre das unvernünftig, wenn ich jetzt sage: ich möcht drei.
> Dr. Storck: Ja, ich würd 's an Ihrer Stelle wirklich dabei belassen. Wenn Sie damit anfangen zu spielen und nachher sich Gedanken machen, dass es vielleicht doch einer zu viel ist, das ist nicht gut. Sie sollten akzeptieren, dass die Chance bei zwei Eingesetzten etwas niedriger ist als bei drei, aber Sie schließen damit eben auch den Drilling aus.
> Britta: Ich bin zwar gerne manchmal unvernünftig, aber/ (lacht)

Dr. Storck: Sie müssen das entscheiden, ich will Ihnen nichts ausreden. Ich kann nur versuchen, Sie mit vernünftigen medizinischen Argumenten zu überzeugen.

Es handelt sich um ein ähnlich gelagertes Handlungsproblem, wie es auch in der dyadischen Zeugungspraxis vorkommt, wenn gewollte Lust auf ungewollte Schwangerschaft und damit etwa auf den womöglich lustmindernden Einsatz eines Kondoms trifft. Hier nun besteht der Zielkonflikt („bleiben wir vernünftig") zwischen gewollter Schwängerung und ungewollter Mehrlingsschwangerschaft. Die Entscheidung, wie viele Eizellen eingesetzt werden sollen, ist allerdings eine hochgradig bewusste Entscheidung, bei der Chance und Risiko wie zwei Seiten einer Medaille sehr eng beieinander liegen. Wenn man sich etwa für das Einsetzen von drei Eizellen entscheidet und damit die Chance auf eine Schwangerschaft deutlich erhöht, muss man sich, selbst wenn man eine Zwillingsschwangerschaft gerne in Kauf nimmt, auch mit der Eventualität einer Drillingsschwangerschaft auseinandersetzen.

Der Arzt zeigt sich hier als passiver Berater mit klaren Ratschlägen, verweist aber auf die Entscheidungsautonomie des Paares. Er versetzt sich verbal immer wieder in die Lage des Paares und sagt, was er an deren Stelle tun würde, delegiert die Verantwortlichkeit aber an das Paar zurück. Dies markiert eine Art Begegnung auf Augenhöhe mit dem Paar, das aber selbst entscheiden muss, welches Risiko es mit einer Zwillingsschwangerschaft verbindet und wie dieses Risiko mit der höheren Chance auf eine Schwangerschaft abzuwägen ist. Diese Frage hängt nicht nur von der Anzahl, sondern auch von der Qualität der zur Verfügung stehenden Eizellen ab:

Steffen: Treffen wir diese Entscheidung jetzt heute oder gibt's die Möglichkeit bis zu dem Termin, wo die Eizellen, ich sag mal, geerntet werden, zu warten? Und das dann direkt zu entscheiden?
Arzt: Genau, Sie können am Tag, wo wir einsetzen, wenn Sie wirklich zwei Ideale hätten, also zwei Supergute, dann könnte man durchaus sagen, wir nehmen nur eine.

Je nach Qualität der befruchteten Eizellen lässt sich entscheiden, ob man nur eine Eizelle einsetzen möchte – ein Ideal, das im reproduktionsmedizinischen Diskurs im Zuge verfeinerter Methoden immer mehr im Vormarsch ist. Die Entscheidung für nur eine Eizelle wirft bei zwei vorhandenen aber das Problem auf, nun eine von beiden verwerfen zu müssen. Aus den vielen abzuwägenden Faktoren, von der Anwendung allgemeiner Statistiken auf den eigenen, individuellen Fall, über die Reflektion der sich mit den Versuchen jeweils neu justierenden Einstellung gegenüber dem Mehrlingsrisiko, bis hin zur Einschätzung des Potenzials vorhandener Embryonen, kann sich eine kaum zu bewältigende Jonglage mit Variablen ergeben, die eine rationale Entscheidung erschwert bis verunmöglicht. Einige weitere Fallbeispiel sollen Einblick in die Praxis dieses Entscheidungsdilemmas und seinen unterschiedlichen Facetten geben. Wie intuitiv gut nachvollziehbar ist, steigt die Tendenz, mehrere Eizellen einzusetzen, mit den erlebten Misserfolgsversuchen. Der Kinderwunsch beginnt dann das Zwillingsrisiko zu überstrahlen:

> Patientin: Ich bin mittlerweile so weit, sag ich mal/ Damals: oh Gott oh Gott, nicht mehr als zwei, weil
> wir wussten 's ja nicht. Mittlerweile sagen wir: gerne auch drei. Also alles, was geht. Weil wir
> wünschen 's uns ja schon wirklich sehr.

Dies entspricht einer bereits erwähnten Steigerungslogik der Kinderwunschbehandlung, immer mehr zu versuchen, je länger die Versuche erfolglos bleiben. Es kann auch zu einer immer intensiveren Beschäftigung mit der Materie führen:

> Hans: Ich hab in der ganzen Sache sehr intensiv Statistiken studiert. Wir haben dann überlegt:
> Vielleicht sollten wir, wenn wir Eingefrorene nehmen, doch mal drei auftauen. Weil die Wahr-
> scheinlichkeit, dass eine davon hopsgeht, ist sowieso groß und dann werden eh nur noch zwei
> eingesetzt.

Hier werden die befruchteten Eizellen besonders in ihrer Repräsentanz als Faktoren der Chance auf eine Schwangerschaft deutlich, als knappes und daher wertvolles Verbrauchsmaterial auf dem Weg zum Ziel. Das Einsetzen mehrerer Embryonen kann aber nicht nur durch die Erhöhung der Schwangerschaftschance motiviert sein, sondern auch durch eine bestimmte Einstellung gegenüber den verfügbaren befruchteten Eizellen. Ein Interviewauszug:

> Mareike: Wir konnten nichts komplett *abgeben*, wir konnten nichts in Müll schmeißen (Thorsten: ja).
> Wenn es machbar war, ham wir gesacht: okay, wir nehmen auch drei. Wir konnten nichts (Thorsten:
> nee) wegtun, von unserem Empfinden her.
> Thorsten: Obwohl der Arzt jedes Mal drauf hingewiesen hat, dass die/
> Mareike: (den Arzt zitierend:) ,Ihnen is klar, was dort entstehen könnte?!'
> Interviewer: Sie konnten nichts wegtun, was steckt da dahinter?
> Thorsten: Das ist einfach was Psychologisches. Der Kinderwunsch ist bei uns halt eben so groß, dass
> wir gesacht haben: okay, wenn wir uns jetzt entscheiden müssten, wir ham im Kryoversuch drei
> Eizellen (Mareike: die zusammen eingefroren waren), zwei einsetzen und eine quasi aussortieren.
> Mareike: Was machen wir mit der Aussortierten? Die würde in – *Müll* kommen!
> Thorsten: Die, die, die würde/ die würd wohl
> Mareike: Das/ hätten wir's als *Töten* empfunden. (...) Sie war befruchtet, sie war *vital*, wir wollten
> nichts *weggeben*, was noch 'ne Chance gehabt hätte.
> Thorsten: wenn die Natur sacht: ,*nein es is nich*' – dann isses in Ordnung, aber nich von uns aus zu
> sagen: hier ehm: *Dich* wollen wir nich.
> Mareike: Dieses Aussortieren, dieses Bewerten: Du bist ehm Stufe A, dich nehmen wir, Du bist Stufe
> C, Dich lassen wir weg, Dich schmeißen wir in Mülleimer. – Damit kamen wir nicht zurecht.

Während die befruchteten Eizellen bzw. Embryonen im Beratungsgespräch vor allem als biotechnische Artefakte der Befruchtung thematisiert werden, die im Fokus der Chancenoptimierung stehen, verweist das Interview auf eine Hinterbühne (Goffman 1959) des Paares, das Embryonen bereits als individuelle Frühformen des Lebens ihrer potenziellen Kinder auffasst. Dieser soziale Kontext, der die Embryonen in die Nähe künftiger Personen rückt, macht ihre Bewertung, erst recht ihre Selektion, zu einem unzulässigen oder gar brutalen Akt. Mareike weist erschwerend darauf hin, dass die Embryonen außerdem auf gewisse Weise sozial zusammengehören, indem sie gemeinsam eingefroren waren. Eine davon wegzuwerfen, würde sie quasi als geschwisterliche Gruppe auseinanderreißen.

Nirgends wird aber sprachlich genau fixiert, um was es sich bei den wenige Tage alten, außerhalb des Körpers kultivierten Zellformationen genau handelt. Deren Status ergibt sich meist aus dem Kontext des Gesagten, der die Embryonen auf unterschiedliche Weise in einem eher medizinisch-technischen, oder aber einem familial-sozialen Rahmen konturiert. Sowohl in der gezeigten Interviewsequenz als auch in der ärztlichen Beratungskommunikation ist signifikant, dass die Bezeichnungen dessen, was da eingesetzt wird oder werden soll, unbestimmt bleiben. Eine substantivische Bezeichnung wird häufig durch bezugsschwache Pronomen umgangen, oder aber es wird schlicht von Eizellen gesprochen. Gemeint sind aber *befruchtete* Eizellen, d. h. im engen Sinne *Embryonen.* Dies ist ein deutlich gewichtigerer Begriff, dessen Verwendung vielleicht zu sehr bereits an ein Kind erinnert, zu einem Zeitpunkt, wo der Verlust dieser Embryonen noch zu naheliegt. Auch auf die Rede des Arztes trifft diese Begriffsvermeidung zu, wenn er den Ablauf erklärt:

> Arzt: Der zeitliche Ablauf wäre so: Blutung kommt, Sie sind entschieden und entschlossen das zu machen, das geht los mit 'ner hormonellen Unterstützung über etwa vierzehn Tage mit dem Ziel, mehrere Eier gleichzeitig zum Reifen zu bringen. Die würden dann mit 'nem kleinen operativen Eingriff über die Scheide entnommen, am gleichen Tag brauchen wir die Spermien, dann setzen wir die zusammen und suchen die zwei am besten Wachsenden raus und setzen die ein. Wenn sehr viele da wären, könnten wir unter Umständen auch noch welche einfrieren. Angenommen sie würden direkt schwanger, könnten wir die trotzdem ein zwei drei Jahre aufheben, was den Vorteil hätte, dass die Ihrem Alter heute entsprechen.

Die *Eier* werden entnommen, die *Spermien* kommen hinzu, das Produkt daraus wird nicht mehr genauer bezeichnet, sondern mit darauf verweisenden Artikeln als bekannt vorausgesetzt. Mit dieser begrifflichen Umgehung wird auch jener kritische Diskurs darüber, um was es sich bei befruchteten Eizellen genau handelt, aus der Behandlungskommunikation weitgehend ferngehalten. Dieser normative Diskurs geht nur in Form von Beschränkungen des Erlaubten als Rahmenbedingung in die Laborpraxis ein und muss dort nicht weiter thematisiert werden. Zum Problem können Embryonen außerhalb des Körpers vor allem dann werden, wenn von Patientenseite, das heißt jenseits des geschlossenen Laborkontexts, über sie entschieden werden muss. Liana sieht sich in folgendem Interviewauszug mit einer moralischen Frage konfrontiert:

> Liana: Wir hatten 'n Gespräch mit dem Arzt, wo's darum ging, wie wir mit diesen Eingefrorenen weitermachen. Er stellte die Frage, was macht Ihr denn, wenn alle drei, die ihr eingefroren habt, *gut* sind. Dann meint ich so: dann stopfen wir die alle rein (impulsive Stimme), ich mein, ich kann ja nicht entscheiden, welchen ich wegschmeiß und welchen *nich!* Und er so: ja, er möchte, dass wir uns ernsthaft Gedanken drüber machen, weil er hatte auch schon Paare da sitzen, die genau das Gleiche sagten: jo, alles rein damit – und als dann doch alle drei angegangen sind, war's 'n riesen Drama, weil die wollten keine Drillinge haben (…) Ich hab dann gesagt: Gut, machen wir zwei. Aber die sind ja im Dreierpack eingefroren und wenn die aufgetaut und alle drei gut sind, müsste *ich* entscheiden, welches dieser drei wir nicht einsetzen. Er kann jetzt nicht zum Beispiel eine davon auftauen, sondern er muss alle auftauen und kann aber von den Dreien nur zwei einsetzen. (…) Wir haben das

vorher *fixiert* mein Mann und ich: Wenn alle drei gut sind, dann setzen wir alle drei ein. Es is ja eh sehr selten, dass drei/ in der Regel überleben von drei maximal zwei. Und man darf auch in Deutschland nicht mehr als drei einsetzen.

Liana spricht von *diesen Eingefrorenen* und auch sie lässt damit unbestimmt, um was es sich genau handelt. Das zum Vorschein kommende Problem ist nicht so sehr die allgemeine Tatsache, dass von mehreren entstehenden Embryonen nicht alle eingesetzt werden. Solange sich die Auswahl medizinisch begründen lässt, indem von drei Embryonen zwei sich besonders gut entwickelnde ausgewählt werden, scheint Liana dies äquivalent zu einer Art natürlichen Auswahl zu verstehen. Das von Liana beschriebene Problem beginnt erst dann, wenn sich diese Auswahl nicht mehr aus guten medizinischen Gründen ergibt, sondern als mehr oder weniger willkürliche Entscheidung ihr selbst in die Hände fällt. Tendenziell handelt es sich bei diesem Dilemma mehr um ein Gedankenexperiment, da die konkrete Auswahl von Eizellen im Labor in der Regel unter Abwesenheit der Patient:innen getroffen und somit nicht als Patientenentscheidung ausgeflaggt werden muss. Pointiert könnte man diese von Liana imaginierte Situation als eine Art präuterale, selektive Abtreibungsentscheidung beschreiben, der sie sich behandlungstechnisch ausgesetzt sieht. Da *den Eingefrorenen* in Lianas Vorstellung bereits eine Form abstrakten menschlichen Lebens anhaftet, sind sie, sofern sich ihre Selektion nicht aus dem medizinischen Betrieb der Qualitätsauswahl ergibt, von ihr alle gleich zu behandeln. Alles andere käme einer präelterlichen Ungleichbehandlung gleich. Der Arzt entgegnet dieser Haltung mit der Anekdote eines Patientenpaares, das ebenfalls auf das Einsetzten von drei Embryonen bestand und anschließend, nachdem sich tatsächlich eine Drillingsschwangerschaft ergeben hatte, einen selektiven Abort in den Raum stellte. In Lianas Worten:

> Die wollten dann von ihm irgendwelche Adressen, damit da eins wieder abgeht. Und das würd er nicht machen, weil die Leute kommen ja hier her, um schwanger zu werden. Dann kann er das irgendwie moralisch nich irgendwie/ gut, dann meint ich so, wenn's drei sind, dann schenk ich Ihnen halt eins (lacht laut). Können Sie behalten! Sacht er: Wenn's n Mädchen is, nimmt er's, weil er kriegt grad den zweiten Jungen (Interviewer lacht). Meinte ich so: mh, alles klar (lacht).

Sein implizit zum Vorschein kommendes Argument besteht darin, dass das *Verwerfen*[36] von Embryonen, solange sie sich noch im Labor befinden, moralisch in keinem Verhältnis zu einem späteren Eingriff steht, wenn es darum geht, ,überzählige' Embryonen im Mutterleib zu entfernen. Indirekt geht daraus auch die Auffassung hervor, dass der Status von Embryonen vor allem mit ihrem Einsetzen und ihrer erfolgreichen Einnistung in der Gebärmutter einen entscheidenden Wechsel vollzieht – von einem eher technisch konnotierten „Laborembryo" (Orland 2008) hin zu einem leiblich und sozial

---

36 Zu dieser Terminologie des „Verwerfens" von Embryonen aus einer linguistischen Perspektive siehe Domasch 2007. Sie verortet den relativ wertfreien Begriff in etwa in der Mitte eines Bedeutungskontinuums, das von „nicht implantieren", einer der positivsten Varianten, bis hin zum „sterben lassen" oder „abtöten" reicht (Domasch 2007: 169).

entstehenden Kind. Auf ihre impulsive Art gibt Liana Einblick in die Arzt-Patienten-Beziehung und wie ihr Arzt sie mit seiner Argumentation zum Überdenken ihrer Entscheidung bewegen kann, unbedingt alle befruchteten Eizellen einsetzen zu wollen. Die Interaktion bildet einen recht lockeren, kumpelhaften Umgang ab, den sie und der Reproduktionsmediziner miteinander pflegen. Liana thematisiert in ihrer Scherzkommunikation indirekt die ambivalente Besitzzuschreibung der (nicht als solche bezeichneten) Embryonen. Gleichzeitig zeichnet sich in dieser Fantasie eine Fortpflanzungsgemeinschaft ab, in die hier auf bestimmte Weise auch der Arzt eingebunden wird. Dass Liana ihm eine befruchtete Eizelle schenkt, ist realiter völlig abwegig, und nur weil dies bereits fest zu den Prämissen des institutionellen Arrangements gehört, kann der Arzt so locker auf diesen Spaß einsteigen. Nicht so abwegig aber ist, dass Liana mit Hilfe des Arztes schwanger wird, er *ihr* also (wenn man so will) mit seinen medizinischen Leistungen ein Kind ‚schenkt'. Die Spaßsituation performiert die funktionale Vertrauensgrundlage einer Dienstleistungsbeziehung besonderer Art. Die Situation lässt sich als eine Integration der für die Kinderwunschbehandlung typischen Einheit aus technischer und sozialer Dimension verstehen und macht das Geschehen in seiner Soziotechnizität, wie hier am Beispiel der Auswahl und des Umgangs mit eingefrorenen Embryonen, sichtbar. Diese besteht nicht nur aus der sozialen Verortung eines labortechnischen Verfahrens im Schnittpunkt eines triadischen Behandlungsverhältnisses, sondern auch darin, dass sich all diese Aktivität auf die Herstellung neuer Personen richtet, die nicht nur in ihrer Körperlichkeit technisch ermöglicht und gezeugt, sondern auch sozial vorgezeichnet werden. Der Arzt gehört damit unweigerlich nicht nur zum technischen Personal dieser Zeugung, sondern wird auch zum Teil einer sozialen Fortpflanzungsgemeinschaft, die er mindestens für die Zeit der Behandlung mit dem Paar bildet. Es verlangt Abgrenzungsarbeit, die zwar durch die medizinischen Rahmenbedingungen erleichtert und vertraglich gestützt wird, aber auch interaktiv geleistet werden muss.

Eine weitere Herausforderung kann damit verbunden sein, dass Paare sich über diese Entscheidung vor allem untereinander einigen müssen. Sandra (36) und Roman (40) haben bereits ein Kind, für das sie mehrere Versuche gebraucht haben, und möchten nun ein zweites auf den Weg bringen. Dennoch sind sie sich uneinig, wie sich im Gespräch mit dem Arzt offenbart:

> Roman: Wir sind bisschen unterschiedlicher Meinung. Also meine Frau/
> Sandra: Ich würd sofort nochmal anfangen/
> Roman: was ich einsehe, ist natürlich, für unseren Sohn wär's schön noch ein Geschwisterchen zu haben. (…) Wenn das nicht funktionieren würde, dann wären wir, ich glaub, du auch, trotzdem glücklich, (S: ja) weil wir haben ja unseren kleinen Prinz, der uns sehr viel Spaß macht. Ich denk, da sollten wir auch schon dankbar sein, dass wir ihn haben. (S: ja) Sind wir auch (S: ja, sind wir auch, ja). Die Frage oder/ Risiko ist halt, wenn wir ICSI machen, nur ein Ei einzusetzen/
> Arzt: um Zwillinge zu verhindern?
> Roman: Genau!
> Sandra: Mein Mann hat Angst vor Zwillingen. (S. und R. lachen kurz auf)
> Roman: Ich sag das ganz ehrlich, ich will halt auch finanziell meinen Kindern was bieten können. Jetzt nochmal zwei zu kriegen?! (…) Die Wahrscheinlichkeit oder das Risiko ist ja bei einer künst-

lichen Befruchtung und Einsetzung von mehreren befruchteten Eiern eben größer. Da bin ich bisschen am Abwägen. Dass die Wahrscheinlichkeit logischerweise niedriger ist, dass Du schwanger wirst, wenn man nur eins einsetzt, das ist schon klar.

Arzt: Wenn Sie den Zwilling verhindern wollen, dürfen Sie keine zwei einsetzen. Unter Inkaufnahme einer niedrigeren Chance. Man kann Ihre Ansicht nicht zur Deckung bringen, es sei denn, einer gibt nach. Entweder Sie sagen: Bevor wir nichts machen, mach ich wenigstens das. Oder Sie sagen: okay (R: ich geh das Risiko ein), Risiko ein Fünftel, machen wir. (…)

Roman: Wenn wir zwei einsetzen und es werden dann auch zwei, weiß ich nicht, ob ich die Entscheidung im Nachhinein bereue oder nicht.

Sandra: Aber das hatte ich dir gesagt/, solltest du dir Gedanken machen bis heute! (lacht auf) Das hab ich ihm gesagt: Mach dir Gedanken vorher!

Roman: Ich hab mir ja Gedanken gemacht. (…) Ich dachte eigentlich, das Risiko ist geringer. Zwanzig Prozent find ich jetzt nicht so gering. Also ich war da eher im einstelligen Prozentbereich.

Während für *sie* die Chance auf ein zweites Kind mehr wiegt, ist es für *ihn* das Risiko eines ungewollten dritten Kindes, das er nicht gerne in Kauf nehmen möchte. Der Arzt kann diesen Konflikt, mit dem das Paar zu ihm kommt, nicht substanziell auflösen. Im Laufe des Gesprächs kann er dem Paar und insbesondere Roman aber eine andere Sichtweise anbieten. Es zeigt sich ein besonderes Spiel mit Wahrscheinlichkeiten:

Arzt: Schwere Entscheidung. (R: Absolut.) Aber ich kann Ihnen die leider nicht abnehmen. (…)

Rainer: Wie hoch sind denn die Raten, wenn Sie sagen 38 Prozent (Gesamtschwangerschaftsrate)/ (S lacht) Ich sag Ihnen ganz offen, ich hätt' schon gern ein zweites Kind/ aber halt nur *ein* zweites. Wie viel von den 38 Prozent Schwangerschaften sind denn Mehrlingsgeburten?

Arzt: Die Wahrscheinlichkeit für den Zwilling bei zwei eingesetzten liegt bei 20 Prozent. Sie können es sich schönrechnen (Sabine lacht)/

Rainer: (lachend) ich will mir nichts schönrechnen.

Arzt: wenn Sie von 'ner Gesamtschwangerschaftsrate von etwa 38 Prozent ausgehen und davon 20 Prozent/

Rainer: okay und davon 20 Prozent sind nicht mehr so viel/

Arzt: Sind 8 Prozent, sind wir im einstelligen. (R: absolut) (Lachen)

Sabine: Also einstellig. (lacht)

Interessant ist nebenbei, dass der Wunsch nach einem zweiten Kind, wie häufig zu beobachten, zunächst dem bereits vorhandenen Kind als Geschwisterwunsch zugeschrieben wird. Es spricht einiges dafür, dass dadurch die Verletzung einer bestimmten Norm des Kinderkriegens vermieden wird. Es geht darum, auszuschließen, mit dem Wunsch nach einem zweiten Kind zu implizieren, das erste sei nicht (gut) genug. Typisch dafür ist auch die explizite wechselseitige Versicherung, mit dem ersten Kind bereits glücklich zu sein. Indem der Wunsch nach einem zweiten in den Dienst des ersten gestellt wird, wird jegliche implizite Entwertung des ersten durch das zweite Kind ausgeschlossen. Die eigentliche Ambivalenz betrifft aber nun das vor allem von ihm unerwünschte dritte Kind. Die Sequenz liefert Einblick in den Aushandlungsprozess des Arzt-Patienten-Kollektivs in einer Frage, die weit über das Medizinische hinausreicht. Es handelt sich um eine Ambivalenz zwischen Wunsch und Verantwortung, die hier auf verschiedene Rollen verteilt ist. Roman hält die finanzielle Verantwortung hoch, während sie ihm seine Angst vor Zwillingen vorhält und den Kinderwunsch somit stärker, da bedingungsloser als er, vertritt. Der Arzt versucht beides zur Deckung zu bringen und schafft dies, indem er Roman einen anderen Blick auf die Zahlen anbietet. Der Arzt wird hier zu einer Art Mediator, der das Paar in seinen reproduktiven Entscheidungen zu einer Einigung führt. Er kann in dieser Rolle des Dritten vom Paar aber auch auf unterschiedliche Weise instrumentalisiert werden, wie es sich in folgender Sequenz aus einem anderen Gespräch andeutet:

> Rainer: Ja, wie gesagt Schatz. Ich mein, du hörst 's ja auch, der Doktor Storck sagt 's ja auch, du darfst net nur an jetzt denken. Du musst halt auch an später denken und da ist für mich schon ein Risiko. Es ist net sonderlich hoch, aber es ist halt *da* und da denk ich nicht an die nächsten drei Jahre, sondern mindestens an die nächsten achtzehn.
> Sabine: Okay, das müssen wir dann daheim nochmal ausdiskutieren.

Im Rahmen des Gesprächs finden hier also nicht nur Behandlungsentscheidungen, sondern auch Familienplanung statt, die dann von Sabine dezent wieder in den privaten Paardiskurs unter Ausschluss des Mediziners zu schieben versucht wird. Hören wir in diesem Kontext zum Schluss nochmals Marion im Interview, die bereits ein Kind aus einer vorangegangen Kinderwunschbehandlung hat und nun nach Einsetzen von drei Embryonen damit beschäftigt ist, sich auf ihre Zwillingsschwangerschaft einzustellen:

> Marion: Das war für mich am Anfang der Schwangerschaft schon schwierig. (…) Natürlich weiß man um das Risiko/ oder um die Möglichkeit, die Chance vielleicht auch, dass es zwei oder noch mehr werden. Aber irgendwie diese Fremdbestimmung, ne? Dass wir jetzt nicht mehr entscheiden konnten zwei oder drei äh, das hat mich am Anfang ein bisschen aus der Bahn geworfen. Ich hab zum ersten Mal Leute verstanden, die einfach so schwanger geworden sind, ohne es zu wollen und damit nicht klargekommen sind. Früher dachte ich immer: „Seid doch froh! Besser ein Kind als kein Kind" (lachend), ne? Und jetzt auf einmal hatte ich so das Gefühl, das wird so über mich entschieden, auf welcher Instanz auch immer.

Zunächst changiert sie in ihrer retrospektiven Erzählung zwischen Risiko (gefährlich), Möglichkeit (neutral) und Chance (positiv), was die zuvor ambivalente Erwartung an eine womöglich eintretende Mehrlingsschwangerschaft zum Ausdruck bringt. Marion befindet sich zum Interviewzeitpunkt noch mitten im Aneignungsprozess eines erzwungenen Doppelglücks. So fühlt sie sich paradoxerweise im Rahmen ihrer reproduktionsmedizinischen Behandlung an das Erlebnis einer ungewollten oder zumindest nicht geplanten Schwangerschaft erinnert. Interessant ist, dass Marion sich ihre Zwillingsschwangerschaft eher schicksalhaft aneignet und diese nicht auf ihre zuvor getroffene Entscheidung zurechnet, drei Eizellen einsetzen zu lassen, was mindestens die bewusste Inkaufnahme von Zwillingen implizierte. Marion hatte sich nach einer ersten erfolgreichen Kinderwunschbehandlung, aus der ein Kind hervorging, daran gewöhnt, dass es sich für sie um einen planbaren Vorgang handelt. Dieser wird nun korrumpiert und die offene Entscheidung für ein später eventuell gewünschtes drittes Kind wird durch unverhoffte zwei zweite Kinder vorweggenommen. Zum zweiten Wunschkind gesellt sich also ungefragt noch ein drittes, das ebenso danach ruft, zum Wunschkind erklärt zu werden, wobei zwischen zweitem und drittem Kind hier im Falle der Zwillingsschwangerschaft sowieso kaum zu unterscheiden ist. Das dritte zu erwartende Kind lässt zunächst vor allem organisatorische Veränderungen antizipieren:

> Marion: Jetzt brauchen wir ein neues Auto, weil unsers zu klein ist für drei Kindersitze. Ähm. Neuer Kinderwagen. Mit der Zeit hat sich das auch wieder gelegt und es hat mir Spaß gemacht, das alles zu gucken und zu besorgen. Aber am Anfang war's einfach wie 'ne riesige Last, Überforderung.

Aber auch dieser Aneignungsprozess läuft Gefahr, seinerseits übers Ziel hinauszuschießen, da statistisch ein erheblicher Anteil von Zwillingsschwangerschaften, die unter Kontrolle der Reproduktionsmedizin besonders früh festgestellt werden, letztlich wieder als Einlinge enden:

> Marion: Da muss man erstmal gucken, weil die ja so früh schon gucken, in der fünften Woche oder so. Da würde man sonst nie beim Frauenarzt auftauchen. 30 Prozent der Schwangerschaften enden als Einlingsschwangerschaft. Ich kann mich also nicht mal drauf einstellen, bleibt es bei zweien oder ist es dann eben doch nur eins.

So hält die Kinderwunschbehandlung in der kaum zu kontrollierenden Unsicherheit, wie viele von zwei oder drei eingesetzten Eizellen sich einnisten und am Ende übrigbleiben, ihre ganz eigenen schicksalhaften Momente bereit. Zugespitzte Relevanz kann die Frage der Anzahl einzusetzender Eizellen gewinnen, wenn Paare sich auf ein selbst gewähltes Ende einer erfolglosen Behandlung zubewegen, für sich einen letzten Versuch definieren und am Ende ihr Glück auf Elternschaft nochmals herausfordern, indem sie drei Eizellen einsetzen lassen. Dies verweist auf ein weiteres zentrales Entscheidungsszenario von Kinderwunschbehandlungen, nämlich wann eine Behandlung entweder mit anderen Mitteln fortgesetzt werden soll oder ganz zu beenden ist. Um ein solches Entscheidungsszenario geht es im Folgenden.

3.2.4 Fremdsamen versus Adoption

Eine weitere signifikante Entscheidung, vor die sich Paare unter Umständen gestellt sehen, ist die Frage des möglichen Einsatzes von fremdem Körpermaterial. Da die Eizellenspende in Deutschland bis dato verboten ist, beschränkt sich diese Möglichkeit hierzulande auf den Rückgriff auf Spendersamen. Dies kann z. B. dann zur Methode der Wahl werden, wenn gar keine brauchbaren Spermien zur Verfügung stehen, wenn ICSI-Versuche wiederholt scheitern, als zu aufwendig empfunden werden oder Paare auch finanziell überfordern. Es bedarf weitreichender Aushandlungen, wenn neben dem Paar, den Behandelnden und Labormitarbeiter:innen nun eine weitere Person auf ganz bestimmte Weise in die Zeugung einbezogen und damit partiell zu einem Teil der Fortpflanzungsgemeinschaft werden soll. Kinderwunschzentren arbeiten dafür mit einer oder mehreren Samenbanken zusammen, die sie ihren Patient:innen zur Auswahl stellen. Name und Adresse des Spenders bleiben anonym. Im Folgenden stehen jene Beratungssituationen im Fokus der Analyse, die sich aus der Möglichkeit der Verwendung von Spendersamen ergeben. Die Beteiligten müssen eine solche Fremdsamenspende zunächst überhaupt in Erwägung ziehen und sich gegebenenfalls gemeinsam für diese Möglichkeit entscheiden. Paare entwickeln eine eigene Haltung zum Einsatz von Spendersamen, je näher diese Möglichkeit für sie rückt.

> Roman: Wie viele Paare gehen den Weg mit Spendersamen?
> Arzt: Häufig, zwei Mal die Woche.
> Roman: Doch so viel! Das hat mich interessiert.

Eine erste soziale Einordnung, wie weit sich ein Paar mit dieser Methode von der Normalität des Kinderkriegens wegbewegt, können Paare aus der schlichten Information beziehen, ob sie sich in einer größeren Gruppe von Betroffenen wähnen können. Der Entscheidung für eine Samenspende folgen dann neben der Auswahl einer Samenbank und schließlich der Entscheidung für einen bestimmten Spender auch eine notarielle Vereinbarung. Dem gehen aber häufig langwierige Überlegungen und Diskussionen voraus. Wir werden zunächst zwei Fälle etwas ausführlicher beschreiben und analysieren, die einige Facetten dieser Entscheidungsdynamik zutage fördern.

Karla und Mike haben bereits mehrere ICSI-Versuche hinter sich. Bei ihnen kommt erschwerend hinzu, dass Mike bereits in der Vergangenheit eine sich nun fatal auswirkende Entscheidung getroffen hat. Da er sich mit einer früheren Partnerin gegen Kinder entschieden und sich daraufhin hatte sterilisieren lassen, müssen für die Kinderwunschbehandlung mit seiner aktuellen Partnerin jetzt Spermien per ambulantem Eingriff unter örtlicher Betäubung direkt aus den Hoden (sogenannte „Tese": Testikuläre Spermienextraktion) gewonnen werden. Der Arzt kommentiert Mikes Sterilisation so:

> Arzt: Deswegen mache ich diese Eingriffe nicht mehr, ne? Vor 15 Jahren habe ich das selbst gemacht. Aber seitdem ich weiß, wie viele Paare wir immer wieder behandeln müssen, sag ich jedem, der mich anspricht: „Lass den Quatsch!" Sollte man nie machen!
> Mike: Ja, man hat da drüber nachgedacht. Ist ja nicht so, dass/ Ich hab das nicht einfach so, aber/
> Arzt: Nein, natürlich! Es gab eine Entscheidung damals, ja!
> Mike: Ich konnte ja nicht wissen, dass es ein paar Jahre später/ das sich anders überlegt. (…) Im nächsten Leben weiß ich's (alle lachen) – wenn ich als Regenwurm auf die Welt komm.

Seine damals in Form einer Sterilisation reproduktionstechnisch vollzogene Entscheidung soll nun im Rahmen der Behandlung wieder revidiert bzw. repariert werden. Die Kinderwunschentscheidung setzt also in diesem Fall unter anderem an einer vergangenen, nun als solcher zugerechneten, reproduktiven Fehlentscheidung an. Aber auch die operativ aus dem Hoden extrahierten Spermien erweisen sich als Problem, sodass nach einigen Versuchen die Erfolgsaussichten dünner werden und Fremdsperma bereits im Gespräch ist. In einem erneuten Beratungsgespräch stellt sich die Frage, wie es weitergehen soll:

> Arzt: Sind Sie guter Dinge und wollen das nochmal probieren? Oder sind wir an dem Punkt, dass wir sagen, wir machen Fremde?
> Mike: Es ist halt die Frage, ob meine Kumpels da mit dran schuld sind (lacht).

Arzt: Ich glaub schon. (Mike: Ja?) Wir haben ja auch immer eine relativ geringe Anzahl von positiv befruchteten. (Mike: Ja) Üblicherweise befruchten wir 80 Prozent. (Mike: Ja?) Letztes Mal hatten wir kaum 60 Prozent befruchtet/

Mike: (schnauft) Ja, ich habe immer gedacht, wenn sie (die Eizellen) sich geteilt haben, ist eigentlich soweit alles in Ordnung (Arzt: Leider nicht.). – Ja, wir überlegen. Meines Erachtens würden wir's nochmal probieren mit dem eingefrorenen Kram. – Oder? (zu seiner Partnerin gerichtet)

Karla: Nein, (Mike: Nee?) das mach ich nicht.

Arzt: Wir machen auch das andere/

Mike: Und mischen ein paar andere drunter (alle lachen). Dann klappt's wieder. Da merkt keiner was davon.

Karla: Mann, Schatz! (sanft ermahnender Tonfall)

Arzt: Letztendlich würden Sie das wahrscheinlich nicht so stehen lassen wollen.

Mike: Ich würde es ja eh nicht merken.

Arzt: Stellen Sie sich mal vor, ein Kind würde dann/

Mike: Ja gut, wenn's jetzt schwarz wäre, dann würde ich das merken.

Arzt: Also wir machen sowas tatsächlich, von daher/Wir haben manchmal solche Paare, die sagen, sie würden gerne die eigenen Spermien, aber um die Chance zu erhöhen, hätten sie gerne Senderspermien mit dabei. (Karla: Ehrlich wahr?) Aber mit den Paaren vereinbare ich dann immer, dass die auf jeden Fall einen Test dann durchführen lassen. Weil das hat ja Tragweite, ne?

Der Arzt stellt das Paar zunächst vor die Wahl, ob noch weitere, aufgrund seiner Spermien aber wenig erfolgversprechende ICSI-Versuche gemacht werden sollen, oder ob sie sich nun für Fremdsperma entscheiden wollen. Mike stellt daraufhin nochmal in Frage, was für den Arzt und auch Karla längst klar zu sein scheint, nämlich dass die bisherigen Misserfolge vor allem mit seinen Spermien zusammenhängen. Während Mike es gerne noch weiter probieren will, lehnt Karla dies ab. Mike begegnet der Tatsache seiner als selbstverschuldet zugerechneten Probleme mit den Spermien vor allem mit Humor. Er macht einen Vorschlag, den Karla als einen seiner Witzeleien versteht und sie ermahnt ihn, zum Ernst des Themas zurückzukehren. Daraufhin überrascht der Arzt damit, dass dieser von Mike nicht ganz ernst gemeinte Vorschlag des Mischens von Sperma so abwegig nicht ist und tatsächlich manchmal auch vor Ort praktiziert wird. Die Wahrscheinlichkeit einer Schwangerschaft wird durch das Fremdsperma erhöht, durch das Untermischen eigener Spermien wird aber auch die Chance auf ein biologisch mit dem sozialen Vater verwandtes Kind nicht ganz ausgeschaltet. Der Arzt ermahnt jedoch dazu, sich im Falle eines Erfolgs mittels Test Klarheit über die biologische Vaterschaft zu verschaffen.

Es ist dieser Konflikt, der sich im Dreiergespräch entfaltet: Während Mike gerne an seinem Sperma festhalten und damit seine Chance auf die biologische Vaterschaft nicht aufgeben möchte, möchte Karla keine weiteren Hormonbehandlungen, Eizellentnahmen und -transfers mehr über sich ergehen lassen, deren Erfolg ihr zunehmend aussichtsloser erscheint. Der Arzt stützt die Auffassung, dass der Grund des Misserfolgs in den Spermien zu suchen ist. Karla hat also die Daten und damit den Arzt auf ihrer Seite, auch wenn er die Zahl der bislang gemachten Versuche noch nicht für ausgeschöpft hält:

Arzt: Wir hätten ja noch Eingefrorene von Ihnen (Mike: Ja.), um es nochmal zu probieren. Auf der anderen Seite: Was bietet den größeren Erfolg? Wunder können wir leider nicht vollbringen! (Mike:

Mh.) (Karla: Nee, ist klar.) Aber zwei Versuche sind auch nicht viel. Von daher könnte man schon sagen: man probiert's nochmal. Aber ich kann mir gut vorstellen, dass es wieder nicht klappt, einfach durch die Qualität der Spermien aus der Tese. (Mike: Mh) – Wenn sie sich für ‚fremd' entscheiden, würde man einen entsprechenden Abgleich machen. Man möchte schon, dass ihre Hauptmerkmale übereinstimmen.

Mike: Ja klar, so ein bisschen, sollte das auch (lacht) Größe, Augenfarbe, Haarfarbe.

Vor diese Wahl gestellt, schlägt Mike vor:

Mike: Dann würde ich sagen, versuchen wir's nochmal mit meinem alten gammeligen Zeug (lacht) – Ah ja, man muss es halt positiv sehen.

Daraufhin beginnt sich der Konflikt noch deutlicher zu manifestieren:

Karla: Ich habe auch viel Humor, aber/ (Arzt: Hormone spritzen, Narkose machen/) Mein Humor ist irgendwann auch mal begrenzt/ Toll ist das nicht, muss ich ganz ehrlich sagen.

Arzt: Sie können das ja einfach nochmal besprechen, miteinander. Von meiner Seite aus, medizinisch spricht nichts dagegen, es nochmal zu probieren. Sie entscheiden das. (…) Es kommt hauptsächlich auf Ihren (zu ihr) Willen an, denn Sie tragen ja die Therapie letztlich. Und natürlich ist es auch eine Geldfrage, die das Ganze auch limitiert. (Karla: Mh.) Denke ich, oder haben Sie den Jackpot geknackt?

Mike: Nee, das war keiner aus Hessen.

Karla: Leider nicht. (lachen) (…) Inwieweit unterscheiden sich denn diese zwei Wege finanziell? Weil jetzt sind wir bei, zwo, zwei-drei, wo wir uns so einpendeln.

Arzt: Naja, das ist viel billiger. Sie bezahlen ungefähr für die Spermien 200 Euro (Karla: Okay) und für die Betreuung in so einem Zyklus, vielleicht maximal 300.

Karla: Ach! (ungläubig, Mike lacht)

Arzt: Ja! Es ist ja viel weniger Arbeit mit Ihnen, ja? Das andere ist doch relativ aufwendig. Da machen wir Bluttests, Ultraschalls, die Operation, die ganze künstliche Befruchtung. Das Einfrieren der Spermien, Auftauen, die raussuchen, einpiksen. Das ist viel mehr Aktion, als nur Ihren Zyklus zu überwachen, auftauen und die Spermien nur einbringen. Also es ist auch eine finanzielle Entscheidung.

Mike: Ja, aber da dran soll es nicht liegen!

Karla: Ich wollte gerade sagen. Das ist zweitrangig, aber auch nicht ganz unbedeutend.

Der Arzt gibt ihr einerseits recht, indem er bestätigt, dass *sie* die Konsequenzen der aufwändigen Behandlungen zu tragen hat, versucht aber dennoch neutral zu bleiben und auch Mikes Wille, seinen mühsam gewonnenen Spermien eine weitere Chance zu geben, bleibt nicht ohne Unterstützung. Auch finanzielle Fragen, die ebenfalls für Spendersamen sprechen, finden Beachtung. Vor allem die Rolle des Arztes spitzt sich im Zuge dieses Konfliktes immer weiter zu. Seine Expertise erfährt nun eine doppelte Codierung, die je nach Erläuterung von Gründen für den einen oder den anderen Weg zur Lagerbildung führt. Der Arzt läuft Gefahr, vom Berater und Behandler des Paares zum Fürsprecher einer der beiden Partner (gemacht) zu werden. Mike räumt immer wieder ein, dass es an ihm liegt, zitiert aber auch wiederholt die im Rahmen von statistischen Wahrscheinlichkeiten stets vorhandene Restunsicherheit, um *„seine Kumpels"* eventuell doch noch zu rehabilitieren und Zweifel daran zu streuen, dass das Problem tatsächlich bei ihm bzw. seinen Spermien liegt.

> Mike: Wir hatten 's ja schon vermutet, dass es an meinem Zeug liegt da/
> Arzt: höchstwahrscheinlich/
> Mike: Ich denk 's auch. – Ja gut, es kann/
> Karla: Ausgesprochen hatte ich das/ Gedacht habe ich es natürlich auch schon mal. Aber dann ihm direkt zu sagen, ist natürlich auch immer blöd, ne? Aber so gedacht und leise ausgesprochen hatte ich es schon. Dass er dann natürlich allergisch reagiert (ihn imitierend): „Ähh! Wer weiß denn, ob das bei *dir* überhaupt alles so richtig ist?!" (Mike lacht) Klar! Das hört man nicht gerne.
> Mike: Letztendlich weiß man es ja auch nicht.

Er versucht die medizinische Evidenz, die gegen ihn spricht, zu schwächen. Karla gibt ein wenig Einblick in den Paardiskurs und das diesen aus ihrer Sicht beherrschende Tabu, das sie nun mit dem Arzt als anwesendem Zeugen zu brechen versucht. Je mehr sie allerdings auf seine Anerkennung für die im Raum stehende Tatsachen drängt und seine Spermien damit zum ursächlichen Problem erklärt, desto mehr scheint Mike dies wieder in Zweifel zu ziehen. Im Gespräch mit dem Arzt äußern sich solche Konfliktlinien des Paares häufig nur latent. Der Arzt appelliert immer dann, wenn sich ein solcher Konflikt abzeichnet, dass das Paar zuhause nochmals gemeinsam überlegen und sich auf eine Lösung einigen solle. Er versucht damit eine Trennlinie zwischen seiner medizinischen Expertise und dem privaten Einigungsbedarf des Paares zu ziehen. Das Paar wiederum mag mit dem Besuch beim Arzt immer wieder die Hoffnung verbinden, diese Einigung vor ihm als autorisierten Dritten zu vollziehen und den Arzt als einen Schiedsrichter einzusetzen, etwa indem er Mike von der mangelnden Qualität seiner Spermien überzeugt, um daraus behandlungstechnische Konsequenzen zu ziehen. Das Medizinisch-technische und das Soziale rücken erneut sehr eng zusammen, wenn das Kinderkriegen nach einer technischen Lösung verlangt und diese technische Lösung wiederum nach einem sozialen Konsens.

Eine Implikation des möglichen Einsatzes mit Fremdsperma wird in diesem Fall nur indirekt angesprochen, nämlich dass Mike, sobald er sich auf Fremdsperma einlässt, auf seine biologische Verwandtschaft zum Kind verzichten muss. Zwar soll durch die Spenderauswahl möglichst für Ähnlichkeiten gesorgt und die Beteiligung des fremden Samenmaterials damit äußerlich kompensiert werden, Mikes Vorstellungen vom selben Fleisch und Blut kann dies aber kaum gerecht werden. Sehen wir uns einen weiteren Fall an, in dem es zum stillen Konflikt zwischen den Partnern kommt: Jan (42) und Laura (34) haben bereits ein vierjähriges Kind (Felix) aus einer IVF, die damals im ersten Versuch zum Erfolg führte. Für das zweite Kind haben sie einige erfolglose Versuche hinter sich, die in einem anderen Kinderwunschzentrum betreut worden sind, außerdem auch eine Fehlgeburt. Bei Jan, der als Kind unter Hodenhochstand litt, ließen sich Spermien nur mittels Tese gewinnen, von denen noch eingefrorene Proben im Kryokonservierungstank lagern. Immer wieder kam es zu Problemen mit seinen Spermien, in die seine Partnerin nur mehr wenig Hoffnung setzt, wie *er* im Gespräch gleich zu Anfang mitteilt:

> Jan: Die Sache ist die, sie wollte nicht mehr aufwachen und dass es dann heißt: Wir haben leider bei Ihrem Mann nichts gefunden. Und auch aus den eingefrorenen Proben haben wir nichts verwenden können.

Arzt: Aber wir haben doch die Eingefrorenen aus der Tese?!
Jan: mh (bejahend). Aber ihr war das zu/
Laura: Das ist mir zu kritisch. Ich glaub ich hab mit Felix sechs oder sieben Behandlungen hinter mir mittlerweile. Und ich bin aufgewacht und entweder war nichts da, oder es hat sich dann nicht weiterentwickelt. (...) Ich hab Angst, dass ich diese ganze Prozedur wieder mitmache, dass Eier entnommen werden können, es kann auch was befruchtet werden, aber es wird nichts eingesetzt, weil sie sich nicht entwickeln. Meine Angst ist, es wird nichts eingesetzt, um überhaupt diese Prozedur mitzumachen und am Ende wieder/
Arzt: ohne dazustehen.

Sie rechnet die schlechten Ergebnisse der Befruchtung, aus der keine zum Einsetzen geeigneten Embryonen entstanden, vor allem seinen Spermien zu, wie indirekt aus ihrem Sprechen hervorgeht. Schnell wird konkreter, worauf sie hinaus möchte:

Arzt: Okay. Was wäre Ihre Idee jetzt, um das Problem vielleicht zu lösen?
Laura: Wir hatten mal gekuckt nach 'ner Samenspende. (...) Wir hatten auch drüber gesprochen und ehm/ also erste Wahl wär natürlich die Tese, ganz klar. Aber ich hab halt Angst, wenn Eizellen da sind und dann heißt es: die Tese, das reicht nicht zum Befruchten!

Wieder lässt sich jene bereits weiter oben angesprochene Fragenumkehr beobachten, wo der *Arzt die Patient:innen* um *deren Vorstellung* nach einer medizinischen Lösung fragt und sie damit von Anfang an in die Behandlungsentscheidungen einbindet. Indirekt angeregt und vorbereitet wurde das Thema der Fremdsamenspende bereits in Jans anfänglicher Äußerung. Aber erst durch das mäeutische Nachfragen des Arztes wird das Thema im Gespräch explizit benannt und es bildet sich folgende Dynamik heraus: Sie führt immer wieder ihre bereits erlittenen Strapazen der Behandlung ins Feld, die aus ihrer Sicht bislang vor allem aufgrund seines unzuverlässigen Samenmaterials nicht zum Erfolg führten. Gleichzeitig lobt sie ihren eigenen Körper, der sich bislang gut geschlagen habe:

Laura: Mir wurde auch gesagt, mein Körper hat den Vorteil, dass er ja schon 'ne Schwangerschaft mitgemacht hat und eigentlich das Ganze schon kennt! Er weiß wie's geht. Meine Chancen waren ja nicht schlecht bis jetzt vom Körper her.

Interessant festzuhalten ist an dieser Sequenz, dass Laura hier dezidiert das Schwangerschaftspotenzial *ihres* Körpers hervorhebt und statt von gemeinsamen von *„meinen Chancen"* spricht. Darin deutet sich bereits ein Bild an, in dem die Körper eher gegeneinander gerichtet sind. Anschließend kommt es zu einer recht komplizierten Rekonstruktion des genauen Verlaufs der bereits vergangenen Versuche, die in einem anderen Zentrum durchgeführt worden waren. Für den Arzt ergibt sich daraus eine etwas unklare Situation. Eine Art Blackbox bilden vor allem die noch zur Verfügung stehenden im Kryotank eingefrorenen Spermien, denen *sie* so misstraut, die aber nach medizinischer Einschätzung so schlecht nicht sein können:

> Arzt: Da offensichtlich ja noch mehrere Proben da sind, muss ja in der Probe, die dann verwendet wurde, ausreichend was gewesen sein. Weil sonst hätten die ja weiter aufgetaut.

Sie versucht den Arzt im Verlauf des Gesprächs immer wieder in Richtung einer klaren Indikation für Fremdsperma zu führen, indem sie ihre Skepsis gegenüber Jans Spermien zum Ausdruck bringt, etwa indem sie von seinen vergangenen Spermiogrammen, die kaum Spermien aufwiesen, den Schluss auf mangelnde Ausbeute auch durch weitere Hodenpunktionen nahelegt:

> Laura: Wie hoch ist denn die Wahrscheinlichkeit, wenn beim letzten Spermiogramm gar nichts mehr war, dass bei der Tese noch was gefunden werden kann?
> Arzt: die ist immer noch da.

Jan dagegen versucht immer wieder seinen Wunsch geltend zu machen, doch noch seinen eigenen Spermien, die aus seinen Hoden zu gewinnen waren, eine Chance zu verschaffen und diese zum Einsatz kommen zu lassen:

> Jan: Größter Wunsch wäre natürlich, wenn man das halt ähm hinkriegen würde, da bei mir noch was zu retten.

Immer wieder und je mehr sich im Gespräch Tendenzen in Richtung Fremdsamenverwendung abzeichnen, streut er entsprechende Fragen ein:

> Jan: Bestünde die Möglichkeit, bei mir noch was zu stimulieren?
> Arzt: – Wahrscheinlich eher nicht. Ich denke mal, gerade wenn Sie bei Professor Ranke waren, der das untersucht hat. Das funktioniert eigentlich nur, wenn es an der Hirnanhangsdrüse liegt. Im Bluttest sieht man dann, dass LH und FSH-Spiegel niedrig wären. Das hätte der sicher vorgeschlagen. Der weiß, was er tut.
> Jan: Ja gut, da sind ja auch nur die Proben gemacht worden, da ist ja jetzt nur/
> Laura: Doch, er hat auch Blut abgenommen. Beim ersten Termin sind wir beide untersucht worden.
> Jan: stimmt, ja, ja, gut. mh. – Also da ist nichts mehr zu stimulieren, meinen Sie?
> Arzt: mm (verneinend)
> Jan: mh. (enttäuscht) – Und dass man nochmal 'ne Tese macht bei mir?
> Arzt: Frisch dann am Tag der Eientnahme?
> Jan: Würden Sie das? Wär so 'n Vorschlag oder (nuschelnd)/
> Arzt: Kann man organisieren.

Im Laufe des Gesprächs formiert sich vor dem Hintergrund des gemeinsamen Kinderwunsches eine klare Interessendifferenz bezüglich seiner Behandlung: Laura möchte angesichts Behandlungsstrapazen und Misserfolgsfrustration die Chancen erhöhen, indem sein Material ausgetauscht und stattdessen potenter Fremdsamen zum Einsatz kommen soll. Dafür würde sie seine biologische Elternschaft opfern, gleichwohl sie eine gewisse Empathie dafür zu zeigen versucht, dem Restpotenzial seiner Spermien, wenn denn vorhanden, Priorität einzuräumen. Er möchte angesichts des drohenden Verlustes alle nur denkbaren Möglichkeiten ausschöpfen, doch noch mit seinen eigenen Spermien zum Erfolg zu kommen. Dabei werben die Beiden jeweils mit medizinischen Gründen beim medizinischen Gegenüber für ihre Interessen. Der Arzt sieht sich weniger in der Situation, einem medizinischen Problem gerecht werden zu müssen, als vielmehr einen behandlungstechnischen Kompromiss für das uneinige Paar anzubieten, das seinen Konflikt in Anwesenheit des Arztes austrägt, indem jeder seine Position möglichst mit Evidenz auszustatten versucht. Jan greift dabei regelrecht nach dem letzten Strohhalm, wenn er immer wieder nach Möglichkeiten sucht, seine Spermien entweder zu verbessern oder weitere Untersuchungen in der Hoffnung auf ein besseres Ergebnis zu erwirken. Nach langem Hin-und-Her schlägt der Arzt auf Wunsch und Anregung von Jan vor, am Tag der Punktion sowohl die kryokonservierten Spermien aus der vergangenen Tese als auch Spermien aus einer erneuten, direkt am Tag der Befruchtung durchzuführenden Tese heranzuziehen, und nur dann, wenn in beiden Proben nichts zu finden sei, auf Fremdsamen zurückzugreifen. Auf diesen Vorschlag hin versucht Jan erneut, das Fremdsperma zurückzudrängen, worauf der Konflikt noch deutlicher durchschlägt:

> Jan: Oder würden Sie erstmal das nur mit der Tese probieren? Und noch gar nicht mit dem Fremdsperma.
> Arzt: Also ich würde darauf Rücksicht nehmen, wie Sie das empfinden, ne?
> Jan: Ich mein, ich steh nicht auf Tesen, das ist kein Hobby von mir, aber/
> Laura: Ich steh auch nicht auf die ganze Stimulation, aber das ist halt/ was will man machen?!

Jan erhofft sich vom Arzt Unterstützung für den Alleingang seiner Spermien. Der Arzt äußert zwar Verständnis, bleibt aber unparteiisch und leitet die Entscheidung zurück an das Paar. Jan bringt daraufhin zum Ausdruck, dass er für seine Sache schließlich auch bereit ist, Opfer zu bringen und die durchaus unangenehmen ‚Tesen' über sich ergehen zu lassen. Dies ist nun wie eine Vorlage für Lena, dem wiederum ihrige Behandlungsstrapazen entgegenzustellen. Im Gespräch ergibt sich zunächst im wahrsten Sinne eine Art Patt. Das Gespräch gerät an ein vorläufiges Ende, indem der behandelnde Arzt das Paar bittet, den Konflikt nach Hause zu verlagern und sich nach Bedenkzeit erneut zu melden. Wie immer fragt er zum Ende hin, ob es noch offene Fragen gibt, worauf Lena nach kurzer Sprechpause noch die Frage stellt, was es mit dem AMH-Wert auf sich hat:

> Laura: Was ist ein normales AMH?
> Arzt: Über eins auf jeden Fall. Es gibt Frauen, die haben fünf, aber über eins ist im grünen Bereich! (...) Je niedriger der Wert ist, desto weniger Eizellen sind zu erwarten.

Der Arzt erläutert ihr ausführlich den sogenannten AMH-Wert und erklärt ihr, angesichts ihres Wertes von Null Komma neun, dass man sich zwar nicht auf etwa fünfzehn oder mehr Eizellen einzustellen habe, aber dass mit guter Stimulation doch etwas zu erreichen sei. In diesem Zusammenhang streut Jan kurz vor Ende des Gesprächs noch eine leicht überhörbare, aber durchaus bemerkenswerte, scherzhafte Bemerkung ein, die von den anderen Teilnehmenden mehr oder weniger übergangen wird:

> Jan: Oder wir kucken uns nach 'ner Leihmutter um (im Spaß, lachend).

Welchen kommunikativen Sinn entfaltet diese Bemerkung am Ende des Gesprächs? Vermutlich steckt darin ein Impuls, der indirekt für mehr Perspektivenübernahme ihrerseits wirbt. Er, der sich von ihrem Vorstoß in Richtung Fremdsamen dazu gedrängt sieht, endgültig auf seine biologische Vaterschaft zu verzichten, möchte seine Partnerin in jene Situation bringen, um besser zu verstehen und am eigenen Leibe zu spüren, wie er sich dabei fühlt. Dem stehen ihre guten Gründe gegenüber, sein mangelndes Material beinhalte für sie umso mehr Behandlungsstress. Allerdings zieht dieser Behandlungsstress, anders als der ‚Verzicht' auf seine Spermien, keine entsprechenden Konsequenzen für die spätere (biologische) Elternschaft nach sich. Das Pendant zu seinem Verzicht auf die eigenen Spermien wäre zwar nicht unbedingt eine Leihmutterschaft, sondern zunächst vielmehr eine Eizellspende. Es ist aber zu vermuten, dass es in der Äußerung genau um diese Analogie geht.

Beide bis hierher diskutierten Fälle sollten jene subtilen Aushandlungsprozesse des Zeugens, die hier in Anwesenheit des Arztes (und des Ethnografen) ausgetragen werden, beschreiben und rekonstruieren. Dabei haben sich latent strategische kommunikative Handlungen gezeigt, in denen die Partner auch gegenüber dem/r eigenen Partner/in ihre Interessen durchzusetzen versuchen, um mit ihm/ihr und mithilfe des Arztes ein gemeinsames Kind zu zeugen. Die beiden Fälle wurden ausgewählt, da sie genau diese strategische Kommunikation im Rahmen der Zeugungsaushandlung besonders gut zur Schau stellen, ohne dass dies für alle Fälle als charakteristisch angenommen werden soll. Charakteristisch ist aber durchaus, dass die Aushandlung solcher und ähnlicher Fragen mit und ohne den Arzt als konstitutiver Bestandteil dieser Form des Zeugens mit medizintechnischen Mitteln angesehen werden muss. Paare müssen sich hier nicht im herkömmlichen Sinne vereinigen, um ein Kind zu kriegen, sie müssen sich aber umso mehr einigen und einig werden, auf welchem Weg und mit welchen eventuellen Einbußen für den ein oder anderen Partner dies geschehen soll. Dass die sich in den Daten abzeichnenden Konflikte auf eher latente Weise ausgetragen werden, dürfte damit zusammenhängen, dass die Paare vor dem Arzt, der ihnen zum Kind verhelfen soll, wie auch vor sich selbst die Performanz harmonischen Paarseins möglichst aufrechterhalten müssen, um ihren unterstellten Status als gute Eltern eines künftigen Kindes nicht zu gefährden.

Inwieweit der Verlust biologischer Abstammung eines Partners für das Paar als Problem ungleichwertiger Elternschaftspositionen antizipiert wird, ist seinerseits Gegenstand von Aushandlungsprozessen. Es muss sich im Rahmen der Paarkommunikation herausstellen, inwieweit Paare eine Perspektive entwickeln können, die mit der entstehenden Asymmetrie umgehen kann, welche aus seinem Verlust der biologischen Vaterschaft und ihrer Symbolik entsteht. Dazu wiederum müssen Paare eine Unterscheidung etablieren, die der zwischen sozialer und biologischer Elternschaft ähnelt oder entspricht. Für wen dies nicht möglich ist, der oder die wird sich kaum für den Einsatz von Fremdsamen entscheiden können. Hierzu ein Interviewauszug:

Dagmar: Das wäre für mich persönlich ausgeschlossen, 'nen anderen Vater zu suchen, 'nen anderen Spermaspender, das hätte ich ausgeschlossen. Wenn, dann hätten wir gesagt, das ist ein ganz fremdes

Kind, und wenn wir nur Pflegeeltern geworden wären. Aber das wäre eben erst 'n Schritt gewesen, wenn es komplett mit der Reproduktion nicht mehr geklappt hätte, dass wir gesagt hätten, wir überlegen da jetzt nochmal neu. (...) Ich glaube, er [mein Mann] hätte sich da auch nicht gut gefühlt, wenn er dann wüsste: Da wächst von 'nem anderen Mann ein Kind in dem Bauch meiner Frau. Das wär wie Fremdgehen so in die Richtung.

Dagmars Vergleich des Fremdgehens (sie versetzt sich sprachlich in ihn hinein) zeigt eine Natürlichkeitsdemarkation auf: Sie differenziert zwischen Sachen, die man natürlicherweise zu zweit, und solchen, die man zu dritt macht. Die romantische Liebesbeziehung und die dazugehörige Fortpflanzung als Bestandteil eines Paares von lediglich zwei Personen schließt die Einbeziehung Dritter für sie aus. Hinzu kommt, dass die Verwendung fremden Spermas dem vorhandenen Symmetriepostulat insofern entgegensteht, dass für Dagmar nicht sein darf, dass *sie* mit dem Kind biologisch verwandt ist, *er* hingegen nicht. Sie zieht eine klare Grenze zwischen dem IVF-Verfahren als Interventionsform, der Natur auf die Sprünge zu helfen, und der direkten Beteiligung Dritter. Aus der Reproduktionsmedizin mit Fremdmaterial resultiert aus Paarsicht ein qualitativer Sprung, da sie die Vorstellung einer stofflichen Einheit von Verwandtschaft (Braun 2018) durchkreuzt. In Dagmars Sprache und Terminologie werden *Vater* und *Spermaspender* als unauflöslich identisch gesetzt. Vaterschaft lässt sich für sie im Moment nur biologisch denken. Bemerkenswert ist auch, dass sie im Laufe des reproduktionsmedizinischen Vorgehens indirekt ihren Mann selbst als Samenspender konzipiert, nur eben nicht als *fremden* (siehe obige Sequenz). Als Alternative kann sich Dagmar nur vorstellen, ganz auf biologische Elternschaft zu verzichten und in dieser Hinsicht Symmetrie zwischen sich und ihrem Partner zu schaffen.

Andere Paare hingegen kommen auffällig schnell auf den Einsatz von Fremdsamen zu sprechen. An der Verwunderung und Reaktion des Arztes auf den Vorstoß eines Paares, nach nur zwei erfolglosen Inseminationen – also einer der einfachsten Therapieformen – bereits eine Donortherapie nachzufragen, lässt sich die normative Prämisse ablesen, dass Fremdsamen im Grunde nur eine Option für mehr oder weniger hoffnungslose Fälle sein sollte.

Arzt: Ein Argument wäre nur, wenn Sie sagen, das ist alles so anstrengend, furchtbar und schrecklich. Dann würde ich sagen, können wir das machen. Ansonsten spricht medizinisch nichts dagegen, an das System zu glauben und das nochmal guten Mutes durchzuführen.
Sie: Okay. Also wir wollen es nochmal versuchen mit seinen Spermien. Und wenn das dann nicht klappt, wollten wir das ansprechen und wollten mal wissen, was da für Kosten oder wie das abläuft und dergleichen.
Arzt: Also nach zwei Versuchen würden Sie nicht mehr dran glauben? Das ist früh, das wissen Sie schon, ne?!
Sie: Ja, das wissen wir auch.
Arzt: Wir haben manchmal Paare, die probieren es vier-, fünfmal, bevor Sie schwanger werden. Aber wir können das machen, Sie müssen das entscheiden. Mit fremden Spermien, das ist natürlich viel weniger Aufwand. Kontrolliert man einfach Ihren Zyklus, kuckt wann das Ei da ist und taut so 'ne Probe auf. Aber wie schon gesagt, medizinisch gesehen gäb 's jetzt keinen Grund, das zu emp-

fehlen, dazu sind die Spermien zu gut. Das ist eigentlich unser tägliches Brot, dass wir mit solchen Spermienbefunden konfrontiert sind und die Schwangerschaftsrate ist trotzdem gut.

Die Frage, worin genau die Motive des Paares liegen, auf so entschlossene Weise und zu einem frühen Zeitpunkt auf Fremdsamen zurückgreifen zu wollen, kann hier nicht beantwortet werden. Wir können aber versuchen, mögliche Vorteile aus ihrer Sicht zu eruieren: Das Fremdsperma macht, wie der Arzt ausführt, die Therapie einfacher und weniger anstrengend, indem in der Regel keine Hormonstimulation notwendig ist. Entsprechend günstiger fällt die Therapie finanziell aus. Für Paare, die bereits mehrere aufwändige ICSI-Versuche hinter sich haben, wird das Verfahren, sobald sie sich für Fremdsamen entscheiden, wieder ein Stück weit ‚natürlicher‘, indem der Samen ‚nur‘ inseminiert wird. Schließlich steigt auch die Erfolgswahrscheinlichkeit. Vor allem aber steigt und fällt die Hürde zu dieser Option mit den Implikationen, die für das Paar mit dem Fremdsamen einhergehen. Die Entscheidungsfreude dieses Paares kann zur Grundlage haben, dass die Beiden der Fremdheit der Substanz und der damit verbundenen erbbiologischen Komponente keine große Bedeutung zumessen und damit eine gegen den Mainstream gerichtete Haltung mitbringen. Dies kann auch die Irritation ausmachen, die dem Verhalten des Arztes zu entnehmen ist. Darin ist ein viel größerer mit Fremdsamen verbundener Verlust impliziert, der eine Entscheidung für diese Variante, etwa aus Kosten- oder Annehmlichkeitsgründen, geradezu absurd erscheinen lässt. In gewissem Sinne ist mit der Fremdsamentherapie eine Zäsur verbunden, die vollständig gegen die ursprüngliche Absicht gerichtet ist, mit der sich Paare an die Reproduktionsmedizin wenden: nämlich ein *biologisch eigenes und gemeinsames* Kind zu zeugen.

Im Folgenden soll ein Fall diskutiert werden, der genau diese Grenzziehung zwischen einem *mehr oder weniger* biologisch eigenen Kind zum Gegenstand der Paarkommunikation hat und sich zwischen Spendersamen und Adoptionsszenario bewegt.[37] Thorsten (40) und Mareike (35) haben sieben Jahre lang versucht schwanger zu werden und ziemlich alles ausprobiert, was die reproduktionsmedizinische Angebotspalette hergibt, um sich nun schließlich mit der Frage auseinanderzusetzen, ob sie auf Fremdsamen setzen, oder aber in Richtung Adoption gehen wollen. Im Interview mit dem Paar geraten die beiden in eine entsprechende Diskussion. Sowohl das Hinzuziehen von Fremdsamen als auch die Abwendung von der Reproduktionsmedizin hin zum Engagement für eine Adoption stellen für das Paar einschneidende Hürden dar, dies für die Partner jeweils etwas unterschiedlich:

> Thorsten: Ein Adoptivkind ist ein – erstmal komplett fremdes Kind, (…) das wir selbst dann *prägen* in einer gewissen Weise, was aber ’ne Geschichte mitbringt – es is ’ne andere Herausforderung als eine Samenspende. Bei ’ner Samenspende is das Kind *zum Teil* von uns, sag ich jetzt mal so, zumindest von einer Hälfte. Es is ein anderer Prozess, weil da wäre es wirklich – mit Geburtsvorbereitung, mit Geburt, mit allem, was dazugehört, das Kind von vornherein bei uns, insofern kann ich das nicht

---

37 Zu einer ethnologischen Untersuchung und einem Vergleich dieser unterschiedlichen Verwandtschaftskonstruktionen siehe Schröder 2008.

vergleichen. Ich denke wenn's um Erziehung und die Prägung des Kindes geht, is Samenspende die einfachere Variante, weil wir das Kind von vornerein bei uns haben/ is 'n anderer Anspruch. (...) Psychologisch könnte ich mir natürlich einreden: Es ist *nicht* mein Kind, *faktisch* ist es das auch nicht. Ehm – weil's nich mein Erbgut is/ des is jetzt die biologische Seite. Auf der anderen Seite, wenn ich mich dazu bereit fühle, ein Adoptivkind zu erziehen und zu prägen, dann werd ich das mit 'nem Kind, was meine Frau austrägt, was aber nicht von mir ist, jetzt mal ganz nüchtern betrachtet auch [können]. Insofern besteht auf *dieser* Seite *keinerlei* Unterschied für mich. Das Kind, bei der Samenspende genau wie das Adoptivkind, wäre *mein* Kind, Punkt!

Mareike: Es is 'n Männerproblem. – Die Reihenfolge, die wir uns mal festgelegt hatten, war erst die Samenspende, dann die Adoption, um noch diese Chance zu haben, Schwangerschaft und Geburt überhaupt für uns erleben zu dürfen. Es gibt 'ne andere Schnittmenge oder 'ne andere Teilmenge: Viele sehen bei der Samenspende Mutter mit Kind, sag ich mal, in einem Kreis/ und den Mann als einzelne Einheit daneben und er muss schauen, ob er das für sich annehmen kann (Thorsten: ob er das Kind akzeptiert), auch in Phasen, wo das Kind vielleicht überhaupt nicht nach ihm kommt, weder Aussehen/ oder *Verhaltensweisen* zeigt (Thorsten: andere Veranlagungen, andere Talente). – Es darf halt *nie* im Leben dazu kommen, dass der Mann *jemals* sagt: *Es ist nich mein Kind* (Thorsten: Du bist nicht mein Kind) und deshalb war für mich das eben schwer zu hören, dass Du/ dass dieser Gedanke doch irgendwo im Kopf is. (Thorsten: Was?) Als Du sachtest gerade: ,*du könntest Dir einreden*' – in dem Moment hast Du's ja dann schon gesagt.

Thorsten: Wenn ich es nüchtern betrachten würde, wäre das so, ja. (Mareike: genau) Stimmt ja auch, aber/

Mareike: Also hoff ich, dass Du das nie nüchtern betrachten würdest (beide lachen). Und die andere Seite ist, bei der Adoption is das *Paar* diese feste Einheit

Thorsten: da is es für beide 'n fremdes Kind.

Mareike: *Da* is das *Kind, w*ir (das Paar) sind die Einheit, die (Thorsten: ja) *Dich* als einzelnes Kind da dazu nehmen. Und da is das für den Mann viel einfacher.

Thorsten: Weil er auf derselben Ebene steht wie seine Frau.

Mareike: Ja. – Bei der anderen Varianten *nicht.* | Thorsten: Genau.

Die Interviewsequenz liefert eine aufschlussreiche Paarinteraktion, in der sich das Paar mit den beiden Möglichkeiten einer Adoption bzw. dem Einsatz von Fremdsperma dialektisch auseinandersetzt. Im Zentrum steht die Idee vom eigenen Kind, die das Paar verwirklichen möchte und die erst aufgrund andauernden Behandlungsmisserfolgs, dann aufgrund notgedrungenem Hinzuziehen fremden Stoffes gefährdet ist. Die Möglichkeit Fremdsperma zu verwenden, um so die Erfolgswahrscheinlichkeit zu erhöhen, konkurriert mit Plan B einer Adoption. Die beiden unterschiedlichen Familienbildungsszenarien werden nun in ein interessantes Verhältnis gebracht, wozu das Paar die Optionen auf laiensoziologische Art, die an Simmelsches (1908) Denken in sozialen Figurationen erinnert, miteinander vergleicht. Während der Eigenanteil des Kindes im Falle von ,Fremdsperma' insgesamt größer erscheint, da das Kind immerhin Anteile von der Mutter erbt, ist dieser Anteil bei der Adoption auf null reduziert. Da aber diese Null gleichverteilt ist, sorgt die Adoption für Äquidistanzen in den Eltern-Kind-Relationen, während die Samenspende zwar Schwangerschaftserfahrung und *ihr* die biologische Mutterschaft zum Kind stiften kann, hinter der seine Vaterschaft dann aber entsprechend nachhinkt. Wenn er sagt, *nüchtern betrachtet* sei es dann ein *fremdes Kind*, zeigt er damit, dass er kaum hinter die biologische, als von ihm absolut gesetzte, Realität zurückkann. Mareike beobachtet ihren Mann in seinen Äußerungen sehr genau. Aus ihrer Position muss sie abwägen zwischen einem Gewinn an biologischer Nähe zum Kind qua Genetik und Schwangerschaftserfahrung auf der einen Seite und einem unter Umständen porösen väterlichen Commitment auf der anderen. Die Sequenz gibt einen kleinen Einblick, wie Mareike ihren Mann und dieser gleichzeitig auch sich selbst auf diese potenzielle soziale Gefahr hin abhorcht. Während Mareike die Adoption als gemeinsame, das Paar integrierende Herausforderung antizipiert, sieht sie in der Samenspende vor allem die Herausforderung, das Kind zum *gemeinsamen* und vor allem auch zu *seinem* Kind zu machen.

> Mareike: Er hat schon mal sehr nett gesagt, dass er mir dieses Geschenk gerne machen würde, die Schwangerschaft und die Geburt. Dass man das mal erlebt hat.
> Thorsten: Ich glaub, die Beziehung zu dem Kind ist eine andere, wenn das Kind aus dem Mutterleib geboren wird/ wenn man das mitbekommt. (Mareike: natürlich!) Ich hab das Gefühl, dass es für die Frau sowieso und auch für den Mann 'ne ganz andere Beziehung ist zum Kind. Weil des von vornherein da is, man erlebt das Kind (Mareike: vom ersten Tag an) wirklich vom ersten Moment, wo's im Bauch is, bis es wirklich auf die Welt kommt und alles Weitere. Bei einem Adoptivkind, selbst wenn 's n Säugling is, *fehlt* ein Teil, auch wenn's nur 'n geringer Teil is, aber der fehlt. (...) Ich glaub, dass die *Nähe* zum Kind dann in dem Moment noch 'ne ganz andere is. Die Nähe bei 'nem Adoptivkind wird sich entwickeln, keine Frage, aber ich glaube nicht, dass sie von vornherein genauso da is, wie bei 'nem (Mareike: nein, kann sie ja nich von Anfang an) Kind, was auf normalem Weg geboren wird. (Mareike: Das muss wachsen) – Ähm – Ich denk, dass wir mit einem Kind, was durch eine Samenspende in unser Leben treten würde, vielleicht sogar mehr anfangen könnten.
> Mareike: Ich weiß es nicht, also bei beiden Kindern wird nach und nach Redebedarf bestehen. Selbst bei Samenspende gibt es immer noch die große Frage: Sagt man es dem Kind? Doktor Ranke is der Meinung, er würd 's nicht sagen (Thorsten: ja). Ehm ich bin der Meinung, wenn es durch Krankheit oder durch Blutspende oder durch *irgendetwas* in einer Phase zum Beispiel als Teenager rauskommt, ehm/ weiß ich nich, keine Niere (Thorsten: 'ne Organspende zum Beispiel nich in Frage kommt, weil ich nich/) gespendet werden kann, weil der Arzt dann sacht: Oh, scheint so, dass Sie gar nich der biologische Vater sind (Thorsten: ja). Das fänd ich ganz schlimm.

Mareike findet zu einer erstaunlichen Rahmungsmöglichkeit, bei der ihr Partner ihr das Erlebnis von Schwangerschaft und Geburt schenkt, indem *er* auf ein eigenes Kind bzw. *seine* biologische Vaterschaft verzichtet und einer ‚Spendertherapie' zustimmt. Überspitzt: Sie kann ihm kein Kind schenken, weil er ihr keines machen kann, aber *er* kann *ihr* eines schenken, indem er das Sperma eines anderen zulässt und sich trotzdem zur Vaterschaft bekennt. Allerdings deutet sich hier die Fortsetzung einer Asymmetrie der Zeugung (an der *er* nicht, *sie* dagegen schon beteiligt ist) auf sozialer Ebene an: Wenn er ihr durch Verzicht ein Kind schenkt, ist es am Ende womöglich auch mehr ihr als sein Kind. Diese Befürchtung hatte Mareike oben bereits geäußert. Neben diesen essenziellen Erfahrungen wie Schwangerschaft und Geburt dreht sich die Diskussion vor allem um das Zusammensein und Zusammengehören von Anfang an: Während das Kind im einen Fall „*vom ersten Moment, wo's im Bauch ist*" geradezu Teil des Paarkörpers ist, wird das Kind im anderen Fall als fremd antizipiert und muss erst zum eigenen Kind gemacht werden. Es bildet sich die Tendenz heraus, dass dieses „Von-Anfang-an" zusammen mit dem gemeinsamen Erlebnis von Schwangerschaft und Geburt das Unbehagen durch das fremde Sperma wettmachen können.

Die Entscheidung für Fremdsperma zieht zu einem späteren Zeitpunkt eine weitere nach sich: Soll das Kind von der anonymen Beteiligung an seiner Zeugung erfahren oder nicht? Auch hierin liegt die antizipierte Gefahr vor allem in der erlebten Asymmetrie der Eltern-Kind-Relationen, wenn die durch den Glauben an die biologische Verwandtschaft gedeckte Zugehörigkeit des Kindes zu seinen Eltern dann einseitig negiert wird. Diesem Aspekt stellen die beiden aber schnell eine in ihren Augen viel gewichtigere Gefahr zur Seite, nämlich dass die familiale Zugehörigkeit noch viel stärker durch die womöglich auffliegende Lüge torpediert würde. Dies stellt indirekt die auf besonderem Vertrauen basierende soziale Elternschaft über die auf dem Wissen von der Blutsverwandtschaft basierende biologische Elternschaft. Auf dieser Linie gelingt es Thorsten mit der Zeit immer mehr, den biologischen Konnex weiter hintenanzustellen:

> Thorsten: Was ich für richtig erachte, geb ich dem Kind ja trotzdem weiter. Was es davon annimmt, das weiß man auch bei dem eigenen biologischen Kind nich. Das kann bei beiden gut gehen, bei beiden aber auch nicht, insofern hab ich durch die Prägung, durch die Erziehung des Kindes nach wie vor die Möglichkeit, mich da wiederzufinden oder meinen Teil beizutragen. Ob das jetzt 'n biologisch eigenes Kind, 'n adoptiertes oder durch Samenspende gewonnenes Kind is.

Thorsten kann seine imaginierte Vaterschaft von der Form ihrer Herstellung unabhängig machen, indem er die biologische Verbindung insoweit dekonstruiert, als er diese der sozialen Elternschaft nicht mehr primordial überordnet. Beim Übergang vom reproduktionsmedizinischen Behandlungsprogramm hin zum Adoptionsverfahren, welches das Paar zeitweise ebenso in Angriff nahm, lässt sich kontrastiv beobachten, wie sich diese beiden Wege in die Elternschaft in ihren praktischen Vollzügen voneinander unterscheiden:

> Thorsten: Gucken sich die Wohnung an und so weiter, prüfen die Beziehung, Rollenspiele, die man machen muss, es is wirklich nicht einfach. (…) Man muss 'n Adoptionsseminar belegen, wo man zwei Wochenenden im Seminarraum verbringt mit einer Dame, die selbst dreifache Adoptivmutter ist, die einen drauf vorbereitet, was es bedeutet, ein Kind zu adoptieren, was es an Hintergrund mitbringt *und und und*. Also das geht ans Eingemachte.
> Mareike: Man wird alles Mögliche gefragt. Welche Werte wollen Sie vermitteln, was wollen Sie weitergeben? Kann es sein, dass Sie sich nur 'n Kind wünschen, weil Sie irgendwelche Träume noch nicht für sich verwirklicht haben, ob Ihnen noch irgendwas auf der Seele brennt aus Ihrer Kindheit, möchten Sie irgendwas projizieren? Also Sachen, über die hab ich mir vorher noch nie Gedanken gemacht.

Die Hürden der Familienherstellung sind nun gänzlich andere: Während die Reproduktionsmedizin am Paar*körper* ansetzt und sich auf die Kontrolle des biologischen Befruchtungsvorgangs konzentriert, der im Labor unter optimalen Bedingungen vollzogen und dadurch in seinen Chancen auf ein biologisch eigenes Kind optimiert werden soll, setzt der institutionell regulierte Adoptionsvorgang demgegenüber an der sozialen Einheit des Paares an und stellt dessen psychosoziale Eignung als künftige Eltern auf die Probe. Auch hier machen Thorsten und Mareike insofern weiter wie bisher, als sie stets versuchen, allen Anforderungen möglichst perfekt gerecht zu werden. Nur die Register haben sich geändert: Der Kinderwunsch selbst, der für die medizinische Behandlung lediglich unhinterfragte Voraussetzung ist, wird für eine mögliche Adoption nun von institutioneller Seite auf seine Qualität und unlautere Motive hin hinterfragt. Die Paarbeziehung wird durchleuchtet, ob sie der Elternschaft und der Verantwortung gegenüber einem ihm schutzlos ausgelieferten (fremden) Kind gewachsen ist. Sowohl im Falle der Fremdsamenspende als auch der Adoption wird die konventionelle dyadische Form des Kinderkriegens also durch beteiligte Dritte ‚korrumpiert'. Auch bei der Fremdsamenspende bedarf die Elternschaft insbesondere des Vaters einer institutionell-rechtlichen Absicherung, die allerdings bei weitem nicht so weit geht wie bei einem Adoptionsverfahren. Noch stärker als eine Kinderwunschbehandlung ohne Fremdmaterial verlangt die Inanspruchnahme von Spendersamen besondere Entschlossenheit:

> Arzt: Wir brauchen dann noch 'ne notarielle Vereinbarung, die ich Ihnen heute mitgebe. Wir haben einen Notar, der stellt keine blöden Fragen, der weiß was er zu tun hat. Der berät Sie nochmal in rechtlichen Angelegenheiten, welche Rechte haben Sie gegenüber dem Kind, welche Pflichten, was ist im Falle der Trennung. Das heißt, Sie kommen nicht mehr raus. Wenn Sie sich dafür entscheiden, ist das ein eigenes Kind.

Die Behandlung wird durch Fremdsperma zwar technisch einfacher, dafür aber bürokratisch aufwendiger. Die Bürokratie zeigt wiederum einen ambivalenten Effekt: Sie soll dazu dienen, juristisch und notariell zu besiegeln, dass das zukünftige Kind voll und ganz Kind des Paares und insbesondere des Vaters ist, der zum rechtmäßigen und verantwortlichen Elternteil erklärt wird. In ihrer Performanz können die bürokratischen Verfahren bei den Paaren allerdings erst recht Zweifel schüren. Ähnlich wie bei einer Adoption muss nun, was nicht biologisch abgesichert ist, auf sozialer und rechtlicher Ebene abgedichtet werden. Die soziale Elternschaft wird umso stärker auf die Probe gestellt und Ärzt:innen müssen die Anwärter:innen auf Fremdsperma im Vorfeld auch auf die Möglichkeit einer psychosozialen Beratung hinweisen.

So wird, wie auch bei der Adoption, die die Beziehung zu biologischen Elternteilen klären muss, die sozial-rechtliche Beziehung zum an der Zeugung beteiligten Dritten vertraglich geregelt.[38] Während im Falle einer Adoption von institutioneller Seite entschieden wird, welches Kind zu welchem Zeitpunkt von seinen Adoptiveltern empfangen werden kann, legt die Fremdsamenspende dies mehr in die Hände des Paares. Dies konfrontiert die Paare jedoch mit einer weiteren Entscheidungssituation, wenn es darum geht, eine von mehreren in Deutschland befindlichen Samenbanken auszuwählen. Auf die Frage eines Paares, welche Samenbanken zur Auswahl stehen, antwortet ein Arzt:

> Arzt: Dortmund, Nürnberg, Frankfurt, Berlin. Es gibt noch eine gute in Hamburg, die bieten wir nicht aktiv an, aber würde auch gehen. Ich denke das hat mit persönlichen Präferenzen zu tun, dass man irgendeine Bevölkerungsgruppe vielleicht lieber mag.
> Lars: Mag man lieber 'n Bayern aus Erlangen oder 'n Nordlicht?! (lacht)

---

38 Siehe hierzu Schröder (2003: 197 ff.)

> Arzt: Ganz genau. Wobei Sie beachten müssen, dass das ja meistens Studenten sind. Es kann durchaus sein, dass ein Bayer in Hamburg ist. Wenn Sie da Vorlieben hätten, müssten Sie das mit der Samenbank klären; dass Sie dann draufschreiben: gerne ein Düsseldorfer und keinen Bayern (lachen). Also das entscheiden Sie frei.

Das Procedere der Auswahl einer Samenbank und von Kriterien eines Spenders, bringt eine ambivalente Seite mit sich. Einerseits dient die reproduktionsmedizinische Behandlung in erster Linie dem Wunsch nach einem genuin eigenen Kind. Je mehr Entscheidungen in Bezug auf einen Spender und etwa dessen Herkunft getroffen werden müssen, desto stärker kann damit auch ein Bewusstsein des Fremden einhergehen, das nun Einzug in die Zeugung findet. Gleichzeitig dient diese Auswahl eben gerade dazu, dieses Fremde möglichst ähnlich zu halten. Genauso kann es der Aneignung des Fremden auch dienlich sein, in den Auswahlprozess involviert zu sein und eigene Präferenzen einbringen zu können.

> Regina: Der Doktor Storck hat mit uns 'nen Fragebogen ausgefüllt, vor allem auch die Blutgruppe, damit das eben nicht übers Blut und so rauskommt. Weil das kam früher vor, dass plötzlich dann die Blutgruppe nicht zu den Eltern gepasst hat und dann so ‚huch, wie kann denn das sein?!' Dann wurde ausgefüllt: Größe, Körperbau, also es gibt ja eher schmale und dieses pyknisch und leptosom, heißt das glaub ich, Haarfarbe, Augenfarbe/ und auch bei mir, weil die haben gesagt, wenn sich kein Spender findet, der die Eigenschaften meines Mannes aufweist, würden meine genommen, bevor da was ganz Fremdes reinkommt.

Auffällig oft wurde die Frage der Spenderauswahl insbesondere von den Männern mit Humor garniert – etwa: *solang das Kind halt kein Fortuna-Fan wird!?* Zur Spenderauswahl kommen weitere Fragen, die entschieden werden müssen und die der Arzt jeweils (zurück) in die Hände des Paares legt, etwa ob mit Hormonen unterstützt werden soll:

> Arzt: Auch hier müssen Sie frei entscheiden. Solange es keinen triftigen Grund gibt, es wächst gar kein Ei ohne Hormone, entscheiden Sie völlig frei, ob Sie das machen oder nicht.

Ähnlich verhält es sich in einem Gespräch, in dem es um die Frage geht, ob vorab per Laparoskopie die Durchlässigkeit der Eileiter geprüft werden soll:

> Lars: Wie wäre denn bei Ihnen der Ablauf bei einer DI (donogenen Insemination)?
> Arzt: Also erstmal, ich besteh nicht auf eine Bauchspiegelung. Das ist Ihre freie Entscheidung, ob Sie sagen, ich möchte das. Aus Ihrer Krankengeschichte ergibt sich für mich kein Grund, Ihnen das zu empfehlen zu müssen. (...) Was Sie gewinnen würden, wäre nur die Sicherheit, dass der Weg wirklich geht. Wenn Sie sagen, bevor ich das Geld investiere und weiß gar nicht genau, ob das geht, lassen Sie's machen.

All diese Entscheidungen erfordern ein gemeinsames Abwägen des Paares über Testverfahren, Behandlungsmethoden und schließlich auch die dabei entstehenden Kosten: Krankenkassen beteiligen sich an Donortherapien nicht. Dass die beiden längst in diesem Modus des Entscheidens angekommen sind, lässt sich an der Informiertheit des Paares, das bestens vorbereitet in dieses Gespräch geht, und an ihrer Entschlossenheit zur

Fremdsamenspende erkennen. Dem Akt der Insemination selbst bleiben übrigens viele Männer im Falle von Fremdsperma absichtlich fern, und zwar, wie Mediziner:innen vermuten (Schröder 2003: 197), um sich situativ nicht damit zu konfrontieren, dass aufgrund ihrer eigenen Zeugungsunfähigkeit die eigene Frau, noch dazu häufig in Regie eines männlichen Arztes, mit dem Sperma eines fremden Mannes inseminiert wird. Tatsächlich unterscheidet sich eine heterologe Insemination vom Akt des Fremdgehens einer Frau, bei dem diese von einem anderen Mann geschwängert wird, reproduktionstechnisch ,nur' in ihrer sozialen Rahmung und Organisation (siehe Schröder 2003: 195).

4 Biofakte der Zeugung zwischen Körper, Technik und Personen

4.1 Essenzen des Zeugens: Eizellen und Spermien

Im Zuge jeder Kinderwunschbehandlung rücken zwei bestimmte Zellformationen ins Zentrum der Aufmerksamkeit, die die Körper der Patient:innen außerhalb ihrer selbst repräsentieren und im Labor stellvertretend für sie handeln sollen (vgl. Latour 2006: 157 ff.) bzw. labortechnisch behandelt und zusammengeführt werden: Eizellen und Spermien. Diese aus dem Biologieunterricht bekannten Einheiten, die sonst ihre Funktion und Wirkung zunächst versteckt und unbemerkt im Körperinneren als Teil eines biochemischen und -mechanischen Prozesses entfalten, werden im Zuge reproduktionsmedizinischer Praxis extrahiert, ans Licht geholt, isoliert, präpariert und außerhalb des Körpers zusammengeführt. Dies lässt die Eizellen und Spermien zu animierten Protagonisten des Zeugungsprozesses und zu hoch bedeutsamen Objekten werden. Wie werden sie charakterisiert und in Szene gesetzt?

Auf einem Infoabend erklärt der Redner seinem Publikum die Gründe dafür, dass die Fruchtbarkeit von Frauen mit zunehmendem Alter abnimmt und kommt auf die begrenzte Zahl von vorhandenen Eizellen zu sprechen:

> Arzt: Die Eizelle ist die seltenste Zelle, die es überhaupt gibt im Universum. Samenzellen gibt es bis zum Abwinken, aber Eizellen nur ganz wenige; jeden Monat eigentlich nur eine einzige. Eine Frau heute hat ungefähr 400-mal in ihrem Leben eine Menstruation, 400-mal kann sie schwanger werden – das ist nicht viel! (...) Viele Jahre oder Jahrzehnte, ist die Eizelle im Sekundärfollikel angelegt und ist in einer Warteposition. Irgendwann kommt dann die Pubertät, die Hormone fangen an zu steigen, FSH, LH steigt, und dann beginnt sich die Eizelle zu entwickeln. (...) Bei der Eizelle geht die Reifeteilung erst nach der Befruchtung richtig los, also die muss mit sehr viel mehr klarkommen. Die Samenzellen haben's einfacher. Da verläuft die Reifung von den Keimzellen bis zum Spermium linear. (...) Die Eizellen sind das Allerwertvollste, was wir haben. Ohne Samenzellen geht es natürlich auch nicht, aber die sind von der Biologie her vielleicht 'n bisschen weniger wertvoll salopp gesagt, auch wenn das die Männer vielleicht nicht so gerne hören (lacht). Aber es ist so.

Die Eizellen werden vom Arzt und Fortpflanzungsexperten hier über die biologische Beschreibung hinaus auf eine auffällige Art und Weise besondert und hofiert, verbunden mit einem impliziten Lob der Frauen für ihre Eizellen. In der Beschreibung findet sich erneut eine biografisch früh zu ticken beginnende biologische Uhr. Die körperlich fixierte Erwartung und stille Aufforderung an Frauen lautet, ihr Schwangerschaftspotenzial in Form des wertvollen Reservoirs an in „Warteposition" befindlichen Eizellen nicht verstreichen zu lassen. Indem die Eizelle gegenüber der viel einfacher strukturierten und weniger wertvollen Samenzelle beinahe glorifiziert wird, werden die Frauen als Eizellenproduzentinnen ins Zentrum des Fortpflanzungsgeschehens und damit auch der Kinderwunschbehandlung gerückt, während die männlichen Samenzellen bloß notwendig und weniger wichtig erscheinen. Es ist bemerkenswert, wie sich

https://doi.org/10.1515/9783110783674-004

die Gynisierung des Kinderkriegens hier schon in seiner Beschreibung auf Zellebene präsentiert. Der Arzt wirft zur Veranschaulichung ein paar Bilder an die Wand:

So sieht das aus unterm Mikroskop/ Das ist eine Eizelle direkt nach der Gewinnung. (...) Hier sehen Sie mal das Größenverhältnis Ei zu Spermium. (Einige lachen) Ja, ist immer wieder erstaunlich, dass das winzige Spermium dieses Riesen-Ei befruchtet. Wenn man da genauer hinguckt, sieht man noch ein paar Spermien. Hier oben lümmeln noch ein paar rum.

Es scheint so naheliegend wie beeindruckend, dass sich Attribute des Weiblichen und Männlichen hier auf die Beschreibung des Befruchtungsprozesses übertragen (siehe auch Martin 1993 sowie Moore 2002), die Eizelle als passiv wartende und ruhende (Vienne 2008: 222) Einheit, das Spermium als aktiv sich bewegendes Samentier (Vienne 2009). Noch eindeutiger, als zuvor die Beschreibung der Eizelle eine weibliche Signatur enthielt, werden die Spermien als männlich charakterisiert, indem sie *herumlümmeln*. Dieser schöne Begriff bringt Assoziationen männlich fauler Ungezogenheit mit sich und transportiert eine deutlich stärkere Anthropomorphisierung als bei der Eizelle. Man kann darin auch eine Rettung männlicher Potenzvorstellungen sehen: *Die Spermien könnten schon, sie haben nur gerade keine Lust.* In der Beschreibung zeigt sich aber auch eine umgekehrt gerahmte Agency, die eine vermeintliche Eindeutigkeit geschlechtlicher Konnotationen unterläuft. Diese bildet wiederum jene Asymmetrie ab, die auch die Kinderwunschbehandlung insgesamt prägt und deren einzelne Schritte vor allem zulasten der Frauen verteilt. *Das Ei arbeitet, die Spermien lümmeln in der Ecke herum.* Steckt in der Beschreibung vielleicht auch eine Art Wertschätzung des Weiblichen, die diese Ungerechtigkeit ein wenig ausgleichen soll? Zwar wird den Spermien immer noch ein gewisser heroischer Beitrag zuteil, indem sie die im Vergleich immerhin riesige Eizelle befruchten, aber dorthin gelangen sie kaum aus eigenem Antrieb. Mit dem Mythos des sich selbst seinen Weg bahnenden Spermiums räumt der Arzt auf:

> Arzt: Es gibt aber auch noch den Eileiter! Das ist nicht einfach nur ein Stück Rohr, sondern etwas hoch Komplexes. Ein Muskelschlauch – alles andere als trivial! Nach 120 Sekunden sind die Spermien bereits da, wo sie hinsollen. Das schaffen die aber nicht nur durch ihre Geißelbewegungen, sondern nur, weil der Uterus Druckwellen aufbaut. Diese Kontraktivität leitet die Spermien auf die Seite, wo die Ovulation ist. Der Eileiter zieht die Samenzellen mit Druckwellen nach oben. Früher dachte man, die schwimmen diesen ganzen Weg selbst, heute weiß man, das ist ein aktiver Transportmechanismus der Gebärmutter. Die innere Muskelschicht, die direkt unter der Schleimhaut liegt, ist hormonell gesteuert und pumpt zielgerichtet den Samen ans Ende des Eileiters, wo der Eisprung stattgefunden hat. Also der Eileiter leistet sehr viel. Für einen Ingenieur wäre das Höchstleistung sowas zu entwickeln, aber das hat sich die Biologie in vielen Millionen Jahren sehr gut ausgedacht und so konstruiert.

Auch die technische Perspektive, die diese Beschreibung prägt, ist instruktiv. Sie betrachtet den (weiblichen) Körper und seine Prozesse im Sinne seiner reproduktionstechnischen Aneignung als ein quasitechnisches Wunderwerk. Auf interessante Weise finden das biologische Verständnis menschlicher Fortpflanzung und ein ingenieurstechnischer Blick in dieser Beschreibung kunstvoll zusammen. Durchzogen ist sie von einer Veranschaulichung und doppelten Rationalisierung durch die Geschlechterunterscheidung, indem die bereits geschlechtlich unterschiedenen Organe mit entsprechenden Attributen ausgestattet werden, die die Spermien als typisch männlich und die Eizellen als typisch weiblich charakterisieren.

4.1.1 Eizellgewinnung

Die Eizellgewinnung ist für Formen der künstlichen Befruchtung wie IVF und ICSI das zentrale Zwischenziel. Dazu wird zunächst die Kontrolle über den Zyklus übernommen, vor allem, indem der Eisprung hormonell unterdrückt wird. Dies erfüllt die Funktion, diesen genau timen zu können, um die spätere Entnahme von Eizellen terminlich praktikabel zu halten und nicht etwa auf einen Sonntag fallen zu lassen. Die Zykluskontrolle im Zuge der Eizellstimulation kann damit auch als eine medizintechnische Synchronisierung des weiblichen Fortpflanzungsapparates mit den Laborzeiten beschrieben werden. Während pro natürlichem Zyklus selten mehr als eine einzige befruchtungsfähige Eizelle entsteht, dient eine hormonelle Stimulation zudem dazu, nun mehrere Eizellen gleichzeitig heranreifen zu lassen, aus denen später nach ihrer Befruchtung eine Auswahl getroffen werden kann. Die medizinische Herausforderung ist, diese hormonelle Stimulation hoch genug zu dosieren, sodass die Eierstöcke entsprechend angeregt werden und auch tatsächlich mehrere Eizellen auf den Weg bringen. Die Dosierung darf aber nicht zu hoch sein, da eine Überstimulation mit Beschwerden und Risiken verbunden ist. Dementsprechend wichtig ist, dass die Frauen den ärztlichen Plan zur Einnahme der stimulierenden Hormone genau einhalten, was entsprechende Zuverlässigkeit und Therapietreue verlangt (vgl. Ullrich 2012: 197 f.). Eine Patientin äußert ihre Sorgen gegenüber dem Behandler:

> Britta: Es ist so, dass ich merke, wenn ich 'n Eisprung hab, beziehungsweise die Tage davor, und da geht's mir nich gut. Und wenn jetzt mehrere reifen, wie sieht das dann aus?! Nicht, dass der Bauch dann so aufschwemmt.
> Arzt: Es wird natürlich mehr werden, als Sie's aus dem natürlichen Zyklus kennen, aber Sie müssen keine Angst haben. Das wird sicher nicht so schlimm, dass Sie denken, Sie platzen. Das ist unwahrscheinlich.

Der Patientin steht durch die Zuführung von Hormonen bevor, ihren Körper, mit dem sie bislang gut vertraut war, in einem Ausnahmezustand zu erleben, auf den sie sich hier mithilfe des Arztes einzustellen versucht. Die Stimulation der Eizellproduktion ist ein Eingriff, der nicht darauf ausgerichtet ist, einen wie auch immer gestörten Zyklus wieder ins Gleichgewicht zu bringen, um zu einem gesunden Zustand zurückzukehren. Die Stimulation ist vielmehr darauf ausgelegt, den Eierstock temporär mit einer Art Turbo zu versehen, um ihm das für die künstliche Befruchtung außerhalb des Körpers notwendige Material zu entlocken:

> Arzt: Das nur mit einer Eizelle zu machen, macht nicht viel Sinn. Erwisch ich die Eizelle? Ist die reif? Lässt die sich befruchten? Das heißt ich brauch *mehrere* Eizellen. Deswegen ist jeglicher Beginn

einer künstlichen Befruchtung erstmal die Stimulation des Eierstocks. Ziel ist wirklich, möglichst viele Eizellen zu kriegen. (...) Alles, was mehr Eizellen macht, ist uns willkommen.

Aufgrund des Ausschusses, den das Verfahren erfahrungsgemäß produziert, muss auf mehrere Eizellen gesetzt werden, um im Labor möglichst auf eine Auswahl des wertvollen Rohstoffs zurückgreifen zu können. Allerdings, so eine andere Beschreibung eines Arztes auf einem Infoabend, lehnt sich dieses Verfahren durchaus an natürlich ablaufende Prozesse an:

> Arzt: Auch im natürlichen Zyklus konkurrieren mehrere Eizellen miteinander. Dieser Selektionsprozess deutet darauf hin, dass manche Eizellen nicht optimal sind pro Zyklus. Dass viele Eizellen und befruchtete Embryonen eben keine optimale Entwicklung aufzeigen, rechtfertigt auch im Rahmen der In-Vitro-Fertilisation, mehrere Eizellen gleichzeitig reifen zu lassen.

Dies betrifft hier implizit auch jenen Aspekt, der dieser Technik oft aus ethischer Perspektive entgegengebracht wird und in Deutschland vom Embryonenschutzgesetz geregelt ist, nämlich dass aus mehreren Eizellen, die befruchtet werden, auch mehrere Embryonen entstehen, aus denen dann eine Auswahl getroffen und weniger vielversprechende Embryonen entsprechend verworfen werden.[39] Indem der Arzt darauf hinweist, dass auch pro natürlichem Zyklus zumindest bis zu einem bestimmten Stadium mehrere Eizellen heranreifen, also auch auf normalem Weg im Eierstock eine Selektion von Eizellen stattfindet, rückt er das technische Verfahren wieder ein Stück weit in die Nähe der Natur bzw. ohnehin vorhandener Körperfunktionen. Der natürliche Plan würde also nicht verändert, sondern technisch geradezu befolgt.

Wie anfangs erwähnt, muss für die Eizellproduktion der natürliche Eisprung hormonell unterdrückt werden, um ihn dann zum Entnahmezeitpunkt punktgenau auslösen zu können. Der Körper wird also einerseits passiviert, indem der Zyklus medizinisch kontrolliert wird, andererseits in der Eizellreifung enorm gefordert. Für die Patientinnen ist das Spritzen mit einem hohen Maß an Agency verknüpft. Sie müssen sich das Spritzensystem händisch-technisch aneignen und sich die Injektionen selbst unter die Haut (am Bauch oder Gesäß) verabreichen:

> Mia: Am Anfang kostet das schon Überwindung, sich zu spritzen. Da gibt's zum Glück bei YouTube diese Videos. Die hab ich mir jeden Tag angeguckt, bis ich das draufhatte. Ich hab am Anfang nur mit Puregon gespritzt. Das ist einfach, weil das nur so ein Pen ist. Jetzt bei diesem Versuch musste ich auch Menopur nehmen. Das fand ich schon schwierig. Ich bin parallel immer zur Arbeit gegangen und musste das irgendwie koordinieren. Das sind zwei kleine Ampullen und eine ist glaube ich nur Wasser. Das andere ist dieses Pulver, was man dann mischen muss. Das muss man zerbrechen. Meistens hat es geklappt, aber einmal ist es auch richtig schief gegangen. Für mich war das schwierig. Und abends diese andere Spritze, Orgalutran oder wie das heißt, um den eigenen Eisprung zu verhindern. Und dann noch die Spritze Ovitrelle, um den Eisprung dann auszulösen. Heute ist der einzige Tag, wo ich mal nicht gespritzt habe, weil morgen die Punktion ist.

---

39 Zu dieser politischen Dimension des Embryos siehe u. a. Orland 2008.

In Mias Beschreibung offenbart sich eine enge Verschränkung zwischen Körper und Technik im Auftrag ihrer Kinderwunschbehandlung. Das Spritzen zuhause, unterwegs oder in der Arbeit und seine Integration in den Lebensalltag stellen für viele eine Herausforderung dar. Es muss nicht nur körpertechnisch bewerkstelligt werden, es erfordert auch organisatorischen Planungsaufwand, zum richtigen Zeitpunkt die richtige Spritze setzen zu können. Mia beschreibt es als eine aufwändige Arbeit am eigenen Körper, die anfangs Überwindung kostet und dann mehr und mehr zur Routine wird. Das Spritzen der Hormone kann individuell unterschiedlich mehr oder weniger als Belastung erlebt werden, es bietet aber darüber hinaus auch eine Möglichkeit, diese Praktik zu nutzen, um sich den reproduktionsmedizinischen Vorgang des Zeugens aktiv anzueignen und ein Stück Laborarbeit zurück in die Lebenswelt und Intimität des Paares zu integrieren:

> Interviewer: Wie war das mit dem Setzen der Spritzen?
> Doris: Ja, man kriegt 'ne Anweisung. Die hat mein Mann vorneweg gekriegt, weil ich gesagt habe, ich kann mich nicht selbst spritzen. Er sollte jeden Abend spritzen. Wir haben uns gleich auf abends geeinigt, weil wir beide berufstätig sind und er lange arbeitet. Und, äh, jo! Er hat das souverän gemacht.

Ähnlich:

> Miriam: Zum Glück is mein Mann aus 'nem medizinischen Fach. Der konnte mich dann spritzen, ja? (lacht) Weil für mich ist das wie 'ne Selbstverletzung, wenn ich mich selbst spritzen müsste. Ich kann das bei Anderen, überhaupt kein Thema! Aber mich selbst zu spritzen?! Da hab ich gesagt: Ich bin froh, dass du das machst.

Das Spritzen ist nicht nur medizinisch relevant und legt einen wichtigen Teil der Behandlung in die Verantwortung der Paare bzw. der Frauen, es ist auch symbolisch von Bedeutung, sobald es in den Deutungshorizont des Paares gelangt. Indem Doris sich für unfähig erklärt, sich die Injektionen selbst zu verabreichen, wird das Spritzen (wie auch bei Miriam) zu einem gemeinsamen Ritual aufgewertet, durch das sie ihn als Fortpflanzungspartner erhalten kann (vgl. Throsby 2004: 341 f.). Indem er ihr die Hormone spritzt, wird seine drohende Degradierung als Spermaspender symbolisch rehabilitiert. Das „Ich kann mich nicht selbst spritzen" lässt sogar auch eine sexuell besetzte Aneignung des Spritzens zu: Es ist *sein* Beitrag. Miriam rahmt es beinahe als prinzipielle Unmöglichkeit, als könne sie sich eben nicht selbst befruchten. Die medizinische Fachkompetenz ihres Mannes macht ihn für sie zum besonders potenten und unverzichtbaren Komplizen während der Kinderwunschbehandlung. Hören wir eine weitere Informantin, die die soziale Inszenierung des Spritzens noch weitertreibt und Einblick in eine konkrete Situation in ihren privaten vier Wänden gibt:

> Regina: Ich bin 'n Abendmensch, deswegen hab ich das auf abends gelegt. 22 Uhr 30 und saß da vorm Fernseher. Mein Mann war auch da und hatte die Spritze fertig gemacht/ Bauch abgewischt/ ich musste mich richtig überwinden, das war ganz schwierig, so: *Boah, jetzt das Ding da rein?!* So: *nee, geht gar nich!* Ich hab dann meinem Mann gesagt: Du guck bloß nich hin (lacht), tu so, als wär ich gar

nicht da. Ich musste das für mich machen, aber rausgegangen bin ich trotzdem nich. Dann hab ich bestimmt zehn Minuten mit dieser Spritze dagesessen und irgendwann: *Jetzt aber rein!* Dann hab ich festgestellt, so schlimm war's gar nich.

Zunächst legt der Erzählstrang nahe, dass ihr Mann, der die Spritze vorbereitet hat, ihr diese auch setzen wird. Dann beschreibt sie, wie sie sich den Stich selbst verpasst, während man eine Vorstellung davon gewinnt, wie ihr Mann zum Publikum und signifikanten Zuschauer gemacht wird. Er wird zu einem vertrauten Assistenten, der die Spritze vorbereiten darf und ihr dann dabei zuschauen muss, wie sie sich für den gemeinsamen Kinderwunsch beinahe heldenhaft aufopfert. Das Geschehen wird mit einem gewissen Erregungsniveau und einer dramatischen Spannungskurve versehen, die das beherzte Setzen der Spritze zum Höhepunkt des Abenteuers werden lässt. Dann aber passiert Folgendes:

> Regina: Nach fünf Tagen kommt 'ne zweite Spritze dazu, die den Eisprung unterdrückt. Das eine is dieses Anregen und das andere is Eisprung unterdrücken. Dann hab ich da reingeguckt und da war 'ne Luftblase drin. Und mit so gesundem Halbwissen, was man so hat: *Spritze? Luft? mhh?! Was mach ich jetzt?* Dann hab ich meinen Mann gefragt und er so: Ich weiß es auch nich, aber wenn du dir da unsicher bist, ich würd 's mir dann eher nicht spritzen, bevor was passiert. Ich so: Aber ich muss mir das jetzt spritzen! So: *Scheiße, was machste jetzt?!* Gegrübelt, mittlerweile war's 23 Uhr. Ich wusste aber, dass beim Anrufbeantworter vom Kinderwunschzentrum für Notfälle die Handynummer vom Doktor Storck hinterlassen ist. Ich so: *Scheißegal, der wird teuer bezahlt, für das Geld ruf ich den auch mal um 23 Uhr auf 'm Handy an* (lacht). Dann hat er gesagt: nee das is kein Problem, weil Sie spritzen das ja nur unter die Haut und nich in die Blutbahn. Ich dachte, *stimmt, da war was – und rein damit!* Er hat's mir auch nich übelgenommen (lacht), er klang auch noch wach. Das waren meine ersten Spritzerfahrungen.

Auffällig ist, dass Regina das abendliche Hinzuziehen ihres Arztes in eine anschauliche und beinahe mitreißende Erzählform bringt, die den Arzt auf signifikante Weise ins soziale Geschehen integriert. Die beschriebene Szene lässt sich als Ausschnitt des im Rahmen einer Kinderwunschbehandlung distribuierten Zeugungsprozederes verstehen. Während sie mit ihrem Mann und der aufgezogenen Spritze zuhause auf dem Sofa sitzt, bittet Regina zu später Stunde ihren Arzt telefonisch um Rat, um schließlich beim erstmaligen Einstechen der Spritze keine Fehler zu machen. Es entsteht eine private Situation zu dritt, ein Zeugungskollektiv mit dem Arzt als Wissensgeber, Regina im Zentrum der Aktivität sowie ihrem Mann als intimer Zuschauer und moralische Stütze. Zu einer sonst für Geschlechtsverkehr nicht unüblichen Zeit entsteht zwar keine im engeren Sinne sexuell konnotierte Situation, auch wenn der penetrative Akt des Spritzens im weitesten Sinne daran erinnern kann – immerhin aber eine, in der der Anruf beim Doktor diesen nicht nur als medizinischen Ratgeber konsultiert, sondern ihn bei dieser ersten Injektion ansatzweise auch zum Mitglied einer gemeinsamen Intimität macht. Dieser „nimmt es ihr nicht übel" und kann sich gegenüber seiner Patientin als ihr für sie rund um die Uhr verfügbarer Zeugungsspezialist erweisen.

Die Selbstverabreichung der Hormone kann als ein aktiver Beitrag zur Kinderwunschbehandlung zu einem Ritual des Zeugens ausgestaltet werden. Es kann, neben erheblichen körperlichen Beschwerden im Falle einer Überstimulation, aber auch zum Symbol für die Belastung werden, die vom unerfüllten Kinderwunsch auf Paare ausgeht. Die Herausforderung besteht auch darin, das alltägliche Leben und dessen Routinen als individuelle Personen und als Paar nicht zu sehr in den Schatten der Kinderwunschbehandlung geraten zu lassen:

> Liana: Beim ersten Mal saß ich so auf mein Bett/ alles schön ausgebreitet, damit man weich fällt (lacht), falls man tot umfällt. Das ist wie ein Diabetes-Stift, man zieht die Einheiten ein, dann nimmt man so 'n Stück Bauch und piekst das dann rein.
> Interviewer: Ihr Mann war da auch mit dabei?
> Liana: Am Anfang schon, aber irgendwann is das so zur Routine geworden. Wir haben das nie zum Lebensmittelpunkt gemacht, dass wir ständig da drüber gesprochen haben. Also wir leben auch weiterhin unser Leben, wir rauchen, wir trinken, wir gehen feiern, weil sonst wirst irgendwann verrückt bei der ganzen Geschichte.

Liana versucht zusammen mit ihrem Partner, sich von der Kinderwunschbehandlung im alltäglichen Leben und Umgang miteinander nicht zu sehr ausbremsen zu lassen, indem sie das Thema bewusst auf ein bestimmtes Maß begrenzen. Liana versucht, die Außeralltäglichkeit, die vom Spritzen der Hormone ohne Zweifel ausgeht, zu einer Routine werden zu lassen, die nebenherläuft. Während das Spritzen ihren Körper ganz in den Dienst des Kinderkriegens stellt, wirkt sie dieser Vereinnahmung entgegen, indem sie bestimmte andere Routinen wie Feiern, Rauchen und Trinken, die sich durchaus negativ auf die Chance einer Schwangerschaft auswirken können, aber für die Aufrechterhaltung ihres positiven Lebensgefühls stehen, bewusst fortführt. Dies lässt sich als eine Grenzziehungsarbeit verstehen, die am eigenen Körper, an den Techniken der Reproduktion sowie an den alltäglichen Routinen und der Paarkommunikation ansetzt. Während es für die Paare im Zeichen ihres Kinderwunsches wichtig ist, die Aufgabe der medikamentösen Selbstverabreichung möglichst gut zu erledigen, kann dieses in den Alltag eingreifende medizinische Ritual symbolisch für die Insuffizienz des Paares stehen, oder aber, wenn die Ursachen aufgrund schlechter Spermien allein bei ihm liegen, zu einem unangenehmen Ungleichgewicht führen, wenn sie sich im Selbstverständnis der Beziehung *seinetwegen* spritzen muss. Die Hormonbehandlung kann aber noch andere Folgen für das Paar mit sich bringen:

Ulf und Simone sind zur Zeit des Interviews bereits fünf Jahre in Kinderwunschbehandlung, bis vor allem Ulf sich phasenweise nach einem Ende des Ausnahmezustands sehnt. Über die Hormonbehandlungen äußert er sich so:

> Ulf: Ich hatte irgendwann die Nase voll, ein Hormonmonster zu Hause zu haben, was ja alle vier Wochen stimuliert wurde, dann die Schwangerschaft, die nicht geklappt hat, also auch wieder hormonelle Schwankungen. Dann ging's wieder mit der Kinderwunschbehandlung los. Das war nicht immer schön zu Hause bei uns.
> Interviewer: Können Sie das Hormonmonster beschreiben? (lachen)
> Ulf: Da ist alles dabei! Du kennst das, ja (lachen)/ da ist von/
> Simone: Grade nehm ich keine, grade kann ich da drüber auch lachen (lachen).
> Ulf: Von tieftraurig über so 'n Pflänzchen, was auf dem Sofa sitzt, eingepackt in die Decke bei plus 30 Grad, dem kalt ist und das man einfach nur trösten möchte, bis hin zu/ drei Minuten später ein

> Wutanfall, Schreien, Toben, bis hin zu „*mir ist alles egal*". Sie können sich als Partner auf nichts einstellen. Sie wissen rein intellektuell: Sie meint es nicht so, sie kann nichts dafür, die ist gaga für die 14 Tage, wo stimuliert wird, ja? Aber wenn sich das über Jahre und es gibt kein Ende/ das war für mich das Schlimmste, dass kein Ende absehbar war.

Die Hormonbehandlung ist nicht nur eine körperliche Intervention mit Nebenwirkungen, sie wirkt sich in einem bestimmten Sinne auch sozial aus, indem sie in den Paardiskurs Eingang findet. Dass Hormone aufs Gemüt schlagen können, ist bekanntes Alltagswissen, was die Hormonbehandlung wiederum zu einem prädestinierten Zurechnungspunkt für deviantes Verhalten macht.[40] Ulf beschreibt eine ferngesteuerte, völlig aus den Fugen geratene Partnerin, mit der keine vernünftige Kommunikation mehr möglich sei. Sie stimmt dem zu, indem sie seine Beschreibung konzediert und nicht widerspricht, was darauf hindeutet, dass sie diese Zuschreibung teilt bzw. nicht grundsätzlich ablehnt. Die Devianz wird konsensuell externalisiert und auf die Behandlung zugerechnet, sodass *sie* nichts dafürkann und beide darüber hinwegsehen können.[41] Die Hormonstimulation als Teil der Kinderwunschbehandlung entfaltet in ihrer praktischen Einbettung ihre Wirkung auf unterschiedlichen Ebenen: Sie ist (1) technisches Instrument der Ärzt:innen, um möglichst viele Eizellen für Befruchtungsversuche zu erhalten, sie ist (2) ein körperlicher Beitrag, den die Frauen leisten und in seinen Nebenwirkungen handhaben müssen, unterschiedlich erleben und subjektivieren können, und die Hormonstimulation bietet (3) Raum für Rituale und soziale Inszenierungen auf Paarebene. Die Praxis der Selbstverabreichung der Hormone und die Agency vonseiten der Paare kann der medizinischen Objektivierung des Körpers als Wirtsorganismus von zu züchtenden Eizellen unter Umständen etwas entgegenwirken. Eine vollständige Passivierung von Körper und Person erfolgt nun bei der Entnahme der Eizellen, der sogenannten Punktion, die von Patientinnen oft am meisten gefürchtet wird. Behandelnde Ärzt:innen versuchen ihnen (wie hier auf einem Infoabend) die Angst davor zu nehmen:

> Arzt: An die Eizellen kommt man mit einer Punktion heran, das ist ein kleiner Eingriff über die Scheide, ist eigentlich eine Ultraschalluntersuchung wie beim Gynäkologen auch, aber in der Regel mit einer ganz kleinen Mininarkose. Unter Ultraschallkontrolle geht man mit einer Hohlnadel über die Schleimhaut direkt in den Eierstock und punktiert diese Follikel.

Ein anderer Arzt wirbt gar damit, es fühle sich an wie „so 'n kurzer Rausch, die allermeisten Frauen finden das ganz toll (verhaltenes Lachen im Publikum)". Von der Entnahme selbst spüren die Frauen dank Sedierung nichts. Die in Röhrchen gesammelte trübe Flüssigkeit der punktierten Follikel enthält die Eizellen, die sofort zur Weiter-

---

40 Zur Rolle von Hormonen für die soziale Konstruktion der Zweigeschlechtlichkeit siehe Ebeling 2006, zu ihrer wissenschaftshistorischen Rekonstruktion siehe Oudshoorn 1994.
41 Mit dem Fokus auf die Zurechnungsebene soll nicht bestritten werden, dass Hormone sich tatsächlich auf die Emotionsregulierung auswirken können. Aber erst wenn dies so attribuiert wird, entfaltet diese Wirkung auch soziale Realität (vgl. Latour 1999).

verarbeitung ins Labor nebenan gegeben werden. Die erste Frage, die nach der Punktion, ob noch im Dämmerzustand der Narkose oder ein wenig später, ansteht, lautet meist: Wie viele Eizellen konnten entnommen werden? Die zweite relevante Frage ist: Welche Qualität haben sie und eignen sie sich für eine Befruchtung? Hören wir eine Informantin:

> Mia: Kurz danach hat Dr. Gerb gesagt: Sehr gut! Es sieht alles sehr, sehr gut aus. 13 Eizellen! So viele hatten wir noch nie, alles super! Am Tag drauf hieß es aber: Die sind alle schlecht, die sind alle weich, die sind alle braun, die sind einfach nichts. Ich hab gedacht, vielleicht lag's daran, dass ich so viel geflogen bin. Aber sie (die Biologin des Labors) meinte: das passiert halt. Wir hatten ja auch schon gute Eizellen. Es ist halt wie beim Spermiogramm. Es ist an einem Tag nich so gut, am anderen gut. So ist es auch mit den Eizellen. Da kann man auch Pech haben. Ich hatte einfach 'nen schlechten Zyklus.

Auffällig ist, wie der Arzt seine Patientin für ihre fleißige Eizellproduktion lobt. Der Akt der Punktion kann, obwohl die Patientinnen narkotisiert sind, in den Narrativen leicht heroische Züge annehmen, die an Beschreibungen einer Geburt erinnern. Einige Patient:innen rechnen sich die Ausbeute an Eizellen bis zu einem gewissen Grad und individuell unterschiedlich als eine körperliche Leistung zu, auf die sie durchaus auch einmal stolz sein können. In der Interviewsequenz führt Mia ihr zwar quantitativ stattliches, aber qualitativ lausiges Ergebnis auf den mit ihren Flugreisen verbundenen Stress und damit auf ihr eigenes Verhalten zurück. Der Biologin kommt eine signifikante Position zu, indem sie erstens diejenige ist, die die Eizellen nach der Punktion in ihre Obhut nimmt und zweitens, indem daraus auch eine soziale Beziehung zwischen ihr und Mia hervorgeht. Mit der Formel *„das passiert halt!"* entlastet die Biologin Mia davon, etwas falsch gemacht zu haben, indem sie das Ergebnis statt ihrem Handeln einer launigen Natur der Körper zurechnet. Ein weiterer Aspekt betrifft nun die Eizellen selbst: Mia eignet sie sich innerhalb einer Beschreibungssprache an, die sie vermutlich von der Biologin entliehen hat. Es ist intuitiv, das heißt auch aus einer Laienperspektive, verständlich, dass „braun" und „weich" hier nichts Gutes heißen kann, man denke etwa an einen Apfel. Zum Schluss vergleicht Mia die Eizellproduktion mit dem Spermiogramm bzw. der Spermiengewinnung und symmetrisiert damit ihre Leistung und die ihres Partners, dessen Spermienqualität ebenfalls von Mal zu Mal schwankt.

Diese Eizellen, die ohne die auf sie angesetzte Stimulation nun nicht vorhanden wären, sind ein gemeinsames Produkt (man beachte die Wir-Form im obigen Transkript): Unter ärztlicher Regie wurden sie in Zusammenarbeit mit Mia zum Wachsen angeregt und ihrem Körper entnommen. Ohne die technische Umgebung und entsprechende Nährmedien könnten die Zellen außerhalb des Körpers nicht lange überleben.[42] Sozial sind sie fest Mia und ihrem Partner zugeordnet, die sich mithilfe ihrer (und nur

---

42 „Laborembryonen sind daher keine autonomen Wesen, wer in ihnen die Entwicklungskräfte der Natur am Werke sieht, verkennt das Prinzip einer jeden biomedizinischen Maßnahme" (Orland 2008: 324).

ihrer) Eizellen eine Schwangerschaft erhoffen. Als ein entscheidendes Vehikel der Behandlung werden die Eizellen im Labor, wie wir sehen werden, zeitweise zu den Eizellen der Labormitarbeitenden, die sie sich biotechnisch bzw. handwerklich aneignen müssen. Sie sind gemeinsames Produkt und Ausgangspunkt der Behandlung zugleich, sie sind auf natürliche Weise entstanden – sie waren in Mias Eierstock bereits angelegt und vorhanden – und gleichzeitig sind sie eigens für die Behandlung hervorgebracht worden. Sie sind biologisch entstandene und von selbst gewachsene, gleichzeitig aber auch erzeugte und spätestens außerhalb des Körpers hochgradig technisch gestützte Artefakte, die sich noch treffender als *Biofakte* bezeichnen lassen.[43] Hier von Interesse ist aber vor allem auch deren sozialer Status im Zuge ihrer Prozessierung zwischen Körper, Technik und Personen. Im Deutungshorizont der Kinderwunschbehandlung stellen die Eizellen einen wertvollen und aufwändig zu gewinnenden Rohstoff dar, mit dem, einmal vorhanden, möglichst ökonomisch umzugehen ist. Eine Patientin im Interview:

> Liana: Montag hatten wir die Punktion/ wir hatten super viele Eier, die haben glaub ich dreißig Eier rausgeholt, fuffzehn waren super, neun haben wir eingefroren/ also echt 'ne super Quote.

Auch Liana spricht in der Wir-Form und schreibt damit die ,Ernte' der Eizellen implizit einem Fortpflanzungsteam zu. Die Art und Weise, wie sie darüber spricht, charakterisiert die Punktion als einen guten Fang, Anzahl und Qualität der Eizellen ins Verhältnis setzend. In einem anderen Interview wird dies so ausgedrückt:

> Frau P.: Es waren zwischen 20 und 29 Stück. (Int: Das ist viel!) Joa. (lacht) Das war ordentlich.
> Herr P: Das Problem ist bloß wie beim Winzer, der hätt auch lieber gern weniger Wein und dafür hervorragende Qualität. 29 hört sich erstmal toll an, aber wenn davon, sag mal salopp, die Hälfte Schrott ist.
> Frau P: Ja, da blieb auch nur ungefähr die Hälfte übrig.

Ähnlich wie beim Sprechen über das Spermiogramm und die Qualität der Spermien, fallen auch beim Sprechen über die Eizellen, wenn auch deutlich seltener, auffällig drastische Formulierungen. Das deutet darauf hin, dass Spermien wie Eizellen in diesem Kontext, als exkorporierter Rohstoff der Befruchtung betrachtet, ihre Identifizierung mit der Person ein Stück weit verlieren. Sie sind zwar nach wie vor einem Körper und einer Person bzw. dem Paar zugeordnet, werden aber zum gemeinsamen Material der Fortpflanzungstriade und so in einen soziomateriellen bzw. soziotechnischen Rahmen überführt. Die Eizellen sind in diesem Stadium vor allem Mittel zum Zweck. Da sie

---

43 Der Begriff des Biofakts wird von Karafyllis (2003) in einer ähnlichen Bedeutung im Kontext ihrer philosophisch-anthropologischen Betrachtung moderner Biotechnologie u. a. im Agrarbereich verwendet und in die Debatte um die Natur-Technik-Differenz eingeführt. „Ein Biofakt ist somit ein semiartifizielles Lebewesen, etwas ,zwischen' – im Sinne der klassischen Auffassung – dem von sich aus ,Gewachsenen' bzw. ,Gewordenen' (= Natur einschließlich des Menschen) und dem ,Hergestellten', ,Gemachten' (= Artefakte einschließlich der Technik)" (Banse 2003: 123). Eine ähnliche Argumentation zu den Tücken der Unterscheidung zwischen Natur und Kultur bzw. zur Historizität und Relationalität von Objekten entwickelt auch Latour 2006.

aufwändig produziert und isoliert worden sind, gilt es nach deren Entnahme möglichst keine Eizelle zu verlieren und viele davon befruchten zu können:

> Dr. Storck: Wenn das normal läuft bei Ihnen, erwarten wir acht bis zehn Eizellen.
> Britta: Und wie viele würden dann noch absterben/ oder was heißt absterben – oder kaputtgehen?
> Dr. Storck: Das weiß man im Vorfeld nicht. Wir versuchen, alle zu befruchten. Am nächsten Tag sieht man, welche laufen und welche machen keinen Schritt voran. Das ist genau wie die mittlere Schwangerschaftsrate. Pauschal werden mit der Technik acht von zehn befruchtet, aber es kann sein, dass bei Ihnen zehn von zehn befruchtet werden.

Mit der Befruchtung durchlaufen die Eizellen einen Statuswechsel. Betrachten wir Brittas kleine Formulierungskorrektur: „Absterben" würde bedeuten, dass es sich hier bereits um (ein?) (menschliches?) Leben handelt. Britta korrigiert sich und ersetzt den Begriff durch „kaputtgehen", was die Eizellen statt als Leben (an sich) eher dinghaft-funktional charakterisiert. Der mit ihrer Befruchtung einsetzende Statuswechsel der Eizellen findet in der Alltagskommunikation und Umgangssprache der Kinderwunsch-behandlung meist nur einen solch impliziten Ausdruck. Wie schon weiter oben erwähnt, werden sie nach ihrer Befruchtung oft weiterhin als „Eizellen" oder schlicht als „befruchtete Eizellen" bezeichnet, seltener begrifflich korrekter als Embryonen.[44] Häufig wird ihre konkrete Bezeichnung auch ganz umgangen bzw. umschifft (siehe oben). Dies muss nicht daran liegen, dass hier vermieden würde, etwas beim korrekten Namen zu nennen. Ab wann man von einem Embryo spricht, ist auch in der Literatur nicht immer ganz eindeutig. Eine befruchtete Eizelle wird in der Fachsprache auch Zygote genannt, die dann nach einigen Zellteilungen *Morula* bzw. *Maulbeerkeim* genannt wird. Ab dem fünften Tag wird von Blastozyste gesprochen, einer Formation mit einsetzender Zell-differenzierung. Diese komplexen Differenzierungen und Zäsuren in der Zellentwick-lung sind schon innerhalb des Labors für die dortigen Abläufe kaum praktikabel, schon gar nicht für die beteiligten Akteure außerhalb. Sie müssen sich dennoch auf Basis ihres ‚Halbwissens' und im Vertrauen auf ihre medizinischen Ratgeber entscheiden, ob sie mit einer Zusatzleistung die Chance auf Schwangerschaft weiter erhöhen wollen:

> Arzt: Was Sie sich überlegen sollten, ist die sogenannte Blastozystenkultur. Angenommen, wir hätten wirklich so 17 Eizellen, die alle befruchtet und gut sind, würde das Sinn machen zu kucken, welche wachsen am besten. Wir würden dann von den 15 erstmal 8 einfrieren und hätten immer noch welche übrig. Von denen gucken wir, welche am besten wachsen und setzen die ein. Die, die nicht wachsen, haben auch keine Chance, ja? Das ist der Sinn dieser Blastozystenkultur, die zu finden, die das höchste Potenzial auf 'ne Schwangerschaft bringen. Das würde ich Ihnen auf jeden Fall emp-fehlen.

---

44 Zum Begriff des Embryos und seiner diskursiven Hervorbringung siehe Orland (2008), die ihn neben einem *natürlichen* und einem *politischen* im Kontext der reproduktionsmedizinischen Praxis vor allem als *technischen* Embryo im Sinne eines soziotechnischen Artefakts rekonstruiert. Der Begriff zielt „im Laborumfeld (…) nicht darauf ab, die stabile Wesensmäßigkeit eines Lebewesens zu bestimmen. Es handelt sich vielmehr um einen temporalen Begriff, mit dem eine Periode menschlicher Entwicklung abgegrenzt und in möglichst kleinteilige Elemente untergliedert wird" (Orland 2008: 309).

Bei dieser Methode werden die befruchteten Eizellen statt nach drei erst nach fünf Tagen in die Gebärmutter eingesetzt. Das Laborpersonal hat also zwei Tage länger Zeit, um unter dem Licht des Mikroskops zu beurteilen, ob sich die befruchtete Eizelle normal entwickelt, um damit die Schwangerschaftschance zu erhöhen und umgekehrt die Gefahr einer Fehleinnistung zu reduzieren. Während der Statuswechsel von der Eizelle über die befruchtete Eizelle bis hin zum Blastozysten in der Kommunikation kaum profiliert wird, existieren befruchtete Eizellen noch in einem weiteren Aggregatzustand, der auch ihre Aura verändert: als Eingefrorene. Das Einfrieren der Eizellen hat im laufenden Prozess der Behandlung zunächst ökonomische, behandlungsrationale Gründe. Eingefrorene befruchtete Eizellen bieten das Potenzial weiterer Versuche, ohne eine erneute Hormonstimulation und ohne erneute Strapazen durch Eizellreifung, Punktion und Entnahme. Diese häufig sogenannten *Kryoversuche,* im Gegensatz zu *Frisch-* oder *Vollversuchen,* sind dadurch auch deutlich günstiger. Sie werden in der Regel von den Patient:innen selbst bezahlt, um die derzeit drei kassenfinanzierten Versuche für die teureren ‚Vollversuche' verwenden zu können. Versuchszyklen mit Eingefrorenen werden von den Akteuren klar von Frischzyklen unterschieden. Während vonseiten der Ärzt:innen immer wieder auf die zwar etwas geringeren, aber durchaus guten Schwangerschaftschancen hingewiesen wird, legen Paare oft deutlich weniger Hoffnung darauf:

> Simone: Das sind für mich Beschäftigungstherapien, das ist für mich nicht als vollwertiger Versuch zu sehen, wo ich halt jetzt wirklich Hoffnung reinstecke und dran glaube, dass des klappen könnte.

Neben der geringeren Zurechnung von Chancen im Vergleich zu *Frischversuchen* erlangen die tiefgefrorenen Eizellen aber noch in weiteren Hinsichten an Bedeutung. Während die frisch gewonnenen Eizellen im Rahmen ihrer Entnahme, Verarbeitung, Befruchtung und ihres Einsetzens sozusagen ständig auf der Reise sind, das heißt viel stärker einen Prozess als einen Zustand verkörpern, werden die eingefrorenen Eizellen in ihrer Entwicklung gestoppt und so zur jederzeit abrufbaren Ressource bzw. zu konservierten Biofakten:

> Arzt: Unter minus 150 Grad Celsius sind sämtliche Vorgänge in der Zelle stillgelegt. Sie ist auf diese Art und Weise mehr oder weniger ewig konservierbar, ohne weiter zu altern.

Dies macht die „Kryos", wie sie von den Paaren meist genannt werden, zum hochbedeutsamen Biomaterial, über das sie verfügen können, das ihnen aber auch schwierige Entscheidungen abfordern kann. Die kryokonservierten Eizellen, die ohnehin eine besondere Art des Eigentums darstellen, können im eingefrorenen Zustand nochmals auf neue Weise in Besitz genommen werden:

> Anna: Die restlichen drei sind eingefroren. Man kann die so lange eingefroren lassen, wie man das möchte. Wenn wir sagen, wir wollen jetzt definitiv keine Kinder mehr, dann werden die verworfen. Wenn wir aber sagen, wir möchten uns die Option [für ein zweites Kind] offenlassen, kann man die auch noch zwanzig Jahre eingefroren lassen. Das liegt in unserem eigenen Ermessen.

In gewissem Rahmen sind die Eingefrorenen auch mobil und erfordern unter Umständen logistische Entscheidungen. Dazu zwei kleine Interviewvignetten:

> Simone: Wir haben schon einen Vollversuch in Düsseldorf hinter uns und da sind noch drei eingefroren. Und da wir nicht zwei Gefrierfächer parallel unterhalten wollen, mussten die jetzt erstmal von Bochum nach Düsseldorf. (...) Haben dann da unsere Eizellen abgeholt, in diesem Container (lacht) – sind hier durchs Ruhrgebiet gefahren mit unseren Eizellen und haben die der Uni gegeben.
> Corinna: Dann bin ich nach Essen – is 'ne Anekdote wert (lacht) – und hab meine eingefrorenen Eizellen abgeholt (lacht). Also man wird zu was fähig, was du sonst nie machen würdest! Ich bin dann wirklich mit diesem Kanister mit eingefrorenen Zellen nach Düsseldorf gefahren. Was ich beim Ranke so angenehm fand: der hat das alles sehr weich und warm aufgenommen und mit Humor auch so 'n bisschen.

Corinna findet sich in einer skurrilen Situation wieder, die sie sich vorher wohl kaum hätte vorstellen können. Diese empfundene Seltsamkeit, die eigenen Eizellen von der einen zur andern Zeugungsstätte zu transportieren, verrät, dass es sich nicht um einen Gegenstand wie jeden anderen handelt. Sie rührt jedoch gleichzeitig auch daher, dass es sich bei ihren nun extrakorporalen Eizellen um *Gegenständlichkeiten* handelt, auf die sie sich beziehen und die sie buchstäblich mit sich herumtragen kann. Es entsteht eine ambivalente Verbindung des Technischen in Form eines speziellen Behälters, der das auf minus 196 Grad Celsius gekühlte Körpermaterial vor dem unkontrollierten Auftauen schützt, und der sozialen Implikation, dass es sich hierbei um das Ausgangsmaterial für Corinnas zukünftige Wunschkinder handelt. Signifikant in Corinnas Schilderung ist auch, wie sie erzählt, dass der behandelnde Arzt dieses komische Gefühl, das die Situation begleitet hat, sozial aufzufangen in der Lage war. Die Sequenz bildet ferner Corinnas Subjekttransformation ab, die sie hier selbst in ihrem reproduktionstechnischen Handeln dokumentiert sieht und reflektiert. Die in Kryotanks stillgelegten Eizellen bieten schließlich auch mehr Raum und Zeit für entsprechende Deutungen:

> Ulf: Uns war wichtig, dass wir die eingefrorenen Emb/ befruchteten Eizellen nicht verwerfen lassen. Weil wir sagen, das ist/ will nicht sagen ein Mensch, aber zumindest etwas, woraus neues Leben, ein neuer Mensch entstehen könnte. Wenn die ganzen Rahmendaten, die chemischen, physiologischen Abläufe passen, kann daraus ein Mensch entstehen und deswegen haben wir die befruchteten Eizellen von Dortmund nach Bochum geholt. Hätten ja auch sagen können: schmeißt die in die Biotonne. Das war für uns moralisch nicht vertretbar.

Eine weitere Stimme:

> Anna: Da hatte ich mir vorher keine Gedanken gemacht, was dann mit den Eizellen ist, die noch da sind, sondern: „Ja, die heben wir auf! Thema erledigt!" (laut, bestimmt), so! (...) Da spielt dieses Gläubigsein wieder mit rein. Wenn ich das nicht wäre, dann wäre mir das wahrscheinlich wurscht oder ich würde mir nicht so viele Gedanken machen. Jetzt ist es aber nun mal eine *befruchtete Eizelle!*

Die befruchteten Eizellen werden hier nicht – wie im zuvor beschriebenen Zusammenhang der Eizellgewinnung – primär als technisches Mittel zum Zweck der Chancenmaximierung gesehen, sondern scheinen nun viel stärker potenzielle Menschen und mögliche eigene Kinder zu symbolisieren. Diese Perspektivenverschiebung dürfte damit zusammenhängen, dass diese übrig gebliebenen und im Kryotank lagernden Embryonen nun im Kontext bereits erfolgreicher Behandlungen und schon vorhandener Kinder stehen. Mit Blick auf mögliche weitere spiegeln sich dann die bereits existierenden, erfolgreich gezeugten Kinder aus Fleisch und Blut in den konservierten, befruchteten Eizellen, als seien es ihre im Eis schlummernden Geschwister, die ,nur noch' aufgetaut und ausgetragen werden wollen. Häufig werden die Gefrorenen auch liebevoll „Eisbärchen" genannt, was ihnen imaginär Gestalt verleiht und sie gleichzeitig verniedlicht. Diese befruchteten Eizellen können also vor dem Hintergrund vorhandener, etwa aus demselben ,Pool' hervorgegangenen Kinder einen graduellen Statuswechsel vollziehen. Sie stehen dann nicht mehr nur für das abstrakte Potenzial menschlichen Lebens, sondern erfahren im Lichte der bereits vorhandenen Kinder eine gewisse Prä-Singularisierung (vgl. Boltanski 2007). In einem weiteren Beispiel wird dies noch deutlicher: Marla und Franz haben ein Kind aus einer erfolgreichen Kinderwunschbehandlung. Eine weitere aus einer ICSI entstandene Schwangerschaft endete nach Schwangerschaftskomplikationen in der dreißigsten Schwangerschaftswoche mit einem Abort. Der abgestorbene Fötus bzw. das verlorene Kind hatte bereits einen Namen (Thorben) und wurde auf einem sogenannten Sternenfriedhof begraben. Vor diesem Hintergrund eines vorhandenen sowie eines pränatal verlorenen Kindes spricht Marla nun über immerhin neun noch vorhandene befruchtete und bei knapp minus 200 Grad Celsius kältekonservierte Eizellen:

> Marla: Schön fände ich, weil sich so mein Blick auf diesen Anfang des Lebens auch ein bisschen durch Thorbens Tod verändert hat, falls wir uns entscheiden, sie nicht zu verwenden, dass wir sie uns geben lassen und dass wir sie bei Thorben begraben. Natürlich sind das jetzt nicht/ das sind ja neun Stück – das sind für mich jetzt nicht neun unserer Kinder, die da bei dem einen liegen, ne? Aber es ist die *Möglichkeit* des Lebens und dann fände ich es schön, sie bei uns/ zu wissen, wo sie sind. Nicht in irgendeiner Mülltonne oder den Abfluss runter.

Der organisch, aber vor allem auch in seiner Personalisierung bereits viel weiter entwickelte Fötus namens Thorben, den Marla auf tragische Weise verlor, fließt in ihr Gefühl und die Perspektive ein, die sie gegenüber den eingefrorenen Embryonen entwickelt. Sie werden in ihrem Status zwar nicht mit Thorben gleichgesetzt, aber ihm imaginär angenähert, indem sie potenzielle Geschwister repräsentieren und damit im Falle ihres Verwerfens schwer in reine Biomasse zurückgestuft werden können. Die Embryonen unterscheiden sich vom rituell beerdigten Thorben darin, dass letzterer bereits eine vergangene Existenz repräsentiert, während die Eizellen, solange sie sich im Kryotank befinden, auf eine mögliche künftige Existenz verweisen. Erst deren Verwerfen würde sie in diesem Sinne mit Thorben vereinen. Was die befruchteten Eizellen mit dem verlorenen Fötus verbindet, ist also weniger der körperliche Entwicklungsstatus als vielmehr die sich um beide rankenden Fantasien möglicher weiterer Familienmitglieder. Es wurde ihnen ein Funken Personalität eingehaucht, der nicht ohne weiteres wieder erstickt werden kann. Ähnlich kann von übrigen, nicht verwerteten Eizellen auch eine gewisse Affordanz ausgehen:

> Marla: Ich möchte keinen Frischversuch nochmal durchlaufen, das ist mir zu anstrengend. Aber zu sagen: Wenn's das Leben so für uns bereithält, dann klappt es entweder so, mit den Eingefrorenen, oder ganz normal oder wie auch immer. Und wenn nicht, dann ist es so.

Es klingt fast so, als ginge von den noch vorhandenen, wartenden Eizellen eine Art ‚natürliche' Schwangerschaftschance aus. Man kann sie einsetzen und es drauf ankommen lassen, ähnlich dem Verzicht auf Verhütung beim Geschlechtsverkehr. Übrige eingefrorene Eizellen stellen eine Gelegenheitsstruktur dar: Die Zeugungsarbeit ist schon gemacht, die Eizellen müssen ‚nur' aufgetaut und eingesetzt werden, als handele es sich hier bereits um die Einheit eines Menschen –einer Tiefkühlpizza vergleichbar, dir nur noch fertig aufgebacken werden muss. Implizit ermahnt auch die Klinik regelmäßig dazu, die Anwartschaft auf weitere Kinder zu erneuern, indem sie für die Aufbewahrung der Zellen alle halbe Jahre eine Rechnung (über etwa 100 bis 150 Euro) zuschickt:

> Anna: Jedes Mal, wenn die Rechnung kommt, wird man wieder dran erinnert: *Au ja, was machen wir denn?!* Dann muss man jedes Mal wieder entscheiden: weiter aufheben, oder eben wegwerfen. Das ist jetzt keine *Riesen*summe, aber wenn man sich überlegt, dass wir die vielleicht zehn Jahre aufheben und dann *doch* nicht brauchen. Ich weiß, dass eigentlich ein *Kind* nicht mit Geld aufzurechnen ist, aber es spielt doch irgendwie 'ne Rolle. (...) Wir fragen uns schon: Ist wirklich der Wunsch bei uns noch *so groß*, dass wir das jetzt *noch* fünfmal bezahlen wollen?!

Es liest sich wie die Entscheidung zur Kündigung einer „Lebensversicherung" der besonderen Art. Die finanzielle Belastung für die Lagerung der Zellen nagt an Annas Kinderwunsch, indem sie ihn in ihrer Reflexion aktiv auf die Probe stellt, aber auch die ökonomische Legitimation für das Wegwerfen fällt ihr sichtlich schwer. Die Eizellen aufzugeben, würde bedeuten, die Tür zu weiteren Kindern mehr oder minder endgültig zu schließen. Weder das Verwerfen der Eizellen noch ihre Nutzung kann dem Schicksal überlassen werden, sondern verlangt den Eigentümer:innen eine aktive Entscheidung ab. Neben der (schwachen) monetären Begründung, die Zellen wegzuwerfen, nennt Anna noch zwei weitere:

> Anna: die Eizellen, die ich im Bauch hab, werden ja auch nicht mehr verwertet, (...) und wie viele befruchtete Eizellen gehen ab, ohne dass man's merkt?! So gesehen ist es nicht so dramatisch.

Wenn die Natur (bzw. Gott) selbst so verschwenderisch mit menschlichem Rohmaterial umgeht, kann es auch nicht verwerflich sein, übrige Eizellen zu verwerfen, und schließlich, wenn die Familie ‚komplettiert' ist, wenn man wirklich dann sagt, man hat mit der Familienplanung einfach abgeschlossen, egal wie viele Kinder dann da sind, dann glaub ich schon, dass die Entscheidung leichter ist.

Man kann diesen Statements ihre vorangegangene Deutungsarbeit förmlich ansehen, die Anna zusammen mit ihrem Partner in Bezug auf die Eizellen in gemeinsamer Abwägung der Möglichkeit eines weiteren Kindes und der moralischen Frage des Umgangs mit ihnen schon geleistet hat. Wenn wir uns an die Eizellen im Kontext der Versuche, überhaupt (ein erstes Mal) schwanger zu werden, zurückerinnern, dann hat sich der Blick auf die Eizellen nun deutlich verändert. Den Deutungswandel vom prospektiven Verwertungskontext der Eizellen hin zu einem rückblickenden Reflexionskontext vor dem Hintergrund bereits vorhandener und verlorener Kinder beschreibt Marla wie folgt:

> Marla: Vorher war es so: Das sind halt die Eizellen und die sind befruchtet und man *züchtet* ja dann praktisch/ oder kultiviert da fünf Stück meistens und dann werden die zwei besten eingesetzt und die andern werden verworfen. Jetzt denke ich, diese drei anderen sind ja auch – die Möglichkeit des Lebens/ also Chance auf ein Leben. Jetzt würde ich vielleicht auch sagen: Geben Sie mir die und ich bringe sie an einen Ort, wo ich weiß, wo sie sind, ne? Jetzt denke ich nicht mehr ganz nur so dieses Pragmatische.

Was in den befruchteten Eizellen gesehen wird, so lässt sich festhalten, ist weder statisch, noch kann es kontextübergreifend definiert werden. Es handelt sich um hochgradig deutungsoffene, relationale Objekte. Je nach Behandlungsphase und Aggregatzustand der Embryonen sowie der zeitlichen Orientierung des Paares, kann sich auch die Perspektive auf die befruchteten Eizellen bzw. Embryonen ändern.[45] Im Labor sind die Embryonen zunächst vor allem technisch hochanspruchsvolle Biofakte. Als wichtiger Stoff der Behandlung unterliegen sie behandlungsökonomischen Kalkülen, die die Patient:innen mit Entscheidungsprozessen konfrontiert. Etwas losgelöst vom Behandlungsdruck können an ihnen Fantasien künftigen Lebens kondensieren. Anders als das Ungeborene im Mutterleib, das in Ultraschalluntersuchungen visuell hervorgebracht wird und ab einem bestimmten Zeitpunkt immer menschlichere Formen annehmen kann (Heimerl 2013, Sänger 2020), ist der eingefrorene Embryo in dieser Hinsicht vor allem ein relationales, imaginatives und diskursiv umrissenes Objekt. Er hat weder Arme noch Beine und kann in seiner Gestaltlosigkeit umso mehr zur Projektionsfläche werden.

4.1.2 Spermagewinnung

Die Spermien spielen im Befruchtungsprozess eine andere und in vielen Hinsichten entgegengesetzte Rolle zu den Eizellen (vgl. Zehnder 2014). Die Eizellen sind groß und im Vergleich zu den Spermien wenige, die Eizellgewinnung ist aufwändig und zeitintensiv, Spermien meist verhältnismäßig schnell und leicht zu bekommen, die Eizellen *werden* befruchtet, die Spermien sind der Stoff, *mit* dem die Eizelle befruchtet wird. Versucht man sich in solchen Beschreibungen der Zusammenführung generativer Substanzen,

---

45 Im Rahmen bioethischer Debatten um das Ungeborene Leben wird der Embryo vor allem epistemisch auf einen bestimmten Zeitpunkt der Kernverschmelzung bzw. informationell auf die Synthese genetischer Information festgelegt. Die perspektivische Gebrochenheit von Embryonen, ihre Relationalität und Prozesshaftigkeit im Rahmen soziotechnischer Praxis gehen dabei tendenziell verloren (vgl. Orland 2008).

bewegt man sich zwangsläufig immer schon auf Pfaden historisch gewachsener Zeugungstheorien und -vokabulare, wissenschaftshistorischer Semantiken sowie deren Einlassungen in biologische Konstruktionen der Geschlechterdifferenz (vgl. Wiesner 2002). Von einer lebensweltlichen Seite aus betrachtet, ist Sperma, das wir häufig als Masse von Spermien gleichsetzen, zunächst ein Stoff, der im Alltag sexueller Handlungen eine völlig andere Präsenz besitzt als Eizellen, die hier praktisch nicht vorkommen. Das die Eizellen enthaltende Gewebe, welches mit der Menstruationsblutung ausgeschieden wird, wird kaum mit diesen assoziiert, während das Ejakulat durchaus stärker mit den darin enthaltenen Spermien assoziiert wird, etwa indem diese durch Kondome an ihrem Weg durch die Vagina gehindert werden sollen. Sperma ist damit, womöglich auch aufgrund seiner Erfahrbarkeit außerhalb des Körpers, ein kulturell viel stärker sexualisiertes Substrat. Es ist ein aus unterschiedlichen sexuellen Handlungen vertrauter Stoff und die männliche Ejakulation ist ein sexuell auf unterschiedliche Weise inszenierbares und nicht zuletzt pornografisch in Szene gesetztes Ereignis (vgl. Boll 2019). Ihre reproduktive Funktion steht dabei in den meisten Fällen eher im Hintergrund. Der bewusste Umgang mit Sperma außerhalb des Körpers und sein Einsatz zur Reproduktion findet hingegen z. B. bei der sogenannten Bechermethode statt, mit der Frauenpaare über das Sperma eines Spenders verfügen und dieses in Eigenregie einer der beiden Partnerinnen inseminieren.

Der Prozess der Spermagewinnung im Rahmen von Kinderwunschbehandlungen könnte im Vergleich zu den Eizellen nicht verschiedener sein. Unabhängig davon, welche reproduktionsmedizinische Methode zur Anwendung kommt, werden die Spermien in den meisten Fälle per Masturbation gewonnen[46] und Kinderwunschzentren stellen zu diesem Zweck eigens ausgestattete Räume zur Verfügung. Diese Zimmer besitzen einen Doppelcharakter: Sie strahlen einerseits eine medizinische Atmosphäre aus, mit Waschbecken, weißen Handtüchern und Desinfektionsspendern, andererseits trugen sie in meinen Feldbeobachtungen des Öfteren einen Hauch von Etablissement, hervorgerufen etwa durch eine dezent rote Hintergrundbeleuchtung oder einen schwarzen Ledersessel im Kolonialstil. Im Gegensatz zu den Laborräumen sind sie technisch anspruchslos und auch entsprechend klein gehalten. Bei einer Führung für interessierte Paare kommentiert der Arzt diese Zimmer so:

> Arzt: Wir zeigen Ihnen auch gerne die sogenannten Produktionszimmer, wo wir dann die Männer hineinbitten. Es gibt ja auch Negativbeispiele, wo man auf Toilette geschickt wird für ein Spermiogramm, das gibt's bei uns nicht. Es ist Zeit, es ist Ruhe, ein angenehmes Klima, das zeigen wir Ihnen natürlich auch gerne. Wenn Sie das wollen.

---

46 Eine Ausnahme bildet die bereits weiter oben erwähnte Tese (Testikuläre Spermienextraktion), bei der Spermien in bestimmten Fällen, wo im Ejakulat keine brauchbaren Spermien gefunden werden können oder nach Sterilisation, in einem ambulanten Eingriff direkt aus dem Hoden entnommen werden.

Die Gäste werfen jeweils einen Blick in das Zimmer, viele mit einem leichten Schmunzeln, die besondere Aura dieses Zimmers kommentierend, in dem die einzige im engeren Sinne sexualisierte Handlung des gesamten Ablaufs stattfindet (Zehnder 2014: 117).[47] Die Aufgabe ließe sich theoretisch auch auf der Toilette verrichten, aber dies würde diesen, wenn auch im Verhältnis eher geringen, für die Behandlung aber immerhin unabdingbaren Beitrag symbolisch herabwürdigen und möglicherweise auch erschweren. Immer wieder sehen sich Männer auch nicht in der Lage, auf die geforderte Weise, d.h. mehr oder weniger auf Zuruf, ihr Sperma zu mobilisieren und abzugeben. Der Raum erfüllt vor diesem Hintergrund vor allem eine atmosphärische Funktion: Die Männer sollen entspannen und sich in Stimmung bringen können (Gomart & Hennion 1999). Die häufig in unterschiedlicher Bandbreite dargebotenen Pornos in Form von Heften und Videos lehnt sich vermutlich an die Vorstellung und kulturelle Praxis an, dass Männer für ihre Masturbation mitunter entsprechendes Anschauungsmaterial benötigen. Aber auch die leichte Irritation, die den meisten Besucher:innen des Infoabends beim Begehen der Räume anzusehen ist, geht von dieser Art Rotlichtcharakter aus. Es mag eine seltsame Vorstellung hervorrufen, dass im Rahmen der Kinderwunschbehandlung Pornografie eingesetzt wird, um an das benötigte Biomaterial zu gelangen. Dies „ruft in Erinnerung, dass auch der leidenschaftslosesten, maschinellsten Gewinnung des männlichen Ejakulats so etwas wie Erregung des Mannes vorangehen muss" (Bernard 2014: 99). Freilich ist es auch nicht verboten, dass Paare sich zur Spermaproduktion gemeinsam in den Räumen einfinden, es bleibt aber eine seltene Ausnahme:

> Labormitarbeiterin: Es gibt selten mal Frauen, die mitwollen. Ich glaub, die meisten wollten da nicht mit. Aber manche sind da ganz entspannt, das ist unterschiedlich. Meistens gehen sie alleine. Entweder mag die Frau nicht, aber meistens mag es eigentlich der Mann auch nicht.

Eine gemeinsame Produktion des Spermas unter Beteiligung der Partnerin scheint jener Logik des Zeugens unter reproduktionsmedizinischen Bedingungen zu widersprechen, die sich gerade zwischen die Paarsexualität schaltet und deren sonst im Geschlechtsakt integrierten Prozesse in seine Einzelteile zerlegt. Auch der vom Arzt verwendete Begriff „Produktionsraum" ist interessant, indem er das Produktive daran herausstellt und die Männer damit zurück ins Zentrum der Re-produktion holt, statt sie als bloße Samenspender zu marginalisieren. Eine Biologin im Labor wiederum korrigierte mich an anderer Stelle, als ich von Spermaproduktion sprach. Im Prinzip sei dieser Begriff falsch, denn *produziert* würden die Spermien im Hoden immer schon Wochen vorher, wovon sie ihre *Gewinnung* als Akt ihrer körperlichen Veräußerung unterschied. Diese semantischen Unterschiede von Spende, Produktion und Gewinnung verweisen auf die un-

---

47 Zur Gewinnung und Verarbeitung sowie den Bewertungspraktiken von Spendersamen in Samenbanken siehe Knecht (2010).

terschiedlichen Rationalisierungskontexte und Relevanzen der am Verfahren beteiligten Akteure. Den besagten „Produktionsraum"[48] beschreibt ein Informant so:

> Simon: Ein sehr schmales Zimmer, kaum zwei Meter breit, ein Schlauch, hinten ist ein verdunkeltes Fenster mit Jalousie. Da steht ein verstellbarer Ledersessel drin. Dann liegen da zwei mich völlig nicht antörnende Pornoheftchen rum und ein Bildschirm mit DVD-Gerät, wo ich jedes Mal draufklicke, ob irgendwas angeht, aber nie was angeht (lachend). Dann kann man sich da eben hinhocken und das machen. Die ganze Atmosphäre ist nicht so super/ Ich hätte aber auch keine Idee, wie man das verbessern kann.

Ungewohnt für Simon ist nicht die Handlung an sich, sondern der Ort und Zweck des Geschehens, das noch dazu zu einem fremdbestimmten Zeitpunkt stattzufinden hat. Es scheint der Kontext einer verfahrenstechnisch geforderten Masturbation zu sein, der diese mit einer Seltsamkeit versieht, die durch kein denkbares Design des dafür vorgesehenen Raums ausgeglichen werden könnte. Indem der Informant sich vom Interieur des Raumes distanziert, performiert er auch, dass er diesen Raum nicht zu seiner Befriedigung aufsucht. Es würde sich im Gegensatz dazu wohl eher befremdlich anhören, würde er für die dort angebotenen Pornos schwärmen. Was sonst gerade nicht der Befruchtung und nur der reinen Selbstbefriedigung dient, ist jetzt in den Dienst der Fortpflanzung gestellt, zu Bedingungen, die vom Reproduktionszentrum gesetzt werden. Dort ist man sich öfters auftretender Schwierigkeit bewusst:

> Labormitarbeiterin: Das ist natürlich schwierig auf Knopfdruck. Man muss da einfach als derjenige, der ihn da reinschickt, da auch so 'n bisschen Ruhe reinbringen und Druck rausnehmen, und dem auch gleich sagen, er hat so viel Zeit, wie er braucht und wenn's nicht geht, soll er sich melden. *Das kennen wir alles/ alles nicht so tragisch.* Also solche Sätze reichen dann meistens schon aus, um diesen Druck rauszunehmen.

Die Mitarbeiterin weiß mit dem Druck der Männer umzugehen und versucht eine möglichst entspannte Atmosphäre herzustellen. Für viele Männer fühlt sich allerdings oft jegliche Interaktion mit anwesenden Mitarbeiter:innen unmittelbar vor ihrer Spermaabgabe seltsam an, da sie wissen, dass diese wiederum genau wissen, was sie gleich hinter verschlossener Tür tun werden. Simon beschreibt den Ablauf eines solchen Termins:

> Simon: Man kommt oben an, sagt seinen Namen, „ich bin hier für eine Spermaprobe" oder sowas, dann gehe ich ins Wartezimmer, bis die Schwester aus dem Labor kommt. Die führt mich in das Zimmerchen, gibt mir den Becher und sagt: „Wenn Sie fertig sind, stellen Sie mir den bitte gegenüber im Labor"/ also die weiß sehr genau, wann ich rein und wann wieder rausgehe und den Becher da hinstelle. (...) Ich denk mir: Du kannst jetzt hier nicht 40 Minuten brauchen, bis du dann (lacht) am Ende deinen guten Schuss abgegeben hast. Das empfinde ich schon als Stress. Ich empfinde das dort als Arbeit. Wenn man das privat für sich macht, dann macht man's ja aus Lustempfinden, oder/ Och, jetzt muss ich mal Dampf ablassen oder so. Ich merke auch, dass die Menge meines Spermas

---

48 In Zehnders (2014) Studie sind weitere Bezeichnungen vonseiten der Paare zu finden, etwa „Besenkammer" oder „Büro" (S. 115).

abhängig davon ist, wie scharf ich bin (lacht), salopp gesagt. Und da ich eben weiß, dass die Menge bei mir das Problem ist, denk ich immer: Mensch! Es muss dir doch gelingen, in dieser Situation auch richtig scharf zu sein, um ein gutes Ergebnis abzuliefern. Ich setze mich da schon unter Druck. Will nicht sagen, dass es an meiner Männlichkeit nagt, aber ich denke schon manchmal: Mensch! – Warum ist es nur so wenig? Oder dass sie so gemütlich sind – also die Beweglichkeit der Spermien. Das ärgert mich. Jetzt bei *diesen* Spenden, wo's dann tatsächlich für die Insemination war, war's auch so, dass das erste Mal eher unbefriedigend/ wo ich merkte, das ist aber nicht viel. Ich hab dann jeweils ein zweites Mal zu einem Samenerguss praktisch mich gebracht. (...) Dachte tatsächlich: „Du kannst dich jetzt hier nicht so blamieren." Die geben einem auch so *große* Becher, da hängt dann so ein kleiner ein Pfropf in der Ecke. Da hab ich dann nochmal hinterher gearbeitet. Wurde aber auch nicht wahnsinnig viel mehr.

Simon unterscheidet zwischen Masturbation aus Eigensinn, die ihm etwa zum Stress-abbau dient, und dieser besonderen Art der Masturbation im Auftrag eines Dritten und im Namen der Paarbeziehung. Es geht weder darum, sich selbst zu befriedigen, noch direkt darum, seine Partnerin zu befruchten, sondern darum, die vom Labor gestellte Aufgabe so gut wie möglich zu erledigen. Unmittelbarer Adressat und Empfänger seiner Produktion sind die diensthabenden Labormitarbeiter:innen, die es nahtlos weiter-verarbeiten. Simon will seine Sache gut machen und dies scheint für ihn untrennbar mit einem Lustfaktor verbunden, der in der künstlichen Umgebung aber nicht so richtig zünden will. Durch seine Deutung gelingt es ihm allerdings, die Situation für sich fol-gendermaßen aufzuwerten: Indem er die Güte des Resultats von seiner Lust abhängig macht, wertet er sein Handeln zu einer Aufgabe auf, die er gut und weniger gut ver-richten kann, die nicht nur rein mechanischer Natur ist und die nicht völlig im ‚lust-leeren' Raum stattfinden kann. Es geht dann nicht um die bloße Ausführung, sondern auch um eine Leistungserbringung, für die er sich besonders Mühe geben kann. Man ist ein bisschen an die bis ins 20. Jahrhundert hinein verbreitete Zeugungstheorie erinnert, die eine erfolgreiche Befruchtung analog dazu nur in Abhängigkeit von einem weibli-chen Orgasmus für möglich hielt (Laqueur 1992, Bernard 2014: 186). Nicht unähnlich versucht auch Simon seinem Material im Becher authentische Lust einzuhauchen. Die ihm aus seinem Spermiogramm bekannten Daten seiner in ihrer Anzahl und Beweg-lichkeit leicht verminderten Spermien versucht er womöglich der Situation ihrer Pro-duktion zuzuschreiben, um sich damit in die Lage zu versetzen, dies durch mehr Lustanstrengung auszugleichen und so der Diagnose seiner Spermien nicht machtlos ausgeliefert zu sein.

Simons Darstellung ist auch eine gewisse heterosexuelle Aneignung der Situation zu entnehmen, wenn er sich vor der *Schwester*, als die er die Mitarbeiterin bezeichnet, mit der geringen Menge seines hart erkämpften Ejakulats nicht blamieren möchte. Hinzu-kommen andere Probleme:

Simon: Was ich schon technisch kompliziert finde, ist, in diesen Becher/ das überhaupt reinzu-kriegen. Weil man liegt so halb da/ also ich muss dann, wenn ich merke, jetzt kommt's langsam, muss man so ein bisschen aufspringen, um dann die Nudel nach unten zu biegen (lacht) und das da in den/ irgendwann klebte auch mal die Hälfte draußen am Becher.

Die Samenabgabe per Masturbation ist der zentrale und reproduktionstechnisch einzige im engeren Sinne aktive körperliche Beitrag, den die Männer im Rahmen der Kinderwunschbehandlung zu leisten haben. Simon beschreibt den Akt als eine Art ‚Masturbatio Interruptus', bedingt durch die Anforderung, dass möglichst die gesamte Ejakulation frei von Verunreinigungen im Becher landen soll. Dies fordert eine entsprechend körperliche Koordination im Moment des sozusagen verfahrensbedingt anfallenden Orgasmus im Zeichen der Spermaproduktion. Neben Methoden situativen Schammanagements (Heimerl 2006) vor- oder nachher verlangt die solitäre Handlung selbst die körperliche Kontrolle und Disziplinierung eines Körpervorgangs, der sonst eher mit Kontrollverlust assoziiert ist. Schließlich soll die technisch möglichst saubere Weiterverarbeitung des Samens gewährleistet sein. Sobald das Sperma im vorab beschrifteten Becher gelandet ist und von seinem Produzenten übergeben bzw. in eine dafür vorgesehene Durchreiche zum Labor gestellt wurde, wird es dort in Empfang genommen und innerhalb weniger Minuten weiterverarbeitet (siehe Kap. 4.2.2). Spätestens mit der Übergabe vollzieht das am besten noch warme Sperma auch einen Statuswechsel von einer sexuellen und hochgradig persönlichen Körpersubstanz zu einer reproduktionstechnisch zu verarbeitenden, das Samenmaterial enthaltende Laborflüssigkeit (vgl. auch Zehnder 2004: 122), deren ‚Persönlichkeit' aber unbedingt konserviert werden muss. Die empfohlene Zeit bis zur labortechnischen Aufbereitung sollte laut Lehrbuch nicht länger als 30 Minuten betragen (Dorn 2013: 200). Für Männer, denen die Gewinnung per Masturbation vor Ort partout nicht möglich ist, bieten Kinderwunschzentren auch die Möglichkeit eines Spezialkondoms:

> Arzt: Wir haben öfter Paare, denen wir so 'n Spezialset organisieren, wo sie über Verkehr Spermien bringen können und die dann in 'nem Spezialkondom auffangen. Wir holen die dann aus dem Spezialkondom raus. Es gibt immer wieder Männer, die sagen: nee, weder hier noch zu Hause, wenn sie wissen, sie müssen jetzt, dann geht das nicht. Und die schaffen das aber über normalen Verkehr und da kriegen wir dann auch gute, brauchbare Spermien raus.

In diesem Fall wird also versucht, die als autosexuelle Handlung ins Labor verlagerte Spermiengewinnung, damit sie funktioniert, zurück in die Lebenswelt des Paares zu integrieren. In einem Beratungsgespräch verhandelt das Paar mit dem Arzt über verschiedene Möglichkeiten, nachdem der Mann bei seiner Aufgabe im Rahmen der Erstellung eines Spermiogramms beim Urologen schon mal gescheitert war. Er berichtet:

> Mann: Da war die Temperatur ziemlich im Keller und auch der Raum war potthässlich, sagen wir's mal so, also da ging's nich/ und dann am Tresen, wo die Mädels noch rumgekichert haben/ das ging gar nich.
> Arzt: ja, das ist nicht so einfach.
> Frau: Kann er da auch 'n Becherchen mitnehmen, damit er dann sozusagen es schon mitbringen kann?
> Arzt: Das kann er auch, aber dann haben wir auch das Transportding, ne? Sie müssten dann drauf achten, dass Sie maximal 'ne dreiviertel Stunde unterwegs sind. Es müsste körperwarm kommen, ne? Am besten Sie stecken 's hier in die Innentasche, oder beim Fahren zwischen die Beine stellen.

Auch hieraus ergeben sich also gemeinsame Handlungsbeiträge, die das Paar im Auftrag seiner Schwängerung zu bewerkstelligen hat. Die individuellen Arrangements der Zeugung müssen sozial, körperlich und technisch an die jeweils zu erörternden Bedingungen angepasst und abgesprochen werden. Schauen wir uns am Beispiel eines Inseminationsszenarios den Koordinationsvorgang eines Paares etwas genauer an:

> Simon: Es ist ein wahnsinnig technischer Prozess. Sie muss dann immer zum Arzt, um Blut abzunehmen und zu kucken, ist der Eisprung da oder nicht? Und das war eigentlich auf Montag terminiert/ ich war drauf eingestellt, Samstag oder Montag eine Samenspende abgeben zu müssen. Dann saß ich am Freitag gerade mit Kollegen in der Kantine, als meine Frau anrief und sagte: Ich war gerade beim Arzt und das müsste *heute* stattfinden. *Kriegst du das hin?* Und ich sag: *Klar, krieg ich hin.* (...) Das Zeitfenster/ es war vielleicht zwölf Uhr, als sie mich angerufen hat und es hieß, sie will um 14 Uhr da sein. Also die Samenspende musste gegeben werden zwischen 12.30 und 13.30 Uhr, ob ich das schaffen würde. Und das ist ein Stück weg von da, wo ich arbeite. Ich hab gesagt: okay, mach ich sofort. (...) Wir haben uns gar nicht gesehen! Ich hab die Probe da hingestellt und bin wieder ins Büro getigert. Und sie war ganz happy, dass das so gut geklappt hat, dass ich das so einrichten konnte. Und das ist aber etwas, wenn ich selbstkritisch bin, wär's idealer gewesen, ich hätte gewartet, bis sie kommt und hätte sie danach wieder in Empfang genommen.
> Interviewer: Aber Ihre Frau hätte das von Ihnen nicht erwartet, dass Sie dann da sind?
> Simon: (stöhnt nachdenklich) Ich glaube sie hätte sich aber sehr gefreut. (...) Das sind bei uns in der Beziehung so zwei gegensätzliche Pole. Also wenn nur ich auf der Welt wäre, würde ich sagen: Das ist jetzt ein technischer Vorgang, ich geh hin, hab meine/ Mir ist es auch nicht wichtig, ob meine Frau vor der Tür steht, während ich die Samenprobe abgebe oder danebensteht. Das ist mir nicht wichtig! Ich weiß aber, dass es meiner Frau andersherum schon wichtig wäre zu wissen, dass ich draußen sitze. Also da ticken wir leicht anders.

In dieser Beschreibung wird die Zeugungsarbeit – dieser Begriff erscheint mir hier passend – auf einen rein technisch zu koordinierenden Ablauf reduziert, der ohne direkten Kontakt zwischen ihm und seiner Frau vonstattengeht, auch wenn sie sich dies anders vorgestellt haben mag. Man darf die Distanziertheit oder Abgeklärtheit, die Simon an den Tag legt, als unsensibel empfinden. Seine Beschreibung irritiert und befremdet aber auch den normativen Rahmen, in den das reproduktive Handeln eines Paares implizit eingelassen ist. Das macht sie analytisch in zwei Hinsichten interessant: (1) Simons Haltung führt ein mögliches Deutungsschema vor Augen, das dem medizinisch kontrollierten Befruchtungsvorgang nicht nur jegliche (Re-)Romantisierung verweigert, sondern dieser wird als technisches Geschehen bis auf die seinerseits technische Leistung der Terminkoordination im Schnittpunkt zweier Berufsalltage beinahe völlig entsozialisiert. Auf die gleichzeitige Anwesenheit der Partner in der Kinderwunschklinik kann bei dieser Art des Zeugens, was den rein technischen Vorgang betrifft, verzichtet werden. (2) Allerdings ist erkennbar, dass es sich in diesem Fall nicht immer um eine gemeinsame Deutung des Geschehens handelt, wie auch Simon zu spüren scheint. Paare müssen also versuchen, den technischen Ablauf des Geschehens und dessen soziale Rahmung möglichst zu integrieren und im Idealfall zu *gemeinsamen* Deutungen der Ent- oder Re-Romantisierung des Zeugens finden. Sie müssen den Akt ihrer Fortpflanzung symbolisch gemeinsam ausloten. Aus der Kommunikation zwischen Simon und seiner Partnerin spricht, neben einigen Erwartungsinkongruenzen, deutlich auch ein solcher gemeinsamer tragfähiger Umgang, etwa in Form wechselseitiger Verlässlichkeit im Sinne eines funktionierenden Teams oder auch einer geteilten Form des Humors:

> Simon: (…) wenn sie (seine Frau) spaßeshalber sagt: „Naja, die Spermien sind ja nun auch nicht die tollsten." oder irgendwie sowas. Aber das weiß ich einzuordnen. Also das würde ich jetzt nie als ernsthaften Angriff auf mich oder auf meinen Teil dieser Reproduktionsleistung zurückbeziehen. So gehen wir miteinander um und das ist okay.

Auch in der SMS-Kommunikation am Tag der Insemination lassen sich diese geteilten Umgangsformen erkennen:

> Interviewer: Haben Sie da dann Ihrer Frau noch eine Nachricht geschrieben oder so?
> Simon: Ja klar. (schaut im Telefon nach): „Der Vogel ist im Nest." – WhatsApp vergisst nichts. (…) Sie sehen, wir kommunizieren viel über WhatsApp. (…) Es ging los, 4. Dezember. Da fragt sie mich: „Alles geklappt?" Ich hab geschrieben: „Das war wieder ein Krampf für einen halben Milliliter." Sie sagt „Zu wenig?" Hab ich nicht darauf geantwortet. Und dann schrieb sie: „Bin jetzt da." Ich sag: „Ich drück die Daumen." Sagt sie: „Muss hier noch zehn Minuten liegen." Darauf ich: „Haben sie was zu meiner großen Spende gesagt? Wie fühlt sich's an?" Dann schreibt sie: „Sie meinte, die Spende war okay. 60 % beweglich. Das würde reichen." Dann ich: „Dann hoffen wir mal das Beste. Wie viel Eizellen bei dir?" Sagt sie: „Nur eine." Zu Hause haben wir dann natürlich noch mehr darüber gesprochen.

Aus diesem Verlauf geht ebenfalls eine sehr sachlich-technische Aneignung des Vorgangs hervor, aus der heraus das Paar eine ganz individuelle soziale Ordnung generiert. Der Einblick in die vertraute Kommunikation zeigt auch den partnerschaftlichen Modus der Zusammenarbeit des Paares beim Projekt seiner Schwängerung. Zu einer idiosynkratischen Deutung und gemeinsamen Adaption des reproduktionsmedizinisch vorgegebenen Drehbuchs findet das Paar auch in Bezug auf den Befruchtungsvorgang selbst:

> Interviewer: Mussten Sie vorher paar Tage eine Karenzzeit einhalten?
> Simon: Witzigerweise gab's da ganz unterschiedliche Infos, von Arzt zu Arzt. Manchmal heißt es fünf Tage, dann heißt es mindestens zwei aber bloß nicht mehr als fünf. Weil dann nimmt's wieder ab oder sowas. Letztes Mal war es sogar so, da hab ich nicht mal diese zwei Tage eingehalten, weil wir einen Tage vorher noch ganz normal Sex hatten. Weil meine Frau irgendwo gelesen hat, dass es sein kann, dass der Körper der Frau gewisses Sperma einfach ablehnt. Also meine Frau ist eben auch hoch allergen. Ihre Theorie ist: „Was ist, wenn mein Körper einfach allergisch oder so auf dich und deinen Gencode wirkt?" Die Idee war, den Körper so ein bisschen dran zu gewöhnen, um dann, wenn die Insemination kommt, praktisch freien Weg zu haben. (…) Zu sagen: nicht 14 Tage lang keinen Geschlechtsverkehr zu haben und ihren Körper nicht mit meinem Sperma in Kontakt bringen. Nicht dass der Körper dann bei der Insemination sagt: „Nee, das kommt jetzt hier nicht rein." Deswegen hatten wir anderthalb Tage vor der Insemination nochmal Geschlechtsverkehr.

Simon und seine Frau weichen von den Empfehlungen ihrer Reproduktionsexperten ab und wollen es noch besser machen. Mit einer Art Hypersensibilisierungstheorie, die *sie* heranzieht, gelingt es den beiden, den Geschlechtsverkehr zuhause so doch noch mit Zeugungsrelevanz zu versehen und zu einem wichtigen Beitrag der Schwängerung zu machen. Führt die Insemination nachher zum Erfolg, können sie sich diesen Erfolg in besonderem Maße selbst zurechnen, indem sie ihre mit eigens recherchiertem Wissen angereicherte Zeugungstheorie bestätigt sehen dürfen. Hier stechen insbesondere Teamspirit und Projektcharakter nochmals ins Auge, die das Selbstverständnis des Paares in seinen zielstrebigen Handlungen auszeichnen. Indem sie ihre Prämissen selbst definieren, machen sie die Sache zu *ihrem* Projekt mit ganz eigenen Optimierungsansätzen. Die Anleihen, die sie dabei nehmen, stammen weniger aus romantischer Zweisamkeit als wohl vielmehr aus einem erfolgreichen Berufsalltag, wo es darum geht, Projekte zum Erfolg zu führen. Insbesondere in diesem Punkt scheinen die beiden hier gut zu harmonieren.

4.2 Protagonisten der Befruchtung im IVF-Labor

Im Folgenden werden wir einen durch die Laboratory Studies (vgl. Knorr-Cetina 2003, Latour 2006, Amann 1994) inspirierten Blick ins Kinderwunschlabor werfen. Ich begleite die erfahrenen Labormitarbeiter:innen bei ihrer täglichen Arbeit, möchte den Weg des Körpermaterials durch das Labor verfolgen und dabei zusehen, wie diese Substanzen dort adressiert, behandelt und schließlich zusammengeführt werden. Wir verlassen dabei die Lebenswelt der Paare vollständig, indem wir der soziotechnischen Realität der Entkopplung von Sexualität und Zeugung ins Labor folgen und das dort stattfindende Befruchtungshandwerk in den Blick nehmen. Diese zeitlich-räumliche Verkettung vom Entscheidungshandeln der Paare, über die Materialgewinnung unter ärztlicher Anweisung und Kontrolle, der biotechnischen Weiterverarbeitung im Labor bis hin zum Embryotransfer lässt sich mit Latour (2001 u. 2006) auch als Teil eines Akteur-Netzwerks oder ähnlich als ein Fall verteilten Handelns (vgl. Rammert 2007) verstehen. So werden Spermien und Eizellen getrennt von ihren Besitzern in deren Auftrag von geschultem Personal umhegt, präpariert und in Kontakt miteinander gebracht, damit sie möglichst das tun, was von ihnen erwartet wird.

4.2.1 Isolierung der Eizellen

Carola, eine MTA, ist die Dienstälteste, sie kennt die ICSI-Behandlung seit ihren Anfängen und praktiziert entsprechend seit vielen Jahren. Sie gibt mir einen Kittel und grüne Hygieneüberzieher für meine Schuhe. Nadja, eine Biologin, die das Labor offiziell leitet, erklärt mir:

> Nadja: Wir haben sieben Punktionen heute, sechs ICSIs und eine IVF.

Während meine Perspektive vorher immer an den einzelnen Fällen und Paaren hing, merke ich hier sofort: Im Labor kommen sie alle zusammen, es müssen viele Behandlungen gleichzeitig bewerkstelligt und koordiniert werden. Über eine spezielle Software, mit der zwischen Beratungs-, Behandlungs-, Verwaltungszimmer, OP und Labor still kommuniziert werden kann, weiß Nadja:

> Ich sehe gerade, die Anästhesisten sind da, die erste OP ist startklar. Wir werden gleich bei Frau Wagner die Eizellen rausholen.

Dieser Satz versetzt die Besatzung des Labors in Alarmbereitschaft. Eizellen gehören hier zum höchsten Gut. Mir war aus den Behandlungsgesprächen bislang die Ausdrucksweise geläufig, dass die Eizellen *entnommen* werden, und als Nadja von „rausholen" spricht, nehme ich einen Unterschied wahr, der sich womöglich auf den ‚Shoptalk' (Lynch 1997: 91) des Laborkontexts zurechnen lässt. Die Person Frau Wagner ist hier nicht anwesend, sie hört nicht mit, sie liegt narkotisiert im Operationsraum, dafür sorgen die Anästhesist:innen. *Rausholen* klingt technischer, rustikaler, vor allem dinglicher als *entnehmen*. *Rausholen* beschreibt letztlich besser, worum es hier händisch-technisch geht: etwas sehr kleines, mitten in einem Körper Herangereiftes zu orten und zum richtigen Zeitpunkt gezielt aus dem Körper zu befördern. Das Rausholen selbst macht die Ärztin, aber Nadja übernimmt das Material sofort danach, um es so schnell wie möglich in den Schoß des Labors zu überführen. Wenn sie von „wir" spricht, betont dies die nahtlose Zusammenarbeit, die zwischen Ärzt:innen, Biolog:innen und technischen Angestellten gefordert ist. Die Person selbst, um die es hier gerade geht, ist sediert und dadurch sozial stummgeschaltet (vgl. Hirschauer 1991). Die Aufmerksamkeit gilt, sobald die Eizellen ihren Körper verlassen haben, deren biologischen Erhaltung und mindestens mit derselben Priorität der sicheren Zuordnung der Person auf dem OP-Tisch. Die Labormitarbeiterin, die die Eizellen gleich ins Labor bringt, muss dafür sorgen, auch die richtigen, vor allem die *richtig beschrifteten* Gefäße bereitzuhalten. Dass Nadja den Namen sich und den anderen laut vorspricht, erfüllt diesbezüglich eine wichtige Funktion. Über die Referenz der vom Material auf Personen verweisenden Namen, die in der Laborarbeit immer wieder zum Abgleich genannt werden, ergibt sich eine gewisse Präsenz bzw. Repräsentanz der im Labor abwesenden Patient:innen. So wird auch, ähnlich wie bei wichtigen Zählvorgängen oft die entsprechenden Zahlen zur Kontrolle laut mitgesprochen werden, für einen selbst und kollektiv festgehalten, um wessen Material es hier geht. Die Mitarbeiter:innen eines IVF-Labors haben es nicht nur mit hochgradig personalisiertem (Körper-)Material zu tun, sie müssen auch in situ kontinuierlich an seiner Personalisierung arbeiten und Vertauschungen vorbeugen. Letztere hätte weniger im engen Sinne medizinische Folgen, als vielmehr soziale, indem die kulturell ‚heilige' Einheit aus biologischer und sozialer Mutterschaft, deren Produktion explizites Ziel ist, zerschnitten würde. Latour beschreibt die Fabrikation wissenschaftlicher Erkenntnis u. a. als Arbeit an einer belastbaren Kette von Verbindungen und Übersetzungen zwischen der Welt und ihren Referenten (Latour 2006). Auf analoge Weise wird hier im Reproduktionslabor durch Beschriftungen und auditive Vergewisserung die Zurechenbarkeit des Materials auf ein Patientenpaar sichergestellt. Nicht nur, aber auch auf dieser Zurechenbarkeit können später existenzielle Verwandtschaftsverhältnisse aufruhen.

Die Eizellen würden außerhalb des Körpers ohne eine genau auf sie abgestimmte Laborumwelt nur sehr kurze Zeit überleben können. Ihre sichere Ankunft im Labor lässt sich ein bisschen mit der Landung eines Flugzeugs vergleichen, für die ebenfalls verschiedene Sicherheitsvorkehrungen getroffen und technische Funktionen erfüllt sein müssen. Das Kabinenpersonal sorgt für die Ruhigstellung und Immobilität der Passagiere, die Lotsen dafür, dass Einflugschneise und Landebahn frei sind, die Pilot:innen für einen sicheren Touchdown. Freilich geschieht dies ferner unter spezifischen infrastrukturellen Voraussetzungen und mit komplexen materiellen Partizipanden, die für eine gelungene Landung mitspielen müssen (Latour 2006, Hirschauer 2016). Eine ähnlich konzentrierte, leicht angespannte Stimmung herrscht im Labor auch beim Eizelltransfer. Wie bei der Landung gilt auch hier bezüglich der Fehlertoleranz: Verwechslungen sollen nicht nur auf ein Minimum reduziert werden, sie dürfen überhaupt nicht vorkommen.

> Nadja: Das ist wirklich wichtig, dass man die Namen nicht vertauscht. Das wäre sonst unser Aus – wenn man jetzt den Herrn Lamby für die Frau Moser nehmen würde. Das darf nicht passieren! Man schaut lieber dreimal als nur einmal. Immer wieder Abgleich machen.
> Carola bestätigt das: Ich kuck glaub ich, bevor ich wirklich was zusammen bring, nochmal und nochmal und nochmal und nochmal drauf. Das ist eigentlich die größte Angst von uns allen.

Im Computer und der Laborsoftware ist auch vermerkt, wie viele Follikel vorher auf dem Ultraschall zu sehen waren, d. h. wie viele Eizellen zu erwarten waren. Im Behandlungsraum hat die Eizellpunktion nun unmittelbar stattgefunden und kurz darauf sehe ich die Mitarbeiterin Carola mit fünf oder sechs Röhrchen ins Labor zurückkommen, die sie wie etwas besonders Schützenswertes ein wenig übertrieben fest mit einer Hand umschlossen an ihren Körper gedrückt hält, als wolle sie ihr jemand wegnehmen. Mit warnendem Unterton sagt sie *„ich hab' Eizellen"* und bringt die Röhrchen dann vorerst in einem Brutschrank in Sicherheit, der die Temperatur zuverlässig auf 37,0 Grad Celsius (+/- 0,1 Grad) konstant hält. In den Röhrchen befindet sich eine rot-gelbliche Körperflüssigkeit. Nadja erklärt mir:

Diese Flüssigkeiten, das sind die Follikel, die man aus dem Eierstock absaugt. Im Ultraschallbild stellt sich das als schwarzer Fleck dar. Diese Follikel sind voller Flüssigkeit und jeder sollte, wenn alles gut läuft, 'ne Eizelle enthalten. Das ist natürlich nicht immer so. Oder sie kommt nicht mit raus, bleibt an der Follikelwand hängen oder so. (…) Das Wichtigste für die Eizellen überhaupt ist die Wärme. Die dürfen halt nie auskühlen. Wir stellen sie immer wieder in den Schrank, dort herrschen 37 Grad und 5 Prozent CO_2, damit der pH-Wert genau stimmt.

Die Eizellen treiben unscheinbar irgendwo in der rötlichen trüben Flüssigkeit des in den Röhrchen befindlichen Follikelpunktats. Beschriftete Schälchen und Pipetten hat sich Carola schon am Vortag hergerichtet. Damit wird sie nun die Eizellen aus der Flüssigkeit herausfischen. Sie holt ein Röhrchen aus dem Brutschrank und schüttet den Inhalt in ein breites rundes Plastikschälchen, das flach auf dem punktgenau auf 37 Grad temperierten Arbeitstisch aufliegt. Sie durchsucht zunächst mit bloßem Auge und mit einer Pipette herumstochernd das Punktat auf Eizellen. Mit geübtem Blick erkennt man sie in Form von kleinen rundlichen, milchigen Gebilden. Diese werden in einem extra Schälchen gesammelt und anschließend ‚gewaschen‘.

> Carola: Jeder hat so seine eigene Technik, wie er nach den Eizellen sucht. Ich schüttel das immer so ’n bisschen auf, weil ich immer die Vorstellung hab, dass die da unten festkleben. Also man kann die auch makroskopisch schon bisschen sehen, wenn man Übung hat. Dieser weißliche Fleck, so ein Punkt in der Mitte – das ist ’ne Eizelle. Ich mach das vorzugsweise unterm Mikroskop, aber es geht im Prinzip auch ohne.

Das Weißliche um die Eizelle herum, erklärt sie, nennt sich *Kumulus*, eine Art Eiweißmantel. Dieser sei manchmal sehr klein, was dazu führe, dass man auch mal eine Eizelle übersehen kann. Carola versucht dies mit ihrer händischen Technik zu vermeiden.

> Carola: Das macht jeder ein bisschen anders. Ich halte die auch nie lange in dieser Röhre. Ich hol mir immer erst das Schälchen und lad sie dann erst in diese Röhre, weil da kühlen sie natürlich am schnellsten aus. Die sollten möglichst nicht unter 37 Grad rutschen, sonst fangen sie unter Umständen schon an, Schaden zu nehmen.

Die Schälchen stehen direkt auf dem temperierten Tisch und sobald die Eizellen diesen Ort verlassen und ins Röhrchen geholt werden, verlassen sie tendenziell auch ihre Wohlfühlzone. Carola nimmt jede Eizelle mit dem Röhrchen auf und versucht sie am Rand des Schälchens von Blut und anderen Stoffen zu befreien.

> Carola: Mit der Kante von diesem Röhrchen schneid ich das ab, dazu klebe ich das am Boden fest, wasch sie am Rand aus und setz sie dann in die Mitte. Hab da sehr lange gebraucht, bis ich das so konnte. Es ist einfach hilfreich für später, je mehr Schmodder man mit rüberschleppt, desto schwieriger wird dann das Freilegen später beim *Icsen [ˈɪksn̩]*. Je sauberer sie jetzt schon sind, desto einfacher später die Befruchtung. Aber man muss aufpassen! Das ist der Unterschied, wenn man ’nen Job hat, wo man die Dinge wiederholen kann, wenn man falsch rechnet und man sagt: Okay, rechne ich das halt nochmal durch. Das ist hier anders: Wenn die Eizelle kaputt geht – die ist dann verloren,

…steht für eine möglichen Befruchtungsversuch nicht mehr zur Verfügung und schmälert damit die Aussicht eines Paares auf eine Schwangerschaft. An verschiedenen Stellen im Labor zeigt sich: Zeugen und Befruchten im Labor ist Feinarbeit, die viel Geschick und Übung braucht. Eine erfolgreiche Befruchtung und damit die Chance auf eine Schwangerschaft entscheiden sich maßgeblich auch handwerklich (Orland 2008: 320). Die Arbeit an den Eizellen konzentriert sich bis hierhin auf deren Isolierung und Reinigung, ohne sie zu beschädigen oder zu zerstören. Die Eizellen sind hochempfindlich, rar und unter Umständen unersetzlich. Sie stellen abgesehen von Embryonen im Labor das wertvollste Gut dar:

> Carola hat sechs Eizellen isoliert, die sich jetzt in einem Schälchen unter einer schützenden Ölschicht befinden. Sicherheitshalber kontrolliert sie: „Ich schau nochmal durch, ob sich da noch eine versteckt hat.“ Erst wenn auch unter dem Mikroskop keine Eizellen mehr gefunden werden können, wird die restliche Flüssigkeit entsorgt. Nachdem die Eizellen gesammelt und gewaschen wurden,

werden sie in ein eigens vorbereitetes Medium gegeben und müssen ca. zwei Stunden im Brutschrank ruhen, bevor sie für die ICSI vorbereitet werden. Dazu werden sie aus dem Brutschrank geholt und nochmals mit einem speziellen Enzym gewaschen bzw. *geschält*.
Carola: Zur Not verliert man auch mal eine, aber das ist dann halt so. Zaubern können wir halt auch nicht. Manchmal bleibt nur so 'ne Hülle übrig, dann war die eigentliche Eizelle schon degeneriert.

Das Resultat sei im Idealfall ein *im Mikroskop gut erkennbares, schönes, rundes Gebilde mit glattem Rand.* Die nun saubere Eizelle sieht unterm Mikroskop rund und rein aus und besitzt eine scharfe Kontur. Als sie mit dem ‚Eierschälen' fertig ist, sagt Carola: *„Jetzt müssen die zurück, jetzt wird's Zeit."* Die Eizellen sollten sich nie länger als unbedingt notwendig außerhalb des geschützten, temperatur- und milieukontrollierten Brutschranks befinden. Mit dem Herausholen aus dem Körper setzt eine Arbeit an der Eizelle ein, die diese immer weiter von körperlichem Restmaterial befreit und als jenes ‚Laborartefakt' isoliert, an dem zum Schluss die Befruchtung vorgenommen werden kann. Eizellen, so kann man festhalten, liegen nicht einfach so vor, wenn sie aus dem Körper kommen. Zu jenem vielversprechenden und befruchtungsfähigen runden Gebilde mit glattem Rand werden sie erst im Zuge ihrer technisch-handwerklichen Bearbeitung in einem hochvoraussetzungsreichen Laborsetting (siehe auch Amann 1994, Latour 2006). Als individuell betreutes ‚Werkstück' erfahren sie dabei auch eine gewisse persönliche Aneignung durch die Mitarbeiter:innen im Labor, die sich im Sinne der Qualität ihrer Arbeit auf gewisse Weise auch mit den von ihnen bearbeiteten Eizellen identifizieren, wenn sie diese ins Rennen um eine erfolgreiche Schwängerung schicken.

4.2.2 Aufbereitung des Ejakulats

Bevor die Befruchtung stattfinden kann, muss zunächst noch das Sperma, das körperwarm im Labor ankommt, aufbereitet werden, ähnlich wie die in der Follikelflüssigkeit enthaltenen Eizellen gereinigt und freigelegt werden müssen.

Nadja: Das Ejakulat, so wie es abgegeben wird, kann man so nicht verwenden, weder für ICSI noch für IVF. Es ist vom Volumen zu viel, man braucht ein Konzentrat aus gut motilen Spermien. Ziel ist eine Fraktion herzustellen, in der sich die absolut beweglichen Spermien befinden.

Während Nadja den Becher mit frischem Sperma in der Hand hält und die korrekte Beschriftung der Etiketten kontrolliert, erklärt sie mir:

N: Der ist ganz schlecht, bei ihm haben wir schon mal tiefgefroren, für den Notfall, dass wir jetzt im frisch gegebenen Ejakulat nichts finden, dann haben wir noch kryokonservierte Spermien.

Nadja beginnt mit der Aufbereitung des zunächst zähflüssigen Ejakulats, indem sie eine verdünnende Nährflüssigkeit hinzugibt und das Röhrchen anschließend in eine Zentrifuge gibt. Eine weitere technische Lösung mit ganz bestimmten Dichteeigenschaften dient nun zur Filtration:

N: Wir stellen 'ne Lösung her mit 'ner bestimmten Dichte, wo die Spermien sich nach unten durchdrücken können, (…) Partikel, Fremdkörper, Haare, und was da alles drin sein kann, bleibt obendrauf sitzen. Da entsteht dann 'n Pellet unten, so ein weißer Kuchen. Wenn es zentrifugiert ist, nehme ich den ganzen Überstand ab und verwerf das. (…) Dann kipp ich 'ne Waschlösung drauf, das ist das, was es so rot macht, das ist diese Lösung, und führe diese zwei Pellets zusammen in ein Röhrchen und wasch die einmal durch, schwemm' das einmal auf und zentrifugier das nochmal runter zu 'nem Pellet.

Ohne ganz genau zu verstehen, was geschieht, wird mir klar, dass es darum geht, das Ejakulat so zu behandeln, dass möglichst nur die guten Spermien in der Lösung enthalten bleiben. Aufbereiten heißt, die guten von den schlechten Spermien zu trennen, auch um dann beurteilen zu können, ob es für eine IVF ausreicht oder ob nur eine ICSI in Frage kommt. Eine bestimmte Lösung dient z. B. dazu, die bloß unbeweglichen von ‚toten' Spermien unterscheiden zu können:

C: Wenn man die Spermien da reingibt und die machen irgendwas, – die rollen meistens den Schwanz (lacht) wie so 'ne Schneckennudel auf – dann weiß ich, da ist noch Vitalität da. Wenn da nichts passiert, dann sind die avital. Für die ICSI kann man die auch weiterverwenden, aber bei der Insemination müssen die Spermien 'ne ganze Menge selber machen und das ist mit Unbeweglichen Quatsch.

Die ICSI dient dazu, den befruchtungsfähigen, aber unbeweglichen Spermien sozusagen die Arbeit abzunehmen. Im Rahmen eines Spermiogramms wird untersucht, wie groß die Anzahl der Spermien und wie groß der Anteil beweglicher und normal geformter Spermien ist. Will man für eine Insemination die guten, beweglichen Spermien herausfiltern, geht das mit der sogenannten Swim-up-Methode: Man überschichtet die Spermien mit einem geeigneten Medium und lässt sie im Brutschrank bei 37 Grad und 5 Prozent CO2 stehen. Die guten und beweglichen Spermien schwimmen nach oben, wie sie es auch im weiblichen Genitaltrakt täten. Eine viertel Stunde später nimmt man die oberste Schicht ab, worin sich die guten Spermien befinden. Alle nicht oder zu schwach beweglichen befinden sich in der unteren Schicht. Nadja lässt mich durchs Mikroskop schauen:

N: So sauber sieht das dann aus. Man sieht, dass der ganze Schmodder raus ist, dass die toten, unbeweglichen zum größten Teil weg sind.

Wie auch die Eizellen lassen sich die Spermien, wie sie im Labor in Erscheinung treten, auf bestimmte Weise charakterisieren. Die Spermien wirken durch ihre Eigenbewegung lebendiger als die unbewegliche Eizelle. Sie sind länglich und besitzen einen Kopf und einen Schwanz. Bei der Auszählung der Spermien für ein Spermiogramm werden sie anhand eines Rasters im Mikroskop unter 200facher Vergrößerung angezählt und dann auf ihre Gesamtzahl hochgerechnet:

C: Zehn Kästchen werden ausgezählt und was ich in zehn Kästchen finde, wird mit einer Million multipliziert und das ist die Anzahl pro Milliliter Ejakulat.
Ethnograf: Sie zählen *alle* Spermien, oder nur die, die sich bewegen?

> C: Also ich kategorisier das so ein, dass ich erstmal alle zähle, und dann wird die Beweglichkeit in verschiedene Stufen eingeteilt, in relativ straight nach vorne gerichtete schnelle Spermien, gleiche Richtung langsam, die, die sich auf der Stelle bewegen, und die Unbeweglichen. Das wird ausgezählt, aufgeschrieben und zugeordnet.

Die Güteklasse der Spermien wird in verschiedene Kategorien nach Beweglichkeit und Bewegungsrichtung, Schnelligkeit und Form eingeteilt. Zur Beurteilung der Güte von Spermiogrammen orientiert man sich an Richtlinien der WHO, welche die Normal- bzw. Grenzwerte aufgrund weltweit insgesamt sinkender Spermienkonzentrationen (Levine u. a. 2022), über deren Gründe spekuliert wird, in der Vergangenheit schon mehrfach nach unten korrigiert hat.[49] Laut Statistik ist also eine historisch abnehmende Qualität und damit Zeugungspotenz von Spermienzellen zu verzeichnen. Für die Arbeit im Labor entscheiden Anzahl und Qualität der Spermien aber vor allem darüber, welche Methoden der Befruchtung in Frage kommen, die sich wiederum in ihrem technischen Aufwand und auch in der Höhe ihrer Kosten unterscheiden. Sichtbar wurde vor allem der prozessuale Charakter der Biofakte in ihrem Status zwischen natürlichem Material und technischen Entitäten in einer voraussetzungsreichen Laborpraxis. Das Samenmaterial taucht hier vor allem in der typischen Widerständigkeit eines ‚Werkstoffs' auf, den es im Zuge seiner verschiedenen Verarbeitungsstufen technisch-praktisch in den Griff zu kriegen gilt.

4.2.3 Die Befruchtung

Im Falle einer ICSI, einer intrazytoplasmatischen Spermieninjektion, geschieht die Zusammenführung von Eizelle und Spermium nun mithilfe eines Mikromanipulators, dem technischen Herzstück des Labors, mit dem die Eizellen „geicst" [gə'ʔɪkst], das heißt mit Hilfe eines einzigen Spermiums befruchtet werden können.[50] Aus Erfahrungswerten weiß man, dass die Eizellen ungefähr 40 Stunden nach dem Auslösen den am besten geeigneten Reifegrad erreichen. Nach diesem Zeitpunkt sollte sich auch das ‚Icsen' ['ɪksn̩] richten:

> Carola: Dann schalt ich jetzt mal den Mikromanipulator ein. Das ist praktisch das Gerät, wo ich diese Mikroinjektion mache, wo ich jede einzelne Eizelle befruchte.

---

49 Zu einer diskursanalytischen Betrachtung der medizinischen Verarbeitung und Bewertung von Sperma siehe Zehnder 2014. Sie zeigt, dass die Unfruchtbarkeitsfeststellung bei Männern vor allem von solchen statistisch ermittelten Referenzwerten abhängt: „Unfruchtbarkeit ist also kein physiologisches Merkmal oder ein somatischer Zustand und lässt sich per definitionem nicht am Körper ablesen; es braucht die ‚Vaterschaft' respektive die erfolgreiche Reproduktion anderer Männer als Referenz" (Zehnder 2014: 117).
50 Für eine Beschreibung dieses Vorgangs siehe auch Bernard (2014: 13 f.).

Sie richtet sich auf dem Stuhl vor dem Mikromanipulator ein und bringt das zum Befruchtungsvorgang notwendige Material in Stellung:

> C: Hier in diesem Schälchen hast du so acht Tropfen und in jedes Tröpfchen kommt eine Eizelle. Und in das Langgezogene, in diesen Streifen, da kommen die Samenzellen rein. Jeder macht es 'n bisschen anders, ich mach's immer so, dass ich drei Zellen in einen Tropfen reinmache, die Sarah macht glaub ich einzeln. Aber das ist nur der technische Ablauf, das spielt keine Rolle. Du musst nur wissen, wie du zum Erfolg kommst.

Die Spermien befinden sich nun in einem etwas zähflüssigen Medium. Sie würden sich sonst zu schnell bewegen.

> C: Das ist der einzige Grund, also dass sie sich einfach besser einfangen lassen.

Während sie die Spermien sich ein bisschen verteilen bzw. „*ausschwärmen*" lässt, stellt sich die professionelle Befruchterin den Mikromanipulator ein. Er verfügt über Joysticks, mit dem sich seine ultrafeine Mechanik unter mikroskopischer Sichtkontrolle bedienen und steuern lässt. Die Bedienung ist Carola in Fleisch und Blut übergegangen:

> C: Bist du das raushast, wo du wann wie drehen musst am Mikromanipulator, das ist 'ne Sache, da denkt man irgendwann nicht mehr nach. Man muss es verinnerlichen.

Die Joysticks geben die Bewegungen über ein Luftdrucksystem seitens der Haltenadel für die Eizelle und über ein Öldrucksystem seitens der Spermien in reduzierter Form an die ausführenden Instrumente weiter: die Haltepipette, mit der die im Vergleich zum Spermium um ein Vielfaches größere Eizelle angesaugt und festgehalten wird, und die Injektionsnadel, mit der ein wiederum im Vergleich winziges einzelnes Spermium eingesaugt wird, um es in die Eizelle zu piksen. Carola erklärt mir: Der Grad der Untersetzung muss für das Hantieren mit dem Spermium, als eine der kleinsten Körperzellen, deutlich größer sein als für die Eizelle, eine der größten Körperzellen.

Der Objektträger, auf dem sich das Szenario unter dem Mikroskop abspielt, befindet sich wiederum auf der auf Körpertemperatur erwärmten Tischplatte. Dort befinden sich nun bereits auch die in Stellung gebrachte Eizelle sowie kleine Tröpfchen mit darin befindlichen Spermien. Carola beginnt nun mit der ersten Injektion und lässt mich vorher nochmal kurz durchs Mikroskop schauen – es müsse jetzt aber alles ein bisschen schnell gehen. Ich kann rechts die Injektionsnadel, links die Haltenadel erkennen. Carola legt ihre Hände an die Joysticks und macht erste von außen kaum wahrnehmbare Bewegungen.

> C: Ich stell mir als erstes die Nadel ein. – So jetzt hab ich hier die Samenzellen, da such ich mir jetzt welche raus, die einigermaßen was taugen.

Es handelt sich hier um Samenzellen eines weniger guten Spermiogramms, wie eine danebenstehende Kollegin anmerkt. Carola bestätigt das, während sie dabei ist, ein passendes Spermium auszuwählen.

> C: Jetz hab ich mir da eins ausgesucht, das mir gefällt. – Die liegt jetzt vorne dran, und ich hab das jetzt schon immobilisiert. Das ist wichtig, dass es sich bewegt vorher, und dann nehm ich das in die Nadelspitze auf, das mach ich hier mit Saugen.

Sie gewährt mir einen weiteren kurzen Blick durchs Mikroskop und fragt mich, ob ich das Spermium in der Nadel erkennen kann. Ich kann das winzige Ding tatsächlich auch mit meinen ungeschulten Augen in der Nadelspitze ausmachen.

> C: Dann geh ich 'n bisschen hoch – manchmal verliert man's auch, dann muss man halt n neues suchen – und such mir 'ne Eizelle.

Es vergeht etwas Zeit, während Carola damit kämpft, eine Eizelle an die richtige Position zu bugsieren und mit der Pipette anzusaugen. Dabei muss sie sich die Eizelle so hindrehen, dass sie gut einstechen kann. Auf die Frage, ob man an einer bestimmten Stelle einstechen müsse, erklärt mir Carola, dass dies möglichst nicht dort geschehen sollte, wo sich das sogenannte Polkörperchen befindet, das Erbinformation enthält. Man dürfe möglichst nicht „diese Äquatorialebene" erwischen.

> C: Das Polkörperchen positioniere ich mir immer bei sechs oder zwölf Uhr, also oben oder unten, damit ich da nicht reinpikse.

Am Polkörper könne man zudem den Reifegrad erkennen. Wenn er nicht da sei, habe man schlechte Karten. Carola hat nun mit der linken Pipette eine Eizelle von Frau Wagner angesaugt, in Stellung gebracht und fixiert. Auf der rechten Seite hat sie mit der Injektionsnadel ein Spermium von Frau Wagners Mann aufgenommen. Die ultradünne, längliche Pipette wirkt unterm Mikroskop riesig im Vergleich zum winzigen Spermium. Bevor sie die Injektionsnadel mit dem Spermium nun gleich in die Eizelle einführt, muss sie das Spermium noch immobilisieren,

> C: die dürfen sich in der Zelle nicht weiterbewegen. In der Natur ist es so, dass das praktisch reinverdaut wird

... und dadurch bewegungsunfähig wird. Mit anderen Worten: Die Agency des tatsächlichen Eindringens des Spermiums in die Eizelle liegt in dieser Beschreibung gar nicht, wie in vielen Darstellungen impliziert, beim sich ,hineinbohrenden' häufig sogenannten ,Siegerspermium', sondern mindestens in selbem Maße bei der Eizelle, die sich das Spermium ,einverleibt'.[51] Nun liegt die Agency aber bei Carola und ihrem Mikromanipulator, über dessen Joysticks sie das Spermium jetzt immobilisieren, das heißt ihm den Schwanz brechen muss, damit der nicht zerstörerisch in der Eizelle herumschlagen kann:

---

[51] Allerdings dient die große Anzahl an Millionen Spermien dazu, die Hülle der Eizelle entsprechend so zu bearbeiten, damit ein Spermium überhaupt so weit vordringen kann, um hineinverdaut zu werden.

C: Da setz ich mich mit der Nadel über das Schwanzende des Spermiums und zieh das so nach hinten weg, dadurch verliert das Spermium die Bewegung. Würde sich das Spermium in der Zelle weiterbewegen, was es ja täte, würde die Eizelle degenerieren. Das Spermium würde da drin alles aufmischen.

Man könne aber nun nicht einfach von vornherein ein unbewegliches Spermium auswählen, weil man nicht wisse, ob dieses sich nur nicht bewegen, oder aber tot und damit befruchtungsunfähig ist. Um das Immobilisieren kommt man also nicht herum. Eine andere Mitarbeiterin beschreibt die Technik des Immobilisierens so:

Nadja: Das Problem ist, wenn die Spermien so schwimmen – du musst die irgendwo dagegen drücken, damit du den Schwanz so knicken kannst, dass sie sich nicht mehr bewegen. Berühren reicht nicht, du musst schon knicken. Und zum Abknicken brauchst du 'nen Gegendruck, und dann klebt es oft unten am Plastik fest beim Draufdrücken, dann kriegst du's fast nicht mehr ab. Dann zerrst du dran rum und dann kann schon mal der Kopf abreißen. Also bei mir is es so, ich bin etwas rabiater (ironischer Unterton).

Ist eine bewegliche Samenzelle ausgewählt und diese erfolgreich bewegungsunfähig gemacht,

Nadja: dann fixier ich das und setze mir die Nadel so davor. Die Samenzelle ganz vor in die Spitze [sie zeigt es mir ganz kurz, ich kommentiere: „Oh Gott, Wahnsinn."], und jetzt steche ich ein. Das kann ich dir jetzt natürlich nicht zeigen.

Dies wiederholt Carola nun für mehrere verfügbare Eizellen, in diesem Fall drei, es können je nach Fall aber auch weniger oder deutlich mehr sein. Das Einstechen stellt in dem ganzen Verfahren einen für mich als Beobachter spürbaren Höhepunkt und vorerst krönenden Abschluss der Verarbeitungskette dar. Trotz ebenfalls deutlich spürbarer Routine, die Carola an den Tag legt, macht sich in ihrer Stimme, als sie mir sagt, *dass sie jetzt einsticht*, ein gewisser Stolz bemerkbar, und auch ich kann ein wenig Faszination an diesem Moment nicht leugnen, so gleichermaßen unscheinbar dieser Moment wiederum ist. Diese Faszination setzt sich einerseits zusammen aus der technischen Kontrolle, die hier im Mikrometerbereich (eine Samenzelle hat inklusive Schwanz eine Länge von etwa 60 Tausendstel eines Millimeters, das Kopfteil nur ca. 5) an hochgradig fragilen Entitäten ausgeübt wird. Andererseits – und das ist die Kombination, die es in sich hat – rührt die Faszination auch daher, dass es sich hier auch um eine im besonderen Sinne soziale Situation handelt, in der die Akteure, um die es zentral geht, signifikant abwesend, aber dennoch präsent sind. Die Entitäten, die unter dem Mikroskop zusammengeführt werden, haben in gewisser Hinsicht Singularitätscharakter, auch dann, wenn unter Umständen weitere Versuche mit neuem Material desselben Paares notwendig werden. Jedenfalls herrscht ein gewisses Bewusstsein darüber, dass es hier für das Paar um die Chance auf eine ersehnte Schwangerschaft geht.[52] Die Arbeit wird hier also nicht

---

52 Kaum präsent im Sinnhorizont dieser Laborsituation scheint zu sein, dass es hier bereits um die

nur an symbolisch bedeutsamen, filigranen und zeugungstechnisch entscheidenden Biofakten verrichtet, sondern indirekt auch an einer sozialen Entität, der Paarbeziehung von Frau X und Herrn Y.

Für mich als Beobachter wirkt die Situation der Befruchtung aber auch ein wenig unspektakulär, indem ich sie im Kontrast zu einem medialen Diskurs erlebe, der mir diesen Moment des Einpiksens des Spermiums in die Eizelle schon so häufig in Form von Fotos in Zeitschriften oder Videos im Fernsehen, unterlegt mit Musik und kritischer Stimme, als einen technisch-heroischen und gleichzeitig moralisch diffus-ambivalenten Akt menschlichen Handelns vor Augen geführt hat. Vielleicht ist es schwer möglich, diesen Moment jenseits seiner symbolisch-existenziellen Aufladung zu beobachten, die er seit Etablierung der ICSI erfahren hat und ihn zur ikonischen Szene der „künstlichen Befruchtung" werden ließ (vgl. Bock v. Wülfingen 2007: 86). Das Injizieren des Spermiums in die Eizelle eignet sich angesichts seiner Bildlichkeit, Symbolkraft und Telegenität hervorragend zu seiner Inszenierung. In manchen Kliniken kann er für das Paar live auf einen Bildschirm übertragen werden, die somit, unterlegt mit dem Musiktitel ihrer Wahl, dann ihrer eigenen Befruchtung beiwohnen können. Jenseits dieser Inszenierbarkeit rückt bei meiner Beobachtung ein anderer bereits erwähnter, sonst aber eher invisibilisierter Aspekt dieser Labortätigkeit in den Blick, und zwar ihre praktische Handwerklichkeit. Entscheidend beim Einstechen bzw. „Icsen" ['ɪksn̩] ist:

> C: Du musst sicher sein, dass du in der Zelle drin bist. Diese innerste Schicht dieser Eizelle is so flexibel, dass sie sich manchmal wie eine Folie um die Nadel legt und du musst den Trick rausfinden, wie weit du einsaugen musst, um diese innere Schicht zu brechen. Ich saug so lange an der Eizelle, bis es so *blob* macht und ich merke, jetzt ist diese innere Schicht gebrochen und ich bin im Zellinnern. Das muss man rausfinden, wie sich das anfühlt.

Um in die Eizelle einzustechen, saugt man sie also mit der Nadel, in der sich das Spermium befindet, immer stärker an (die Eizelle windet sich dabei um die Nadel), bis die äußere Schicht dieser Kraft nicht mehr standhält und die Nadel in die Zelle eindringt. Die feinmechanische Apparatur entfaltet ihre Wirkung nur in Verbindung mit händischem Geschick, das im Arbeitsablauf immer wieder zum Vorschein kommt und jedem Befruchtungsvorgang eine gewisse individuelle Handschrift der jeweils ausführenden Person verleiht. Nach dem Herausziehen der Nadel etwa

> C: streife ich die einfach oben am Rand ab. Ich mach das schon viele Jahre so, das ist noch nie schiefgegangen.

---

unmittelbare Zeugung eines Menschen ginge, wie man aus einer Laienperspektive vielleicht meinen könnte. Zu wenig treten der Prozess und der bearbeitete Stoff hier schon als humanoides Anschauungsmaterial in Erscheinung, um daran zu glauben, dass es sich auch nur annähernd bereits um einen Menschen handeln könnte. Die Faszination einer Anfangszäsur, die hier aber tatsächliche mitschwingen kann, rührt vermutlich entscheidend von unserem genetisch geprägten Verständnis lebender Organismen und einem damit einhergehenden biologischen Essenzialismus, also von der Vorstellung her, dass die individuelle genetische Information hier bereits zu ihrer endgültigen Festlegung gelange (vgl. Bock v. Wülfingen 2007, Schmidt 2013).

Carola sagt, dass viele es anders machen, sie sich aber an dieses Vorgehen gewöhnt hat und damit gut fährt:

> C: Das geht wirklich gut, ich hab da noch nie irgendwas gemixt oder verloren oder irgendwo zweimal eingestochen oder so. Die bleiben dann wirklich da oben am Rand, das geht sehr gut.

Dann sucht sich Carola wieder ein passendes Spermium:

> C: Ich nehm dann immer ein paar mit und kuck mir die an, suche mir 'ne saubere Stelle, wo ich sie aus der Nadel rauslasse und kuck mir die nochmal genau an.

Sie lassen sich von außen allerdings nur bedingt beurteilen. Wenn sie von außen schlecht sind, seien sie es nicht unbedingt auch innen. Man könne zumindest sagen: Sehen sie von außen gut aus, ist die Wahrscheinlichkeit höher, dass sie auch innen gut sind. In diesem Fall, sagt Carola, haben wir es mit ziemlich schlechten Spermien zu tun.

> C: Die sind sehr fragwürdig, also die sind sehr schlecht bei dem [Mann]. Wenn's scheitert, dann wahrscheinlich daran.

Trotzdem hat Carola nun Spermien in sechs zur Verfügung stehende Eizellen injiziert, die dann zu sogenannten Blastozysten kultiviert werden, um daraufhin diejenigen Eizellen, die sich am besten entwickeln, zurück in die Gebärmutter zu versetzen. Dabei komme es immer wieder vor, dass das Einbringen des Spermiums nicht wie gewünscht zu einer Befruchtung führt. Ein Teil der Versuche münde also in „Ausschuss, der sich nicht beeindrucken lässt von dieser Injektion" (Carola). Die „geicsten" [gə'ʔɪkstən], das heißt potenziell befruchteten Eizellen nimmt Carola jetzt wiederum mit einer Pipette auf und setzt sie in eine Kulturschale mit nährstoffreicher Flüssigkeit. Jede Zelle braucht davon ca. 25 Mikroliter in 24 Stunden. So versorgt kommen sie nun in einen Brutschrank. Am nächsten Tag wird geschaut, wie sich die Eizellen entwickelt haben. Nun setzt Nadja sich für die nächste ICSI erneut an den Mikromanipulator. Carola justiert das Gerät und seine Instrumentenarme zuvor wieder auf die Ausgangsposition. Ich zeige mich fasziniert vom Procedere, sage, dass ich es *echt irre* finde. Nadja stimmt mir zu:

> N: Wenn mir früher jemand erzählt hätte, dass man mit ICSI ['ɪksi] vernünftige Kinder bekommt – das hätte ich wirklich nicht gedacht, bevor diese Methode sich durchgesetzt hat. Man muss die Eizellen greifen, und dann gehst du wirklich rein in das Innerste, in das intimste Innerste dieser Eizelle. Dann saugst du auch noch was raus und trotzdem funktioniert das. Es ist Wahnsinn, dass die Leute sich getraut haben damals, das zu machen, weil du hast manchmal das Gefühl, es könnte ein Monster rauskommen – du weißt ja nicht, was du damit auslösen könntest. Es ist schon faszinierend – klar, mittlerweile ist es zur Routine geworden.

Die Biologin und Labormitarbeiterin gibt sich selbst fasziniert davon, dass das, was sie und ihre Kolleg:innen tagtäglich fabrizieren, auch tatsächlich so gut funktioniert.

Darin drückt sich ein bestimmtes Selbstverständnis der Biologin in ihrer eigenen Arbeit aus, die erneut primär im routinierten Handwerk und gekonnten Hantieren mit

Bioentitäten auf Zellebene besteht und sich dafür moderne Labortechnik zunutze macht. Die technisch-mechanische Arbeit am Material und den zu kontrollierenden Prozessen kann für die Labormitarbeiter:innen aber eine gewisse Sinnstiftung dadurch erfahren, dass an den bearbeiteten ‚Werkstücken' auf besondere Weise Personen ‚kleben', im Auftrag derer hier versucht wird, die Zeugung von Menschen in Gang zu setzen. Dass diese Arbeit nun auf so isolierte Weise im Labor stattfinden kann, beruht darauf, was Bernard (2014: 456) die „fortschreitende Dekontextualisierung der Zeugung" nennt. Der Akt der Befruchtung wurde all seinen Begleitumständen, etwa den beteiligten Personen und deren Sex entkleidet und, auf eine ganz bestimmte Interaktion auf Zellniveau zurückgeführt. Die Mitarbeiter:innen eines IVF-Labors stellen das professionalisierte Personal dieser ausdifferenzierten Dienstleistung dar, was auch mit einem bestimmten beruflichen Selbstverständnis dieser Tätigkeit einhergeht, wie hier zumindest ansatzweise zum Ausdruck kam.

4.2.4 Kultivierung der befruchteten Eizellen

Die befruchteten Eizellen werden in ihrer Entwicklung nun genau beobachtet. Je nachdem wird frühestens am zweiten oder dritten Tag nach der Befruchtung eingesetzt, oder bei mehreren Eizellen, einer sogenannten Blastozystenkultur, erst am fünften Tag.[53] Hierbei werden die befruchteten Eizellen in ihrer Entwicklung bis zum fünften Tag beurteilt, um dann nur die besten einzusetzen.

> Biologin: Wenn es ganz schön sauber aussieht, ist es A, wenn es so richtig zerknatscht aussieht, ist es eher D.
> Ethnograf: Woran siehst du das?
> Biologin: Die sieht so schön abgegrenzt aus, da ist kein Gegrissel obendrauf, die sieht blitzeblank aus. Es gibt auch welche, die sind richtig verknatscht und sehen überhaupt nicht schön aus, denen gibt man dann eher C.

Die Embryonen werden fotografiert, nicht primär, um sie den Patient:innen zeigen zu können, sondern vor allem zur biotechnischen Sichtkontrolle und für die eigene Dokumentation. Die technisch versierteste Form der Entwicklung befruchteter Eizellen bieten sogenannte Embryoskope bzw. Time-Lapse-Inkubatoren. Sie bieten den Vorteil,

---

53 Eingefroren werden die befruchteten Eizellen im sogenannten Vorkernstadium, einem Zeitpunkt beginnender, aber noch nicht eingetretener Verschmelzung der Zellkerne. Sowohl das Vorkernstadium (etwa 18 Stunden nach der Befruchtung) als auch die sogenannte Blastozyste (fünfter Tag nach der Befruchtung) spielen eine Rolle bei der Beurteilung der Verfahren nach dem Embryonenschutzgesetz, das nur exakt so viele befruchtete Eizellen erlaubt, wie auch eingesetzt werden. Der sogenannte „deutsche Mittelweg" (Frommel 2007) dieser Interpretation beruht darauf, dass nach medizinischer Beurteilung der Ausgangsbedingungen (z.B. des Alters des Paares und anderer Fruchtbarkeitsparameter) so viele Eizellen kultiviert werden, dass nach Erfahrungswerten davon am Ende ein bis drei Blastozysten übrigbleiben, deren Qualität ausreichend gute Chancen auf eine angestrebte Einlingsschwangerschaft bieten.

dass die Embryonen zu ihrer Beurteilung nicht aus dem Brutschrank genommen werden müssen, eine integrierte Kamera macht in 5- oder 20-minütigen Abständen Fotos und schneidet diese automatisch zu einem Film zusammen.[54] Diese Art der Fotodokumentation lässt die Beurteilungskriterien der Embryonenqualität immer feingliedriger werden. Ein Mediziner erklärt den ca. 100.000 Euro teuren High-Tech-Inkubator:

> Arzt: Was da in der anderen Ecke steht, ist ein Time-Lapse-Inkubator mit sechs Kammern, in jeder Kammer ist ein Patient, und jede Kammer macht genau das gleiche wie dieser große Kasten da hinten [ein konventioneller Inkubator], er sorgt für 37 Grad und für 'ne gleichförmige Begasung. Hier hab ich den Vorteil, dass ich mir im Prinzip live anschauen kann, was gerade da drin passiert.

Unter jeder Kammer, so erklärt er, befindet sich eine Kamera, die die Vorgänge abfilmt. Alle Entwicklungsschritte kann man sich in ihrer Historie im Zeitraffer ansehen. Für ein Patientenpaar bietet das Gerät Kammern für bis zu 16 Embryonen.

> Arzt: Wir geben nur einen bestimmten Teil, der die besten Chancen hat oder gut geeignet ist, in die Kultur, beim Rest sind wir eben, aufgrund der doch gegebenen Einschränkungen vom Embryonenschutzgesetz gezwungen, entweder einzufrieren oder zu verwerfen.

Er zeigt mir unterschiedliche Stadien: Zweizeller, Vierzeller, Achtzeller. Man sieht eine Uhr mitlaufen, auf der Zeitachse werden bestimmte Entwicklungsschritte markiert und ausgewertet, ob sie ins Schema passen oder ob es Abweichungen in den Teilungsschritten gibt. Entsprechende Algorithmen, laufend verbesserte mathematische Modelle also, dienen dazu, die Daten zu erfassen und am Ende für jeden einzelnen Embryo einen Score anzugeben, einen numerischen Wert, der die Abweichung von der Norm ausdrückt. Die zugrundeliegenden Datenbanken werden ständig neu gefüttert, sodass immer bessere Vergleichszahlen zur Verfügung stehen.

> Arzt: Wenn es aus irgendwelchen Gründen, Genetik oder Physiologie, genau weiß man's oft nicht, zu 'nem Entwicklungsstopp kommt, dann seh ich das eben ganz genau/ deswegen macht das Sinn, bis zum Tag fünf zu gehen, weil diese Schwelle vom Achtzeller in die Morula, also diesen ungeordneten Zellhaufen, das ist so eine Grenze, die viele einfach nicht schaffen. Da scheidet sich so 'n bisschen die Spreu vom Weizen. Und das kann man hier sehr genau beobachten und dann 'ne Auswahl treffen.

Je besser man die Entwicklungschancen einschätzen kann, je vielversprechender also die vorhandenen Embryonen darin sind, in eine erfolgreiche Schwangerschaft zu münden, desto weniger ist man darauf angewiesen, mehrere Eizellen einzusetzen. So soll das Verfahren der Blastozystenkultur also sowohl zur Steigerung der Schwangerschaftschance als auch zur Senkung von Mehrlingsrisiko und Fehlgeburtenrate beitragen.

---

54 Van de Wiel (2019) beschreibt anhand der Datafizierung, die mit solchen Verfahren einhergeht, einen Trend zur „In-silico-Fertilisation", die den assistierenden Reproduktionsprozess hinsichtlich seiner Konzeptualisierung und Kommerzialisierung insgesamt verändert.

Die Fotodokumentation, ob automatisiert im Embryoskop oder manuell, hat noch einen weiteren Effekt: Sie liefert eine dem Ultraschallbild vorgeschaltete Inszenierbarkeit von Spuren bzw. „Prälikten" (Hirschauer u. a. 2014: 229) eines potenziell entstehenden Menschen und gibt werdenden Eltern damit die Möglichkeit, sich in diesem Fall nicht nur pränatal, sondern schon *präuterin* mit etwas zu identifizieren, was sie bereits für eine Vorstufe ihres Kindes halten können. Auf dem Bildschirm sind die eingelagerten Eizellen vor allem mit dem Paar identifiziert, zu dem sie gehören, indem jeweils deren Nachname(n) eingeblendet sind. Die Beschriftung des Labormaterials in Röhrchen oder Halmen setzt sich hier in digitalisierter Form fort. Im medizinischen Sinne der Behandlung repräsentieren die kultivierten Eizellen weniger die diversen Frühformen eines Menschen, sondern je nach Güte ihrer Entwicklung mehr das Chancenpotenzial für eine erfolgreiche Schwangerschaft. Die Qualität eines solchen Embryos steht im Sinne des Verfahrens nicht für die ‚Qualität' eines zukünftigen Menschen, sondern allein für die Chance auf eine möglichst normal verlaufende Schwangerschaft. Um dieses Chancenpotenzial abschätzen zu können, beurteilen alle bisher beschriebenen Verfahren die Eizelle ausschließlich nach ihrer äußeren Erscheinungsform. Anders verhält es sich bei der sogenannten Pränataldiagnostik, bei der die befruchtete Eizelle genetisch untersucht wird, was aber nur in ganz bestimmten Bedarfsfällen zum Einsatz kommt. Wie groß die Perspektivendifferenzen hier sein können, lässt sich schön am oft mit der Reproduktionsmedizin assoziierten ‚Designerbaby' veranschaulichen: Diese Vorstellung der Herstellung von Menschen mit präferierten Eigenschaften, wie etwa Geschlecht, Haarfarbe usw., verfehlt die hier gezeigte Realität reproduktionsmedizinischer Praxis. Das Produkt der Reproduktionsmedizin ist stärker im Erzielen einer Schwangerschaft zu sehen und ist nur mittelbar mit den daraus entstehenden Kindern identifiziert. Die technischen Verfahren im Labor lassen sich keinesfalls nahtlos und linear mit den im Zuge einer Schwangerschaft einsetzenden generativen Prozessen in Zusammenhang bringen, die unter ganz anderen lebensweltlichen Vorzeichen stehen (siehe Kap. 5.3.1).

4.2.5 Eizelltransfer: Vom Labor in den Uterus

Der Transfer, bei dem die befruchteten Eizellen aus dem Labor in die Gebärmutter geschleust werden müssen, bildet den vorerst signifikanten Endpunkt des Laborprocederes. Tatsächlich ist er aber technisch weit weniger diffizil und aufwändig als die Vorgänge, die vorher bewerkstelligt werden mussten, wie die Punktion, das ‚Icsen' [ˈɪksn̩] oder auch das Isolieren und Waschen der Eizellen. Im Prinzip werden die nun befruchteten Eizellen ‚nur' noch ‚zurück' in die Gebärmutter gebracht, allerdings haben wir es jetzt mit einem stärker ritualisierten und symbolisch bedeutsamen Ereignis zu tun. Es kann nicht immer gewährleistet werden, aber es wird vonseiten der Labormitarbeiter:innen großer Wert darauf gelegt, dass soweit möglich der gesamte Prozess im Labor, den die Eizellen von ihrer Befruchtung bis zum Einsetzen durchlaufen, in einer Hand bleibt und damit auch in der Verantwortung einer Person liegt.

Etwa zur Mittagszeit steht heute so ein Transfer an. Der Laborraum und der gynäkologische Behandlungsraum schließen nur durch eine Tür getrennt direkt aneinander an. Hier werden die sorgfältig behandelten Eizellen, die nach bestem Gewissen befruchtet wurden, nun wieder aus der Hand der Labormitarbeiterin gegeben.

> Nadja: Am wichtigsten ist, dass der, der die Eizellen bearbeitet hat, sie am Ende auch für den Transfer vorbereitet.

Indem dieses Verlassen der Eizellen aus dem Labor immer durch die Person betreut wird, die auch federführend für die Befruchtung dieser Eizellen war, bleibt die Kontrolle in einer Hand und damit auch der spätere (Miss-)Erfolg personell klarer zurechenbar. Das ermöglicht direktes Feedback nach jedem Zyklus und darüber hinaus inoffiziell geführte Schwangerschaftsbilanzen der Mitarbeiter:innen. Während meiner Hospitationsphase feierte etwa eine neue Mitarbeiterin, die vorher in einem anderen Zentrum beschäftigt war, *ihre erste Schwangerschaft* im für sie neuen Labor unter ihren neuen Kolleg:innen mit einer Flasche Champagner. Die Schwangerschaft ging auf ihr Konto, weil sie alle Schritte bis dorthin im Labor selbst ausgeführt oder betreut hatte. Der Eizelltransfer markiert ähnlich dem Stapellauf eines Schiffes eine besondere Zäsur, nicht nur für die Patient:innen bzw. das Paar, auch für die sich mit dem Produkt ihrer Arbeit identifizierenden Mitarbeiterinnen: Man hat alles getan, jetzt muss das Schiff nur noch schwimmen, respektive der Embryo sich in der Gebärmutter einnisten. Man kann den Eizelltransfer auch als eine Art Kür betrachten, einen die vorangegangenen Arbeitsschritte krönenden Abschluss. Der Eizelltransfer ist ein zwischen Ärzt:in, Patientinnen und Labormitarbeiter:innen hochkonzentrierter und konzertierter Akt der Zusammenarbeit:

> Der Transfer steht an, wir warten eigentlich nur noch auf den Arzt. Simone wirkt im Vorfeld etwas aufgeregt, schaut immer wieder, wann es so weit ist, ob der behandelnde Arzt und die Frau schon bereit sind und ob sie noch schnell zur Toilette gehen kann. Der Eizelltransfer ist technisch nicht der schwierigste Teil der Sache, aber mit der aufregendste.
> Nadja: Wir haben jetzt die Schönsten rausgesucht. Jetzt könnte eigentlich nur noch passieren, dass der Arzt nicht gescheit reinkommt mit dem Katheter. Hatten wir auch schon, dass wir mit dem Metallkatheder durchmussten.

Den eigentlichen Transfer, das heißt die Arbeit an der Patientin, übernimmt der Arzt. Was jetzt schief geht, liegt nicht mehr in der Verantwortung des Laborpersonals, sondern droht vielmehr, dessen Arbeit in wenigen Augenblicken zunichtezumachen. Operativ endet die Arbeit des Labors an der Tür zum Behandlungsraum, wo die Eizelle übergeben wird:

> Simone spült den Katheter kurz vorher noch mit IVF-Medium durch, damit er von innen benetzt ist. Es herrscht eine konzentrierte Atmosphäre. Dann gibt Dr. Storck aus dem Behandlungsraum das Okay. Simone holt unmittelbar, ruhig und konzentriert die Eizellen aus dem Wärmeschrank und zieht sie mit dem Katheter auf. Wenn jetzt mit den befruchteten Eizellen (bzw. Embryonen) etwas schief geht, war alle Arbeit umsonst. Der Transfer besitzt auch repräsentativen Charakter: Simone

kommentiert ihr Tun, indem sie, drüben deutlich hörbar, sagt: *Ich ziehe jetzt zwei Embryonen von Frau Niedermayer auf.* Von drüben hört man ein bestätigendes: *ja, bitte!* Dann geht sie rüber und übergibt den Katheter dem Arzt, der diesen in einen weiteren, bereits in der Vaginalöffnung eingeführten Katheter steckt und die Eizellen einspritzt. Simone kommt mit dem leeren Katheter zurück ins Labor. Sie kontrolliert nun sofort, ob die Eizellen den Katheter auch wirklich alle verlassen haben und kommentiert laut: *Alles okay!* – Der Arzt bestätigt mit: *danke!*

Auch der Transfer der Eizellen/Embryonen ist als letzter Moment des Übergangs aus dem Labor zurück in das Medium des Körpers angesichts drohender Verwechslungen ein kritischer Moment. Das laut und deutliche Kommunizieren dient kaum der Handlungskoordination, die angesichts professionell eingespielter Routinen wohl auch stumm funktionieren würde. Das performative Zusammenspiel in dieser triadischen Situation dient dazu, dass die behandelnden Ärzt:innen und verantwortlichen Labormitarbeiter:innen sich in Anwesenheit der (im Gegensatz zur Eizellpunktion wachen) Patientin wechselseitig der lückenlosen Verarbeitungskette ihrer befruchteten Eizellen versichern, indem sie sprachlich dokumentieren, dass es sich tatsächlich um die Eizellen von Frau Niedermayer handelt und davon zwei an der Zahl. Die in dieser Situation passivierte, aber bewusst miterlebende Patientin wird so zur Zeugin ihrer eigenen ‚Schwängerung'. In manchen Zentren kann der Patientin dieser Weg der Embryonen zusätzlich über eine Mikroskopkamera vom Labor aus visuell auf einen großen Bildschirm ins Behandlungszimmer übertragen werden:

> Anna: Vorher wurde mir unterm Mikroskop die Eizelle noch gezeigt, damit man diesen Beweis hat: „Schauen Sie, die ist da wirklich jetzt drin". Man sieht, wie er die wegsaugt und dass die dann weg ist. Dann sagt er, er hat sie jetzt hier in der Spritze und spritzt das rein. Er hält dann die Spritze nochmal unters Mikroskop und ich konnte sehen, da ist nichts mehr drin, die Eizelle wurde tatsächlich eingespritzt.

Dieses Evidenzritual dient der Dokumentation eines Prozesses mit vor allem in einer Hinsicht Null Fehlertoleranz: Würde ein falscher Embryo in der Gebärmutter landen, würde dies einem soziotechnischen Versagen mit ungeahnten Konsequenzen gleichkommen. Die Patient:innen müssen davon überzeugt sein können, dass es tatsächlich *ihre* Eizellen und Spermien sind, die im Labor zusammengeführt werden und nun als Embryo wieder in ihren Körper gelangen. Die zu transferierenden Embryonen, die ein kollaboratives Produkt von Patientin, deren Partner, Ärzt:in und Labor darstellen, sind gleichzeitig „singularisierte" (Boltanski 2007) Biofakte, insofern sie nur für diese eine Patientin bestimmt sind. Sie gewinnen ihre unmittelbar soziale Bedeutung ausschließlich im Kontext eines elterlichen Projekts, auf das hin sie produziert werden. Optisch sind sie zwar von den vielen anderen im Labor befindlichen Embryonen nicht zu unterscheiden, sodass es sich hier nicht um einen tatsächlichen Beweis handeln kann. Das Ritual erzeugt vor allem soziales Vertrauen in die technischen Abläufe, die das Labor und seine Mitarbeiter:innen ihren Patient:innen bis zu einem gewissen Grad transparent machen müssen. Den signifikanten Dritten dieses situativen Vollzugs stellt der oft mitanwesende Partner der von professionellen Akteuren geschwängerten Person auf dem Gynäkologenstuhl dar. Er ist operativ überflüssig, aber als potenziell werdender

Vater gleichzeitig hochsignifikanter Zuschauer der performativen Dimension des Geschehens. Der kontrollierte Höhepunkt der IVF-Behandlung ist gleichzeitig ein Ritual der Herstellung von Verwandtschaft unter Regie moderner Medizintechnologie. Der Partner kann dem Ritual als wichtiger Zeuge beiwohnen, das Vorgehen kontrollieren und mit seiner Partnerin emotional teilen. Für die Patientin selbst ist das Einsetzen der Embryonen eine körperlich eher geringfügige, etwa im Vergleich zur Punktion und der Entnahme von Eizellen kaum strapaziöse Angelegenheit, aber auch für sie bzw. das Paar ist es eine der bedeutendsten Zäsuren der Behandlung. Der Transfer, der die befruchteten Eizellen wieder an ihren eigentlichen und einzigen Bestimmungsort zurückbringt, ist der Endpunkt einer Kette von Behandlungsschritten, die zuvor bereits alle erfolgreich hatten bewältigt werden müssen. Anders als bei einer Insemination, wo der Samen des Mannes ,nur' zum richtigen Zeitpunkt an den richtigen Ort gebracht wird, um die Wahrscheinlichkeit einer Befruchtung zu erhöhen, hat die Befruchtung nach einem Embryonentransfer (im Falle von IVF oder ICSI) bereits sicher stattgefunden. Eine Patientin beschreibt ihr Gefühl so:

> Anna: Du weißt, die Eizelle ist hundertprozentig befruchtet, die muss sich nur einnisten, alles andere hat schon geklappt. Das war ein seltsames Gefühl, dieses: Eigentlich hab' ich schon Leben im Bauch, also das kann auf jeden Fall ein Kind werden.

Auch hier zeigt sich noch einmal der ambige Status befruchteter Eizellen bzw. Embryonen: Außerhalb des Körpers haben sie keinerlei Zukunft vor sich und auch zurück im Körper ist die Entfaltung ihrer Chance auf neues Leben nicht sicher. Dieses kann sich nicht allein aus den Embryonen selbst, sondern nur im Zusammenspiel mit komplexen, an ihnen und um sie herum ablaufenden Prozessen innerhalb des Köpers entwickeln.[55] Annas Gefühl, *nun schon Leben im Bauch zu haben*, verdankt sich zum einen jenem technisch bedingten Blick auf die Zeugung, der diese und damit implizit auch ihr Produkt biologisch und zeitlich auf den Moment der Verschmelzung von Ei- und Samenzelle festlegt, zum anderen der aus der Behandlung resultierenden Transparenz, die Anna zum frühestmöglichen Zeitpunkt von ihrer ,Beinaheschwangerschaft' wissen lässt (Duden 2000). Mit diesem (Nicht-)Wissen am Endpunkt der Behandlung, das Körper und Person in die unmittelbare Nähe einer Schwangerschaft rückt, aber noch nicht ganz den Status des Schwangerseins verleiht, geht ein entsprechendes Gefühl der Unsicherheit einher:

> I: Was bedeutet der Transfer für dich? Zum Beispiel im Vergleich zur Punktion?
> Mia: Bei der Punktion war ich aufgeregter, das ist schon mehr ein Eingriff in den Körper. Das Einsetzen war innerhalb von fünf Minuten erledigt, aber das hat ein größeres Gewicht. Ich bin immer überfordert mit der Situation, wie gehe ich jetzt damit um?! Soll ich mich jetzt schonen oder nicht?! Wie verhalte ich mich? Eigentlich geht's einem ja gut! Soll man sich trotzdem hinlegen und

---

55 Zu einer Diskussion dieses Vorgangs der Ausdifferenzierung neuen individuellen Lebens im schwangeren Körper aus Sicht der analytischen Philosophie siehe Kingma 2020.

schonen? (...) Wenn dann mal ein Ziehen war oder so, hab' ich gedacht: „Was ist das jetzt?" Man achtet dann sehr auf den Körper. Das Schlimmste ist wirklich die Warterei nach dem Transfer.

Ähnlich und repräsentativ für einen Großteil der Paare:

Ulf: Das Schlimmste überhaupt ist das Warten.
Simone: Ja, das Schlimmste sind die zwei Wochen nach dem Transfer.

Das vorläufige Ende der Behandlung markiert eine scharfe Zäsur in der Verteilung von Agency. Sobald die Eizellen überführt sind, lässt sich kaum noch etwas aktiv tun oder steuern. Weder die Mediziner:innen oder Biolog:innen im Labor noch die Patient:innen selbst können jetzt maßgeblich beeinflussen, was im Innern des Körpers passiert und ob die geleistete Arbeit mit der Einnistung des Embryos belohnt wird. Die Agency liegt nun bei opak im Inneren des Körpers stattfindenden biologischen Reaktionen. Bezeichnenderweise beginnt nun mit dem Warten auf die Nachricht, ob es geklappt hat, nach Äußerung der meisten Patientenpaare der am schwersten zu ertragende Teil des gesamten Procederes. Auf erste natürliche Schwangerschaftszeichen des Körpers zu warten, würde bei weitem zu lange dauern und wäre zudem nicht besonders verlässlich, sodass die Frage, ob der Versuch Erfolg hatte, normalerweise ein paar Tage später von professioneller Seite mit einem Bluttest beantwortet wird. Die Patient:innen kommen dafür erneut ins Kinderwunschzentrum, lassen sich Blut abnehmen und können das Ergebnis kurz darauf erfragen: Die fragliche Schwängerung erfolgt telefonisch und auch dieser bedeutungsvolle Moment der Schwangerschafts- bzw. Misserfolgsmitteilung kann von den Paaren auf besondere Weise angeeignet werden. Dazu zwei Beispiele:

Mia: Die haben meinen Freund angerufen und nicht mich. Das war mir ganz wichtig, dass ich das von *ihm* erfahre.
I: Wie hat er dir das dann gesagt?
Mia: Ich hab das sofort gemerkt, dass es nicht geklappt hat. Ich wusste direkt, als ich ihn angerufen hab und er schon *Hallo* gesagt hat, wusste ich schon (lacht), es hat nicht geklappt.

Mia gibt dem Kinderwunschzentrum im Vorfeld die dringende Anweisung, das Ergebnis nicht direkt ihr selbst, sondern ihrem Partner mitzuteilen, den sie dann zu einer vereinbarten Zeit von ihrer Arbeitsstelle aus anrief. Vielleicht handelt es sich dabei um einen Akt des Ausgleichs, jedenfalls um eine interessante Umkehr der Schwangerschaftsmitteilung, die sonst typischerweise von der Schwangeren selbst ausgeht: Mia möchte (sozial) nicht von ihren klinischen Zeugungshelfern ‚geschwängert' (bzw. über einen Misserfolg aufgeklärt) werden, sondern von der vertrauten Stimme ihres Freundes, dessen Beitrag im Laufe der körperlichen Schwängerung womöglich zu kurz kam, der aber nun das Ergebnis wenigstens als erster erfahren soll. Gleichzeitig wird die Schwangerschaftsmitteilung damit szenisch in den intimen Raum der Paardyade verlegt und die potenzielle soziale Schwängerung vom Labor symbolisch zurück in die Lebenswelt einer Partnerschaft verlagert. Interessant ist auch der telekommunikative Moment der Mitteilung, der das Paar hier im Misserfolg seiner Schwängerung miteinander vereint. Ihr Partner muss es ihr gar nicht sagen, sie spürt es bereits in der Stimme seines Anrufs. Auf eine andere Weise reagiert Regina auf das bereits mehrfach erlebte Warten auf die Mitteilung des Behandlungsergebnisses:

> Regina: Der Tag des Schwangerschaftstests war immer extremer Stress. Man geht morgens hin, kriegt Blut abgenommen und kann nachmittags anrufen. Das erste Mal saß ich im Büro und mir hat das Herz gerast, als ich angerufen und gesagt gekriegt habe: *jaah* – war leider nichts. Ich hatte schon solche Hoffnungen, weil durch diese blöden Hormone, auch durch die Psyche kriegt man alle möglichen Schwangerschaftsanzeichen, schmerzende Brüste, Morgenübelkeit (lacht), Ziehen im Unterleib. Ich kenn sämtliche Schwangerschaftssymptome, ohne je schwanger gewesen zu sein. Deshalb hab ich beim nächsten Mal diese Symptome nicht mehr so ernst genommen, dachte: Das is wieder die blöde Psyche, die mir was vorspielt. (...) Dann bin ich dazu übergegangen, selbst daheim 'n Schwangerschaftstest zu machen und nicht mehr erst in der Praxis. Damit kann ich die Zeitspanne von ein paar Stunden auf drei Minuten verkürzen. Und mit drei Minuten Extremstress komm ich klar.

Während die hormonelle Einstellung durch die Behandlungsmedikation die reproduktiven Funktionen des Körpers medizintechnisch verfügbar macht, droht Regina die Kontrolle über ihren Körper zu verlieren. Ihr Körperkompass spielt verrückt und sendet falsche Signale, die sie erst im Laufe der Zeit besser zu deuten bzw. zu ignorieren lernt. Um die Wartezeit zu verkürzen, testet sie ihren Schwangerschaftsstatus baldmöglichst in Eigenregie für sich zu Hause. Gegenüber ihrem medizintechnisch kontrollierten Körper wie auch ihrer Psyche, die ihr etwas vorspielt, versucht sie damit ein distanzierendes Moment der (Gegen-)Kontrolle zu etablieren, indem sie erstens Abstand zu den Zeichen ihres Körpers gewinnt und zweitens zumindest die Feststellung des Behandlungserfolgs wieder selbst in die Hand nimmt. Während die medizinische Logik der Kinderwunschbehandlung unter anderem in einer Art Aussetzung der Eigenzeit körperlicher Prozesse (etwa durch Unterdrückung des natürlichen Eisprungs) besteht, um diese unter ärztliche Kontrolle zu bringen, holt Regina sich hier im Rahmen ihrer Möglichkeiten die (zeitliche) Autorität über ihren Körper zurück, indem sie mit dem Schwangerschaftstest zu einer längst verfügbaren Technologie greift, die die Auskunft über eine vorhandene Schwangerschaft grundsätzlich zu jedem Zeitpunkt in den eigenen vier Wänden erlaubt.

Die Erfolgs- bzw. Misserfolgsmitteilung markiert das Ende eines Behandlungsversuchs und führt entweder nahtlos in eine Schwangerschaft, die mit ihrem Fortschreiten von den Bedingungen ihrer Herstellung immer weiter abgekoppelt wird, indem Frauen zur weiteren Überwachung in eine normale gynäkologische Praxis wechseln. Für diese ist die vorangegangene Kinderwunschbehandlung kaum mehr von Relevanz. Auch die Belastungen einer Behandlung können angesichts ihres Erfolgs und der mit einer Schwangerschaft verbundenen Zukunftsorientierung oft schnell in den Hintergrund rücken. Oder aber das Ende eines Versuchs, und das ist der statistisch häufigere Fall, markiert bereits den bevorstehenden Beginn eines nächsten und damit auch erneuter Überlegungen, Beratungen und Entscheidungen über die Wahl der Methode und Möglichkeiten der Chancensteigerung. Die individuelle Chronik einer Kinderwunschbehandlung wird im Teilnehmerdiskurs meist durch Art und Anzahl der Versuche bemessen, die Paare bis zum Erreichen einer Schwangerschaft ansammeln. Eine nicht zum Erfolg führende Behandlung kann die Sehnsucht nach einem Kind noch verstärken, was wiederum zu weiteren Behandlungsschritten motiviert, deren Scheitern wiederum die erlebte Kinderlosigkeit intensiviert. Dies beinhaltet auch die Gefahr einer drohenden Endlosschleife von Versuchen, was Paare allmählich immer stärker dazu auffordert, den medizinischen Lösungsweg zu hinterfragen und an ein Ende der Versuche zumindest zu denken.[56] Dies kann auch implizieren, sich parallel etwa in Richtung einer Adoption oder Pflegschaft zu orientieren, oder nach alternativen Wegen zu suchen, um Kinder in das eigene Leben zu integrieren, sei es durch die Intensivierung von Beziehungen zu Onkeln und Tanten oder die Etablierung verschiedener Designs der Übernahme von Kindspatenschaften. Dem ursprünglich definierten Ziel vom eigenen Kind können solche ausgedünnten Formen aber nicht annähernd gerecht werden, sie erfordern eine tiefgreifende Umorientierung. Das ungewisse Ende einer Kinderwunschbehandlung markiert dementsprechend immer auch eine Art biografischen und bifurkativen Scheideweg eines Paares, das daraus entweder als werdendes Elternpaar hervorgeht, oder aber sich nun umso stärker in seiner Kinderlosigkeit zementiert erlebt (siehe auch Ullrich 2007: 316). Es ist dann nicht etwa damit konfrontiert, mit einer unheilbaren Krankheit leben zu müssen, sondern mit dem psychosozialen Problem eines sozial umso gefestigteren Status, weiterhin (und womöglich für immer) ein ‚kinderloses' Leben führen zu müssen. Rückt die angestrebte Lebensform einer klassischen Familie mit Kindern durch nachhaltiges Scheitern der Behandlung in die Ferne, können sich Paare vor die Aufgabe gestellt sehen, sich in ihren, vormals alternativlos erscheinenden, Zukunftsprojektionen notgedrungen umzuerfinden – oder, wie es im Sprachduktus der Projektförmigkeit moderner Lebenswege (Kalff 2017) gerne ausgedrückt wird, einen Plan-B zu entwickeln. Dabei wird das Ende einer Behandlung selten allein durch die Aussichtslosigkeit weiterer Behandlungsschritte definiert, sondern ist in erster Linie wiederum von der Entscheidung eines Paares abhängig, nun keine weiteren Schritte mehr zu unternehmen.

---

56 Gleichzeitig kann hier eine bekannte ökonomische Handlungslogik wirksam werden: Langandauernde Kinderwunschbehandlungen können umso schwieriger zu beenden sein, je mehr Fehlversuche sich aneinanderreihen und keine handfesten Gründe dafür gefunden werden können, die gegen einen möglichen Erfolg sprechen. Die Wahrscheinlichkeitsrationalität, auf der die Behandlung beruht, suggeriert, es nur oft genug versuchen zu müssen. Und je mehr bereits an Mühen und nicht zuletzt Geld investiert wurde, desto dringender wollen diese ‚versunkenen Kosten' am Ende mit Erfolg belohnt werden (vgl. McAfee u. a. 2010).

5 Aneignungsmuster und Narrative

Die folgenden Unterkapitel verlassen die Chronologie der Behandlung, der wir bis hierhin weitgehend gefolgt sind, und vertiefen anhand ausgewählten empirischen Materials einige analytisch signifikante Aspekte. Kapitel 5.1.1 und 5.1.2 tauchen anhand von zwei Fallstudien in individuelle Paarwelten ein und spüren den Verschränkungen nach, die Beziehungsmuster und Behandlungsstrukturen aus Teilnehmerperspektive miteinander eingehen können. Kapitel 5.1.3 fragt nach der spezifischen Performanz und Hervorbringung der Geschlechterdifferenz in der reproduktionsmedizinischen Praxis und danach, wie diese in Zusammenhang mit der verteilten Handlungsträgerschaft des Zeugens und seiner Selbstbeschreibungen stehen. Kapitel 5.2 enthält einige analytische Reflektionen einer feldeigenen Unterscheidung, die die Kinderwunschbehandlung und einige ihrer Verfahren als ‚künstlich' im Unterschied zu ‚natürlich' typisiert. Kapitel 5.3 widmet sich den IVF-Kindern als mittelbarem Produkt der Kinderwunschbehandlung sowie ihrer diskursiven Konstruktionen.

5.1 Asymmetrien und Gendering

Wenn wir im Folgenden den Blick noch stärker auf die Paarbeziehung lenken, bietet sich dafür eine Perspektive an, die zum einen danach fragt, wie die Kinderwunschbehandlung im Rahmen individueller Paarbiografien verarbeitet wird und welche Dynamiken und Zurechnungsmuster sich im Laufe der Zeit einstellen. Dies verweist auch auf die Frage nach der Verteilung und Zuschreibung verschiedener Niveaus von Agency, etwa wie Paare sich nicht nur als passive Patient:innen entwerfen, indem sie sich in die Hände der Reproduktionsmedizin begeben, sondern zu kreativen Akteuren der Herstellung ihrer Schwangerschaft werden. Gleichzeitig soll die analytische Frage verfolgt werden, inwiefern von der Kinderwunschbehandlung bestimmte Veränderungen und Asymmetrisierungen innerhalb der Paarbeziehung ausgehen. Mindestens vier Aspekte lassen sich unterscheiden:

(1) In Rückbezug auf das am Anfang dieser Arbeit behandelte soziale Konstrukt des Kinderwunsches, stellt sich die Frage, inwiefern beide Partner gleichermaßen darin investiert sind und in der Folge die Kinderwunschbehandlung zu einem gemeinsamen Unternehmen wird, oder ob sich die Autorschaft des Wunsches stärker auf einen der beiden Partner konzentriert und damit auch die Kinderwunschbehandlung ideell stärker in dessen Engagement und Verantwortung gerückt wird. Wie bereits erwähnt, ist der Kinderwunsch keine unabhängige Variable der Kinderwunschbehandlung, sondern entwickelt sich in ihrem Verlauf aktiv und reflexiv weiter, er wächst mit den Versuchen seiner Erfüllung bzw. kann auch in Zweifel gezogen werden. Während Paare anfangs ihren Kinderwunsch für die Behandlung zunächst zum Behandlungsgrund formieren und immer wieder in Behandlungsentscheidungen übersetzen müssen, drängt sich im Extremfall nach vielen erfolglosen Versuchen, die Aufgabe auf, sich vom Kinderwunsch

https://doi.org/10.1515/9783110783674-005

zu verabschieden oder nach funktionalen Äquivalenten seiner Erfüllung Ausschau zu halten.

(2) Die biologische Dimension einer ausbleibenden Schwangerschaft kann für Paare auf eine symbolische bzw. soziale Dimension überspringen und es können Deutungen hervorgebracht werden, als Paar nicht richtig zu funktionieren. Die Frage ist, wie dies (in Form von Selbstbeschreibungen und Zurechnungen) sozial verarbeitet und kommuniziert wird. Wie gehen Paare damit um, wenn sich im Rahmen der Diagnostik vor allem einer der beiden Partner als Ursache der Unfruchtbarkeit herausstellt? Von der Frage „An wem liegt es?" kann ein Asymmetrieimpuls ausgehen, den Paare sozial managen müssen und unterschiedlich handhaben können. Dies wirft auch die Frage auf, wie jene körperlich-technische Seite der Behandlung mit der Sozialität der Paarbeziehung und der Arzt-Patienten-Triade interferiert.

(3) Mit einer entscheidenden Asymmetrie, die von der Kinderwunschbehandlung ausgeht, hatten wir es schon auf den vergangenen Seiten immer wieder indirekt zu tun, ohne sie explizit zu thematisieren: Die reproduktionsmedizinische Behandlung setzt an den Geschlechtskörpern der Partner unterschiedlich an. Bereits ein entsprechend schlechtes Spermiogramm kann dazu führen, dass die ICSI den einzig gangbaren Weg in die Schwangerschaft darstellt. Die physiologischen Strapazen der Hormonstimulierung und Eizellgewinnung tragen körperlich ausschließlich die Frauen.[57] Wie gelingt es Paaren, mit dieser Asymmetrie umzugehen, wie behandeln sie sie innerhalb der Paarbeziehung?

(4) Schließlich stellt sich die mit den genannten Punkten verknüpfte Frage eines Gendering der Behandlung. Wie werden die unterschiedlichen Beiträge zur Behandlung innerhalb der Paarkommunikation gedeutet, evaluiert und sozial konvertiert? Welche Behandlungsschritte werden auf welche Weise geschlechtlich codiert, im Rahmen einer Praxis des Kinderkriegens, deren sozialer Sinn bereits längst vor Eintritt in die Welt der Reproduktionsmedizin geschlechtlich differenziert angelegt ist.

Mit dem Analyseraster dieser Fragen im Hintergrund, ohne sie erschöpfend beantworten zu können, wollen wir im Folgenden qua Interviewdaten einen tieferen Blick in die Lebensrealität der Paare während der Kinderwunschbehandlung werfen. Dazu wurden zwei signifikante Fälle ausgewählt, die sich jeweils hinsichtlich bestimmter Aspekte als besonders auskunftsfähig erwiesen haben. Sie werden im Folgenden nicht in ihrer Gesamtheit, sondern nur in jeweils zugespitzten Ausschnitten dargestellt, mit dem Ziel, sie jeweils in ihrem über ihre Individualität hinausweisenden Gehalt zu beleuchten und analytisch nutzbar zu machen. Die im Zentrum stehenden Aushandlungs- und Sinnstiftungsprozesse im Kontext des Medizinischen werden vom Arbeitsbegriff der *Soziomedikalitä*t umklammert. Die Fälle sollen vor allem auch dazu dienen, die

---

57 Zu einer feministisch inspirierten Diskursanalyse der medizinischen Konstruktion der Unfruchtbarkeit von Paaren und deren Behandlung, insbesondere zur geschlechterungleichen Verteilung von Ursachen und Behandlungslasten, siehe van der Ploeg 1995. Auch Ullrich (2007) analysiert diese Behandlungsasymmetrie an zentraler Stelle als eine „Verschiebung vom Paarproblem zur Behandlung der Frau" (108).

Durchdringung von Labor und Lebenswelt zu analysieren, deren Wechselseitigkeit durch den Begriff der Medikalisierung nur unzureichend zum Ausdruck kommt. Er impliziert vielmehr ein Subjekt-Objekt-Verhältnis und unterstellt damit a priori eine Art Kausalität oder Wirkrichtung.

5.1.1 Fallvignette zur Soziomedikalität I

Thorsten (40, selbstständiger IT-Fachmann) und Mareike (35, Mitarbeiterin in einem Reisebüro) leben im Ruhrgebiet, sind seit elf Jahren verheiratet und versuchen seit fast sieben Jahren schwanger zu werden. Neben der Finanzierung durch die Krankenkasse haben sie bis dato rund 15.000 Euro aus eigener Tasche bezahlt. Im Laufe von insgesamt sechs ICSI-Versuchen und mindestens ebenso vielen zwischengeschalteten Versuchen mit zuvor eingefrorenen Embryonen wurden zwei Schwangerschaften erzielt, die beide mit Frühabort endeten. Gemeinsame Kinder gehörten von Anfang an zu den geteilten Zukunftsvorstellungen, die sich schon früh auch materiell niederschlugen:

> Thorsten: Wir haben auch die Wohnung, in der wir jetzt wohnen, im Hinblick auf Kinder ausge-wählt, da ist ein viertes Zimmer, das zum Kinderzimmer werden sollte, das war *selbstverständlich*.

Nach eineinhalb Jahren ausbleibender Schwangerschaft wenden sie sich an ein Kin-derwunschzentrum, bei dessen ersten Untersuchungen sich sein Spermiogramm als so defizitär herausstellt, dass nur eine ICSI- Behandlung in Frage kommt.

> Mareike: Es war gleich klar, dass alle Vorstufen, Insemination und was es noch alles gibt, nicht erfolgreich wären.
> Thorsten: Da stand gleich fest, alles andere wäre Zeit- und Geldverschwendung, weil die Chancen gleich null sind.

Diese aus den Testergebnissen hervortretende Tatsache, dass die Ursache bei ihm lo-kalisiert ist, die Behandlung aber überwiegend sie ertragen muss, führt zu Beginn der Behandlung ein Ungleichgewicht in den Deutungsrahmen allen weiteren Vorgehens ein:

> Thorsten: Ich hätt's ihr nicht vorwerfen können, wenn sie zu mir gesagt hätte: Du bist schuld! Denn letztendlich ist es ja so: Ich hab das schlechte Spermiogramm und sie muss alles an Behandlung und Prozeduren über sich ergehen lassen/ bei mir wird ja gar nichts gemacht. Ich hätt sie vollkommen verstanden, wenn sie gesagt hätte: Was tust Du mir hier an? Was muss ich erdulden?

Dies hält das Paar nicht davon ab, die Behandlung zur gemeinsamen Sache zu machen. Sie konzentrieren sich von nun an voll auf die Kinderwunschbehandlung:

> Mareike: Wir sind beide so erzogen worden, nach dem Motto: wenn man nur hart genug für etwas kämpft (Er: dann schafft man's), dann schafft man alles im Leben. (...) Wir ham *alles* dafür gegeben, alles an Finanzen, an Emotionen, wir ham wirklich drei Jahre komplett diesem Thema gewidmet.

Das Paar wächst förmlich in die Welt der Kinderwunschbehandlung hinein, rafft sich nach Misserfolgen immer wieder auf und entwickelt sich zum ,professionellen' Kinderwunschpaar, das den Erfolg der Behandlung und damit seine Zukunft als Paar in die eigene Hand nimmt:

> Thorsten: Wenn man schon ein paar erfolglose Versuche hinter sich hat und Fehlgeburten, dann versucht man von Versuch zu Versuch, es irgendwie *besser* zu machen und/
> Mareike: Wir waren ja *Profis* nachher, die absoluten Profis. Aber es war/
> Thorsten: Um halt mögliche Fehlerquellen auszuschließen, weil es *muss* ja irgendwann mal klappen. Vielleicht war's ja dann doch, (Mareike: ja) weil man eine Spritze fünf Minuten (Mareike: genau [lacht], ganz genau) zu spät gesetzt hat oder die Tablette mal vergessen hat. Irgendwas müssen wir falsch gemacht haben. Das passiert uns jetzt diesmal nicht, sagt man sich dann.

Dies beschreibt gut die Handlungsdynamik, in die das Paar im Zuge immer neuer Versuche hineingezogen wird (vgl. auch Ullrich 2007: 249 ff.). Indem sie, wenn es nicht klappt, nicht alles richtig gemacht haben können, erhalten sie sich gleichzeitig als handlungsfähige Einheit, die beim nächsten Mal nachbessern kann. Die zunehmende Lebensverengung und Fokussierung auf den Behandlungserfolg führen unter anderem auch dazu, dass sich das Paar tendenziell sozial isoliert und immer weniger Kontakt insbesondere zu Freunden und Bekannten mit Kindern pflegt:

> Mareike: Spätestens nach der ersten Fehlgeburt konnte ich keine Schwangeren und keinen Kinderwagen mehr sehen. Das war zu viel in dem Moment.
> Thorsten: Da ist uns bewusst geworden, wie viele Babys und kleine Kinder auf der Straße rumlaufen, wie viele Mütter man sieht/ das springt einem dann so ins Auge. Dass die Natur einem quasi sagt: Guck mal, bei denen hat's geklappt, so, ne? Und bei uns halt eben nicht und ähm – das war hart.

Die Kinderlosigkeit des Paares rückt immer mehr ins Zentrum der gemeinsamen Selbstwahrnehmung und führt zur Distinktion gegenüber glücklichen Familienszenen und einer Welt mit Kindern, von denen sich die beiden wie durch eine unsichtbare Wand getrennt sehen und sich wohl gerade deshalb abgrenzen müssen. Allmählich gerät das Paar, das sich anfangs im Kampf um eine Schwangerschaft verband, immer mehr auch selbst miteinander in Konflikt. Durch die Fehlgeburten spitzt sich die Kinderlosigkeit des Paares weiter zu und es droht zunehmend daran zu zerbrechen:

> Mareike: Das hat uns zerfleischt (Thorsten: ja), – es hat uns an Abgründe geführt, (Thorsten: bis kurz vor der Trennung) – wir standen kurz vor der Scheidung. Mit der zweiten Fehlgeburt ging dann gar nichts mehr. (...) Danach waren wir beide *so tieftraurig, so wütend*, so *enttäuscht* und konnten nicht mehr miteinander reden. Wir ham uns beide abgekapselt, mochten uns nicht mehr umarmen, nicht mehr berühren, wir konnten dem Andern nicht mehr als Stütze dienen.
> Thorsten: Jeder hat sich aus Eigenschutz zurückgezogen, um erstmal mit seinem eigenen Schmerz fertig zu werden. Wir ham uns gegenseitig gebraucht, waren aber nicht fähig, uns gegenseitig zu helfen. Da fängt man dann an – *Hass* ist das falsche Wort, aber man entwickelt einen Zorn, völlig ungerechtfertigt, aber er ist da. Warum bist Du jetzt nich für mich da?! (...) Das war 'ne sehr harte Zeit, wo wir gemerkt haben, dass wir langsam auseinanderdriften, ohne dass wir das wollten. Wir ham uns aber nie gesagt: Es hat keinen Sinn mehr mit uns, im Sinne von: Wir können miteinander keine Kinder haben, also hat die Ehe keinen Zweck mehr. Ein Grund, warum wir geheiratet haben,

war, weil wir Kinder haben wollten/
Mareike: Es gab dieses eine Gespräch, wo wir merkten: wir stehen grade wirklich am Abgrund.
Thorsten: Wo wir uns gefragt haben: Macht das Sinn, weiterzumachen?
Mareike: Wollen wir uns trennen oder wollen wir weitermachen?

In dieser Zeit maximaler Anspannung und Belastung der Paarbeziehung ergibt sich nun eine interessante interpretative Wendung, die das Zentrum der Analyse bilden soll:

Mareike: Als wir uns wieder zusammengerissen haben und gesagt haben: Okay – wir wollen das immer noch und wir schieben uns jetzt *nicht* gegenseitig wieder die Schuld zu, wurde uns tatsächlich vom Arzt bestätigt, wenn wir *beide neue* Partner hätten, wäre das wahrscheinlich kein Problem mehr. Es war dann nicht mehr nur Thorstens Problem, sondern diese Einnistung und die Schwangerschaften an sich, und dass die Schwangerschaft nicht gut eingenistet oder nicht vorangeht, das ist *mein* Problem.
Thorsten: Es gibt insofern Probleme auf *beiden Seiten*, also es ist nicht nur *einer* bei uns, sondern es sind *beide*.
Mareike: Die Universitätsklinik meinte, dass Karsten einen Antikörper hat, den *ich* aus irgendeinem Grund abstoße.
Thorsten: Wie so 'ne allergische Reaktion (…) Es gab Gott sei Dank auf meiner Seite keine Genugtuung, als sich rauskristallisierte, dass die Einnistung bei ihr nicht funktioniert, dass ihr Körper das immer wieder abstößt. Das war keine Genugtuung für mich, nach dem Motto: Es liegt ja nicht nur an mir. Sondern es war einfach nur so: okay, noch 'n Hindernis!
Mareike: Gott sei Dank war's aber dann von beiden Seiten. Wäre es immer nur die eine Seite gewesen, wär's schlimmer gewesen. Dadurch, dass ich merkte, ich trag genau so meinen schlechten Teil dazu bei wie er, waren wir wieder in einem Boot.

Etwa zu diesem Zeitpunkt entschließen sich die beiden, ein zweites Mal zu heiraten:

Mareike: Mit der Immungeschichte waren wir sehr gespannt und es gab so 'n bisschen Hoffnung: Da waren wir dann auch in den Vorbereitungen für unsere Eheerneuerung. Wir ham ein zweites Mal geheiratet.
Thorsten: Ehegelübde erneuert. | Mareike: Genau.
Interviewer: Was heißt das genau?
Mareike: Es gibt Ehepaare, die sich nach 'ner Zeit aufs Neue das „Ja-Wort" geben, einfach so: Wir sind immer noch füreinander da. Wir hatten Zehnjähriges und das war so nach dem Motto: Ich will auch nach zehn Jahren noch, will auch die nächsten Jahre noch.

Analytisch aufschlussreich ist dieses Fallbeispiel zunächst in seiner für Kinderwunschpaare typischen Dynamik, wenn sich auch nach vielen Versuchen keine Schwangerschaft einstellt. Das Paar reagiert auf den anfänglichen Schock *seines* stark eingeschränkten Spermiogramms mit großem Elan und Teamgeist, sie nutzen alle Möglichkeiten der Reproduktionsmedizin, um mit medizinischer Hilfe zu Kreateuren ihres Schicksals zu werden. Paarbeziehung und Ehe sind in ihrer Selbstbeschreibung klar auf ein klassisches Familienbild ausgelegt. Ihr *Paarsinn* und der soziale Sinn des Kinderkriegens sind, wie bei vielen Paaren, eng miteinander verknüpft, wie es sich im bereits früh vorgesehenen Kinderzimmer oder auch im Hauskauf materialisiert. Die zunehmende Bedrohung dauerhafter Kinderlosigkeit wird auch zur Bedrohung für diesen Beziehungssinn. Dieser findet seinen Fokus dann gerade und vor allem im gemeinsamen Kampf für ein eigenes Kind und droht sich in Hochphasen darin zu erschöpfen: Das Paar geht voll im Projekt der Erfüllung seines Kinderwunsches auf. Nachdem alle konventionellen Diagnostiken ausgereizt sind, nimmt das Paar auch die Suche nach den Ursachen noch stärker selbst in die Hände. Sie wenden sich an Spezialdiagnostiken anbietende weitere Kinderwunschzentren, bis hin zu medizinisch umstrittenen Untersuchungen, darunter ein Iris-Scan, der auf bestimmte organische Probleme hindeuten soll. Das Paar wird im Zuge dessen zum Experten seiner eigenen Unfruchtbarkeit, mit dem funktionalen Grund, ihre Kinderlosigkeit nicht zum gott- oder naturgegebenen bzw. schlicht hinzunehmenden Schicksal werden zu lassen. Die Fokussierung auf die Behandlung in Verbindung mit den erfahrenen Fehlgeburten intensivieren auch die Selbstdefinition als unerfülltes, ungewollt kinderloses Paar. Sozial verstärkt wird dies noch durch die Freude und Leichtigkeit eines im Freundes- und Bekanntenkreis performierten Baby- und Familienglücks, dem das Paar mit sozialer Distanz begegnen zu muss. Parallel dazu schränkt das Paar den Kreis der Eingeweihten, jeweils von den Versuchen unterrichteten Personen immer weiter ein, um sich von Mitleidsbekundungen, Nachfragen, gut gemeinten Ratschlägen und Mitteilungsdruck abzuschirmen.

Spätestens mit der zweiten Fehlgeburt kann das Paar seinen positiven Teamgeist im Kampf um ein Kind nicht mehr länger aufrechterhalten. Als dieser Zusammenhalt im Zeichen des Kinderwunsches nun irgendwann einbricht, stürzt das Paar in eine existenzielle Krise, in der die Grundmauern von Ehe und Partnerschaft zur Disposition gestellt werden. Wie stark der Beziehungssinn im gemeinsamen Kinderwunsch aufgeht, zeigt sich in der zuspitzenden Formulierung Mareikes, die im Falle eines Abbruchs der Behandlung keine andere Möglichkeit als die Trennung zulässt. Genau zu diesem Zeitpunkt kommt es im Interview zu einer beinahe holzschnittartigen, aber analytisch interessanten Wende: Als das Paar sozial beinahe auseinanderzubrechen droht, führt eine weiterführende, auf Blutgruppen und Antikörpern basierende Diagnostik, die das Paar in einem darauf spezialisierten Zentrum hatte durchführen lassen, zu der Erkenntnis, dass sich die Partner gewissermaßen auf körperlicher Ebene abstoßen und eine Schwangerschaft durch eben diese Abstoßungsreaktionen verhindert würde. Dieser neue Erklärungsansatz hat es für das Paar in sich: Nicht nur, dass nun eine benennbare Ursache für das Scheitern vorliegt, die Ansatzpunkte für weiteres Handeln liefern kann. Die ganze Geschichte der Fruchtbarkeitsdysfunktionalität wird nun (auch nachträglich) symmetrisiert. Es sind nicht mehr nur er und seine schlechten Spermien der Grund für die Misere, was anfangs eine problematische Asymmetrie mit sich brachte, sondern auch Mareikes Körper, der nach neuem Wissen durch Abstoßungsreaktionen dafür sorgt, dass ein durch Thorsten befruchteter Embryo an seiner Einnistung gehindert wird. Diese körperliche Symmetrisierung des Problems setzt auf beide Partner sowie auf ihre Deutungen als Paar insgesamt eine sozial harmonisierende Wirkung frei. Von dieser Information der körperlichen Aversion auf molekularer Ebene getriggert und beinahe beflügelt, beschließt das Paar seinen sozialen Bund der Ehe zu erneuern. Damit distinguiert es sich wiederum von diesem neuen Wissen über die Inkompatibilität seiner

Körper, gleichzeitig aber auch ein wenig von der gemeinsamen Festlegung aufs Kinderkriegen. Die Paarbeziehung wird neu geerdet, indem sie den physischen Widerständen der Zeugung und Befruchtung trotzt. Schließlich tut sich dann noch eine Interpretation auf, die auch die medizinische Information in eine Bestätigung des Zusammenseins verwandelt, indem die Abstoßungsreaktionen als Folge einer *Überähnlichkeit* gedeutet werden:

> Mareike: Wir ham die gleiche Blutgruppe und auch die Werte danach, die Kellfaktoren[58] sind bei uns beide gleich.
> Thorsten: Bis auf den letzten Buchstaben, also es ist wirklich fast identisch.

Die Fallvignette soll neben dem Aufzeigen einiger typischer Aspekte im Zusammenhang langandauernder Kinderwunschbehandlungen dazu dienen, jene Verknüpfung des Körperlichen, Technischen bzw. Medizinischen und Sozialen, die sich im Rahmen reproduktionsmedizinischer Praxis entfalten kann, etwas überspitzt zum Vorschein bringen. Diese Form der Soziomedikalität bzw. -technizität ist ein typisches Merkmal der Kinderwunschbehandlung und zeigt sich auch bei vielen anderen ihrer Schauplätze auf unterschiedliche Weise: Wenn Kliniken die Befruchtung der Eizellen ihren Paaren auf Monitoren präsentieren und ihnen damit ein Re-Romantisierungsangebot ihres Zeugungsaktes machen, oder wenn Paare, wie in Kapitel 4.1 gezeigt, das Spritzen der Hormone zu einem Paarevent machen.

Noch ein weiterer Aspekt lässt sich an diesem Fallbeispiel hinsichtlich einer gewissen Gender-Apräsenz diskutieren. Das Paar lässt sich in seiner Lebensführung und gemeinsamen Vorstellungen von Ehe und familialen Idealen grob einem geschlechtertraditionellen, heterosexuellen Milieu zuordnen, kombiniert mit modernen Elementen der Arbeitsteilung und der gleichberechtigten Verbindung zweier Berufsbiografien. Auffällig ist jedoch, dass im Zuge der projektförmigen Aneignung des Kinderkriegens unter reproduktionsmedizinischen Vorzeichen das Gendering des Zeugens weitgehend zurückgefahren wird. Die asymmetrische Einbindung des Paares in die Behandlung wird zwar thematisiert und auch problematisiert, aber kaum unter Blickführung der Geschlechterdifferenz. Es soll hier eine These vorbereitet werden, deren Pfad später wieder aufgenommen wird: Indem die verschiedenen körperlichen Prozesse und Parameter dem gemeinsamen Ziel des Kinderkriegens dienen, das heißt nicht nur medikalisiert, sondern viel stärker noch technisiert werden, werden sie auch ein Stück weit ,entgendert'. Der Zeugungsvorgang wird entzaubert, indem er medizinisch durchleuchtet, technisch angeeignet und mit statistischen Erfolgswahrscheinlichkeiten versehen wird. Jene sexualromantischen Vorstellungen zwischen Mann und Frau, deren Liebesenergie ohne weiteres Dazutun von einer Schwangerschaft belohnt wird, werden hier zunächst durch eine medizinisch-technische Versuchsrationalität abgelöst. Die Mystik der Vereinigung von Mann und Frau erfährt eine ernüchternde technische Reduktion auf klar umrissene, medizintechnisch kontrollierte biologische Vorgänge, die

---

58 Das sogenannte Kell-System ist ein etabliertes Instrument zur Bestimmung von Blutgruppen.

zudem zum Teil aus dem Körper ausgelagert werden. Die Körperteile und biologischen Vorgänge finden dadurch auch zu bestimmten Objektivationen, die zwar neue Möglichkeiten der Geschlechtscodierung mit sich bringen, diese können wie hier aber auch weitgehend ungenutzt bleiben.

5.1.2 Fallvignette zur Soziomedikalität II

Betrachten wir einen weiteren Fall unter den Aspekten der Aneignung der Kinderwunschbehandlung und den von ihr auf das Paar ausgehenden Impulsen der Asymmetrisierung. Regina (35, Chemielaborantin) und ihr Partner (41, Versicherungsmathematiker) kennen sich seit 16 Jahren, sind seit 9 Jahren verheiratet und wohnen in einem Haus im Vorort einer Großstadt. Auch sie haben eine lange Zeit hinter sich, in der sie versucht haben mit reproduktionsmedizinischer Hilfe schwanger zu werden. Beim ersten Interviewtermin führt mich Regina durch das nagelneu wirkende Haus und zeigt mir die leerstehenden Kinderzimmer – noch nicht eingerichtet, aber doch klar als solche vorgesehen. Mit ihnen und dem neu erbauten Haus materialisiert sich die Zukunftsfestlegung des Paares in Form einer den selbstverständlichen Erwartungen gemeinsamer Kinder vorauseilenden Infrastruktur. Vom großen Haus geht eine implizite Aufforderung aus, als Familienherberge zum Leben erweckt zu werden. Die Aufmerksamkeit des Paares richtet sich mit der Zeit immer stärker und expliziter aufs Kinderkriegen und es kommen allmählich kommunikativ ausgeflaggte Entscheidungen ins Spiel, die die Sexualität des Paares gezielter auf das Eintreten einer Schwangerschaft trimmen sollen. Wenn das Kind nicht ‚von selbst‘ zum Paar kommt, muss sich das Paar stärker dem Kinderkriegen zuwenden. Dieses körpertechnische Handeln, das auf das richtige Timing des Geschlechtsverkehrs abzielt, ist in eine paarbiografische Erzählung eingebettet, in der sich bislang eines aufs andere von selbst zu ergeben schien, die nun aber auf Widerstände stößt. Zu dieser Geschichte gehört bald auch, dass nun anstatt eines Kindes ein anderer Dritter die Bühne des Paares betritt:

> Regina: Es is nichts passiert und die Ärzte hatten schon gesagt: „Bei Ihnen könnt's 'n bisschen schwieriger werden wegen dem Übergewicht." Das sei aber nicht schlimm, weil wenn's dann so weit ist, könnten wir mit pflanzlichen Mitteln das alles ein bisschen anregen und: „Probieren Sie's mal und wenn's nich klappt, kommen Sie wieder." Dann bin ich irgendwann wieder zum Arzt und er hat gesagt: „Bevor wir an Ihnen rumschrauben, soll Ihr Mann erstmal zum Spermiogramm, damit wir nicht an Ihnen was machen und dann kommt von ihm gar nichts." Joa und das war dann extrem ernüchternd. Der Frauenarzt sagte (lacht) (nach dem Spermiogramm) wörtlich: „Boah, Ihr Mann is ja sicherer als jede Pille!" (unterdrücktes Lachen). Dann hab ich gesagt: „Das sag ich ihm so aber nicht!" Und er so: „Nein bloß nicht, ihren Mann müssen wir jetzt gut pflegen, wir Männer sind da ein bisschen empfindlich." Dann hat er mir noch Männerpflegetipps gegeben (lacht) – er ist ziemlich direkt, aber ich mochte das. Und dann war der nächste Schritt das Erstgespräch im Kinderwunschzentrum.

Die ausbleibende Schwangerschaft kommt nicht völlig unerwartet. Regina war bereits vorgewarnt worden, dass ihr starkes Übergewicht zu einem Hindernis werden könnte und war zunächst fest davon ausgegangen, selbst die Ursache des Problems zu sein. Nach einem Jahr ausbleibender Schwangerschaft wendet sich Regina erneut an den Arzt, der erst jetzt den Partner in die Untersuchung miteinbezieht, klare Worte für das Spermiogramm ihres Mannes findet und für Regina zum Sympathieträger wird. Das Paar spaltet sich in zwei mögliche Ursachenfelder auf und Regina wird durch das Spermiogramm vom ursprünglichen Verdacht, Hauptursache der gemeinsamen Unfruchtbarkeit zu sein, entlastet. Der Arzt macht sich in einer saloppen Bemerkung zu ihrem Verbündeten gegenüber dem nun zu ‚pflegenden' Mann, der zur Ursache des gemeinsamen Problems wird, wie Regina im Interview immer wieder nachdrücklich bekundet:

> Regina: Dann war's eigentlich klar: Bei der schlechten Qualität, die wirklich extrem übel war, bleibt nichts als die ICSI. Die erste war dann im Herbst 2016. Und ja, ich hab immer fröhlich Eizellen produziert, aber es kam nie viel bei rum. Bei den ersten zwei Versuchen hatte ich neunzehn Eizellen, beim dritten Mal vierundzwanzig, aber meistens waren's nur so drei, die dann auch eingesetzt werden konnten, wo dann aber nichts weiter passiert ist. Ich hab Doktor Storck nochmal gefragt: „Kann man jetzt genau sagen, woran das liegt?" – Ja, das läge halt an den Spermien, die wären ziemlich schlecht. Auch die Biologin meinte: „Boah wenn ich das gewusst hätte, hätte Ihr Mann vorher nochmal bei mir 'n Spermiogramm machen sollen, damit ich weiß, was auf mich zukommt", so ungefähr. Sie hätte kaum genug gefunden für die ICSI, und das is ja ziemlich übel.

Regina rückt neben der Tatsache der scheiternden Versuche auffällig oft und mit Nachdruck die Information in den Vordergrund, dass dies am ungewöhnlich schlechten Spermiogramm ihres Mannes liege. Die Aufspaltung und Sichtbarmachung der Zeugungsleistung durch die Labordiagnostik ermöglicht einen neuen Blick: Während sie *„fröhlich Eizellen produziert"*, kann keine Schwangerschaft entstehen, weil ihr Mann seinen Teil zu geben offensichtlich nicht in der Lage ist. Dies wirft die Frage auf, welche Verbindung zwischen dem Einstieg in die medizinische Behandlung und der Paarbeziehung hier und auch im weiteren Verlauf des Interviews aus der Perspektive der Informantin zum Ausdruck kommt. Dieses und zwei weitere Interviews im Abstand von einigen Monaten geben tiefere Einblicke in die Paarbeziehung. Nach weiteren scheiternden ICSI-Versuchen reflektiert Regina immer wieder auch ihren Kinderwunsch:

> R: Ich kann mir auch durchaus ein Leben ohne Kinder vorstellen (…) und ich denk mir: Wir ham auch 'nen Plan B, wenn's so bleiben sollte, dass wir kinderlos bleiben, dann machen wir eben mehr andere Sachen. Da gibt's Vieles, wo ich sag: hat wirklich seinen Reiz!

Es deutet immer mehr darauf hin, dass es nicht nur die unbedingte Sehnsucht nach einem Kind sein kann, die Regina über drei Jahre lang die Strapazen einer Kinderwunschbehandlung aushalten lässt. Mehrfach kommt sie auf andere Gewinnmitnahmen zusprechen, die sie durch die Behandlung für sich erlebt und reklamiert:

> Regina: Ich bereue die Kinderwunschbehandlung auf keinen Fall, egal was rauskommt/ – weil es hat die Beziehung verändert, sie is auf die Probe gestellt worden, sagen wir es mal so. Weil ich auch eben durch mein ähm – fast nicht existentes Selbstbewusstsein immer dachte: Du musst funktionieren,

du musst besonders gut sein, damit er dich nicht verlässt. Was Blödsinn ist, aber hab ich das halt gedacht! Und *da* musste *ich ihn* jetzt mal belasten und hab gemerkt: Mensch, das geht! Und er macht sich Sorgen um Dich, und ja! Dadurch is es intensiver geworden. (...) Das hat der Beziehung aus meiner Sicht viel gebracht. (...) ich zweifle ja viel/ also daran, dass ich's verdiene, überhaupt geliebt zu werden. (...) Und anfangs, als das schlechte Spermiogramm kam, hatte ich ein zwei Tage, da hab ich mich gefragt: Soll ich ihn jetzt verlassen?! Soll ich mir jetzt 'n anderen Mann suchen? – Also das war wirklich nur ein zwei Tage, dann hab ich gedacht: Hallo!? [sich selbst wachrüttelnd] (lacht). Aber das war so die erste Idee. Das war komisch, weil eigentlich käme ich nie auf die Idee.

Die Kinderwunschbehandlung bringt in Reginas Erleben eine neue Perspektive auf ihre Beziehung ins Spiel. Ihr Übergewicht, das in der Behandlung zunächst droht, auch noch zur determinierenden Ursache der gemeinsamen Kinderlosigkeit erklärt zu werden, wird durch das Ergebnis seines Spermiogramms für sie überraschend klar in den Schatten gestellt. Während sie sonst eher die latente Angst verspürte, von ihrem Mann abhängig zu sein und glaubte, sich seine Treue und Zuneigung verdienen zu müssen, fühlt sie sich nun in ihrem Selbstvertrauen gestärkt und erfährt eine Aufwertung ihrer Position innerhalb der Paarbeziehung. Dass die Ursachen für die scheiternden Behandlungszyklen *ihm* und nicht, wie anfangs antizipiert, *ihr* zugschrieben werden, verschafft ihr das Gefühl einer gewissen ihr bis dahin fremden Machtposition gegenüber ihrem Mann. Aus Reginas Sicht kehrt sich das Abhängigkeitsverhältnis der Beziehung um. Es geht in der obigen Sequenz wohl nicht darum, dass Regina tatsächlich mit dem Gedanken spielte, ihren Mann aufgrund seiner Unfruchtbarkeit zu verlassen. Es ist mehr eine Fantasie, der sie sich hingibt, um jene durch die Fruchtbarkeitsdiagnostik angetriebene Abhängigkeitsumkehr selbstwertdienlich auf sich wirken zu lassen. Ihr Übergewicht, unter dem sie seit ihrer Kindheit litt, verliert an Bedeutung und findet ein ausgleichendes Äquivalent in seiner Unfruchtbarkeit. Sie kann sich in diesem Gedankenspiel, ihren Mann zu verlassen, nun dazu entscheiden, trotz seines Makels aus freieren Stücken zu ihm zu stehen und bei ihm zu bleiben. Die Beziehung erfährt durch diese Symmetrisierung zumindest aus Reginas Sicht und möglicherweise auch objektiv eine gewisse Stärkung (siehe auch Ullrich 2012: 309 ff.). Ein möglicher Nebeneffekt dabei ist, dass es die Beziehung auch vom Gelingen der Familiengründung ein wenig unabhängiger macht.

Auf diese Weise finden die medizinischen Befunde über alltagsweltliche Deutungen und soziale Übersetzungsprozesse Einzug in den Binnenhorizont einer Paarbeziehung und deren interne Abhängigkeitsstruktur. Während sich die Paarbeziehung im Laufe der Kinderwunschbehandlung rekonfiguriert, fühlt sich Regina durch die Behandlung aber nun zusätzlich in neue soziale Beziehungen eingebunden:

Regina: Wenn das alles vorbei ist, diese Praxis wird mir fehlen! Ich bin da jetzt seit dreieinhalb Jahren, man kennt die Menschen, ich fühl mich da wohl und werde immer gut behandelt. Wenn man reinkommt, wissen die sofort, wie man heißt und sprechen mich mit Namen an. Das ist sehr angenehm. (...) Was hab ich mit den ganzen Mädels da schon gequatscht?! Haben uns schon über Bücher ausgetauscht und gequatscht bis zum geht nicht mehr. Man erfährt halt mit der Zeit was über die Leut und/ wenn's um Termine geht, heißt's dann: „Kann sein, dass Sie 'n bisschen warten müssen!" – Was soll's?! Ich fühl mich da wohl. Hier is doch gemütlich! Die würden mir schon fehlen.

Noch dazu find ich, der Herr Doktor Storck is auch was für's Auge (lacht), er is sehr sympathisch. (...) Das sind jetzt dreieinhalb Jahre, die ich regelmäßig bei ihm bin und man redet doch sehr intim. Wie gesagt, die Vorteile, die ich hab: Die Beziehung zu meinem Mann ist nun auf die Probe gestellt worden und ich hab 'nen schnuckligen Arzt kennen gelernt (lacht).

Nicht nur, dass Regina sich in der Praxis beinahe familiär aufgehoben fühlt und die Räume wie zum zweiten Wohnzimmer für sie werden, mit ihrem behandelnden Arzt Dr. Storck hat sie auch einen attraktiven Mann in ihrem Leben dazugewonnen. Regina macht kein Geheimnis daraus und kokettiert damit, dass sie sich zu ihm hingezogen fühlt. Dass er als Mediziner (und Mann) intime Einblicke in ihren Körper bekommt, erfüllt sie weniger mit Scham als eher mit ein bisschen Stolz. In ihrer Fantasie scheint sie ihren Arzt mit ihrem Mann konkurrieren zu lassen und aus der Tatsache, dass Doktor Storck ihr ein Kind zu machen versucht, ein besonderes Gefühl sozialer Nähe zu entwickeln. Der Arzt scheint ihr diese Fantasie zumindest nicht ganz zu nehmen, indem er Reginas entsprechende Smalltalk-Avancen nicht ablehnt. Die mehrjährige Beziehung zum Arzt, mit dem sie private körperliche Details teilt, der sie untersucht, ihr Eizellen entnimmt, Embryonen einsetzt und Sperma inseminiert, rundet Regina für sich zu einem intimen Vertrauensverhältnis auf. Er besetzt für sie eine wichtige Rolle des Zeugungskollektivs und Regina kann sich auch in ihrer Weiblichkeit gegenüber dem attraktiven Mediziner selbstwertdienlich neu erleben. Diese ‚Sekundärgewinne‘ zusammengenommen – die Re-formatierung der Paarbeziehung und deren Abhängigkeitsstruktur, das soziale Aufgehobensein im Kinderwunschzentrum und seiner Belegschaft, das latente Flirten mit einem attraktiven Arzt, die Neuentdeckung ihrer Weiblichkeit und Aufwertung ihres Selbstvertrauens – bieten Regina eine tragende Motivationsgrundlage für die Kinderwunschbehandlung, auch ohne dass am Ende unbedingt ein Kind entstehen muss, wie sie auch an anderer Stelle betont:

Regina: Ich bereue es auf keinen Fall, weil ich hab da so viel gelernt über mich und über meine Beziehung.

Man kann diesen Fall für ein wenig skurril halten. Im Rahmen der Analyse steht aber die Eigenschaft des Falles im Vordergrund, einen bestimmten Aspekt der Kinderwunschbehandlung besonders deutlich sichtbar und soziologisch greifbar zu machen. An ihm lässt sich exemplarisch zeigen, wie der medizinische Behandlungskontext und die psychosozialen Binnenwelten von Paarbeziehungen aus Akteursperspektive sinnhaft miteinander verschmelzen können. Dies muss nicht auf so idiosynkratische Weise wie hier geschehen. Während auf der Behandlungsoberfläche an der Erfüllung eines Kinderwunsches gearbeitet wird, entstehen im Rahmen des Beziehungsnetzwerks neue Deutungsmuster im Schnittpunkt des Körperlichen, Sozialen und Technischen. Nicht nur wird die Paarbeziehung und deren sexuelle Dimension durch die Behandlung in Teilen medikalisiert, der medizinische Rahmen samt seiner Interaktionsangebote wird von den Beteiligten in gleichem Maße auf der Sozialdimension individuell ausgelegt und angeeignet. Während die Kinderlosigkeit in ein medizinisches Problem übersetzt wird (vgl. Ullrich 2007), wirken anschließende Diagnosen und Behandlungsschritte auf die

Sozialität des Paares zurück und werden in Reginas Fall eigenwillig projiziert. In ihrer Erzählung schreibt sich die Behandlung subjektiv besonders tief in den Horizont ihrer Paarbeziehung ein und entfaltet beinahe ‚psychotherapeutische' Wirkung.

Interessante Aspekte liefert der Fall auch hinsichtlich der sozialen Konstruktion des Kinderwunsches und seiner Veränderung im Laufe der Behandlung. Kinderwunsch und Behandlung zeigen sich in einem wechselseitigen und dynamischen Entwicklungszusammenhang. Ausgangspunkt der Behandlung war die Nichterfüllung einer im Selbstverständnis der Paarbeziehung implizierten, traditionellen Elternschaftserwartung, ein Wunsch also, der sich (typischerweise) primär um die Verwirklichung einer familialen Lebensform dreht und weniger um die Sehnsucht nach einem Baby. Als die Kinderwunschbehandlung Regina aber auch ihre Paarbeziehung auf neue Weise entdecken lässt, reflektiert sie im Laufe der Zeit immer wieder auch ihren Kinderwunsch neu:

> Regina: Ich hab ja zwei Lebensentwürfe, und es is jetzt nicht so, dass einer komplett trostlos wäre. Manchmal denk ich mir: „Eigentlich wär's mir vielleicht doch lieber, kein Kind zu haben." Es sind so Sachen: „Ach wir könnten ja mal wieder in die USA fliegen!" Was dann aber mit Kind erstmal nicht geht oder zu teuer is oder sowas und – oder: „Ach! Wenn das mit dem Kind nichts wird, vielleicht kauf ich mir dann n neues Motorrad" – und so 'n Kram. Aber dann denk ich mir: Vielleicht denkst du in zehn Jahren, wenn's zu spät ist, anders.

Der Kinderwunsch und seine Behandlung lassen sich hier nur in einem wechselseitigen Entwicklungszusammenhang laufender Subjekttransformationen verstehen. Es spricht einiges dafür, dass Regina erst im Laufe der Behandlungsjahre ihren Kinderwunsch auf diese Weise reflektiert und rationalisiert, während er zuvor der kaum hinterfragten traditionalen Erwartungsstruktur einer gemeinsamen Zukunft als Paar entsprang. Der Aufwand der Behandlung nötigt geradezu zur Reflektion: *Warum und wofür mache ich das überhaupt? Wie lange will ich es noch weiter versuchen?* Gleichzeitig zwingt die zunehmende Aussichtslosigkeit einer Behandlung auch dazu, sich für Alternativen – ein Leben zu zweit, die Möglichkeit einer Adoption oder andere Wege generativer Beziehungsmodelle – offenzuhalten. Für Regina ist das mögliche unfruchtbare Ende der Behandlung fest mit der Vorstellung eines Lebens ohne Kinder assoziiert, die der Verwirklichung als Familie diametral entgegengesetzt wird. Eine möglicherweise erfolglos zu Ende gehende Kinderwunschbehandlung erzeugt eine polarisierte Zukunftsprojektion, deren Pole Regina zwischenzeitlich allerdings beide positiv besetzen kann:

> Regina: Wir haben jetzt auch beschlossen Urlaub zu machen. Und wir planen für den Sommer 'ne Australien-Reise. Also entweder gibt's 'ne Australien-Reise oder eben Schwangerschaft. (...) Es gibt ja Frauen, die scheinbar von klein auf dieses Ziel haben: „Ich will Kinder haben", und sagen: „Ein Leben ohne Kinder is nich lebenswert" – da zähl ich mich nicht dazu.

Immer wieder distanziert sich Regina von einem bedingungslosen Kinderwunsch und distinguiert sich von anderen Frauen, denen sie eine solche perspektivische Versteifung zuschreibt und die daran zu verzweifeln drohten. Reginas im Laufe der Behandlung zunehmend differenziertere Sicht auf ihren Kinderwunsch, den sie nun angesichts endlos scheiternder Versuche immer mehr in Frage stellt, illustriert den bereits erwähnten Aspekt seiner sozialen bzw. kommunikativen Verfasstheit innerhalb der Paarbeziehung. Je weniger stark Regina den Kinderwunsch im Verlauf besetzt und je stärker sie in der Paarkommunikation die mögliche und vielleicht notwendige Akzeptanz der ‚Kinderlosigkeit' sich und ihrem Partner als Option vor Augen führt, desto mehr scheint es ihren Mann aus der Reserve zu locken, sich nun doch noch einem zwischen den beiden bereits andiskutierten Thema zu nähern, dessen Entscheidung vor allem von ihm abhing:

> Regina: Am nächsten Tag kam er heim, meinte, er hätte jetzt auf der Heimfahrt von der Arbeit nochmal nachgedacht und wir sollten das *doch* machen mit dem Fremdsperma. Weil – das ist typisch mein Mann – die Wahrscheinlichkeit, dass wir es bereuen, wenn wir es machen und es klappt, geringer ist, als die Wahrscheinlichkeit, dass wir es bereuen, wenn wir es gar nicht erst versuchen (lacht). Verstanden? So dieses: Bloß verhindern, dass man später, wenn's zu spät ist, sagt: „Ach hätten wir doch!" Und dann haben wir uns dazu entschieden, das zu probieren.

Die scharf skizzierte Entscheidungsrationalität ihres Mannes verschafft einen Einblick in das subjektive Behandlungskalkül. Die Reproduktionsmedizin verspricht weitere Handlungsmöglichkeiten (jetzt mit Fremdsperma), und diese nicht zu nutzen, würde heißen, sich in letzter Konsequenz der Möglichkeit, doch noch ein Leben mit Kindern zu verwirklichen, zu verschließen. Damit würde einhergehen, dass man eine künftige Kinderlosigkeit, statt einer schlicht gescheiterten Behandlung, dem selbst unterlassenen Handeln zuschreiben müsste, sich also vorwerfen müsste, es nicht noch mit weiteren Mitteln versucht zu haben. Ein wichtiger Nebeneffekt ist, dass sich die Besetzung und Umsetzung des Kinderwunsches ein wenig stärker auf ihn verlagert. Obwohl er nun rein biologisch exkludiert wird, wird er gleichzeitig sozial stärker in das gemeinsame Projekt involviert, indem die Entscheidung, ob mit Fremdsperma hantiert werden soll, primär ihm übertragen wird und von seinem Commitment abhängt, während für sie das Behandlungsprocedere nun im Gegensatz zu den vorangegangenen ICSI weniger strapaziös ist, sie also für das gemeinsame Glück weniger leiden muss. Es müssen keine Eizellen mehr gewonnen, das Fremdsperma muss ‚nur' inseminiert werden. Ihr Mann erspart ihr mit seiner Initiative fürs Fremdsperma weitere Strapazen, was sie als Liebesbeweis interpretiert:

> R: Er meinte: „Ich hab gesehen, wie schlecht's meiner Frau teilweise ging, ich möcht nicht, dass sie das noch weiter durchmacht." Und das fand ich *so*/ dieses: *ich möchte nicht, dass meine Frau das nochmal durchmacht* (sie lässt sich den Satz nochmals auf der Zunge zergehen). Das war so richtig/ schon auch 'n Liebesbeweis für mich.

Regina und ihr Mann werden nach weiteren Versuchen mit Fremdsperma am Ende doch noch schwanger und bringen nach einer ca. sieben Jahre andauernden Phase der Kinderwunschbehandlung schließlich ein Kind zur Welt. Mit ihm auf dem Arm stattet Regina der Kinderwunschpraxis nach wenigen Monaten einen Besuch ab, wo sie vom anwesenden Arzt und dem gesamten Team für den leibhaftigen Behandlungserfolg gefeiert wird.

Über die Individualität des Falles hinausweisend wurden an diesem Fallbeispiel vor allem zwei soziologische Aspekte eines erweiterten Kontexts der Kinderwunschbehandlung herausgearbeitet: (1) Nicht nur findet der medizin- und labortechnische Kontext Einzug in die Lebenswelt der Paare, etwa indem diese zu Amateurexpert:innen ihrer Schwängerung werden und Entscheidungen über technische Alternativen treffen müssen. Auch der Laborkontext und dessen soziotechnischen Infrastrukturen können von den Paaren und deren Lebenswelt sinnhaft besetzt und sozial angeeignet werden. Dies zu vernachlässigen, führt zu einem schematisch verkürzten Verständnis von Medikalisierungsprozessen: Versteht man unter Medikalisierung in Anlehnung an Habermas (1981) eine Form der Kolonialisierung der Lebenswelt durch medizinische Praktiken und Rationalitäten, so lässt sich umgekehrt auch eine Kolonialisierung medizinischer Felder durch private Lebenswelten zeigen. Es lassen sich dann Grenzziehungspraktiken beobachten, wie sie bereits in Parsons (1958: 35 ff.) Modell der Arzt-Patientenbeziehung angelegt sind. Die Kinderwunschbehandlung stellt sich dabei als ein medizinisches Setting heraus, das diese Grenzarbeit zwischen medizinischen Zuständigkeiten und privaten Sinnstiftungsprozessen vor besondere Herausforderungen stellt (siehe auch Ullrich 2012). (2) Der Fall demonstriert außerdem, wie die Paarbeziehung und ihre Kinderwunschkonstruktion im Zuge der Behandlung einen dynamischen Veränderungsprozess durchlaufen. Auch wenn hier kein Paarinterview vorliegt und die Rolle von Reginas Mann nur aus ihrer Perspektive rekonstruiert werden kann, offenbart der Fall verschiedene Facetten des Kinderwunsches, die ebenfalls aus einer Wechselwirkung zwischen Behandlungs- und Beziehungslogik erwachsen. Neben der technischen Zeugungsarbeit müssen die Paare sozial daran arbeiten, bestimmte Variablen über bestimmte Behandlungsphasen hinweg konstant zu halten, bis diese in bestimmten Abständen wieder hinterfragt und neu ausgehandelt werden, wenn es darum geht, weitere Versuche folgen zu lassen oder nicht, sich für weiterführende Behandlungsoptionen zu entscheiden oder nicht, sowie sich für unterschiedliche Zukünfte zu zweit oder zu dritt offen zu halten.

5.1.3 Geschlechter(ent)differenzierungen im IVF-Kontext

Die Kinderwunschbehandlung ist von einem biomedizinischen Wissensgebiet umrankt, das die körperliche Geschlechterdifferenz als zentrales Movens und wissenschaftliche Tatsache biologischer Fortpflanzung in den Mittelpunkt der Aufmerksamkeit rückt. Prototypischer Adressat der Kinderwunschtherapie ist dementsprechend das von seinen Erwartungen an die eigene Fruchtbarkeit enttäuschte heterosexuelle Paar. Insofern ist die medizinisch assistierte Reproduktion zwar technologisch modern, lässt sich soziohistorisch aber zunächst in einem traditionellen Rahmen auf biologischer Abstammung beruhender Familiarität und Zweigeschlechtlichkeit verorten, dessen konventionelle Erwartungen an das Kinderkriegen sie mit medizintechnischen Mitteln bedient

(Becker 2000: 240 f.). Wie auch Schwangerschaften einen sozialen Raum aufspannen, der die Unterscheidung nach Geschlecht innerhalb von Paaren und um sie herum vorantreibt, ist auch von der Kinderwunschbehandlung zu erwarten, dass sie Paare temporär einer stärker sexualisierten Selbst- und Fremdwahrnehmung aussetzt, indem sie die Relevanz ihrer geschlechtlichen bzw. heterosexuellen Konstellation hochfährt. Ähnlich treten Paare, die durch sich selbst und andere in biografisch bestimmten Lebensphasen zu Adressaten von Schwangerschaftserwartungen werden, tendenziell in eine Salienz- bzw. Konjunkturphase ihrer Geschlechterdifferenzierung ein (Hirschauer 2019: 9). Solche Erwartungen werden selbstverständlich auch von Kinderwunschzentren angesteuert, wenn auf zahllosen ihrer Homepages oder Werbebannern Darstellungen zu sehen sind, die heterosexuelle Paare oder Vater-Mutter-Kind-Motive abbilden und entsprechend in Szene setzen. In diesem Sinn können Kinderwunschzentren bzw. die Kinderwunschbehandlung in Rekurs auf Goffmans (1977) „institutioneller Reflexivität" als organisationale Infrastruktur der Geschlechterunterscheidung betrachtet werden, indem sie als natürlich voraussetzen, was sie als selbstverständlich hervorbringen. Die zweigeschlechtliche Fortpflanzung zählt zu ihrer (bislang technisch unhintergehbaren) Prämisse: Im Normalfall setzen die wechselseitigen Erwartungen zwischen Institution und Klient:innen die Heterosexualität der Paare implizit voraus. Paare wenden sich an ein Kinderwunschzentrum, eben weil sie das Fortpflanzungspotential ihrer (unterschiedlichen) biologischen Ausstattung nutzen wollen, die Erwartung einer Schwangerschaft aber bislang nicht erfüllt werden konnte. Zwar können unter bestimmten Bedingungen längst auch gleichgeschlechtliche Paare (und auch Singlefrauen) die Leistungen vieler Kinderwunschzentren in Anspruch nehmen, aber dies macht sie in ihrer geschlechtlichen Zusammensetzung erst recht relevant, indem sie biologisch nicht ohne die Hinzuziehung Dritter auskommen und auf entsprechend spezialisierte Arrangements angewiesen sind.

Die skizzierten Erwartungsstrukturen sagen allerdings empirisch noch wenig darüber aus, wie die Geschlechterunterscheidung im Feld von Kinderwunschbehandlungen und deren sozialer Praxis zum Ausdruck gebracht, erlebt, performiert und transformiert wird. Wir haben in den einzelnen Stationen der Kinderwunschbehandlung viele Situationen und Kontexte beschrieben, in denen auf *spezifische* Weise nach Geschlecht unterschieden wurde. Die Anamnese in der Kinderwunschbehandlung entspricht einer Form der Inventarisierung und Zustandsbestimmung des Fortpflanzungsapparats eines Paares (Kap. 3.1), der im Namen seines Wunsches für die Behandlung, das heißt für eine möglichst gute Chance auf eine Schwangerschaft medizintechnisch optimiert und in Stellung gebracht werden soll. In dieser zunächst datenförmigen Zusammenführung und Subordination *ihrer* und *seiner* medizinischen Befunde und Messwerte unter ein gemeinsames Ziel werden die beiden Partner zu ‚einem' dem Kinderkriegen dienenden Fortpflanzungskörper akkumuliert. Analytisch auffällig ist, dass die Geschlechterunterscheidung hier in einem ganz bestimmten Sinn performiert wird, wie wir es sonst im Alltag ihrer Darstellungspraxis (vgl. Hirschauer 1994) kaum erleben, nämlich indem genau jene Dimension von Geschlecht ins Zentrum der Aufmerksamkeit gerückt wird, die wir sonst durch unsere Kleidung diskret verdecken bzw. die eine Etage tiefer un-

sichtbar im Körperinneren verborgen liegt: die Geschlechtsteile und fortpflanzungsre-
levanten Organe der beteiligten Akteure. Der medizinisch-nüchterne Blick auf die biologischen Sexualfunktionen kann dabei nun, wie sich beobachten lässt, einen entmy-
thologisierenden Effekt auf deren kulturelle Symbolkraft ausüben. Befunde zur
(eingeschränkten) Beweglichkeit der Spermien, zu einer vermuteten (Un-)Durchlässig-
keit der Eileiter, Blut- und Hormonwerte – sie alle landen erst einmal in derselben,
geschlechtslosen Behandlungsakte medizinischer Befunde. Indem der Geschlechtskörper des Paares im Sinne seines gemeinsamen Inventars an Fortpflanzungsorganen in
der medizinischen Perspektive der Kinderwunschbehandlung auf eine technisch-funk-
tionale Weise gänzlich unromantisch zum Verschmelzen gebracht wird, wird die Geschlechterdifferenz (potenziell) auf einen biotechnischen Mechanismus, auf dessen
primäres Funktionieren und technische Aneignung reduziert. Die Relevanz des Ge-
schlechterunterschieds wird im engeren Kontext der Kinderwunschbehandlung also
weniger in der Sozialdimension, sondern viel mehr in der Sachdimensionen, nämlich
einem eng definierten (behandlungs-)technischen Sinn hochgefahren: Der Fokus liegt
nicht auf Doing Gender, sondern auf Doing medical reproductive sex. Die Unterscheidung zwischen Sex (als biologischem) und Gender (als sozialem Geschlecht) wurde in
den Gender Studies aus guten Gründen wieder ad acta gelegt, unter anderem da sie,
anders als beabsichtigt, die Natur-Kultur-Unterscheidung letztlich auf einer tieferen
Ebene zementiert (Heintz 1993, Villa 2006: 77 f.) und verkennt, dass auch das biologische
Geschlecht ein soziokulturell und wissenschaftshistorisch kontingentes Wissen darstellt
(vgl. Laqueur 1992, Hirschauer 1998). Es geht hier also explizit nicht darum, diese Unterscheidung rehabilitieren zu wollen, sondern eine Beobachterperspektive zu entwickeln, die gerade nicht a priori voraussetzt, dass es sich beim Geschlecht in Sachen
Fortpflanzung sozusagen um die eine essenzielle Dimension handelt. Im Gegensatz dazu
soll die Praxis der Unterscheidung gegenstandspezifisch als eine Form des Doing Sex
rekonstruiert werden, als eine ganz bestimmte und seinerseits kontingente Form einer
biologischen Bezugnahme auf Geschlecht neben anderen[59], etwa die chromosomale
Bestimmung des Geschlechts im Hochleistungssport (Müller 2006).

Die im Rahmen der Kinderwunschbehandlung und ihrer Medikalisierung beob-
achtete Versachlichung der Zeugung ist gewissermaßen die andere Seite der Medaille
eines oft empfundenen Verlusts von Geschlechterromantik, die die Entstehung (gewollter) Schwangerschaft durch Geschlechtsverkehr umgeben kann. Die ‚Magie' der
Heterosexualität, die die ‚natürliche' Zeugung umgibt, wird durch den nüchtern-tech-
nischen Blick der Fortpflanzungsmedizin deutlich abgeschattet. Anders formuliert: Die
Kinderwunschbehandlung stellt in ihrem Bezug und Zugriff auf die Körper eines Paares
zwar eine hochgradig ‚sexistische' Praxis dar, indem sie ihren Blick rigoros auf das
Geschlecht scharfstellt. Dadurch aber, dass das biologische Geschlecht hier keine Nebensache darstellt, die keine Rolle spielen darf, sondern eine funktional-technische

---

59 Zu verschiedenen biologischen Konzeptionen der Geschlechterunterscheidung siehe auch Villa 2006:
58 ff. sowie Fausto-Sterling 1992 u. 2000.

Unterscheidung, auf der diese Praxis für die Akteure unhinterfragt und legitimerweise beruht, rückt das Gendering der Akteure jenseits ihres ‚technischen' Geschlechts strukturell in den Hintergrund – deren Männlichkeit oder Weiblichkeit spielt kaum ein Rolle.[60] Die Akteure *sind* hier nicht ihr Geschlecht, sondern sie machen etwas damit – ihr Geschlecht wird im Zuge der Behandlung in ein Mittel zum Zweck transformiert. Indem die Kindewunschbehandlung alle Augen auf den sagenumwobenen kleinen Unterschied richtet, dessen Bedeutung insofern hochgefahren wird, als die gesamte Behandlung darauf basiert, schrumpft sie ihn gleichzeitig auf eine entzauberte und bisweilen banale biologische und medizintechnisch enggeführte Differenz. Auch die Kinderwunschbehandlung selbst ist weder männlich noch weiblich konnotiert.[61] In diesem Sinne geht mit der Kinderwunschbehandlung ein gewisses De-Gendering der Zeugung einher, insofern für den medizinischen Blick und die technisch-nüchterne Analyse des Fortpflanzungsapparats die personalen Geschlechtsidentitäten, mit denen die Körper subjektiv bzw. identitär verbunden sein mögen, relativ bedeutungslos sind, ja sogar eher Störfaktoren (Saake 2003: 444 ff.) darstellen. Diese etwas überspitzte Argumentation mag bei einigen auf Protest stoßen oder als gewagte Hypothese erscheinen, vielleicht vor allem aufgrund einer zentralen Geschlechterasymmetrie der Kinderwunschbehandlung, der wir bereits öfters begegnet sind und die im Folgenden noch einmal ausführlicher diskutiert werden soll.

Wie bereits am Fall von Thorsten und Mareike (siehe Kap 5.1.1) beschrieben, bringt die Kinderwunschbehandlung unabhängig von einer möglichen Ungleichverteilung bei den diagnostizierten Ursachen der Unfruchtbarkeit (an wem liegt es?) die strukturelle Asymmetrie mit sich, nämlich dass die Behandlung weitestgehend an den weiblichen Körpern ansetzt. Die Kinderwunschbehandlung zentriert die Agency der Zeugung und

---

60 Freilich werden diese Dimensionen nicht vollständig ausgeschaltet, sondern ragen immer wieder in die Behandlungskommunikation hinein, wie etwa am Beispiel der Anamnese von Behaarungsmustern (S. 176 f.) ersichtlich wurde. Dies verstehe ich als Ausdruck und Vollzugpraxis einer Perspektivendifferenzierung, also der Art, wie die Akteure mit zunächst konventionellen Geschlechtsbildern sich sukzessive auf die Behandlungslogik und ihre spezifischen, für sie ungewohnten Deutungsprimate und Limitationen der Geschlechterunterscheidung einlassen.

61 Kinderwunschzentren werden als (medizinische) Institutionen auf ähnliche Weise von Geschlechterstereotypen und geschlechterdifferenzierenden Praktiken bevölkert wie andere Institutionen auch, ob in Gesprächen unter Mitarbeiter:innen oder in Arzt-Patienten-Gesprächen. Ob es zur Déformation professionelle von Reproduktionsmediziner:innen gehört, die für ihre Arbeit maßgebliche Geschlechterdifferenz über ihren Gegenstand hinaus anzuwenden und zu überschätzen, kann nur vermutet werden. Mir begegneten dafür im Feld immer wieder Hinweise, etwa wenn ein Arzt Paare in psychologischen Dingen beriet: „Die Kunst ist dann eben, sich selbst positiv zu motivieren und zu sagen: ‚Wir schaffen das!' Und das können Männer wirklich besser. (…) Frauen sind da emotionaler, Männer pragmatischer." Kinderzeugen, so eine andere Äußerung, sei mit Essen und Trinken vergleichbar. Beim Mann sei es etwas anders als bei der Frau, aber im Prinzip ähnlich. Ein Mann möchte seinen Samen weitergeben, unter Umständen auch mit mehreren Partnerinnen, die Frau möchte „ihre eigene Brut" haben. Dieser Geschlechtstrieb diene der Vermehrung und sei so tief in uns verankert, wie eben auch Essen, Trinken und Schlafen. Des Öfteren ließen sich solche Geschlechteressenzialismen auf professioneller Seite beobachten.

Befruchtung, neben dem professionellen Beitrag von Mediziner:innen und Biolog:innen, vor allem auf Frauen, während Männer eine Nebenrolle zugewiesen bekommen (Ullrich 2012: 232 f. u. 307 f.). Diese Ungleichheit steht zunächst in einer Reihe von kulturell widerständigen Geschlechterungleichheiten im Zusammenhang mit dem Kinderkriegen, etwa einer auf Frauen zentrierten Verhütung, Kinderbetreuung oder der Fixierung von Mutterschaft als (besonders in den ersten Wochen und Monaten) zentrale Elternrolle, vor allem aber in die weitgehend naturalisierten Vorgänge der Schwangerschaft, des Stillens und der Geburt, die bekanntlich Frauen zu leisten haben. Unter diesen naturalisierten Ungleichheiten dürfte das geschlechtliche Behandlungsungleichgewicht der Kinderwunschbehandlung eigentlich kaum auffallen – und tut es erstaunlicherweise doch. Ein Mann würde typischerweise die Schwangerschaft seiner Frau wohl kaum so kommentieren, wie ein Informant es hier im Hinblick auf die Behandlung tut:

> Ulf: Da hab ich immer 'n schlechtes Gewissen mit mir rumgeschleppt, nach dem Motto: Es tut mir leid, dass ich Dir das jetzt antue, aber wenn wir 'n Kind haben wollen, geht's halt nicht anders.

Er sagt dies hier über die durch sein schlechtes Spermiogramm induzierte Kinderwunschbehandlung, die seiner Partnerin, neben der mit unangenehmen Nebenwirkungen verknüpfte Hormonstimulation, vor allem die invasive Entnahme von Eizellen beschert. Während die ungleiche Verteilung im Falle von Schwangerschaften viel stärker und wahrscheinlicher der natürlichen Ordnung zugerechnet wird und deshalb seltener auf diese Weise problematisiert wird, scheint sie bei der Kinderwunschbehandlung deutlicher als eine Ungleichheit hervorzustechen, die eigentlich nicht sein sollte. Sie tritt so markant zutage, da sie nicht unter dem Deckmantel und im Kontext selbstverständlicher Vorstellungen des Natürlichen verschwindet. Dies kann mitunter daran liegen, dass die Kinderwunschbehandlung durch die Chiffre der Künstlichkeit, mit der sie (kulturell) ausgestattet ist, tendenziell jener Natürlichkeitskonstruktion generativer Vorgänge enthoben ist und deshalb stärker vom Symmetriepostulat moderner Gesellschaften und ihrer Gleichheitsdiskurse erfasst wird (vgl. Nassehi u. a. 2015). Während die Gynisierung der Schwangerschaft (Hirschauer u. a. 2014) vom Status ihrer Natürlichkeit unterstützt bzw. fundiert wird, ist dies im Falle der Asymmetrien der Kinderwunschbehandlung nicht im selben Maße wirksam. Während sich die Akteure der geschlechtlichen Naturalisierung von Schwangerschaft und Geburt oft kaum entziehen können, kann die Kinderwunschbehandlung in ihrer Künstlichkeit und technischen Neusortierung ihrer Vorgänge auch feldspezifische Geschlechtscodierungen hervorbringen. Empirisch stellt sich die Frage, wie Paare mit der körperlich-technischen Behandlungsasymmetrie umgehen, wie sie diese rationalisieren und welche Rolle die Geschlechterdifferenz dabei spielt. Neben verbalen Aushandlungen finden sich in der Praxis von Paarbeziehungen Formen stummen Austarierens, stellvertretenden Handelns und Erleidens sowie idiosynkratische Konvertierungen innerhalb des Paardiskurses (Hirschauer 2013). Schauen wir uns einige Sequenzen entsprechender Selbstbeschreibungen an:

Ulf: Das Problem ist ja Folgendes: meine Frau ist gesund, bei *mir* stellt man fest: Du kannst eigentlich nicht so, wie Du willst, aber die ganze Scheiße, auf gut Deutsch, bleibt ja an ihr hängen. *Sie* muss sich organisieren, *sie* muss zum Ultraschall, bei mir wird ja nichts gemacht, bei *ihr* wird die Eizellen-produktion durchgeführt, bei *ihr* wird der Transfer durchgeführt. Jetzt mit Kind, meine Frau ist teilzeitbeschäftigt, sie muss das Kind irgendwie organisieren, und, und, und, ja?! Ich geh, sag's wieder salopp, einmal hin und guck mir auf Kosten der Krankenkasse Gina Wild an und nach fünf Minuten bin ich wieder draußen! So läuft das – klar, emotional häng ich da auch mit drin! Natürlich versuch ich auch unser Kind irgendwie da mit organisatorisch und so weiter/ Aber die Abläufe bleiben eben zu 99 Prozent bei der Frau und ein Prozent beim Mann.

Von der Stimme dieses Informanten geht eine Art Re-Naturalisierung der ungleichen Involvierung der beiden Geschlechter in die Kinderwunschbehandlung aus, die die Passivität seiner Nebenrolle alternativlos erscheinen lässt. Die ungleiche Verteilung der Behandlungslasten wird zwar problematisiert und sogar dramatisiert, sie wird dann aber als unumgängliche Tatsache gleichermaßen normalisiert, nicht zuletzt dadurch, dass sie durch die Betreuung eines bereits vorhandenen Kindes, die hier ebenfalls selbstverständlich seiner Frau zugewiesen wird, sogar noch verstärkt wird. Die soziale Ordnung, in die die Kinderwunschbehandlung eingebunden ist, wird in diesem Fall als Problem und gleichzeitig als zwangsläufig gegeben wahrgenommen. Andere Informanten äußern sich ähnlich:

Frank: Das Problem ist/ egal wie das medizinisch gelagert sein mag, die, die 's meiste tragen muss, ist nun mal die Frau. Sie muss die Hormonbehandlung machen, da kann ich nicht viel machen außer gut zureden, ja? Dann später bei der künstlichen Befruchtung, das meiste hat *sie* an irgendwelchen Medikamenten, die sie täglich einnehmen muss. Da steh ich wie ein Statist nebendran. Auch wenn ich sage: „Was könnt' ich tun?" Es ist halt nicht viel. Und auch mit der Psyche: Mich hat das persönlich jetzt nicht so stark berührt halt. Aber ich hab gesehen, wie es *sie* mitgenommen hat! Aber außer gut zureden und versuchen zu helfen, kann ich nicht viel machen. Man steht tatenlos nebendran, ob man will oder nicht.

Oder:

Hans: Was mich extrem genervt hat, war, dass es an mir lag, aber sie dadurch die Last und den Stress hatte. Es war sehr eindeutig verteilt. Das war nervig, weil diese ständigen Besuche über die Zeit und so weiter, das war extrem ätzend. Ich musste dann zu dem Stichtag mal da sein. Und das war dann mein Beitrag mehr oder weniger.

Als problematisch wird in diesen Äußerungen vor allem die Ungleichverteilung einer Last im Zeichen einer gemeinsamen Sache gesehen, während die Ursache für diese Lasten in diesen Fällen wiederum personell andersherum verteilt sind. Der männliche Part könne sein Problem nicht selbst ausbaden, sondern müsse dem weiblichen Part dabei zusehen. Dass die reproduktionsmedizinische Behandlung von Frauen als selbstverständlicher erlebt wird, mag damit zu tun haben, dass „der Frauenkörper eine längere Geschichte der geschlechtsspezifischen Medikalisierung hat als der Männer-körper" (Ullrich 2012: 233; siehe auch Oudshoorn 1994), Frauen also bereits früh durch gynäkologische Standarduntersuchungen auf diese Körperfunktion hin beobachtet werden. Ähnlich wie Kinderwunsch, Schwangerschaft und werdende Elternschaft historisch wie auch heute deutlich genderisierte Prozesse sind, die stärker Frauen ins Zentrum rücken, ist auch der ‚natürliche‘ Befruchtungsvorgang im gesellschaftlichen Wissensvorrat nicht symmetrisch angelegt, wie sich schon an seinen Semantiken ablesen lässt. Während das ‚Zeugen‘ oder das ‚Schwängern‘ als aktive Vorgänge konnotiert sind, die männlichem Handeln zugordnet werden, ist das ‚Empfangen‘ oder ‚Befruchtet-Werden‘ weiblich und passiv codiert.[62] Ein solches Verständnis drückt sich nach wie vor auch in umgangssprachlichen, chauvinistischen Redeweisen aus, etwa, *dass er ihr ein Kind macht* bzw. *sie sich von ihm schwängern lässt.*[63] Während *ein Kind kriegen* Frauensache ist, ist *ein Kind zeugen* Männersache. Genau diese Struktur setzt sich in der Kinderwunschbehandlung aber gerade nicht linear fort, sondern dreht sich eher um. Zwar wird die Befruchtung im engeren Sinn weitgehend von Expert:innen im Labor übernommen, aber die Frauen spielen eine tragende Rolle in der Zusammenarbeit mit dem Kinderwunschzentrum. Die Männer dagegen werden von Erzeugern zu überwiegend passiven Zeugen, deren zeugungstechnisch aktivster Part, die Abgabe des Spermas, zu einer für manche beinahe peinlichen, aber notwendigen Nebensache wird, den ethnografischen Daten dieser Studie nach jedenfalls eher selten als große männliche Leistung gerahmt wird. Seine Agency wird noch stärker zurückgedrängt, wenn aufgrund defizitärer Spermiogramme der Samen mittels sogenannter Tese invasiv direkt aus den Hoden entnommen werden muss, oder aber gar kein Sperma gewonnen werden kann und auf Fremdsperma zurückgegriffen werden muss. Der viel produktivere und aktivere Akt liegt im Rahmen assistierter Reproduktionstechniken bei den Frauen, wenn es etwa um die Frage geht, wie viele Eier in ihren Eierstöcken zum Reifen gebracht werden und dann entnommen werden können. So ist mit der Kinderwunschbehandlung eine gewisse praktische Umverteilung als auch symbolische Umdeutung der Rollenverteilung verbunden, deren individuelle Ausgestaltung und Deutung wiederum unterschiedlich ausfallen können. Die aktive Rolle der Zeugenden kommt hier aber eher den Frauen zu, während die Männer passiviert werden. Strukturell fortgesetzt wird die Zuständigkeit, die die Kinderwunschhandlung analog zu Schwangerschaft, Geburt und Kinderkriegen eher den Frauen zuweist, auch wenn viele Paare auf kreative Weise zeigen, wie diese Asymmetrien paarintern ausgeglichen und umgeschrieben werden können (vgl. Hirschauer 2019). Eine praktische Möglichkeit, die Paare nutzen, um die Arbeit der Behandlung stärker zur Paarsache zu machen, haben wir unter anderem beim Setzen der Hormonspritzen kennengelernt. Daneben obliegt vor allem dem Paar*diskurs*, inwieweit die Akteure die Behandlung zur gemeinsamen Sache machen und einen Ausgleich für deren asymmetrische Form finden können:

---

62 Dies rührt von einer politischen Geschichte der Geschlechtskörper und lange Zeit gültigen Zeugungstheorien her, die in unterschiedlichen Versionen davon ausgingen, dass der entscheidende Beitrag der Zeugung von den Männern stamme (etwa Galen von Pergamon oder Isidor von Sevilla) (Laqueur 1992). Noch im 18. Jahrhundert ging man von einer Präexistenzlehre aus, die den ganzen Menschen bereits in der männlichen Samenflüssigkeit angelegt sah (Laqueur 1992; Bernard 2014: 37 ff., 467).

63 Die Agency dreht sich dagegen um, wenn ‚sie ihm ein Kind anhängt‘.

Ulf: Ich war mit Ausnahme von einem Transfer bei allen Transfers immer dabei! Bei der Punktion nie, weil das ja unter OP-Bedingungen stattfindet.
Simone: Ja, und du musstest ja Deine Probe abgeben!

Während er seine Mitanwesenheit in (fast) allen Behandlungssettings hochhält, hält sie seinen Zeugungsbeitrag hoch. Auf andere Weise:

Corinna: Die Frau macht das so alles und der Mann muss mit diesen Hormonen umgehen, die er ja auch zu spüren bekommt. Mit Ängsten und mit Allem. Und er ist in dem Prozess nich wirklich drin. Also das is schon nicht so leicht!

Corinna beschreibt dies ähnlich, wie wir es weiter oben bereits von Ulf über seine Frau (siehe Kap. 4.1.1) gehört haben. Eine andere Möglichkeit wiederum ist, dass Paare eine die personelle Ungleichverteilung der Ursachen auf verschiedene Weise umdeuten.[64] So beschreibt Doris (33) die Lage, nachdem sie erste Untersuchungen hatten durchführen lassen und bei ihrem Partner eine verminderte Zahl und Beweglichkeit seiner Spermien diagnostiziert worden war, nach mehrfachem Zögern überraschend wie folgt:

D: Es kam halt raus, dass es an/ *sowohl an mir als auch an ihm* nie wirklich funktionieren kann und dann haben wir ganz einfach erst mal Informationen gesucht, sozusagen, was kann man machen.

Doris erklärt sich hier als Partnerin ihres Mannes aufgrund dessen Diagnose kurzerhand kontrafaktisch gleich selbst mit für unfruchtbar – im Sinne geteilten Leibs und geteilten Leids. Sein schlechtes Spermiogramm wird dadurch von Anfang an zur Paarsache erklärt. Dieser und weitere Fälle zeigen, dass die objektiven Ursachenbeschreibungen in Form medizinischer Diagnosen nicht mit den internen Deutungen des Paares verwechselt werden sollten. Wir haben im Laufe der Analysen immer wieder sehen können und in diesem Kapitel nochmals stärker zu kondensieren versucht, dass die Praxis der Kinderwunschbehandlung sowohl mit einer im Vergleich zu ,alten' Zeugungspraktiken spezifischen Verteilung von Handlungsträgerschaft verbunden ist als auch die Geschlechterdifferenz auf eine gegenstandsspezifische Weise hervorbringt. In den Selbstbeschreibungen des Feldes und ihren Semantiken ist beides eng miteinander verknüpft. Es hängt dann insbesondere von den Deutungen der paarinternen Kommunikation und ihrer Dynamik ab, wie die Asymmetrien der Behandlung individuell bearbeitet und wie (stark) sie geschlechtlich rationalisiert werden.

5.2 Natürlich versus künstlich

Die sogenannte *künstliche Befruchtung* steht emblematisch für die Reproduktionsmedizin, und dass es sich um etwas ,Künstliches' handelt, wirkt intuitiv plausibel, auch ohne gleich wissen zu müssen, was genau damit gemeint sein soll. Sie steht historisch für

---

64 Siehe dazu auch den Fall von Thorsten und Mareike in Kap. 5.1.1.

eine wissenschaftliche Errungenschaft, die gleichzeitig von ihrem Beginn an von einem kritischen Diskurs über die Gefahren und die Zulässigkeit eines damit assoziierten und als besonders schwerwiegend empfundenen menschlichen Eingriffs in die Natur begleitet war. Auch wenn die *künstliche Befruchtung* heute weltweit eine medizinische Routineleistung darstellt, umgibt sie hintergründig noch immer ein solcher Geist, der sich zwischen Normalität, Faszination, jedoch auch einer Prise Zweifel bewegt.[65] Im Folgenden geht es um die Frage, wovon die IVF bzw. ICSI genau abgegrenzt werden, wenn sie als *künstliche Befruchtung* bezeichnet werden. Wo begegnet uns diese Semantik in der Praxis der Kinderwunschbehandlung und wovon wird die *künstliche* Befruchtung unterschieden?

In Abgrenzung von den Methoden der Reproduktionsmedizin findet man häufig die Formulierung des Schwangerwerdens bzw. Probierens *„auf natürlichem Weg"*. Mit *künstlich* scheint hier so etwas gemeint zu sein wie *„technisch substituiert"*, man denke auch an künstliche Aromastoffe, künstliche Ernährung oder an eine künstliche Skipiste – je nach Bedeutungsnuance *„entspricht etwas nicht der Natur"* bzw. wird *„gegen die Natur"* entworfen oder durchgesetzt. Es soll an dieser Stelle kurz an die Kontingenz dieser Unterscheidung erinnert werden: Ob, wann und zu welcher Gelegenheit die Unterscheidung zwischen natürlich und künstlich bemüht wird, ist freilich sowohl kulturell als auch kontextbedingt. Während etwa das Autofahren, Fliegen oder Fahrradfahren eher selten als künstliche Formen z.B. vom Gehen als natürlicher Form der Fortbewegung unterscheiden werden, ist dies in Sachen Fortpflanzung offenkundig der Fall. Neben dem Begriff der assistierten Reproduktion hat sich die künstliche Befruchtung (oder englisch: artificial reproduction) im Alltags- wie im wissenschaftlichen Diskurs etabliert. Die biologische Fortpflanzung und Reproduktion, wie auch das Sterben und der Tod und andere bioethisch relevante Felder sind entsprechend Themenkomplexe, die kulturell besonders stark mit (normativen) Vorstellungen von Natur und des Natürlichen assoziiert sind (Schramme 2002). Sie repräsentieren das Unveränderliche und das Vergängliche, den Lauf der Dinge, das Wachsen und Vergehen, die natürliche Basis unserer Existenz, auf dem das Kulturelle und Gemachte aufzuruhen scheint. Die Natur-Technik-Differenz zählt wohl ähnlich wie die Natur-Kultur-Unterscheidung zu den grundlegenden Formen der Komplexitätsreduktionen unserer Gegenwart[66] und kaum eine andere Thematik scheint so stark mit Vorstellungen des Natürlichen assoziiert zu sein wie Fortpflanzung und Sex, die *‚natürlichste Sache der Welt'*.

---

65 Besonders umstritten sind vor allem Verfahren, die die künstliche Befruchtung mit Verfahren der pränatalen Diagnostik verknüpfen, die wiederum mit strengen ethischen Richtlinien versehen sind und hier nicht eigens diskutiert werden können (siehe Rödel 2015, Wieser u. a. 2006).

66 Aus historisch-anthropologischer Perspektive ist die Kulturalisierung jener Prozesse der Fortpflanzung und des Sterbens dagegen Ausdruck menschlicher Instinktarmut und des damit verbundenen Kulturzwangs des Menschen (Gehlen 1940) bzw. seiner „natürlichen Künstlichkeit" (Plessner 1981: 385). Ähnlich wie Bestattungsrituale und symbolische Darstellungen des Todes gehören auch Geburtsriten mit zu den ältesten Formen kulturellen Ausdrucks.

Aus soziologischer Perspektive kann die Unterscheidung *natürlich/künstlich* dagegen nicht der Beschreibung des Gegenstands dienen, sie muss als kontingenter Teil seiner sozialen Konstruktion begriffen werden, die Unterscheidung ist demnach *topic*, nicht *resource* (Zimmermann & Pollner 1973). Wir wollen uns deshalb anschauen, wie und in welchen Kontexten sie uns in der Praxis der Reproduktionsmedizin begegnet. In einem Erstgespräch, in dem sich ein relativ junges Paar (ca. Ende zwanzig) über verschiedene Möglichkeiten der Hormonstimulation und die Methoden der Reproduktionsmedizin beraten lässt, fragt der Patient:

> Er: Inseminieren wär dann 'ne künstliche?
> Arzt: Also noch nicht so richtig künstlich, ne? Wir würden ja nur die Spermien 'n bisschen aufbereiten und dann am richtigen Tag eingeben. Also die Befruchtung selbst ist schon noch 'ne relativ natürliche.

Der Arzt erklärt, unter künstlicher Befruchtung sei eine Behandlung aus reproduktionsmedizinischer Perspektive erst dann zu verstehen,

> Arzt: (...) wenn wir das nach außerhalb des Körpers verlagern, Eizellen und Spermien außerhalb des Körpers zusammenbringen. Die Option haben Sie immer noch, ja?

Wenn alles andere nicht funktioniere, so der Arzt, könne man darauf immer noch zurückgreifen. Angesichts der altersbedingt guten Schwangerschaftschancen müsse das Paar aber keine Angst haben, etwas zu versäumen, wenn man es erstmal mit niedrigeren Behandlungsstufen versucht.

Die Unterscheidung zwischen *natürlich* und *künstlich* stellt für viele Patient:innen eine Leitunterscheidung dar, an der sie sich im medizinischen Beratungsgespräch und in den Eruierungen möglicher Therapiemethoden orientieren. Diese lassen sich auf einem Deutungskontinuum zwischen *nah an der Natur* und *besonders künstlich* abbilden. Nach einer Hormonstimulation, die versucht, die Wahrscheinlichkeit, um auf normalem Weg (per Geschlechtsverkehr) schwanger zu werden, zu erhöhen, ist die nächste Stufe nach Auskunft des Arztes *„noch nicht so richtig künstlich"*, das heißt noch nicht mit künstlicher Befruchtung gleichzusetzen. Letztere versucht das Paar auf Distanz zu halten, ihre Option rückt während des Gesprächs aber dennoch einen Schritt näher heran. Während der Arzt mit einer höheren Behandlungsstufe schnellere Erfolgschancen in Aussicht stellt, scheint das Paar auf mehr ,Künstlichkeit' trotz Ungeduld so lange wie möglich verzichten zu wollen. Wie bereits an anderer Stelle beschrieben, leitet sich die Behandlungsstufe höchstens anteilig von nachgewiesenen Einschränkungen, sondern vor allem vom geäußerten Willen der Patient:innen ab. In einem Gespräch, das ich mit einem Arzt darüber führte, erzählte er mir, wie unterschiedlich Paare sich darin zeigten, wenn es darum geht, die Behandlungsstufe zu erhöhen, oder auch hinsichtlich des ,richtigen' Zeitpunkts, eine Behandlung abzubrechen. Viele Paare würden das Potenzial der Behandlungsmöglichkeiten nicht ausschöpfen:

> Arzt: Die Kunst ist eben, dabei zu bleiben dann. Denn die meisten schaffen es dann eben *doch*, die Schwangerschaft irgendwann zu erzielen, ja? (...) Stellen Sie sich mal vor, Sie hätten seit sieben Jahren ein Knie, was nicht funktionieren würde. Das würden Sie doch nicht mitmachen!

Sinngemäß führt er weiter aus: Während eine entsprechende Behandlung bis hin zum künstlichen Kniegelenk als selbstverständlich erachtet werde, kämen beim Thema Kinderwunsch schnell Zweifel auf. Es werde gemutmaßt, dass der liebe Gott oder die Natur das irgendwie nicht möchte und es vielleicht nicht gut sei, da einzugreifen. Wobei man ja ständig, wenn man mit dem Arzt zu tun habe – „schon wenn Sie 'ne Schmerztablette nehmen" –, in die Natur eingreife. Man würde doch auch kaum eine Brille oder eine Zahnarztbehandlung aus ‚Natürlichkeitsgründen' ablehnen. Vielen Paaren müsse man als Arzt „zunächst diesen Zahn ziehen", indem man mit ihnen diskutiert, mit mehr oder weniger Erfolg. Die Bandbreite der Paare bewege sich zwischen „so natürlich wie möglich" und „alles, was geht, um eine Schwangerschaft zu erreichen".

Der Arzt paraphrasiert eine aus seiner Perspektive typische Haltung von Patient:innen, denen er in Sachen Kinderkriegen einen naiven Naturalismus unterstellt, der in dem genannten Zielkonflikt gipfelte, mit den geringst- bzw. natürlichstmöglichen Mitteln so schnell wie es geht schwanger zu werden. Die besondere Akzentuierung des Künstlichen im Falle der Reproduktionsmedizin führt er ad absurdum, indem er ihr den technischen Pragmatismus anderer medizinscher Felder, etwa orthopädische Prothesen, gegenüberstellt, deren Eingriffe ebenso unnatürlich, für die meisten Menschen jedoch völlig unhinterfragt blieben. Den Argumentationsraum guter Gründe gegen eine Behandlung schmälert er, indem er dem naiven ‚Fortpflanzungsnaturalismus' seiner Patient:innen eine Normalisierung körpertechnischer Rationalität entgegenstellt. Eine besonders akzentuierte Skepsis gegenüber reproduktionsmedizinischen Eingriffen bringt ein Mann mit ins Erstgespräch, der von seiner Frau angesichts des gemeinsamen Kinderwunsches trotz seiner Skepsis dorthin geschleppt worden zu sein scheint. Betrachten wir einen kurzen Ausschnitt des sich ergebenden Disputs:

> Er: Wenn ich das richtig verstehe, ist das so 'n Modell, wo mit Hormonen und so der Natur komplett reingepfuscht wird – das ist meistens nichts sag ich. Weil die Natur hat irgend 'n Grund, warum was nicht funktioniert.
> Arzt: Ich hab gleich 'ne einfache Gegenfrage. Sie wissen, dass es zuckerkranke Menschen gibt. Die brauchen Insulin, sonst sterben sie. Das ist auch 'n Hormon, auch ein Eingriff in natürliche Abläufe. Nur zur Relativierung.
> Sie: Ich hab auch gesagt: So ganz natürlich war das auch nicht, dass ich über zehn Jahre die Pille genommen hab.

Die Frau des Skeptikers findet hier im Arzt einen Verbündeten, um ihren Mann von der Verhältnismäßigkeit reproduktionsmedizinischer Interventionen zu überzeugen. Die Reaktion des Arztes zeigt wiederum, dass er auf diese Vorbehalte argumentativ gut vorbereitet ist und er kann wohl unterstellen, dass Patient:innen, die ein Kinderwunschzentrum aufsuchen, ihre Skepsis abbauen und letztlich überzeugt werden *wollen*. Der Arzt weist die Patient:innen durch seine Beispiele auf genau jene Kontingenz hin, sich im Falle einer Kinderwunschbehandlung an medizinischen Eingriffen in körperliche Abläufe zu stören und diese als ‚künstlich' abzulehnen, während solche Eingriffe in anderen Bereichen als völlig unproblematisch gelten. Schauen wir uns noch ein paar weitere Beispiele an, wo diese Semantik auf verschiedene Art ins Spiel gebracht wird:

Ein Paar, dass aus Unzufriedenheit mit einer anderen Klinik die Behandlung nach erfolgloser ICSI abgebrochen hatte – dort gefiel dem Paar die Atmosphäre nicht und die Frau klagte über starke Nebenwirkungen durch die Hormonbehandlung – und nun in einem neuen Anlauf das Zentrum gewechselt hat, äußert im Erstgespräch: „Unser Wunsch ist eigentlich, *so natürlich wie möglich*.“

Der Arzt versucht, wie bereits oben gezeigt, wenn er mit dieser Art ‚Natürlichkeitsansprüchen' vonseiten der Patient:innen konfrontiert wird, die zugrundeliegende Unterscheidung zwischen *natürlich* und *künstlich* zu irritieren. Das heißt aber nicht, dass er sie an bestimmten Stellen nicht auch selbst verwendet. In seine medizinische Aufklärung baut er beispielsweise die Information ein, dass die Hormone, die zur Stimulation bei einer IVF gespritzt werden, *natürliche* Hormone seien (lediglich die Dosis sei höher), im Gegensatz zu den *künstlichen* Hormonen, die beispielsweise in der Antibabypille enthalten seien. Er kontrastiert also eine weithin verbreitete und etablierte Praxis der Einnahme *künstlicher* Hormone mit einer in Frage stehenden Hormonbehandlung, bei der immerhin *natürliche* Hormone zum Einsatz kämen. Das vom Patientenpaar kritisierte Vorgehen seines Kollegen, angesichts der Befunde und des medizinischen Gesamtbildes zu einer ICSI geraten zu haben, nimmt der Arzt in Schutz, unterstützt deren Wechselinitiative insofern also nicht. Vielmehr führt er ins Feld:

> Arzt: Es ist tatsächlich bewiesen, dass viele Paare leider zu schnell aufhören, wie Sie im Prinzip auch. Sinngemäß weiter: Die, die dranblieben, hätten am Ende meistens auch Erfolg. Er klagt über falsche Zahlen in den Köpfen der Patienten: Viele glaubten, mit entsprechenden Methoden wie der ICSI liege die Chance auf Schwangerschaft bei fifty-fifty pro Zyklus, also viel zu hoch.
> Arzt: Das sind Zahlen, die wir nicht leisten können, die auch die *Natur* nicht leisten kann. Wir sind zwar in der Zwischenzeit wesentlich besser als die Natur, aber eben keine Wunderheiler.

Der Arzt appelliert an seine Patient:innen, von den Methoden seiner reproduktionsmedizinischen Zunft keine zu schnellen Erfolge (die eines „Wunderheilers") erwarten zu dürfen. „Die Natur" liefert den Maßstab für die Beurteilung der unterschiedlichen Behandlungsprogramme, die nur Wahrscheinlichkeiten erhöhen, aber den Eintritt einer Schwangerschaft nicht vollends determinieren können. Die Patient:innen orientieren sich an der natürlich/künstlich-Unterscheidung, indem sie sie als Maßstab in ihrer Wahl der Methode heranziehen – so *natürlich* wie möglich, so *künstlich* wie nötig. Dem Arzt dient die Unterscheidung dagegen dazu, die Erfolgsaussichten seines Behandlungsangebots in eine zu deren Beurteilung sinnvolle bzw. faire Relation zu bringen: Möge eine absolute Erfolgsquote eines ICSI-Versuchs von knapp 30 Prozent angesichts des erheblichen damit verbundenen Aufwands aus Patientenperspektive gering erscheinen, ist diese aber mindestens so gut oder sogar besser, verglichen mit der als *natürlich* verstandenen Schwangerschaftschance pro Zyklus, die ein gesundes, junges Paare ohne Fruchtbarkeitseinschränkungen via Geschlechtsverkehr erzielen kann. Für einige Patient:innen bildet die künstliche Befruchtung eine Demarkationslinie, an deren Überschreitung sie sich erst gewöhnen müssen:

> Lea: Als mir klar geworden ist, was das an Behandlungen bedeutet – damit hatte ich mich in meinem Leben noch nie auseinandergesetzt, wie ich generell zu künstlicher Befruchtung stehe. Das hatte ich für mich noch nicht geklärt (Hans: Ja.) und (...) wir wussten nicht, welche Möglichkeiten es überhaupt *gibt*. Ich bin dann aber beim Recherchieren immer wieder bei der ICSI gelandet aufgrund des Spermiogramms. Da war dann klar: Okay, da wird jetzt nicht ein bisschen Sperma künstlich eingeführt oder so, sondern das passiert *außerhalb* des Körpers. Und das war für mich schon erstmal so ähm: Das ist schon *sehr künstlich*. Möchte ich das?
> Hans: Ja. Das haben wir auch diskutiert. (Lea: Ja.) Also ob das ethisch vertretbar ist? Was ist mit den Embryonen? Ist das eine Selektion? Wer entscheidet das? Wie wird das geprüft? Wird das gescreent? Da hab ich dann jede Menge dazu gelesen/
> Lea: Wie hoch ist das Risiko? Und/
> Hans: Ja, Risiken natürlich, klar, auch! Und als diese Phase dann abgeschlossen war, haben wir gesagt: Okay, das würden wir/ Also wir machen das. Wir probieren das mal.

Wie Lea und Hans brauchen viele Paare Zeit, um sich mit diesem Weltenwechsel des Zeugens, das vom Schlafzimmer ins Labor und damit nach außerhalb des Körpers verlagert wird, auseinanderzusetzen und anzufreunden. Wie gezeigt, werden mit der künstlichen Befruchtung häufig auch Assoziationen einer unzulässigen Selektion von Leben geweckt – Ängste neben anderen, die Lea und Hans dann durch entsprechende Recherchen und Wissensaneignung abbauen konnten. Ergänzende Einblicke in den Aneignungsprozess der künstlichen Befruchtung schenkt uns ein weiterer Fall. Mia beschreibt ihre anfängliche Überforderung, als sie sich zum ersten Mal mit der Möglichkeit einer ICSI konfrontiert sah:

> Mia: Ich konnte mir das gar nicht vorstellen und hab mich gefragt, ob ich so ein Kind überhaupt möchte. Das fühlte sich für mich total unnatürlich an! Das kann ich gar nicht als mein natürliches Kind annehmen, ich mach das nicht, ich möchte das nicht!

Zwei mit der Art der Zeugung verbundene Probleme antizipiert Mia: Erstens fremdelt sie erheblich mit der assoziierten Unnatürlichkeit der Reproduktionsmedizin, zweitens macht sie sich bereits Gedanken, ob sie das von ihr so nicht genannte, aber als ‚Retortenkind' umrissene Kind als ihr natürliches Kind akzeptieren können wird. Der Aneignungsprozess, den Mia hier noch vor sich hatte, findet im kommunikativen Austausch mit dem Partner, dem Arzt und dem Kinderwunschzentrum statt. In einem späteren Interview zeichnet sich diese Einstellungsänderung rückblickend ab:

> Mia: Gerade am Anfang, als ich das so gehört habe, konnte ich mir das überhaupt nicht vorstellen, dass ein Embryo im Reagenzglas gezeugt und einem dann irgendwie eingeführt wird. Inzwischen ist mir das auch klar, dass das nicht so ist, weil letzten Endes muss es sich ja bei *mir* einnisten und es wächst ja danach doch in *mir* und *nicht* irgendwo im Reagenzglas. Ich hatte auch Angst und hab ich auch heute noch manchmal, weil ich ja weiß, wie verpeilt die da (lachend) im Kinderwunschzentrum sind, dass da irgendwelche falschen Embryonen vermischt/ was weiß *ich*, was da passieren

kann?! – Also *eigentlich* weiß ich, dass es *nicht* passieren kann. Die achten schon sehr darauf, aber die Ängste sind trotzdem irgendwie da.

Mia musste erst langsam Vertrauen zu ihrem neuen Zeugungspartner, dem Kinderwunschzentrum, aufbauen. Sie hatte diesen nämlich (etwa bei der Terminvergabe) durchaus schon „verpeilt" erlebt und musste sich davon überzeugen, dass in der Hauptsache, insbesondere was den Umgang mit ihrem Material im Labor angeht, zuverlässig gearbeitet wird. Gleichzeitig musste sie sich in ihrer grundsätzlichen Auffassung einen differenzierteren Blick auf die Reproduktionsmedizin aneignen, um sich mit deren technischen Vorgängen versöhnen zu können: Hatte sie vorher noch die Vorstellung von einem bereits im Reagenzglas irgendwie vorhandenen Menschen, der ihr dann ‚eingepflanzt' würde, wächst *es* in ihrer Vorstellung nun doch *in ihr*, indem *es* sich in *ihr* einnistet. Dieses ‚*es*' bleibt bezeichnenderweise unterbestimmt. Implizit geht aus Mias Beschreibung aber hervor, dass ihr Kind erst in *ihr* zu seiner Existenz gelangt und zu wachsen beginnt. Bildlich verschiebt sie damit die entscheidenden generativen Vorgänge aus dem Reagenzglas zurück in ihren Körper. Sie adoptiert im Zuge ihrer Einstellungsänderung nun kein fremdes, im Labor erzeugtes Wesen mehr und die Vertrautheit entsteht auch nicht etwa aus dem Wissen um die genetische Mutterschaft, sondern indem das Ungeborene leiblich erst in ihr mit der einsetzenden Schwangerschaft zur Existenz gebracht wird.

Meist stellt sich die Frage, was das *Künstliche* an der künstlichen Befruchtung genau auszeichnet, auf implizite Weise, die assoziierten Vorstellungen sind diffus und je nach Kontext unterschiedlich. Aus Sicht der Reproduktionsmedizin beginnt die künstliche Befruchtung heute mit den Verfahren, bei denen die Befruchtung außerhalb des Körpers stattfindet, so gilt eine Insemination nach vorangegangener Hormonstimulation, bei der das Sperma zum idealen Zeitpunkt manuell in die Gebärmutter eingespritzt wird, noch nicht als künstlich. Das war nicht immer so: Vor Einzug der IVF nannte man bereits ein anderes Verfahren „künstliche Befruchtung", nämlich die bereits lange vorher praktizierte sogenannte AID (artificial insemination by donor semen) (Portnoy 1955). Erst die sogenannte IVF (In-vitro-Fertilisation) hat sich zu jener ikonischen Form entwickelt, die seither für den Begriff der künstlichen Befruchtung Pate steht. Demgegenüber zählt die Insemination im heutigen medizinischen Sprachgebrauch eher nicht mehr dazu, sie ist also von der *Künstlichkeit* der In-vitro-Fertilisation übertrumpft und dadurch wieder *natürlicher* geworden. Letztere wiederum wurde durch die ICSI überholt, wo auch das Eindringen eines Spermiums in die Eizelle nicht mehr dem natürlichen Zufall überlassen bleibt. Mit anderen Worten, der Grad der Künstlichkeit bestimmt und verschiebt sich relativ im Vergleich zu schon vorhandenen Verfahren. Darüber hinaus werden die mit künstlicher Befruchtung und Reproduktionsmedizin verbundenen Vorstellungen und Assoziationen nicht zuletzt aus Fantasien aus dem Reich der Science-Fiction gespeist (vgl. Bernard 2014: 430 ff.). So arbeitet Bernard heraus, wie „(...) die frühen Diskussionen um die In-vitro-Fertilisation (wie in der Anfangszeit der Samenspende) unablässig von Verweisen auf die phantastische Literatur begleitet werden, insbesondere auf zwei berühmte Vertreter des Genres: Mary Shelleys *Frankenstein* von 1818 und Aldous Huxleys 1932 erschienene Dystopie *Brave New World*" (2014: 430). Es überrascht also nicht, wenn Reproduktionsmediziner:innen ihren Patient:innen mit solchen Assoziationen des Künstlichen verbundene Ängste zu nehmen versuchen, etwa wenn ein Kinderwunschzentrum auf seiner Homepage mit dem Slogan *„Möglichst natürlich schwanger"* wirbt. Auch auf einem Infoabend bemüht sich ein Vortragender vom Image des *Künstlichen* loszukommen. Nachdem er das ICSI-Verfahren und dessen einzelnen Schritte seinem Publikum in Abgrenzung zum Inseminationsverfahren erklärt hatte, fügt er hinzu:

> Arzt: (…) und das haben wir jetzt einmal außerhalb gemacht. Dieses Außerhalb ist das einzig Künstliche daran. Da kann sich jeder seine Meinung bilden, ob das so künstlich ist, wir nennen es lieber: *Befruchtung außerhalb des Körpers*, also extrakorporal, *künstlich* hört sich immer so nach Plastik an. Also im Prinzip wird nur dieser Vorgang der Befruchtung und der Wanderung nach außen verlagert, mit dem Vorteil, ich hab mehrere Embryonen, ich kann mir den besten aussuchen und sehe, dass auf jeden Fall eine Befruchtung stattgefunden hat.

Der Sprecher versucht die nach außerhalb des Körpers verlagerten Prozesse zu marginalisieren, gleichzeitig drängt er die Bezeichnung der *künstlichen* Befruchtung unter Erwähnung einer interessanten Negativassoziation zurück. *Plastik* steht im breiten Gesellschaftsdiskurs ebenfalls für etwas Künstliches, der Natur sogar aktiv Schadendes, indem es an den überbordenden Plastikmüll in aller Welt denken lässt. Ähnlich zeigt sich auch ein anderer Mediziner um die Natur bemüht, wenn er das bereits erwähnte *Blastozystenverfahren* beschreibt, bei dem mehrere Embryonen kultiviert werden, um dann am fünften Tag nach der Befruchtung den oder die am besten entwickelten einsetzen zu können:

> Arzt: „Wir machen das *synchron zur Natur*, dort kommt die Blastozyste auch erst am fünften Tag in der Gebärmutter an."

Anstatt die Natur und Natürlichkeit des Fortpflanzungsprozess reproduktionsmedizinisch zu unterwandern und damit das technische Vorgehen dem Verdacht der Manipulation auszusetzen, werden diese Verfahren hier in einem anderen Licht dargestellt: Was auf natürlichem Weg verdeckt innerhalb des Körpers abläuft, wird *nur* unter kontrollierten Bedingungen nach außen verlagert. Die Vorgänge seien dadurch keine grundsätzlich anderen, sondern ganz im Gegenteil würden so genau wie möglich dieselben Bedingungen nachgebildet, die auch in der Natur herrschten. Der Sprecher hat dabei die Erfinder der künstlichen Befruchtung ganz auf seiner Seite: „Erfolgreich künstlich befruchten, daran lassen Edwards und Steptoe im Rückblick keinen Zweifel, heißt vor allem: einen möglichst natürlichen Kontext der Zeugung herstellen" (Bernard 2014: 456). Man denke etwa an die stets bei Körpertemperatur gehaltenen Eizellen, oder an das Embryoskop, das die Embryonen bei Dunkelheit und optimiertem Klima, möglichst wie es aus auch innerhalb des Körpers herrscht, beherbergt und nur kurzzeitig das jeweils zur Fotodokumentation notwendige Licht an sie heranlässt. Die Künstlichkeit der künstlichen Befruchtung wird durch diese Perspektive beinahe ausschließlich auf die Verlegung des Vorgangs nach außerhalb des Körpers reduziert, deren Gelingensbedingungen wiederum in vielen Hinsichten darin gesehen werden, körperliche Prozesse außerhalb des Körpers möglichst gut zu simulieren. Zusätzliche Plausibilität wird dieser Beschreibung verliehen, indem hervorgehoben wird, dass anders als bei anderen medizinischen Entwicklungen wie zum Beispiel einem künstlichen Knie, einer Beinprothese, einer künstlichen Hüfte oder einem künstlichen Darmausgang, selbst bei der fortgeschrittensten Methode der Reproduktionsmedizin, der ICSI, keine der direkt an der Befruchtung beteiligten Entitäten tatsächlich durch *künstliche* substituiert würden: Weder Sperma, Eizelle oder Embryo, noch die Gebärmutter werden durch technische Artefakte ersetzt.[67]

In der Tat gibt es Hinweise darauf, dass die *Künstlichkeit* der künstlichen Befruchtung erst in zweiter Linie technisch und in erster Linie auf sozialer Ebene begründet liegt. Die Eigenschaft ihrer wahrgenommen *Künstlichkeit* würde sich dann vielmehr daraus ableiten, dass die Reproduktionsmedizin die reproduktive Möglichkeit und Funktion des Geschlechtsverkehrs aus seiner sozialen, geschlechterdyadischen Form herausgelöst hat und in eine „ménage à trois" (Honer 1991a) unter medizinischer Kontrolle verwandelt hat. Für diese Hypothese sprechen vor allem auch wissenschaftshistorische Befunde, für die Arnis (2008) kulturhistorische Diskursanalyse aufschlussreich ist. Sie beschreibt unter anderem anhand des 1884 erschienenen Romans *Le Fraiser d'Hommes* von Yveling Rambaud und Jean-Louis Dubut de Laforest, einer Art literarischen Urversion der künstlichen Befruchtung, wie diese neuen Vorstellungen des Zeugungsvorgangs, in denen Sexualität durch Technik und das menschliche Handeln durch die Interaktion zwischen biologisch-körperlichen Substanzen ersetzt werden, vor allem die *Sozialität* des Zeugens (und insbesondere die Institution der Vaterschaft) irritierten (Arni 2008: 199). Nach seinen Pionierversuchen kommt ein Protagonist des Romans zu dem Schluss, dass sich die künstliche Befruchtung zwar als technologisch machbar, aber als sozial und psychologisch unmöglich erwiesen habe: „Als physiologischer Experimentator bin ich siegreich aus dem Kampf hervorgegangen, dem moralischen Experiment bin ich erlegen" (Rambaud/Dubut de Laforest 1884: 308, zitiert nach Arni 2008a: 214).

Analog dazu gingen in den realen Anfängen der Reproduktionsmedizin viele Mediziner:innen davon aus, dass die Kinderwunschbehandlung nur gelingen kann, wenn sie sich so nah wie möglich am natürlichen Geschlechtsakt orientiert. Im 19. Jahrhundert war beispielsweise noch die Überzeugung weit verbreitet, „(...) dass die Reproduktionsfähigkeit eines Paares von der Zuneigung zwischen Mann und Frau abhängt. Das

---

67 Schließlich soll erwähnt werden, dass Ärzt:innen, indem sie die Natürlichkeit bzw. Gar-nicht-so-Künstlichkeit ihrer angewandten Verfahren hochhalten, auch einen Zeitgeist bedienen, der Natürlichkeit besonders prämiert. Diese soziale Kontingenz lässt sich beispielsweise am Diskurs über das Stillen gut studieren, aus dem hervorgeht, dass die natürliche Muttermilch nicht immer so ersatzlos wie heute für die beste Nahrung von Säuglingen gehalten wurde (Sunder-Plaßmann 2016). Zu einer ethischen Diskussion der Bewertung von Natürlichkeit jenseits des Zeitgeists siehe Schramme 2002, zur menschlichen Natur im Kontext ihrer technischen Reproduktion siehe Weiß u. a. 2009.

Festhalten an der Hypothese, dass der weibliche Orgasmus eine notwendige Bedingung der Konzeption sei, ist das deutlichste Zeichen dieser Anschauung" (Bernard 2014: 449). Eine der Kinderwunschbehandlung dienliche *künstliche* Insemination, die sich möglichst an dieser Nachahmung des Geschlechtsaktes zu orientieren hatte, sah Anfang des 20. Jahrhunderts in etwa so aus (Bernard 2014: 178 f.): Um zu gewährleisten, dass das Einspritzen des Spermas möglichst unmittelbar nach dem Beischlaf des Ehepaares geschah, positionierten sich die Ärzte in den Gemächern ihrer Patienten möglichst unauffällig in einem Nebenraum, um dann direkt nach dem Koitus des Paares vor Ort sein zu können. Mit einer Spritze wurde das männliche Ejakulat entweder aus der Scheide der Ehefrau oder aus einem speziellen Kondom aufgezogen und medizinisch fachgerecht eingespritzt. Diskutiert wurde darüber, wie und wo sich der Arzt am besten positionierte und ob der Ehemann der künstlichen Befruchtung beizuwohnen habe (Bernard 2014: 179). „Im ersten Drittel des 20. Jahrhunderts wird die künstliche Befruchtung als Imitation des sexuellen Aktes vollzogen" (Bernard 2014: 180), bis der Zeugungsakt schließlich auf mikroskopischer Ebene auf das Zusammentreffen von Eizelle und Spermium beschränkt wurde bzw. die Genetik den Prozess der Verschmelzung des Erbguts gar auf noch kleinere Einheiten reduzierte. In unserem Zusammenhang mit der Frage nach der Deutung der Befruchtung in seiner *Künstlichkeit* lässt sich ableiten: Es war zunächst nicht in erster Linie das, was technisch zur Zeugung hinzukam, was die künstliche Befruchtung so künstlich erscheinen ließ, sondern vor allem all das, was sozial *wegfiel* und aus dem soziokorporalen Setting des Geschlechtsverkehrs hinein ins Labor verlegt wurde. Dies wiederum brachte ein neues soziales Setting des Zeugens hervor. Die Künstlichkeit des Zeugens besteht demnach in seiner soziotechnischen und soziomateriellen Neuordnung zwischen Labor und Lebenswelt, zwischen Ärzt:in und Patient:innen.

Ebenfalls erhellend für das Verständnis, wie zwischen natürlichem und künstlichem Weg unterschieden wird, sind Behandlungsfälle, wo eine natürliche Schwangerschaft eine realistische Möglichkeit darstellt und damit verschiedene Zeugungsmodi (*künstlich* und *natürlich*) gleichzeitig in Frage kommen. Auch sie werden uns im Ergebnis zu einem Deutungsgehalt der Unterscheidung führen, die soziale Kriterien und weniger die technischen in den Vordergrund rückt:

> Im Zuge einer beginnenden Kinderwunschbehandlung, die eine Hormonstimulation und/oder eine Insemination vorsah, wurde bei einer Patientin im Zuge der Untersuchungen eine eigentlich harmlose Zyste am Eierstock festgestellt und ihr geraten, diese dennoch sicherheitshalber operativ entfernen zu lassen, bevor sie und ihr Partner mit der Kinderwunschbehandlung fortfahren. Eine Weile nach der kleinen Operation, die in einer Klinik stattgefunden hat, erscheint das Paar erneut im Kinderwunschzentrum. Nach einem Gespräch über die gut verlaufene OP möchte die Patientin wissen:
>
> Nora: Die Wahrscheinlichkeit, dass es jetzt auf natürlichem Weg klappt, wo die Zyste weg ist, ist genauso gering wie vorher? Oder/
>
> Arzt: Das ist 'ne Frage, die Ihnen leider keiner beantworten kann. Es wäre sicher falsch zu sagen, ohne Behandlung geht's nicht. Da geht es um *Chancen*. Klar ist, dass Sie höhere Chancen haben, wenn Sie aktiver vorgehen. Wenn Sie erst mal *so* probieren wollen, spricht da aber nichts dagegen.

Nachdem sich das Paar zuvor bereits einmal für die Kinderwunschbehandlung entschieden hatte, stellt sich nun also die Frage, es nun doch erstmal weiter auf natürlichem Weg zu versuchen. Dem Besuch im Kinderwunschzentrum liegt also weniger die klare Intention zu Grunde, nun nach Entfernen der Zyste mit der Behandlung fortzufahren, sondern eher zum natürlichen Weg zurückzukehren. Ihr Partner Thomas stellt die Frage:

Wann könnten wir's wieder *so* probieren?

> Arzt: Ich würde das so handhaben, wie die Empfehlung ist.
> Thomas: Wir haben die jetzt nicht gefragt, wann wir das nächste Mal Verkehr haben dürfen.
> Arzt: Das würd ich nach Beschwerden machen – Wenn Sie keine Schmerzen haben?
> Nora: Die haben nur gesagt, zwei Wochen kein Tampon, ansonsten haben die nichts gesagt.
> Thomas: Aber in dem Zyklus sollte man schon aufpassen, oder? Weil Schwangerschaft wäre zu riskant noch, oder?
> Arzt: Da würd ich mir keine Sorgen machen. Wenn's passiert passiert's. (...)
> Nora: Ich denk der Körper reguliert das von selbst, oder? (Arzt: mh (bejahend)) So schlau is er ja hoffentlich. (lacht)
> Arzt: Da würd ich mir keine Sorgen machen. Wenn's passiert passiert's. (...)

Aus der Frage von Thomas, wann er wieder mit seiner Partnerin Geschlechtsverkehr haben darf, geht implizit seine Prämisse hervor, dass das Schwangerwerden nun in medizinischer Hand ist und eine Rückkehr des Paares zum normalen Weg per Geschlechtsverkehr nicht ohne Weiteres gefahrlos erlaubt sei. Ausgerechnet vom Mediziner muss sich der Patient hier an die Möglichkeit einer Spontanschwangerschaft[68] und ihre Selbstregulierungsfähigkeiten erinnern lassen. Zwar schließen sich der normale und der assistierte Weg in die Schwangerschaft prinzipiell nicht aus, das Geschehenlassen einer Schwangerschaft und deren medizinisch kontrollierte Herbeiführung scheinen sich hier aber auf eigentümliche Art kognitiv im Wege zu stehen. Nora mag sich mit ihrem Partner etwas peinlich ertappt fühlen, indem sie glaubten, den Arzt um Freigabe fragen zu müssen, wann sie wieder Sex haben dürfen. Der Arzt spiegelt in seiner Reaktion eine Haltung, die diese Zuständigkeit tendenziell von sich weist. Nora schwenkt ein, indem sie die Selbstregulierungskräfte ihres Körpers beschwört, ihr Lachen kaschiert die Peinlichkeit. Die Irritation verweist womöglich auf eine Fortpflanzungsgemeinschaft, die hier bereits bei den ersten Konsultationen mit dem Arzt (vor Entfernen der Zyste) eingegangen worden war und nun aus Sicht des Paares und insbesondere von Thomas danach verlangt, sich erst mit dem Dritten im Bunde abzustimmen, bevor die beiden vorerst zu zweit mit dem Kinderkriegen fortfahren können und die sexuelle Autonomie über ihre Körper wieder selbst übernehmen. Auch hier lässt

---

68 Die *Spontanschwangerschaft* ist ein interessanter, im Kontext der Reproduktionsmedizin entstandener Begriff, der im Gegensatz zum reproduktionsmedizinisch kontrollierten Eintreten einer Schwangerschaft deren Eintritt nach Geschlechtsverkehr bezeichnet. Mit dieser Möglichkeit rechnen die Akteure im Kontext der Behandlung oft nicht mehr. Auch dies verrät etwas über die Aneignung des medizinisch assistierten Wegs in die Schwangerschaft, der mit einem anderen Erwartungsmodus verbunden ist.

sich eine Art soziale Demarkationslinie zwischen natürlichem und künstlichem Weg erkennen. Ihr entspricht eine Haltung, die sich an der von Thomas gestellten Frage festmachen lässt, die diese beiden Wege kognitiv voneinander trennt und die einen gewissen Gestaltwechsel erfordert, um von der einen auf die andere Seite zu wechseln. Noch in einem weiteren Fall wundert sich ein Patient ähnlich über die uneingeschränkt erlaubte Sexualität während einer Behandlungspause:

> Oliver: Und wenn keine Pille genommen wird, sollte man aber trotzdem verhüten oder wie is das?
> Arzt: Nö (verwundert), warum?!
> Oliver: Nee? Weil's/ von wegen, dass der Körper nochmal Zeit braucht oder so, dass des irgendwie/
> Arzt: schüttelt den Kopf (verneinend)

Könnte sein unkontrolliert verstreutes Sperma den Behandlungsplan stören? Auch Oliver scheint hier zu unterstellen, dass Kinderwunschbehandlung und ‚natürlicher' Sex sich gegenseitig ausschließen, sich die Planbarkeit der Behandlung und die Unvorhersehbarkeit natürlicher Ereignisse nicht gut vertragen. Es ist ein Indiz dafür, dass auch hier die Sexualität bereits unter dem Vorzeichen der Behandlung gedeutet und verstanden wird. Die Agency des Zeugens im Rahmen der Paarsexualität passt kognitiv nicht zur Agency der Befruchtung im Rahmen der Kinderwunschbehandlung, wo Verantwortung und Zuständigkeit dafür auf kategorische Weise an das Labor abgegeben werden. Dem soll noch ein weiterer Fall zur Seite gestellt werden:

Nach einer durch Frühabort beendeten Schwangerschaft geht es in einem darauffolgenden Beratungsgespräch um die mögliche Wiederaufnahme der Behandlung. Allerdings wird nach dem Schwangerschaftsabort eine Behandlungspause empfohlen. Die Patientin (eine Diplom-Chemikerin) fragt nun, was sie in dieser Pausenzeit tun kann, um für eine dann folgende Behandlung, etwa bezüglich des Zyklusgeschehens, möglichst gute Voraussetzungen zu schaffen. Insbesondere geht es um die Frage der Pilleneinnahme während dieser Zeit. Als die Patientin nach der optimalen Behandlungsvorbereitung fragt und mit dem Wissen aus einer vorangegangenen Beratung vorschlägt, über die Zeit der Behandlungspause eine Pilleneinnahme einzuplanen, um den Zyklus zu stabilisieren, erhält sie eine bemerkenswerte Antwort:

> Arzt: Aber wenn Sie jetzt die Pille nehmen, nehmen Sie sich jede Chance der natürlichen Schwangerschaft. Das müssten Sie abwägen (Lydia: ja): Will man einen regelmäßigen Zyklus, um von dort aus wieder mit einer Behandlung zu beginnen oder sagen Sie: Nee, ich bin ganz froh, jetzt mal ganz ohne [Hormonzuführung] zu sein und lasse das einfach laufen.

Die Patientin ist mental bereits darauf eingestellt, ihren Körper bereit für die weitere Behandlung zu machen und ihn im Vorfeld optimal darauf vorzubereiten, indem sie versucht, durch die Einnahme der Pille für einen regelmäßigeren Zyklus zu sorgen. Auch hier werden Nuancen jenes Gestaltwechsels sichtbar, nach einer begonnenen Behandlung wieder zum ‚natürlichen' Körper ohne hormonelle Steuerung von außen zurückzukehren und auf reproduktionsmedizinische Kontrolle zu verzichten. Die Patientin möchte einen genauen Plan, wie es weitergeht: Wie lässt sich ihr Körper nach der missglückten Schwangerschaft möglichst schnell wieder für einen neuen Versuch mobilisieren? Der Arzt ruft der Patientin in Erinnerung, dass sie mit der Pilleneinnahme zwar möglicherweise ihren Zyklus stabilisiere, was für eine kommende Behandlung vielleicht förderlich sei, aber in diesem Zuge auch das mögliche Eintreten einer natürlichen Schwangerschaft ausschließe. Der körpertechnische Blick des Mediziners wiederum unterstellt dabei, dass das Patientenpaar in dieser Zeit nach dem Schwangerschaftsabort auch tatsächlich Geschlechtsverkehr hat, geht also implizit von aktiver Sexualität des Paares nach dem Schwangerschaftsabort aus. Der Wechsel vom bereits eingeschlagenen Behandlungsweg ist auch deshalb interessant, als der konsultierte Mediziner nun wieder aus dem ‚Zeugungsteam‘ entlassen werden muss. In einem anderen Fall zeigt sich dagegen ein ähnlicher Widerstand, als sich das Paar von sich aus auf den natürlichen Weg zurückziehen möchte:

Ilse (39) & Holger (43) sind beide (noch) mit ihren alten Partnern verheiratet. Sie hat bereits ein Kind. Beim Gespräch hält das Paar Körperkontakt, sie hat ihre Hand bei ihm auf dem Schoß. Die beiden lächeln sich gelegentlich an und kommunizieren tuschelnd miteinander. Es ist ein Zweitgespräch, eine Erstberatung hatte schon stattgefunden.

> Nach der Begrüßung fragt der Arzt: So! Na, was gibt's Neues?
> Holger: Jaaah. Also wir haben uns irgendwie bisschen umentschieden. | Arzt: Ja? (irritiert) | Er: mmh, ja. Wir wollen 's eigentlich nochmal so probieren.
> Ilse: Auf natürlichem Wege. | Arzt: okay/ (leicht irritiert) | Mein Gynäkologe sagte, wegen Eizellreifung, dass man da noch vielleicht so 'n bisschen unterstützt/
> Arzt: das ein bisschen anstößt, ja.
> Ilse: Weil er sagt auch, wenn Sie noch so viel Spaß haben/ ich sach: ja! (Gelächter)
> Arzt: Man kann das machen. Es muss aber klar sein, dass die Chance durch sowas wesentlich geringer wird. Wunder können wir damit nicht vollbringen. Selbst wenn wir jetzt hormonell etwas unterstützen. (...) Aber Sie haben natürlich schon Recht, das kann Ihnen niemand absprechen, dass der Weg auch funktionieren kann.

Signifikant ist diese Gesprächssequenz aus zwei Gründen: Erstens trägt das Paar sein Anliegen wie ein Geständnis vor, als wäre eine Art Rechtfertigung oder gar Entschuldigung fällig, dem Reproduktionsmediziner nun doch vorerst eine Absage bezüglich einer bereits ins Auge gefassten Kinderwunschbehandlung mitzuteilen. Das weist auf eine soziale Konstellation hin, aus der der Reproduktionsmediziner nun partiell wieder ausgeschlossen werden soll. Zweitens ist aber gleichermaßen interessant, dass dieses Probieren auf natürlichem Weg nun nicht gänzlich außerhalb der Regie des Reproduktionsmediziners geschehen soll:

> Arzt: Wie schnell wollen Sie beginnen? Möglichst bald? (Sie: mh) okay. Dann machen wir 'n Ultraschall. Wenn das gut aussieht, können Sie, wenn Sie wollen, morgen anfangen zu spritzen.

Durch eine Hormonbehandlung sollen die Chancen erhöht werden. Der Mediziner erklärt sich ausdrücklich dazu bereit, die Entscheidung mitzutragen, mahnt aber gleichzeitig, sich davon keine zu großen Chancen zu versprechen. Lebensalter und Testwerte sprechen eben nur sehr bedingt dafür, dass es sich hier bei Geschlechtsverkehr um die Methode der Wahl handele, um eine Schwangerschaft zu erzielen.

Dies legt eine Perspektive offen, die im Kontext reproduktionsmedizinischer Optimierung auf den ‚herkömmlichen' Geschlechtsverkehr implizit mitschwingen kann: Diese alte Reproduktionstechnik der sexuellen Vereinigung erscheint als ‚Methode' suboptimal bzw. sogar riskant, wenn es darum geht, in einem Lebensalter abnehmender Fruchtbarkeit, etwa dokumentiert durch einen niedrigen AMH-Wert, eine Schwangerschaft erzielen zu wollen. Dementsprechend wird empfohlen, den natürlichen Weg nicht zu lange, maximal ein paar Monate zu versuchen. Das Paar schöpft seine Zuversicht aus eigenen Erfahrungen mit medizinischen Prognosen, wie die Informantin im Interview berichtet:

> Ilse: Ich mein, ich hab meinen andern Sohn/ äh/ was heißt mein andern!? Meinen ersten Sohn, einzigen Sohn, den hab ich auch auf ganz natürlichem Wege bekommen. Da hieß es auch: Sie werden nie zusammen Kinder haben! Eher 'n Sechser im Lotto.

Damit macht das Paar aus Sicht des Mediziners einen Schritt zurück und konterkariert die Logik der Kinderwunschbehandlung, indem es zur herkömmlichen Romantik des Kinderkriegens zurückkehren möchte, raus aus dem Labor, zurück in die Lebenswelt des Schlafzimmers. Die Beispiele dokumentieren Indizien der Aufspaltung des Schwangerwerdens in einen natürlichen und einen technisch-kontrollierten Weg, die die jeweils andere Möglichkeit abschattet und mit gewissen inneren Hürden versieht. Dazu passt die Aussage eines Arztes auf einem Infoabend, als er sich, nachdem er die komplexen für eine erfolgreiche Befruchtung notwendigen Vorgänge und beteiligten Mikroprozesse zwischen zwei Körpern beschrieben hat, zu der allgemeinen Aussage verleitet sah: *„Und doch ist es letztlich immer noch gut möglich, auch auf normalem Wege, ohne Kinderwunschtherapie schwanger zu werden."* Als eine Art Mysterium werden nun umgekehrt immer wieder jene Fälle erwähnt, in denen es nach aussichtslosen Versuchen mit Hilfe der Reproduktionsmedizin dann doch völlig unerwartet ‚auf natürlichem Weg' zu einer Schwangerschaft gekommen ist. Zunächst sind diese Fälle als logische Konsequenz der probabilistischen Verfasstheit des Phänomens zu sehen. Selbst bei schweren Fällen medizinischer Unfruchtbarkeit kann eine natürliche Schwangerschaft selten ganz ausgeschlossen werden, so wenig wie der Erfolg mit reproduktionsmedizinischen Verfahren selbst nach vielen Versuchen garantiert werden kann. Soziologisch interessant sind Narrative zu diesen Fällen aus einem anderen Grund:

> Mia: Bei der Freundin, von der ich grad erzählt hab, mit der Insemination, da hieß es von den Ärzten: „Sie werden niemals auf normalem Weg 'n Kind kriegen. Das ist so unwahrscheinlich, das geht gar nicht bei Ihnen beiden." Und das erste Kind war ja direkt mit der Insemination. (...) Und das zweite war auf ganz normalem Weg. Dann wollte sie auch gar keins mehr, aber die haben halt weiter nicht verhütet und dann kam direkt das dritte. Also ich glaube, die denken halt auch häufig, dass die alles so in der Hand haben. Und ich glaube letzten Endes hat man das gar nicht in der Hand. Was man da immer so für Geschichten hört, wo's eigentlich gar nicht klappen sollte oder kann, und dann klappt es doch.

Mia zieht den Fall aus dem Bekanntenkreis vielleicht zum einen heran, um die Hoffnung auch nach Beendigung ihrer erfolglosen reproduktionsmedizinischen Versuche nicht ganz aufgeben zu müssen. Zum anderen werden jene anekdotisch berichteten Fälle typischerweise (wie auch hier) dafür verwendet, um die mit der künstlichen Befruchtung verbundenen Kontrollvorstellungen zu relativieren und um jenen Unverfügbarkeitshorizont, der die Hervorbringung von Schwangerschaften und Menschen normativ umgibt, zu reparieren und deren von der Reproduktionsmedizin bedrohte Schicksalhaftigkeit wiederherzustellen. Allgemeiner ausgedrückt:

> Miriam: Die Medizin sagt einem immer, ich sag jetzt mal „die Studien haben ergeben" oder „unsere Ergebnisse sagen uns", ja? Aber das Leben is halt nochmal ganz anders.

Die Differenz zwischen medizinischer Expertise und Lebenswelt durchzieht den Gegenstand des Kinderkriegens auf eine besondere Weise. Die auf verschiedene Weise assoziierte Künstlichkeit des Vorgehens kann ein Unbehagen hervorrufen, mit dem die Akteure unterschiedlich umgehen, indem sie die Behandlungsverfahren mit individuellen Deutungen und Narrativen versehen und dadurch für sich annehmbar machen.

5.3 IVF-Kinder

Mit der *künstlichen* Befruchtung können auch Vorstellungen, Ängste und Fantasien eines *künstlich* erzeugten Menschen[69] verbunden sein, dem schlimmstenfalls gar etwas Monströses anhaftet. Zumindest aber begleitete die Praktizierung der IVF von Anfang an die Frage, ob auf diese Weise gezeugte Kinder gegenüber anderen Kindern statistisch signifikante Auffälligkeiten aufweisen würden. Bevor wir diese Frage und ihre Prämissen soziologisch unter die Lupe nehmen, soll zunächst ein Schritt zurück zu einer anderen, grundlegenderen Frage gemacht werden: Können Kinder überhaupt als das Produkt von Kinderwunschbehandlungen angesehen werden? Eine unmittelbare Antwort lautet sicher: Ja, denkt man daran, dass schließlich der Kinderwunsch Paare die Behandlung überhaupt erst aufnehmen lässt, oder dass sich auch die Kinderwunschkliniken an ihrer sogenannten „Baby-Take-Home-Rate" messen lassen, also anhand ihrer Quote der Erzielung von Schwangerschaften, die mit der erfolgreichen Geburt eines Kindes enden und die Patientenpaare damit gleichzeitig als Eltern hervorbringen (siehe Thompson 2005). Idealerweise führt die Kinderwunschbehandlung ihre Patient:innen mittelfristig zur Elternschaft eines Kindes und dies gilt statistisch immerhin für die Mehrzahl der Paare[70], die eine Behandlung beginnen. Aber was reproduktionsmedizi-

---

69 Wenn im Folgenden von IVF-Kindern die Rede ist, sind damit pars pro toto alle aus reproduktionsmedizinischer Behandlung hervorgegangenen Kinder gemeint.

70 Laut Deutschem IVF-Register e.V. (Jahrbuch 2020) lag die Schwangerschaftsrate im Zeitraum 2017–2019 nach einem Embryonentransfer (IVF/ICSI) bei rund einem Drittel, nach zwei Transfers bei knapp

nische Angebote genau leisten und mit welchen ‚Produkten' sie identifiziert werden, ist immer auch eine Frage der Semantiken und Narrative, die sich im Lauf der Zeit dafür etabliert haben und auf die wir im Folgenden einen Blick werfen.

5.3.1 Reproduktionsmedizinische Zeugungsnarrative

Aus soziologischer bzw. phänomenologischer Perspektive sind Zweifel angebracht, wenn Kinderwunschbehandlungen mit der Produktion von Kindern gleichgesetzt werden. Wenn es z. B. in einem wissenschaftlichen Beitrag heißt, „gegenwärtig erblickt laut Schätzungen etwa jedes 80. in der BRD geborene Kind ‚technologisch assistiert' das Licht der Welt" (Knecht 2005: 425), fällt in dieser Aussage streng genommen die Befruchtung bzw. Zeugung mit der Geburt eines Kindes in Eins. Denn gemeint ist hier nicht etwa die Technik des Kaiserschnitts, wie sich die Formulierung auch deuten ließe[71], gemeint sind die Methoden der künstlichen Befruchtung. Zwischen (künstlicher) Befruchtung und Geburt liegt aber ein erheblicher Zeitraum, der die beiden Ereignisse erstens zeitlich entkoppelt. Zweitens hat die Art der Befruchtung für das Ereignis der Geburt und deren Verlauf auch sachlich, d. h. medizinisch kaum Relevanz. Wenn wir also die technologisch assistierte bzw. künstliche Befruchtung mit der Geburt von Kindern gleichsetzen, unterschlagen wir die 40 Wochen, die gewöhnlich dazwischen liegen (vgl. Hirschauer u. a. 2014). Demnach ist festzuhalten, dass selbst eine zunächst erfolgreiche künstliche Befruchtung noch kein Kind macht: Was Kinderwunschbehandlungen also (neben Kinderwünschen) vor allem produzieren, wenn sie Personen mit Uterus befruchtete Eizellen bzw. fünf Tage alte Embryonen einsetzen, sind Vorstufen einer Schwangerschaft, die dann, falls sich ein Embryo erfolgreich einnistet, in sehr früh festgestellte Schwangerschaften münden. Bestenfalls enden Kinderwunschbehandlungen also mit einem positiven Schwangerschaftstest. Kinder haben, wie in Kapitel 2.3.1 beschrieben, im Kinderwunschzentrum sogar eher nichts verloren.

Dennoch werden Kinderwunschbehandlungen und die Reproduktionsmedizin wie erwähnt gerne mit der Produktion von Kindern identifiziert und dies hat gute Gründe: Arni und Saurer (2010) rekonstruieren aus wissenschaftshistorischer Perspektive, am Beispiel der „Geschichte generativer Substanzen" wie Blut, Milch und DNA, eine zeit-

---

über der Hälfte, nach drei Transfers bei rund 61 Prozent, nach vier bei zwei Drittel, nach mehr als vier Transfers hatten 70 Prozent der Paare eine Schwangerschaft erzielt.

71 Nicht nur per Kaiserschnitt stellt die Geburt einen weitgehend technisch durchdrungenen Vorgang dar. Man kann also sagen, dass jenseits der künstlichen Befruchtung schon seit sehr langer Zeit beinahe alle Kinder in irgendeiner Form technologisch assistiert auf die Welt kommen. Einfache Geburtstechniken lassen sich bis in die frühe Kulturgeschichte des Menschen zurückverfolgen, moderne Kaiserschnitttechniken oder auch Saugglockengeburten mit all ihren Überwachungsapparaturen, etwa des fötalen Herzschlags, sind freilich *technologisch assistiert*. Des Weiteren werden Kinder nicht nur technologisch assistiert gezeugt oder geboren, sondern seit langer Zeit auch (etwa durch die Pille) technologisch verhindert.

genössische „Verengung prokreativer Vorgänge auf den Moment der Zeugung (...), indem sie etwa die Milch und das Stillen kategorial aus dem prokreativen Prozess ausschließt" (Arni & Saurer 2010: 7).[72] Während sich dies vor allem auf die „Genetisierung der Zeugung" (Bock v. Wülfingen 2007) bezieht, also auf das wissenschaftshistorisch hervorgegangene Primat der DNA als Substanz der Vererbung und als Grundstoff des Lebens, der das Blut als genealogische Körperessenz abgelöst hat, lässt sich eine ähnliche historische Zentrierung in Zusammenhang mit der künstlichen Befruchtung konstatieren. Analog zu Arnis (2008a&b) Rekonstruktion einer wissenschaftshistorischen Wende von einem Akteurs- zu einem Substanzkonzept blendet diese zeitliche Zentrierung die generative Phase der Schwangerschaft im Entstehungsprozess eines Menschen aus. Die aus diesen perspektivischen Verschiebungen hervorgegangene Prominenz des Zeugungsaktes als Verschmelzung von Eizelle und Spermium ist nicht zuletzt durch die Verfahren der Reproduktionsmedizin sowie deren Illustrierung und Inszenierung in Form von Bildern und Videos in Alltagswissen übergegangen. Ähnlich wie die Ultraschalltechnik die Humanisierung und Personifizierung des Ungeborenen vorantrieb und auf neue visuelle Grundlagen stellte (Erikson 2007), ist es so zu einer verstärkten Identifikation der Menschwerdung mit einer biochemischen Zellreaktion gekommen. Die Entstehung eines Menschen wird dadurch auf einen bestimmten biologisch definierten Zeitpunkt festgelegt und weniger als kontinuierlicher Prozess aufgefasst. Dies lässt sich bereits aus biologischer Sicht als eine kontingente Festlegung dekonstruieren.[73] Aus einer soziologisch dezentrierten Perspektive auf Zeugung und Kinderkriegen erscheint die Kernverschmelzung nur als ein Moment in einer langen Kette soziotechnischer und soziomaterieller, körperlicher und kommunikativer Akte, die von der sozialen Schwängerung über verschiedene Stadien der Evidenzverdichtung einer Schwangerschaft, über die in deren Verlauf mit ihr verbundenen sozialen Praktiken bis hin zur Geburt und postnatalen Praktiken der Kindsaneignung reichen. Um zur Beantwortung der Ausgangsfrage zurückzukehren: Zwischen der Kinderwunschbehandlung und der Geburt eines Kindes liegt eine weite Strecke. Es sind zunächst einmal keine Kinder, die das Kinderwunschzentrum im Erfolgsfall verlassen, sondern schwangere Paare bzw. Frauen in den ersten Tagen bzw. Wochen ihrer Schwangerschaft. Nur aus einer sehr enggeführten biologischen Perspektive lässt sich das Produkt etwa einer ICSI bereits als Kind, Mensch oder menschliches Leben bezeichnen. Dieser auch in unserem Alltagswissen etablierte Zeugungsbegriff folgt einem biologistischen Konzept und steht nicht zuletzt in enger Verbindung mit modernen Vorstellungen von Substanzverwandtschaft, die ebenfalls in den reproduktionsmedizinischen Diskurs eingelassen sind. Dies soll weder Kinderwunschzentren daran hindern, auf Internetseiten, Infoplakaten oder Prospekten mit süßen Gesichtern und nackter Babyhaut für ihre Dienste zu werben oder auf ihrer Homepage zu formulieren: „In unserem Kinderwunsch-Zentrum werden Paare zu El-

---

72 Unter den Begriff der Prokreation fassen Arni & Saurer (2010: 7) allgemeine Prozesse der „Hervorbringung neuer Menschen".
73 Zu einer philosophischen Auseinandersetzung siehe Kingma 2020.

tern!" – noch soll es erfolgreich behandelte Paar davon abhalten, mit ihrem Baby erneut das Kinderwunschzentrum zu besuchen, um der Belegschaft in Dankbarkeit die Frucht ihrer Arbeit vorzuführen. In beinahe jedem Kinderwunschzentrum existiert zudem eine zumindest für die Mitarbeiter:innen, nicht unbedingt auch für die Besucher:innen, einsehbare Wand mit Fotos von den dort gezeugten Kindern, bis hin zu Babygalerien im Internet[74], die manche Kinderwunschzentren für Interessierte ins Netz stellen. Babys sind nicht das Produkt von Kinderwunschbehandlungen, aber sie sind das Produkt, mit dem Kinderwunschbehandlungen naheliegenderweise identifiziert werden, vom medizinischen Personal wie von den Eltern, die den Ursprung ihres Kindes in der jeweiligen Kinderwunschpraxis verorten können. Dies deutet nicht nur auf die geschickte Vermarktung von Kinderwunschzentren als Babyproduktionsstätten hin, sondern auch auf der Bedarf und die Entstehung entsprechender Zeugungsnarrative: IVF-Kinder entstehen, indem sie retrospektiv räumlich und sozial auf den *technischen* Ursprung ihrer Entstehung und damit auf die Kinderwunschbehandlung und deren Akteure sowie den Ort der Befruchtung zurückgerechnet werden.

Aus soziologischer Perspektive lässt sich der Ursprung von IVF-Kindern nicht so genau bestimmen, er ist wesentlich diffuser. IVF-Kinder unterscheiden sich von anderen Kindern in der Regel durch eine langgestreckte Phase ihrer sozialen und kommunikativen Präkonzeption in Form geteilter Kinderwünsche und familialer Zukunftsfantasien: IVF-Kinder sind zu allererst intensiv *imaginierte* Kinder, die in unterschiedlichen Aggregatzuständen existieren können, etwa in Form eines bereits vorhandenen Kinderzimmers und weiterer die Kindeslücke materialisierenden Artefakten, in Form bereits vorhandener Namensfantasien, aber auch in Form tiefgefrorener Eizellen, die auf weitere Versuche der Herstellung einer Schwangerschaft warten. An empirischen Beispielen soll nun gezeigt werden, wie Kinderwunschbehandlungen jene imaginierten Kinder hervorbringen. Es wird also nicht die Frage behandelt, wie reproduktionsmedizinisch gezeugte Kinder sich real entwickeln und ob sie sich durch irgendwelche Besonderheiten auszeichnen, sondern vielmehr, wie sie als künftige Kinder entworfen und fantasiert werden.

5.3.2 Imaginierte Kinder

Soziale Projektionen potenzieller Kinder, die mit der Hoffnung auf jeden weiteren Versuch, schwanger zu werden, assoziiert sind, sind tendenziell abstrakter, als dies der Fall ist, wenn Paare sich bereits schwanger wissen, sich als werdende Eltern begreifen können und etwa schon über einen Namen für ihr Kind nachzudenken beginnen. IVF-Kinder sind durch das Ausbleiben einer erhofften Schwangerschaft imaginativ in die Ferne gerückte Kinder. Regina beschreibt, wie sie und ihr Partner ein mögliches Kind gar als eine Art ,Negativ' entworfen haben:

---

74 https://www.ivf-saar.de/overview/index/id/145 (zuletzt am 22.02.23)

Regina: Wir ham immer so 'n Worst-Case-Kind (lacht) gebaut, so: Stell dir mal vor, das kriegt deine Akne und also – dass es meine Augen, seine Akne, mein Hang zu Übergewicht, dazu die Qualität meiner Zähne mit dem Schiefen seiner Zähne (lacht)/ also es war ganz schrecklich (lacht) – ja, das war das Worst-Case-Kind.

Das mag einerseits einen Weg anzeigen, den vielen enttäuschenden Misserfolgen mithilfe von Humor und Ironie zu begegnen. Es kehrt jene Glücksfantasien und Vorstellungen von sich als Eltern eines wunderbaren Kindes, die mit einer erfolgreichen Schwangerschaft verbunden sind, in ihr Gegenteil. Andererseits zeigt sich in diesem Worst-Case-Kind immerhin die Vorstellung vom *eigenen* Kind, in dem sich die Eltern gespiegelt sehen – wie in einem Vexierbild sind darin sowohl Hoffnung und Enttäuschung gleichzeitig verarbeitet. Erkennbar ist auch jene durch das Zusammenfügen der Substanzen technische Komponiertheit, die mit der Vorstellung des künstlichen Zeugens verbunden sein kann. Jedenfalls ist das Kind sozial noch so weit weg, dass es durch diese Form der Rede, in der das Paar seine weniger geschätzten Eigenschaften im Kind imaginiert, nicht verletzt werden kann. An einem Fall lässt sich besonders gut zeigen, wie im Laufe der Kinderwunschbehandlung unterschiedliche Versionen imaginierter Kinder entstehen. Simone und Ulf sind zum Zeitpunkt des Interviews beide 37 Jahre alt, seit 7 Jahren verheiratetet, zuvor haben sie

Simone: (...) zusammen studiert, kennengelernt, dann erstmal Fernbeziehung, jeder in seinem Job, dann endlich beide an einem Ort, geheiratet, Haus gekauft/ so ganz klassisch und jetzt sollte das Haus eben mit Leben gefüllt werden. Wenn man so weit ist, hätte man ja gern, dass es sofort passiert, also *ich* zumindest war dann einfach bereit. Das war dann schon frustrierend, alle vier Wochen wieder zu wissen, es hat *doch* nicht geklappt.

Es geht an dieser Stelle weniger um das künftige Kind selbst, sondern um einen Platzhalter, eine Eintrittskarte in eine neue familiale Lebensform bzw. den Vollzug eines Statuswechsels vom Paar zu Vater, Mutter, Kind. Die beiden wünschen sich ein Kind, das *sie* zu Eltern und das Haus zu einer Familienherberge macht. Das Paar erlebt nun das, was in Zusammenhang mit Kinderwunschbehandlungen oft als „Achterbahnfahrt der Gefühle" bezeichnet wird. Bei ihm wird ein eingeschränktes Spermiogramm diagnostiziert, das eine Schwangerschaft auf normalem Weg sehr unwahrscheinlich erscheinen lässt. Die beiden beginnen eine Kinderwunschbehandlung:

Ulf: Ironie des Schicksals war dann, dass meine Frau sechs Wochen später auf natürlichem Wege schwanger war. Nach der Diagnose war uns eigentlich klar, es wird auf natürlichem Wege keine Kinder geben. Da waren wir beide sehr sehr traurig. Und sechs Wochen später war dann das Unmögliche wahr geworden, meine Frau war schwanger/ du (zu ihr) warst schwanger, – wir waren von minus zehn auf plus 100/
Simone: Und 'ne Woche später war's dann mit 'ner Eileiterschwangerschaft beendet.
Ulf: Unsere Glückseligkeit hatte eine Woche gedauert. Dieses ganz unten nach ganz oben und dann wieder nach ganz unten innerhalb von sechs Wochen. – Danach haben wir relativ zeitnah assistiert angefangen.

Nach fünf anstrengenden ICSI-Versuchen ergibt sich dann endlich die ersehnte Schwangerschaft, die zur erfolgreichen Geburt von Tochter Eva führt. Relativ zügig wünscht sich das Paar nun ein zweites Kind und wird ca. zehn Monate nach Evas Geburt erneut auf natürlichem Weg schwanger – und erlebt ein erneutes vorzeitiges Ende, diesmal in der neunten Schwangerschaftswoche. Dieser erneute Verlust stürzt das Paar in eine ernste Krise. Erst im Zuge dieses zweiten Verlustes beginnt das Paar auch die zuerst erlebte Eileiterschwangerschaft stärker als Kindsverlust zu deuten und emotional aufzuarbeiten (vgl. Böcker 2022). Die Eileiterschwangerschaft erforderte eine Operation, nach der eine Interaktion mit der Klinikärztin stattfand, deren Beschreibung Aufschluss über den ambivalenten Status des Verlustes gibt, wie das Paar nach Erleben des zweiten Aborts erzählt:

> Ulf: Das ist ja 'n stationärer Eingriff unter Narkose, da wird der Eileiter aufgetrennt, dieser Zellklumpen entnommen und dann wieder zugenäht. Das wurde alles fotografisch festgehalten und ein Tag nach der OP kam die Oberärztin ja zu Dir mit diesem Bild, so nach dem Motto: ‚Stellen Sie sich nicht so an, Sie haben hier kein Kind verloren, sondern *hier*, sehen Sie, ist nur 'n schwarzer Zellklumpen, den haben wir Ihnen entfernt.'
> Simone: Ja, aber immerhin hat sie das Foto mitgebracht, nach dem Motto: Jetzt können Sie sich zumindest verabschieden. (…) Wir haben das lange nicht aufgearbeitet, erst mit der psychologischen Begleitung. Der Psychologe sagte: „Das ist ganz wichtig, dass Sie jetzt mal 'n Raum schaffen und trauern können, sich von Ihrem Kind verabschieden." Da haben wir dann halt diese Fotos genommen und angezündet im Neckar versenkt mit Schwimmkerzen/ (Ulf ergänzt: Quasi als Leuchtfackel.) Die Fotos lagen ein halbes, dreiviertel Jahr in der Schublade und haben mich eigentlich nur genervt, ja? Aber dann wurden sie eben sinnvoll beerdigt (lacht). – Und äh ja, das weiß ich jetzt heute eben, dass es wichtig ist, dass man solche Rituale oder Zeremonien halt hat.

Während das Paar sich anfangs wohl eher auf das Deutungsangebot der Ärztin („Zellklumpen") einließ, bringt die psychologische Aufarbeitung knapp ein Jahr später den Verlust eines Kindes auf die Agenda, das nach Trauer und Bestattung ruft. Als bedeutsam für den Fall stellt sich weiterhin heraus, dass sich der Kinderwunsch des Paares mit dem ersten gesund zur Welt gebrachten Kind in ziemlich wörtlichem Sinne nur zur Hälfte erfüllt hat. Evas Geburt erweist sich nur als ein erster Schritt in Richtung eines Familienideals, das in diesem Fall unbedingt zwei Kinder vorschreibt. Die Situation nach dem erneuten Abort beschreibt Simone so:

> Simone: Wir hatten unser Päckchen ja schon aus der ersten Kinderwunschbehandlung. Und dann hatten wir halt jetzt ein kleines Kind zu Hause. Das Leben mit 'nem Kleinkind ist durchaus auch anstrengend. Schlafmangel et cetera/ ist durchaus sehr fordernd unsere junge Dame. Direkt nach dem [zweiten] Abgang haben wir uns zu den Trauernden Eltern begeben, das ist so ein Verein, die kümmern sich um Elterntrauer und haben uns da begleitet. Wir wussten ja schon von der Eileiterschwangerschaft: wir müssen halt erstmal den Tod des Kindes verarbeiten, bevor wir uns einer neuen Kinderwunschbehandlung zuwenden können.

Das Paar findet sich nun in einer Konstellation zwischen vier Kindern wieder: Einem vorhandenen, erfolgreich aus einer ICSI hervorgegangenen, der zweieinhalbjährigen Eva, die versorgt werden will und Aufmerksamkeit fordert, zwei verlorenen Kindern, die nach Trauerarbeit verlangen, und einem unbedingt gewünschten zweiten Kind, das nach weiteren ICSI-Versuchen ‚schreit' und immer mehr in den Fokus des Paares rückt. Die ein wenig psychologisch verordnet wirkende Trauerphase, in die sich das Paar begibt, erscheint ein bisschen wie ein abzuarbeitendes Hindernis, bevor sie sich erlauben, so schnell wie möglich die Erfüllung ihres Wunsches nach einem zweiten Kind in Angriff zu nehmen. Das vorhandene Kind, so lässt die Interviewsequenz erkennen, verschwindet im Schatten der Aufmerksamkeit bzw. der Trauerarbeit für die verlorenen Kinder auf der einen Seite, der Sehnsucht nach einem zweiten Kind auf der anderen. Der Fall zeichnet sich also durch einen familialen Sinnzusammenhang aus, der mehrere Kindsimaginationen parallel führt. Die zu betrauernden Kinder stehen einem noch zu produzierenden Wunschkind, und diese drei wiederum einem bereits vorhandenen Kind gegenüber. Signifikant ist auch der soziotechnische Bezugsrahmen, der in diese Kindskonstruktionen einfließt. Der Wunsch nach einem zweiten Kind entwickelt sich für das Paar immer mehr zum schicksalsentscheidenden Moment:

> Simone: Es war halt immer der Plan *zwei Kinder*, wie man sich's halt so vorstellt, ne? Einzelkinder find ich immer schwierig (lacht), die ich kennengelernt hab. Ich wollte nie ein Einzelkind, entweder zwei oder keins, so ungefähr, und jetzt sitz ich da mit meinem Einzelkind (lacht). Es war einfach nicht der Plan. Und dadurch, dass ich jetzt zum zweiten Mal so dicht dran war, und dem ganzen Scheiß auf gut Deutsch, den wir die Jahre durchgemacht haben, will ich nicht, dass das umsonst war. Ich will das zu einem guten Ende bringen. Letztendlich hat die Eva, unsere Tochter, auch dafür gesorgt, das erste Kind, die Eileiterschwangerschaft – ja, zu heilen oder erträglicher zu machen, diesen ganzen medizinischen Mist. Und das wünsch ich mir eben fürs zweite auch.
> Ulf: Ja gut, wir wollen keinen Therapiehund.
> Simone: Nein! Aber es ist schon 'n Grund, warum ich weitermache, weil ich's nicht umsonst gemacht haben will.

Simone sieht in ihrem vorhandenen Kind auch eine gewisse Wiedergutmachung ihrer vorangegangenen Eileiterschwangerschaft. Ein zweites Kind könnte nun vielleicht ein wenig den Abgang heilen, den sie nach der Geburt von Eva erleben musste. Als Simones Mann auf die Gefahr hinweist, das zweite Kind könnte als Heilmittel für den Verlust gedeutet werden, legt sich Simone noch einmal auf ein weiteres Motiv fest, nämlich dass sich die psychischen und körperlichen Investitionen am Ende gelohnt haben sollen. Der intensive Zweitkinderwunsch zeigt, dass die Sinnstiftung der Kinderwunschbehandlung hier im Kontext eines übergeordneten Lebensplans steht, der dem traditionellen Bild einer Familie mit zwei Kindern sehr stark verhaftet ist. Erst die langgestreckte Phase des Wartens und die Selbstdefinition als *ungewollt kinderlos* schlüsselt den Kinderwunsch hier in all seinen Facetten auf, indem sie explizite Reflektionen und Begründungen zutage fördert. Auf die Frage des Interviewers kommen weitere hinzu:

> Interviewer: Was würde das zweite Kind verändern oder was macht das für einen Unterschied?
> Ulf: Haben Sie schonmal 'n Baby aufm Arm gehabt?
> Interviewer: Ja, ich habe zwei kleine Nichten.
> Ulf: Jaja, aber wenn es dann das eigene ist, und das kuschelt sich an Sie und das duftet so gut. Ich mein, die bleiben natürlich keine Babys, ist schon klar, ja?! Aber das ist durchaus ein egoistisches Motiv (lacht) – es ist für mich eine unbeschreiblich glücklich machende Phase, das ist einfach

wur.derschön. Außerdem haben wir noch ein Kinderzimmer frei, der vierte Platz im Auto ist auch immer noch frei und der Platz am Esstisch ist auch immer noch leer. Und unsere Tochter ist jetzt dreieinhalb, die ist auch in 'nem Alter, um mal nachzufragen: äh Papa, warum haben die anderen ein Geschwisterchen und ich nicht?

Neben der existenziellen Beschreibung der sinnlichen Erfahrung, die elterliche Phase mit einem Säugling und Baby zu erleben, und der materiellen Infrastruktur, die erneut die familiale Unvollständigkeit im Alltag markiert, wird auch Tochter Eva zum Mitglied des Wunschkollektivs dieser sich selbst als mangelhaft beschreibenden 'Einzelkindfamilie' gemacht.

Wie lässt sich all dies nun auf die Frage nach dem Labeling von IVF-Kindern zurückbeziehen? IVF-Kinder sind zunächst in besonderem Maße geplante Kinder.[75] Jene an Rational-Choice-Kriterien orientierten soziologischen Modellierungen der Entscheidung zur Elternschaft (zu ihrer Kritik siehe Heimerl & Hofmann 2016, Burkart 2002, Hahn 2011) treffen vielleicht vor allem auf solche in dieser Arbeit behandelte und ähnliche 'Spezialfälle' des Kinderkriegens zu. Kinderwunschbehandlungen fordern, angesichts ihres Aufwands und ihrer möglichen Schwierigkeiten, die Wunschexplikation und reflektierende Planung der Wünschenden auf besondere Weise heraus. Die medizinischen Diagnostiken und Behandlungsmöglichkeiten verlangen, wie bereits in Kapitel 3.2 ausführlich dargestellt, nach rationalen Entscheidungen des Paares, um eine Schwangerschaft systematisch zu forcieren. Gleichzeitig widerspricht diese Art des „Kindermachens" (Bernard 2014) weitgehend dem (hetero)normativen Ideal des *Kinderkriegens* als einem mit Natürlichkeit assoziierten Vorgang, von dem Paare immer auch ein bisschen überrascht werden wollen. Das Geschehenlassen einer Schwangerschaft auf natürlichem Wege lässt viel größere Spielräume dafür, das Kinderkriegen als Geschenk des Himmels oder der Natur zu deuten und zu erleben, also auch für eine Zurechnung der Entstehung künftiger Kinder auf eine transzendente, unverfügbare Adresse. Dieser der Kinderwunschbehandlung anhaftende Widerspruch zu klassischen Vorstellungen des Kinderkriegens als natürliches, möglichst aus Liebe heraus und von selbst sich ergebendes Geschehen, sucht nach einem Ausgleich, der diese 'Natürlichkeit' ein Stück weit wiederherstellen kann. Eine viel gebrauchte Option ist sicher, die Kinderwunschbehandlung retrospektiv sozial abzudunkeln. Tritt nach einer Behandlung eine Schwangerschaft ein, können die soziotechnischen Umwege ihres Zustandekommens marginalisiert werden, indem Paare gerade keine entsprechenden Narrative darum stricken, niemandem davon erzählen und der Zeit der Kinderwunschbehandlung möglichst wenig Aufmerksamkeit schenken. Diese Fälle dürften in den Daten

---

75 Genauso gilt dies für alle Kinder von (gleichgeschlechtlichen) Elternkonstellationen, die nicht auf eine beiläufig im Rahmen gelebter Sexualität sich einstellende Schwangerschaft hoffen können, sondern dafür per se auf Dritte und entsprechende Planungen angewiesen sind. Dies gehört allerdings a priori nicht zu deren Erwartungshorizont, ganz im Gegensatz zu heterosexuellen Paaren, um die es hier im weiteren Verlauf geht. Je vielfältiger die sozialen Formen des Kinderkriegens, desto deutlicher erscheint die 'natürliche Zeugung' als ein Privileg heterosexuell zusammengesetzter Paare.

qualitativer Studien, die auf intrinsische Erzählmotivationen ihrer Informanten angewiesen sind, dementsprechend unterrepräsentiert sein. Von außen laufen Paare, die ihre
Kinderwunschbehandlung verheimlichen, kaum Gefahr, dass ihr Kind als IVF-Kind
entlarvt wird – es sei denn, wie auf einem Infoabend erklärt wird:

> Arzt: Misstrauisch müssen Sie werden, wenn 'ne Frau mit 39 oder 40 Zwillinge bekommt. Sehr
> wahrscheinlich hat diese Frau ein künstliches Befruchtungsverfahren oder Ähnliches machen
> lassen. Nur dass Sie 'ne Idee bekommen, wie viele Paare das sind: Jedes siebte Paar etwa. Sie können
> also auch in Ihrem Bekanntenkreis das Spielchen spielen: *jedes siebte Paar – ups? Da kennen wir*
> *bestimmt auch Jemanden.* (...) Ich würde wetten, dass es in Ihrem Bekanntenkreis auch Leute gibt,
> denen entweder wir geholfen haben oder ein anderes Kinderwunschzentrum.

Es gehen verschiedene Signale ans Publikum: Erstens kollektiviert der Sprecher seine
interessierten Zuhörer:innen und möglichen Patient:innen mit einer hohen Dunkelziffer von Paaren, deren Familiengründungen auch auf eine Kinderwunschbehandlung
zurückgehen. Sie können sich also in guter Gesellschaft wähnen. Gleichzeitig macht der
Arzt auf ein – häufig auch von Patient:innen genanntes – Tabu aufmerksam, das viele
Paare davon abhalten würde, ihre Kinderwunschbehandlungsgeschichte offenzulegen.
Er gibt Mittel an die Hand, im Falle bestimmter Parameter (ältere Paare mit Zwillingen)
hinter die Fassade der Natürlichkeit blicken zu können. Dass dieses Tabu aus individueller Teilnehmerperspektive seine Wirksamkeit behält, in einer Zeit, in der Kinderwunschbehandlungen längst keine Besonderheit mehr darstellen, deutet wiederum auf
jenes Dispositiv der Natürlichkeit hin, von dem das Kinderkriegen gesellschaftlich
durchdrungen ist.[76] Um sich der Selbst- oder Fremdstigmatisierung künstlicher Befruchtung zu entziehen, müssen Paare nach einem Behandlungserfolg nicht lange
warten. Eine Schwangerschaft wird dann auch medizinisch kaum anders behandelt als
jede andere Schwangerschaft, indem sie denselben gynäkologischen Routinekontrollen
unterzogen wird. Paare bzw. Frauen wechseln in der Regel schon kurz nach einem
positiven Schwangerschaftstest zu ihre:r gewohnten Gynäkolog:in.

Neben der schlichten Abdunklung der Kinderwunschbehandlung in der Repräsentanz ihres generativen Geschehens nutzen Paare aber auch noch andere Möglichkeiten,
ihre Geschichte des Kinderkriegens zu re-naturalisieren, z.B. indem sie entsprechende
Ausgleichsnarrative schaffen. Ein schönes Beispiel dafür sind entsprechende Umgangs-

---

76 Gut zum Ausdruck kommt dieser Aspekt in einem Artikel der Wochenzeitung „Die Zeit" vom 30.01.
2020 mit dem Alice Schwarzers Stern-Kampagne von 1971 entlehnten Titel „Wir haben künstlich befruchtet". 19 Frauen outen sich darin als IVF-Patientinnen. Im massenmedialen Diskurs ist die Reproduktionsmedizin allerdings längst in aller Munde: Kinderwunschbehandlungen sind beliebter Stoff für
jede Menge bereits existierender Dokumentationen und ganzer Reportageserien, in denen Paare sich auf
ihrem Weg zum Wunschkind mit der Kamera begleiten lassen. Daneben existieren zahlreiche YouTube-
Kanäle, auf denen Paare und vor allem Frauen ihre Kinderwunschbehandlung in allen Einzelheiten
dokumentieren und inszenieren, Fragen beantworten und Ratschläge geben. Gerade in Internetforen
finden interessante Formen der Kollektivierung ungewollt kinderloser Paare in Kinderwunschbehandlung statt.

weisen, die sich im Rahmen späterer Gestaltungsspielräume anbieten, hier der Umgang mit der Geschlechtsdiagnostik des Ungeborenen:

> Simone: Wir haben's uns bewusst nicht sagen lassen. Vorher bei der Zeugung/ bei der Entstehung wusste ich jede Minute Bescheid und jetzt will ich einfach ein bisschen Natürlichkeit haben. Letztendlich wurde sie dann leider per Kaiserschnitt entbunden, sodass da die Natürlichkeit auch nicht da war, aber gut, sie hatte die Nabelschnur um den Hals und dann musste sie halt raus. Aber wir haben gesagt: Wir wollen jetzt mal ganz bewusst nichts von dieser ganzen modernen Geräte-medizin wissen, sondern es wirklich nehmen, wie es kommt und auch keine Fruchtwasserunter-suchung, nur die nötigsten Ultraschalluntersuchungen.
> Ulf: Wir haben dann erst, als die Eva per Kaiserschnitt geholt wurde, erfahren, dass es 'n Mädchen ist. Wir hatten 'n Jungennamen, wir hatten 'n Mädchennamen, das Zimmer war neutral gestrichen.

Das hohe Maß an technischer Kontrolle bei der Zeugung wird kompensiert, indem in der anschließenden Schwangerschaft das medizinisch mögliche Monitoring zurückgefahren wird, um sich ein Gefühl für die Natürlichkeit des Prozesses zu verschaffen. Die beiden lassen sich das Geschlecht des Ungeborenen nicht sagen, um einen Akzent gegen die Planungs- und Steuerungsmacht des medizinischen Behandlungsprogramms zu setzen, das sie zuvor durchlaufen haben. In eine ähnliche Richtung weist auch ein anderer Fall eines Paares, das zunächst lange damit beschäftigt war, im Diskurs mit sich und anderen die eigenen religiösen Überzeugungen mit der geplanten Durchführung einer Kinder-wunschbehandlung zu versöhnen:[77]

> Anna: Wir sind beide sehr gläubig und haben schon die ganzen Jahre immer dafür gebetet, dass sich irgendwas auftut oder dass es halt so klappt. Für mich ist der Fitje – trotz dieses medizinischen Eingriffs – eigentlich ein Wunder. Obwohl das ja alles wissenschaftlich belegbar ist, wie das vor sich gegangen ist, ist er für mich wirklich ein Wunder und auch eine echte Gebetserhörung.
> Heiner: Auch durch die lange Wartezeit vorher, (...) wenn man jetzt abends so ins Zimmer rein geht, (...) ist [es] nach wie vor unwirklich, dass da jetzt der kleine Bub [im Bett] liegt, und dass das unser Sohn ist.

In Anbetracht der christlichen Grundhaltung des Paares ist es naheliegend, dass das anfängliche Motiv – die natürliche Erfüllung eines Kinderwunsches – am Ende der Geschichte wieder mobilisiert und in das religiöse Weltbild integriert wird: Gott hat ihre Gebete erhört und ihnen das ersehnte Kind geschenkt, indem er den „medizinischen Eingriff" zum Erfolg führte. Das Paar eignet sich die Kinderwunschbehandlung und deren durch ihren Sohn repräsentierten Erfolg im Einklang mit ihren religiösen Über-zeugungen an. Der Erfolg wird nicht vollends auf die Technik zugerechnet, sondern religiös externalisiert, das IVF-Kind darf gleichzeitig ein Geschöpf Gottes sein und Anna und Heiner brauchen nur in sein Zimmer zu gehen und ihren Sohn im Bettchen liegen sehen, um sich davon zu überzeugen. Das medizinische Kontrollregime, das mit einer Kinderwunschbehandlung zwangsläufig verbunden ist, wird also auf anderer Ebene zu

---

77 Zur Versöhnung zwischen religiösem Glauben und der Behandlung von Unfruchtbarkeit siehe auch Jennings 2010.

kompensieren versucht. Aber auch jenseits religiöser Überzeugungen fungiert die Vorstellung eines medizinischen Wunders, dem die Kinder zugeschrieben werden, dazu, „die Grenzen des reproduktionsmedizinisch Machbaren in einer positiven Weise zu thematisieren: Hierdurch wird *Kontingenz*, wenn schon nicht verstehbar, so doch deutbar gemacht, indem ein mächtiges Deutungsangebot – das magisch-religiöse – mobilisiert wird. (...) Indem das Kind im reproduktionsmedizinischen Kontext als ‚Wunder' dargestellt wird, wird gerade seine ‚Natürlichkeit' hervorgehoben" (Knecht 2007: 18f.). Dies erinnert auch an ein Datum, das wir schon im Zusammenhang mit der Aneignung und lebensweltlichen Feststellung auf ‚normalem' Weg entstandener Schwangerschaften machen konnten: Mögen diese auch noch so geplant gewesen sein, werden sie doch häufig als schicksalhafte Überraschung gerahmt. Sie als Folge eigener Planung zu verstehen, würde den Planenden womöglich eine schwer schulterbare Verantwortung aufbürden. Gleichzeitig taucht es das künftige Selbst in eine Aura der Unverfügbarkeit, die beschädigt wäre, wäre es als geplantes Produkt seiner Eltern konzipiert worden (Hofmann 2014: 37f.).

5.3.3 ‚Normale' und ‚besondere' Kinder

Der Diskurs um die Reproduktionsmedizin wurde von Anfang an mit Vorstellungen und Fantasien vom Kind nach Maß begleitet, wie es sich im Begriff des ‚Designerbabys' ausdrückt.[78] Für die Akzeptanz der Kinderwunschbehandlung hat sich ganz im Sinne jener normativen Natürlichkeit des Kinderkriegens als besonders wichtig herausgestellt, versichern zu können, dass sie ganz ‚normale' Kinder hervorbringt. Auf einem Info-abend soll entsprechenden Ängsten vorgebeugt werden:

> Arzt: Wir greifen nicht dem lieben Gott ins Handwerk. Wir kopieren das, was *er* oder was die Evolution geschaffen hat. Mehr können wir nicht. Vom Designerbaby sind wir Lichtjahre entfernt, also diese Vorstellung, wir könnten hier Augenfarbe bestimmen, Haarfarbe, Intelligenz – (lacht) die Kinder sind genauso schön und genauso dumm wie alle andern auch. Mehr Einfluss haben wir nicht.

Der Wunsch, die Reproduktionsmedizin in irgendeinem Sinne zur Determination von Eigenschaften, etwa des Geschlechts, zu nutzen, kommt zumindest in den empirischen Daten dieser Studie nicht vor, vielmehr die Sorge darüber, die Kinder könnten gesundheitlich Nachteile erleiden.[79] Auch in den Papieren, die Paare vor einer Kinderwunschbehandlung unterzeichnen müssen, ist manchmal vermerkt, dass die repro-

---

78 Zur Fantasie vom Designerkind in Abhängigkeit von reproduktionsmedizinischen Entwicklungen siehe Fegert 2002.

79 In diesem Kontext steht auch die Durchführung pränataldiagnostischer Untersuchungen, die in ganz bestimmten Fällen die Möglichkeit bieten, den konkreten Verdacht auf eine Erbkrankheit beim Ungeborenen auszuschließen. Das Feld der Pränataldiagnostik hat zu einer Fülle kultur- und sozialwissenschaftlicher Untersuchungen geführt (siehe exemplarisch Wieser u. a. 2006, ferner Habermas 2005 und Waldschmidt 2002).

duktionsmedizinisch gezeugten Kinder in allen Hinsichten statistisch nicht vom Durchschnitt abweichen. Dies reagiert auf Fragen, die Ärzt:innen häufiger gestellt bekommen:

> Ärztin: Solche Fragen kommen immer wieder mal: Sind die Kinder denn normal? Sieht man denen das an? Auch im Internet kursieren immer wieder zwei drei Studien, die eine leichte Erhöhung auffälliger Kinder nachweisen konnten. Und da fragen uns Paare natürlich danach: Was ist das denn? Was heißt *auffällig*? Und sehen die anders aus? Oder fehlt denen was? Deswegen der explizite Hinweis, dass diese Kinder durchschnittlich gesund sind. Es gibt durch die Therapie selbst mit hoher Sicherheit keine zusätzlichen Auffälligkeiten bei den Kindern.

Sie erklärt weiterhin, dass sich das durchschnittlich höhere Auffälligkeitsrisiko für IVF-Kinder nicht aus der Kinderwunschbehandlung selbst, sondern aus den Eltern ergibt, die statistisch um einige Jahre älter sind als der Durchschnitt. Ob sich durch die Zeugung außerhalb des Körpers über diese Drittvariable des Alters hinaus gesundheitlich negative Effekt für die gezeugten Kinder ergeben, wie manch neuere Studien nahelegen (u. a. Meister u. a. 2018), ist ein wissenschaftlicher Diskurs, der bis heute unentschieden ist und immer wieder zum Politikum wird.[80] Auch Paare können in Situationen kommen, in denen sich diese Frage aufdrängt:

Marion hatte neben einer erfolgreichen Geburt nach IVF auch einen Frühabort erleben müssen:

> M: Ich kann das gut akzeptieren, wie wir's gemacht haben, und ich würde das auch *wieder* machen. Gleichzeitig frage ich mich: Wäre das auch passiert mit einem natürlich gezeugten Kind? Wenn die Natur *selber* sich hätte aussuchen dürfen, welche Eizelle mit welchen Spermien in meiner Gebärmutter landet, wäre das dann auch passiert?

Unabhängig von statistischen Evidenzen in die Richtung, die keinen direkten Zusammenhang belegen, bleibt es kaum aus, dass sich die Methode des Zeugens, zu der man sich immerhin aktiv entschieden hat, als ursächlicher Zurechnungspunkt für Fehlschläge aufdrängt: Der natürliche Weg birgt Gefahren, die künstliche Befruchtung birgt Risiken.[81]

Als bester alltagsweltliche Beweis der Durchschnittlichkeit von IVF-Kindern kann die längste lebende ‚Langzeitstudie' namens Louise Brown gelten, die als offiziell erstes IVF-Kind 1978 Geschichte schrieb, ihren Machern 2010 den Nobelpreis einbrachte und durch die Methode ihrer Zeugung unfreiwillige Berühmtheit erlangte. Das mediale Interesse an Louise Brown etwa an runden Geburtstagen ist nach wie vor ungebrochen. Sie ist Büroangestellte, hat zwei Söhne und lebt mit ihrer Familie ein weitgehend durchschnittliches Leben in Bristol. Hoffen wir nicht nur für sie, dass sie lange gesund bleibt – als (häufig so bezeichnete) Gallionsfigur der Reproduktionsmedizin könnte sie

---

80 Siehe zum Beispiel FAZ vom 09.10.2018 („Das Risiko der Retortenkinder") oder Zeit Online vom 10.09. 2018 („Diese Kinder sind doch nicht so gesund").
81 Zur Differenzierung zwischen Risiko und Gefahr siehe Luhmann 1993.

sonst womöglich den gesamten IVF-Betrieb ins Wanken bringen. Halten wir jedenfalls fest, Mediziner:innen behaupten es mit einiger Evidenz, Paare (und auch die Kinder selbst) wünschen es sich, der normative Diskurs (*alle Menschen sind gleich*) verlangt es: IVF-Kinder sind und sollen ganz normale Kinder sein. Und doch werden IVF-Kinder von den Paaren selbst teilweise zu ganz besonderen Kindern gemacht:

> Anna: Ich hab von anderen schon bestätigt bekommen, dass diese Kinder besondere Kinder sind. (...) Die spüren vom ersten Tag der Schwangerschaft dieses *Endlich-bist-du-da!* [sehnsuchtsvoll]. Nicht so dieses: *Ach ja, jetzt haben wir halt ein Kind gekriegt*, sondern die spüren diese tiefe Liebe der Eltern. Die Eltern haben eine besondere Bindung zu den Kindern. Man hat immer wieder das Gefühl: Das kann doch nicht wahr sein, das ist wirklich unser Kind! Das ist aber nur bei denen, die lang warten mussten. Die Beziehung an sich ist schon anders.

Oder

> Miriam: Wir haben bewusst gesagt, ich bleib länger zu Hause als beim ersten Kind, auch wenn ich kein Elterngeld mehr kriege. Wenn wir schnack bum nochmal schwanger geworden wären, hätt ich gesagt: anderthalb Jahre, wie bei meinem Sohn. Aber weil es einfach so ein wertvolles Kind/ von der Entstehung her wertvoller ist. Die Kinder sind mir gleich lieb, nicht falsch verstehen! Es is nochmal ein Geschenk des Himmels, das will ich jetzt genießen.

Oder

> Ulf: Ich glaub wir sind schon Übermuttis und Überpapis. Ich weiß nicht, wie das bei Paaren ist, die spontan schwanger werden. Jedes Kind ist wertvoll, keine Frage, aber für uns hat unser Kind einen anderen Stellenwert als für Leute, die eben mal in die Kiste hüppen und machen drei im Abstand von fünf Jahren, ja?
> Simone: Ich versuch jeden Tag mit ihr zu genießen, weil ich weiß, dass das nicht selbstverständlich ist. Ich versuche auch nicht rumzustöhnen, wie man's manchmal von jungen Eltern hört: „Oh jetzt war die Nacht wieder furchtbar!" – Das hab ich nie gemacht und werd ich auch nicht.
> Ulf: Du warst immer dankbar, dass du Windeln wechseln (lacht) oder die Nacht nicht schlafen durftest.

Die in allen drei Sequenzen beschriebene Besonderheit der Kinder leitet sich weder von bestimmten Eigenschaften der Kinder selbst noch allzu sehr von der Art ihrer technologisch assistierten Entstehung, sondern vor allem vom tendenziell überspannten Erwartungsbogen ihrer sozialen Präkonzeption ab. Je länger diese Kinder nur in der Fantasie und Sehnsucht nach ihnen existierten, bevor sie leibhaftig entstanden sind, desto mehr scheinen sie sich in ihrem Wunschkindcharakter aufzuladen. Sie sind nicht Ausdruck und natürliches Produkt eines körperlichen Akts der Liebe, sondern das hochunwahrscheinliche Ergebnis eines fragilen Ineinandergreifens von technisch auseinandergezogenen und transparent gemachten Entstehungsstufen, von denen keine scheitern darf, soll am Ende die Geburt eines Kindes stehen. Die biotechnische Zerlegung dieses Prozesses ruft seine Anfälligkeit ins Bewusstsein und lässt ihn als Verkettung von je für sich bereits unwahrscheinlichen Ereignissen erscheinen. Auf den Infoseiten eines Kinderwunschzentrums heißt es: Allein „die Einnistung des Embryos

(Implantation) in der Gebärmutterschleimhaut ist ein komplexer Prozess, der nur gelingen kann, wenn ein optimaler Embryo zum optimalen Zeitpunkt auf eine optimale Gebärmutterschleimhaut trifft".[82] Die Komplexität und der Aufwand ihres Entstehungsprozesses, den ihre werdenden Eltern durchmachen, lässt sie ihre Kinder neben dem reproduktionstechnischen Ermöglichungshandeln subjektiv vor allem einem Faktor zurechnen: der Kraft und Unablässigkeit des Wünschens bzw. Durchhaltevermögens. Boltanski beschreibt die soziale Vorwegnahme des Fötus, die primär von den werdenden Eltern kommunikativ vollzogen wird, als einen sozialen Prozess der *Singularisierung*, der die Zeugung „durch das Fleisch" um die Zeugung „durch das Wort" ergänzt (Boltanski 2007: 81; siehe auch Heimerl u. a. 2009). Dies erst bringt den Fötus als ein einzigartiges Wesen und Mitglied der Gesellschaft hervor.[83] Man kann die Kinder der Kinderwunschbehandlung, wie sie in den obigen Sequenzen gezeichnet werden, in Anlehnung an diese Terminologie als Fälle einer tendenziell vorauseilenden ‚Hypersingularisierung' bezeichnen. Boltanski entwickelte seine Überlegungen am empirischen Gegenstand der Abtreibung, also dem sozial entgegengesetzten des hier behandelten Untersuchungsgegenstands.[84] Während der eine Fall auf Unterbindung personalisierender Prozesse der Singularisierung, also eher zur Dehumanisierung und Depersonalisierung drängt, ist das elterliche Projekt im anderen Fall performativ längst in vollem Gange. Viele Paare sind sich solcher sozialer Konstruktionsdynamiken der Besonderung ihrer Wunschkinder allerdings längst bewusst. Sie versuchen dieser Tendenz reflexiv entgegenzuwirken und die auf besondere Weise entstandenen Kinder möglichst zu normalisieren. Sie sollen nicht zur Projektionsfläche egozentrischer Wunscherfüllung werden:

> Regina: Wenn's nicht geklappt hätte, wären wir auch glücklich geworden. Mein Kinderwunsch war nie so: ‚*Ich brauch unbedingt ein Kind, damit mein Leben lebenswert wird.*' Das ist denk ich nicht so gesund, vor allem nicht fürs Kind, nach dem Motto: ‚*Komm her und mach mich glücklich*'. Ich werd auch ab Januar wieder in Teilzeit arbeiten gehen. Ich freu mich da schon richtig drauf.

Regina distanziert sich vom unbedingten Kinderwunsch auch zum Wohl ihres Kindes. Sie wirkt damit einer sozialen Überdeterminierung ihres Kindes durch die Form seiner Erwünschtheit entgegen und richtet sich nach einer Maxime, die jene Stilisierung von Wunschkindern als ganz besondere Kostbarkeiten als dem Kind selbst nicht zuträglich erachtet. Auch arbeitet sie so auf eine Normalisierung ihrer selbst als Mutter gegenüber dem Interviewer hin, indem sie sich vor einer Stigmatisierung durch die Zuschreibung eines ‚übertriebenen' Kinderwunsches wehrt. Im Gegensatz zu den oben erwähnten Zweifeln an der gesundheitlichen Folgenlosigkeit der künstlichen Befruchtung für die

---

82 https://www.ivf-nuernberg.de/kinderwunsch-forum/ursachen/einnistungsstoerungen-des-embryos (letzter Aufruf am 14.02.2023)
83 Zur Analyse des Statuswechsels eines Fötus zwischen Mensch und Person am Beispiel einer Totgeburt siehe die Fallstudie von Völkle (2021).
84 Allerdings ohne den Prozess der Singularisierung konsequent zu empirisieren (s. Heimerl u. a. 2009).

Kinder, folgt dies nun einer Theorie, die auch deren sozialisatorische Entwicklung im Rahmen der Eltern-Kind-Beziehung kritisch befragt. Auch dies lässt sich wiederum dem Wunsch unterordnen, ganz normale Eltern ganz normaler Kinder zu sein, die von der Art ihrer Konzeption möglichst unbeeinflusst sein sollen. Es geht hier nicht darum, diesen Einfluss zu widerlegen oder zu bestätigen, sondern darum, erstens Teilnehmertheorien aufzuzeigen, die Kinder und deren Eigenschaften auf die ein oder andere Art der Methode ihrer Zeugung zurechnen, und zweitens zu zeigen, dass dies sowohl auf biologischer als auch auf sozialer Ebene geschehen kann. Auch in dieser Zurechnungspraxis lässt sich die soziotechnische Verfasstheit der Kinderwunschbehandlung ablesen. Es geht nicht nur um die Gefahr der künstlichen Befruchtung, sondern auch um die Gefahr eines psychosozial überzeichneten Kinderwunsches. Die Psychologie hat dafür längst Begriffe hervorgebracht, etwa den „pathologischen" oder den „überwertigen" Kinderwunsch (Rohde & Dorn 2007: 117), das „Kinderwunschsyndrom" (Auhagen-Stephanos 2002) oder die „Extremfokussierung in der Kinderwunschbehandlung" (Hoffmann 2013). Anfangs wurde die Kinderwunschfixierung auch wissenschaftlich gar als Ursache für Sterilität gehandelt, heute dagegen (wenn überhaupt) als Folge eines ausbleibenden Behandlungserfolgs und der Gefahr einer Endlosspirale immer weiterer Versuche, aus der nur schwer auszusteigen ist (Hoffmann 2013: 213). Aus einer eher diskursanalytischen Perspektive kann als Fazit gelten, dass die Künstlichkeit des Zeugens, die durch die Reproduktionsmedizin historisch hervorgebracht wurde, immer wieder zu skeptischen Haltungen in Form von Klischees, Stereotypen und Wissenskonstrukten sowohl gegenüber den Wunschkindern als auch den elterlichen Wunschsubjekten geführt hat und auch heute noch Normalisierungsbedarf wecken kann.

5.3.4 (Wie) sag ich's meinem Kind?

Kommen wir noch zu einer anderen Frage, die sich werdende Eltern nach Kinderwunschbehandlungen stellen, nämlich ob künftige Kinder von der unkonventionellen Art ihrer Zeugung erfahren sollen. Dies ist vor allem deshalb eine interessante Frage, da sie das (antizipierte) Einfließen der Zeugungsgeschichte in die soziale Beziehung zwischen Zeugenden und Gezeugten betrifft. Bei Fällen, in denen Fremdsperma im Spiel ist und damit die biologische Vaterschaft betroffen ist, hat sich immer mehr die Einstellung durchgesetzt, dass das Kind in geeignetem Alter auf jeden Fall davon erfahren muss. Zu groß ist die Gefahr, es könnte durch Zufall von seiner wahren biologischen Herkunft erfahren.[85] In der Praxis mag die Verlockung, diese Information zu unterschlagen, allerdings trotzdem groß sein, vor allem aus Angst, ihre Offenlegung könne die Eltern-Kind-Beziehung substanziell in Frage stellen. Die Mitteilung suggeriert bereits, dass es sich bei der biologischen Abstammung um eine wichtige, existenzberührende Information handelt. Dies steht im Spannungsverhältnis zu einer Haltung, die diese Infor-

---

85 Zur Perspektive der Spenderkinder siehe u. a. Bernard (2014: 124 ff.).

mation angesichts gelebter sozialer Elternschaft, die davon unberührt bleiben soll, als marginal ansetzt. Wir haben es hier mit einem der mächtigsten Narrative in Zusammenhang mit dem Kinderkriegen zu tun: der genetischen bzw. der Blutsverwandtschaft. Während der Rückgriff auf Fremdmaterial eine Einstellung braucht, die diese Ebene in ihrer Bedeutung weniger wichtig nimmt, verlangt eine gesellschaftliche und gesetzlich verankerte Norm, dass jeder Mensch das Recht auf Informationen zu seiner biologischen Abstammung hat. Wenn Eltern ihren Kindern also mitteilen, dass sie mit Fremdsperma gezeugt wurden, ist dies vor dem Hintergrund des gesellschaftlichen Ideals familialer Blutsverwandtschaft die Mitteilung einer Art defizitären Abstammung, möge das Genmaterial des Spenders auch noch so viel ‚besser' sein. Die Forderung dieser Mitteilung wiederum ist eine, die auch aus dem Anspruch an die soziale Qualität der Eltern-Kind-Beziehung als besonderes Vertrauensverhältnis hervorgeht, das keine solchen Geheimnisse duldet. Insofern ist die (zunehmend praktizierte) Offenlegung der biologischen Abstammung von einem Samenspender, durch die eine schweigsam unterstellte biologische Vaterschaft des sozialen Vaters dekonstruiert wird, gewissermaßen auf eine Stärkung sozialer Elternschaft angelegt. Die Mitteilung über die Beteiligung von Fremdsperma dementiert eine Form verwandtschaftlicher Beziehung, die sonst nicht explizit thematisiert, sondern still vorausgesetzt wird. Dennoch ist auch dieses stille Voraussetzen ein Produkt sozialer Praxis und auch das Wissen um die Abstammung konstituiert sich im weitesten Sinne kommunikativ (siehe Schmidt 2007).[86] Wenn Verwandte oder Bekannte Ähnlichkeiten zwischen Familienmitgliedern feststellen und kundtun, mag das aus Teilnehmerperspektive jenes als essenziell vorhanden unterstellte Verwandtschaftsverhältnis lediglich bestätigen, aus einer praxeologischen Perspektive betreiben sie dabei verwandtschaftskonstituierende Kommunikation:

Regina, deren Sohn mit Fremdsperma gezeugt wurde und deshalb mit ihrem Mann biologisch nicht verwandt ist, berichtet:

> R: Interessant ist, wie viele doch sagen, wie ähnlich er meinem Mann sieht. Dann schmunzeln wir uns gegenseitig an. Weil das weiß ja eigentlich keiner/ Es fällt einem nur plötzlich auf, wie oft nach Ähnlichkeiten gekuckt wird und das thematisiert wird, so: *„ach das hat der von dem und das hat er von/"* Das hat mich überrascht!

Biologische Verwandtschaft – so lässt sich schlicht interpretieren – geht auch ohne biologische Verwandtschaft. Nicht anders konstituiert sich diese im Falle ‚echter' biologischer Verwandtschaft. Ähnlichkeitskonstruktionen und deren Kommunikation sind eine zentrale Vollzugspraxis der performativen Herstellung von Verwandtschaft.[87] Re-

---

86 Selbst dann, wenn sie etwa durch einen Vaterschaftstest festgestellt wird, muss diese Evidenz sozial wirksam kommuniziert werden. Wir besitzen keinen direkten, somatischen Zugang zu unserer Abstammung, wir können diese im Zweifelsfall nicht erspüren, sondern nur fühlen, wenn wir bereits von ihr ausgehen.

87 Schröder (2003: 217) hat gezeigt, „dass Ähnlichkeit, [auch] ungeachtet der genetischen Information, als kulturell bedeutendes Zeichen enger Zugehörigkeit verstanden wird".

gina und ihr Mann bekommen hier einen für sie überraschenden Eindruck dieser sozialen Konstruktion verwandtschaftlicher Beziehungen. Darüber hinaus verrät ihr Schmunzeln, wie ihr Gefühl der Zusammengehörigkeit insbesondere vom Geheimnis über die besonderen und für andere unsichtbaren Zeugungsumstände gestärkt wird. Gleichzeitig bekommt Reginas Mann ein Gefühl dafür, was er womöglich zu verlieren hat, sofern dieses Geheimnis einmal gelüftet wird und ihm jene unverfügbare und kontingenzgeschützte Form der körperlich-sozialen Verbundenheitszuschreibung verloren geht. Kinder über ihre reproduktionsmedizinisch induzierte Abstammung von einem Samenspender zu informieren, dementiert ein implizit kollektiv vorausgesetztes Wissen und macht das Kind zu etwas unfreiwillig Besonderem, ohne genau zu wissen, wie es darauf reagieren wird. Schauen wir uns an, wie Regina und ihr Mann mit der Frage umgehen, ob, wann und wie sie ihr Kind über seine besondere Art der Zeugung aufzuklären beabsichtigen:

> Regina: Wir sind schon der Meinung, dass er's/ Mein Mann sieht's noch ein bisschen anders, aber/ Er hat halt Angst, dass er [der Sohn] irgendwann, sei's in der Pubertät/ dann sagt: „Du bist gar nicht mein Vater". Aber da hab ich gesagt, wenn ihm danach ist, dann sagt er das sowieso, egal, ob's stimmt oder nicht (lacht).
> Interviewer: Wann denken Sie, würden Sie Ihrem Sohn das sagen, in welchem Alter ungefähr?
> Regina: Definitiv vor der Pubertät. Weil es ist ja auch 'ne Sache von Vertrauen, Vertrauensbruch. Und wer weiß, wie sich die Medizin entwickelt und vielleicht würde er es ja mal rausfinden. Dann haben wir wirklich ein Problem. Dann ist es quasi eine Lüge, mit der wir gelebt haben und die er uns dann vorwerfen kann und wahrscheinlich auch wird. Das möchte ich nicht.

Regina erzählt von der Angst ihres Mannes, das Wissen um die fehlende biologische Vaterschaft könnte seine soziale Elternschaft dementieren. Regina hat dagegen vielmehr Angst, die Lüge – heißt in dem Fall: das Verschweigen einer sozial brisanten Information – könnte das Vertrauensverhältnis der Eltern-Kind-Beziehung und damit ebenfalls die soziale Elternschaft angreifen. Sie scheint zuversichtlich, ihren Mann von dieser Meinung überzeugen zu können.

> Interviewer: Wie würden Sie das ihrem Sohn sagen? Wie stellen Sie sich das so vor?
> Regina: Das ähm – das (schnauft) – er sollte in 'nem Alter sein, wo er so halbwegs versteht, wie die Kinder so (...)/ Da gibt's so ein Buch, das heißt „Die Geschichte unserer Familie", wo das so ein bisschen kindgerecht dargestellt wird: „Weil Papas Samen nicht funktioniert, hat uns ein anderer Mann den geschenkt." – So ungefähr. Also dass definitiv mein Mann sein Vater ist/ der Papa sein Vater ist, aber es eben vom Biologischen her noch einen anderen gibt, einen Samenspender, von dem er seine Gene hat. (...) Es ist auch so, dass meine Mutter zum Beispiel auch nicht weiß, wer ihr Vater ist, und das ist ein Thema, was sie bis heute beschäftigt. So von wegen, *weil sie eben ihren Ursprung nicht kennt.*
> Interviewer: Sprechen Sie ab und zu über dieses Thema mit ihrem Mann?
> Regina: Selten. (...) Wenn's irgendwas Schlechtes ist, hat er's von mir und wenn's was Gutes ist, sagt er: ,*das hat er von mir*' (lacht). Mein Sohn wird ja sicherlich auch allein durch die Erziehung und abgekuckte Verhaltensweisen einiges von ihm auch haben. Und manchmal denk ich wirklich/ also mein Mann und ich pflegen einen etwas sonderbaren Humor. Und er (der Sohn) hat ein unheimliches Gespür dafür, wann es angebracht ist, zu lachen.

Reginas Sohn soll spätestens dann von seiner Zeugungsgeschichte erfahren, wenn er über ein rudimentäres Verständnis darüber verfügt, wie Kinder denn normalerweise entstehen. Seine Entstehungsgeschichte muss gegen diese Norm profiliert werden, indem hier zwar biologisch ein Dritter beteiligt ist, der aber sozial keine Rolle spielen soll. Regina bedient in der Sequenz ein Spektrum verschiedener Vererbungsnarrative, von denen das Biologische nur eines darstellt. Da ihre eigene Mutter, wie man überraschend erfährt, auch nicht weiß, wer ihr Vater ist, findet die Abwesenheit eines biologischen Vaters im Falle ihres Sohnes eine Art Vorbild in der eigenen Familie. Man könnte also sagen: ‚es liegt bereits in der Familie', mit dem Unterschied, dass ihrem Sohn eine damit möglicherweise verbundene Belastung zumindest teilweise erspart bleiben soll, indem er frühzeitig über seine biologische Herkunft aufgeklärt wird. Regina greift auf längst vorhandene und auch kindgerecht zugeschnittene Formate entsprechender Zeugungsnarrative zurück, die das Wissen um die Abstammung von einem anonymen Spender – ein Wissen vom Nichtwissen also – in eine sozial akzeptierte Familiengeschichte übersetzen und integrieren.

Auch im Alltagsdiskurs des Paares scheint ein teils von Humor begleiteter Vererbungsdiskurs im Gange zu sein, in dem das Paar die Grenzen zwischen biologischer und sozialer Vererbung beinahe ein wenig verwischen lässt. Magische Momente erlebt die Informantin, wenn ihr Kind einen siebten Sinn für den als idiosynkratisch deklarierten, ironiegeladenen Humor zwischen ihr und ihrem Ehemann beweist. Indem sie ihr Kind ausgerechnet in diesem spezifischen Sinngehalt der Liebesbeziehung zu ihrem Mann gespiegelt sieht und es sich durch die körperliche Reaktion adäquaten Lachens auf überraschende Weise deren Humorcode zu dechiffrieren in der Lage zeigt, wird das Kind zu einem Abbild der Beziehung gemacht, auch ohne dafür die Mendelschen Regeln in Anspruch nehmen zu müssen. Man kann durch die Linse dieses Falles gut erkennen, welche familiale Konstruktion durch die Beteiligung des Fremdspermas gefährdet ist, indem wir zumindest indirekt beobachten können, wie die defizitäre Familiengeschichte hier repariert wird. Reginas Beschreibung zielt darauf ab, ihren Sohn trotz der Fremdbeteiligung authentisch und ungebrochen als *eigenes Kind* von sich und ihrem Mann und von sonst niemandem zu beschreiben. Sie führt alternative Formen familialer Relationalität jenseits genetischer Verwandtschaft ins Feld, um sich selbst im gemeinsamen Kind wiederzuerkennen und es als fraglos eigenes anerkennen zu können. Diese Konstruktion ist deutlich weniger gefährdet, wenn die reproduktionsmedizinische Behandlung zwar Dritte in Form von operativ an Zeugung und Befruchtung beteiligten Ärzt:innen und Biotechniker:innen einbezieht, diese Befruchtung aber zumindest ohne fremdes Zeugungsmaterial auskommt. Hier ist ‚nur' jene kulturelle Erzählung in Gefahr, die wir sonst gerne mit aus Liebe und intimer Zweisamkeit entstandenen Kindern veranschlagen:

> Interviewer: Glauben Sie, dass Sie später den Kindern mal sagen werden, dass es 'ne Kinderwunschbehandlung war?
> Corinna: Nee, machen wir nicht. Weil was bringt's ihnen? Das war recht früh schon Thema und wir ham beide gesagt: Was bringt es ihnen, das zu wissen? Nichts. Es ist ja nicht wie bei 'ner Adoption,

wer ist Dein Vater? wer ist Deine Mutter? Sondern es ist ja nur sozusagen, wie gezeugt wurde/ also deswegen. Warum soll ihnen das genommen werden? Diese Vorstellung, *da hatten sich Mami und Papi besonders lieb* oder sowas, was in den Köpfen halt is, ja?

Corinna und ihr Mann sehen keine Veranlassung ihre Kinder später einmal über die technischen Details ihrer Zeugung aufzuklären. Sie wollen, dass ihre Kinder an den Mythos des Zeugens als Einheit zwischen Liebe, Sex, Zeugung und Befruchtung Glauben schenken können. Solange die Kinder nicht danach fragen, müssen die Eltern zum Erhalt dieses Mythos auch nicht lügen. Das explizite Wissen von der eigenen Zeugung ist in unserer Kultur, vielleicht auch aufgrund dieses Mythos, nicht stark besetzt. Mehrheitlich wird wohl schlicht davon ausgegangen, zu gegebenem Zeitpunkt von seinen Eltern gezeugt worden zu sein. Solange hier keine expliziten Ungereimtheiten auftreten, und abgesehen von häufig scherzhaft gerahmten anekdotischen Geschichten, werden Zeugungssituationen eher selten thematisiert.[88] Corinna und ihr Partner sind mit dieser Art des Umgangs nicht allein, aber es gibt auch andere Vorgehensweisen:

Dirk beschreibt ein Dilemma, das daraus resultiert, dass er und seine Partnerin neben einem bereits vorhandenen konventionell gezeugten Kind (Sophie) nun ein weiteres Kind erwarten, das auf eine Insemination zurückgeht:

Dirk: Wir haben, was Sophie betrifft, ja eine ganz nette Geschichte zu erzählen. Zum einen, dass es erst ein bisschen kompliziert war, aber dass es wiederum in Paris passiert ist, wo wir beide uns auch kennengelernt haben. Wir sind beide große Frankreich-Fans. Also sollte sie das später mal interessieren, finden wir das eine nette Geschichte. Und beim anderen Kind – ja Gott, dem müssen wir dann sagen: Also da war der Papa um 13 Uhr da und die Mama um 14 Uhr, und dann/ Du bist praktisch, zwar nicht im Reagenzglas, aber mit (lacht) technischen Hilfsmitteln/ Aber anders hat's nicht geklappt, also bin ich dankbar, dass es *so* geklappt hat. (...) Ich glaube, wenn man's den Kindern nicht aufdrängt, würden die nicht fragen. Meine Eltern erzählen das immer stolz, dass ich in einem Zelt in Polen gezeugt wurde. Aber das weiß ich nur, weil sie es mir erzählt haben. Ich hätte nie danach gefragt! Wir wollen es unsern Kindern nicht aufdrängen. Wenn die fragen: Wie ist das eigentlich passiert? – würden wir's erzählen. Wir würden die Behandlung auch nicht beim einen verschweigen/ also eine Geschichte erzählen nach dem Motto: Wir hatten uns ganz doll lieb/ (lacht) Nee.

Ähnlich äußert sich eine andere Informantin:

Lea: Wir würden es nicht bewusst geheim halten. Egal zu welchem Zeitpunkt das Thema werden könnte. (...) Es ist natürlich schöner, denk ich, zu erfahren, man wurde auf anderem Wege gezeugt. – Wir werden im Zweifel damit auch offen umgehen müssen, da wir ja gesagt haben, wir möchten

---

88 Dies gilt nicht nur für die Gezeugten, sondern auch für die Zeugenden. Eine Ärztin erzählt mir von einem Fall eines Paares, bei dem sich im Zuge der Untersuchungen für eine geplante Kinderwunschbehandlung eine angeborene Azoospermie des Mannes herausstellt, die auch rückwirkend auf seine Zeugungsunfähigkeit schließen ließ. Dies warf unfreiwillig die Frage nach dem Zustandekommen eines bereits vorhandenen Kindes auf. Die beiden Partner seien im Gespräch sehr nervös geworden und die Ärztin deutete dies als Hinweis, dass das Kind wohl nicht, wie von dem Mann bislang geglaubt, von ihm abstamme.

zwei Kinder. (Hans: Ja.) Und das zweite wird auf gleichem Weg entstehen müssen. Das ist dann schon das erste Mal, wo das aktuelle Baby mit dem Thema konfrontiert wird, in Form von: *Du musst jetzt mal bei der Oma bleiben oder du musst mit Papa im Wartezimmer bleiben.*

Auf diese Weise kann die künstliche Befruchtung auch zum festen Bestandteil einer Familiengeschichte werden. In Foren und Video-Blogs im Internet lassen sich viele dieser Geschichten live nachverfolgen und der Buchmarkt hat auch hier längst Angebote hervorgebracht, um Kinder deren technisch vermitteltes Zustandekommen kindgerecht nahezubringen.[89] Die Chance dagegen, die Kinderwunschbehandlung familial auszublenden zu können, hängt auch davon ab, wie stark das Wissen darüber im Rahmen pränataler Sozialität mit anderen geteilt wurde:

Ulf: Es wissen ja auch alle anderen. Die Omas wissen's, die Opas wissen's, unsere Geschwister und so weiter wissen's auch. Ist besser, sie erfährt das von uns, als dass irgendeiner mal in 'nem unbedachten Moment da (Simone: ja)/ und sie das in den falschen Hals bekommt.

Es ist ein Trend in Richtung Offenlegung und offenem Umgang mit dem Wissen von der Zeugung wahrnehmbar. Medizinisch assistierte Reproduktionsgeschichten sind gesellschaftlich akzeptiert, zunehmend alltagstauglich und immer weniger skeptischen Haltungen ausgesetzt. Bernard geht so weit, zu sagen, dass heute „(...) IVF und ICSI so selbstverständliche, weitverbreitete Verfahren [sind], dass diese Formen der Zeugung inzwischen eher als Variante natürlicher Empfängnis betrachtet werden, nicht mehr als deren Gegensatz" (Bernard 2014: 426). Während der Umweg über das Labor höchstens noch einen ästhetischen Störfaktor im Zeugungsnarrativ darstellt, der weder verheimlicht noch an die große Glocke gehängt werden muss, ist im Falle der Beteiligung von Fremdmaterial wie bereits erwähnt mehr berührt als dies – was genau? An vorderster Front steht neben anderen Motiven, etwa dem Erleben einer Schwangerschaft, der Wunsch nach einem *eigenen* Kind. Die Kinderwunschbehandlung kann dies, auch wenn sie Fremdmaterial zum Einsatz bringt, vor allem deshalb so gut bedienen, als sie zu allen weiteren technisch (Ärzt:innen, Biolog:innen) oder biologisch (Samenspender oder Eizellspenderinnen) beteiligten Personen ‚saubere' soziale Grenzziehungen ermöglicht. Ärzt:innen und Laborpersonal sind rechtlich gut davor geschützt, Fürsorgeverantwortung für die mit ihrer Hilfe gezeugten Kinder übernehmen zu müssen. Sie sind Mittel zum Zweck der Erfüllung elterlicher Projekte, aus denen sie a priori vertraglich ausgeschlossen sind. Anonyme Samenspender wiederum können sozial weitgehend ausgeblendet werden. Sie werden mit organisatorischen Mitteln nur auf bestimmte und sozial begrenzte Weise in den Zeugungsprozess integriert. Eine soziale Beziehung zwischen sozialen Eltern bzw. gezeugten Kindern und dem Samenspender sind bis auf Weiteres nicht vorgesehen (Schröder 2003: 216). Es besteht weder Anspruch auf soziale Elternschaft vonseiten der Spender, noch richten sich entsprechende Erwartungen an sie. Der reproduktionsmedizinische Weg zum eigenen Kind ist damit ein Verfahren, in

---

89 Für eine kleine Auswahl siehe: https://www.famart.de/kinderbuecher/ (zuletzt am 22.02.23)

dem soziale Elternansprüche kaum in Konkurrenz miteinander geraten, wie dies im Beispiel von Adoption oder Pflegschaft durchaus der Fall sein kann. Die Eignung zur Elternschaft muss bei diesen Modellen von Amtswegen aufwendig geprüft und von den werdenden Eltern nachgewiesen werden. In Adoptionsbewerberseminaren werden Paare auf die Herausforderungen einer Elternschaft vorbereitet und geprüft. Während die Legitimation der Elternschaft hier also auf sozialer Ebene stattfindet, legitimieren reproduktionsmedizinische Behandlungen die Elternschaft zu einem künftigen Kind mithilfe von Substanzverwandtschaft. Das kulturell wirksamste Rezept zum eigenen Kind ist ein biologisch selbst gezeugtes, genetisch mit seinen Eltern jeweils verwandtes Kind, was sich auch in den Verfahrensunterschieden zwischen Adoption und Kinderwunschbehandlung abbildet: Beide basieren auf einem durch Dritte vermittelten Vorgehen, während Ärzt:innen primär am Körper von Paaren ansetzen, Adoptionsvermittlungsstellen primär an psychosozialen Gegebenheiten und Bedingungen.

Dabei ist auch das auf Vererbung und Genetik basierende Zeugungs- und Verwandtschaftsnarrativ ein zwar sehr mächtiges, aber doch sozial kontingentes Wissensgeflecht. Körperliche Verwandtschaft schafft eine Zusammengehörigkeit von Personen, die der sozialen Dekonstruktion weitgehend entzogen ist: Man kann sich seine Familie nicht aussuchen, bzw. „dieses Konzept von leiblicher Elternschaft beinhaltet die Vorstellung einer unauflöslichen Bindung zum Kind" (Schröder 2003: 216), mit der Adoptionsverfahren schwer mithalten können. Dennoch muss das Metanarrativ dieses Verbindungmodus sozial fortgepflanzt und aufrechterhalten werden. Die soziale Fortpflanzung des Primats biologischer Verwandtschaft dürfte durch Angebot und Nachfrage reproduktionsmedizinischer Leistungen eine entsprechende Verstärkung erfahren haben. Die Herstellung biologischer Verwandtschaft dient der Anwendung reproduktionsmedizinischer Leistungen gewissermaßen auch als Medium bzw. als Mittel zum Zweck, um zu einem unanfechtbar *eigenen* Kind zu gelangen (Schröder 2003: 219 ff.).[90] Ulf, der mit Hilfe der Kinderwunschbehandlung schließlich erfolgreich Vater wurde, nachdem sich das Paar nach einigen Misserfolgen bereits parallel auch in Sachen Adoption engagiert hatte, kommt zu einem interessanten Schluss:

> I: Kam Ihnen irgendwann mal der Gedanke: Ich hab das Kind ja gar nicht selber gemacht?
> Ulf: Nee, das ist voll und ganz emotional mein Kind. Ich steh auch heute/ das Thema Adoption ist bei uns durch, aber mit dem Wissen von heute weiß ich, ich hätte auch ein adoptiertes Kind annehmen können, ja? Das ist ganz und gar emotional mein Kind, ja auch biologisch mein Kind, ist halt anders entstanden, als man sich das natürlich wünscht, aber es ist voll und ganz mein Kind.

Sein Statement, er *hätte auch ein adoptiertes Kind annehmen können*, rekurriert auf ein intuitives Gefühl, das er nicht weiter erläutert und dessen Glaubwürdigkeit hier keine Relevanz hat. Er verweist jedenfalls indirekt darauf, dass auch selbst gezeugte Kinder in

---

90 Schröder (2003) hat in ihrer Studie die Adoption mit reproduktionsmedizinischen Behandlungen in Bezug auf deren unterschiedliche Konzepte, Sinnstiftungen und Ideologien in der Herstellung familialer Beziehungen untersucht.

letzter Konsequenz adoptierte Kinder sind (Boltanskis 2007, König 1974: 102). Nur ist, um in Anlehnung an Luhmann zu formulieren, die Ablehnungswahrscheinlichkeit dieser Adoption durch die Wirksamkeit des spezifischen Kommunikationscodes der Substanzverwandtschaft auf ein Minimum reduziert. Schmidt (2008: 902 f.) hat im Anschluss an Luhmann überzeugend vorgeschlagen, Verwandtschaft in diesem Sinne als symbolisch generalisiertes Kommunikationsmedium zu begreifen.

6 Schluss und Ausblick

Wir haben uns im Verlauf dieser Studie durch ein Dickicht an empirischem Material und analytischen Andockstellen hindurchgearbeitet und dabei die Ebene der Daten nie allzu weit verlassen. Nun gilt es ein wenig ‚herauszuzoomen' und einige allgemeinere und zusammenfassende Aspekte zu sammeln, die sich auf Basis der empirischen Analysen über den Gegenstand der Studie formulieren lassen.

(1) Kinderwunschbehandlungen erweisen sich als ein Praxisfeld mit vielfältigen Bezügen und sozialtheoretischen Relevanzen, sodass sie zum empirischen Gegenstand ganz unterschiedlicher analytischer Perspektiven und Interessen gemacht werden können, die ich hier einmal schlaglichtartig aufzählen möchte: (a) Aus einer familien-soziologischen und verwandtschaftsethnologischen Perspektive lässt sich an ihnen studieren, wie Familien hergestellt werden und welche Vorstellungen familialer Verwandtschaft im Sinne eines ‚*Making Kinship*' (vgl. Knecht 2007) dabei zum Tragen kommen. Die Unterscheidung bzw. reflexive Verflochtenheit zwischen Natur und Kultur zieht sich wie ein roter Faden durch das Phänomen, insofern es um die auf biologischem Alltags- und Expertenwissen basierende Herstellung kontingenter sozialer Verbindungen geht. Stärker aus Sicht der Biografieforschung kann die Kinderwunschbehandlung zudem als eine hochkonturierte Übergangsphase im Kontext von Paarbeziehungen thematisiert werden. (b) Aus einer medizinsoziologischen Perspektive bietet der Gegenstand Gelegenheit zur Beobachtung eines Arzt-Patienten-Verhältnisses der besonderen Art: Erstens, weil es sich um ein Patientenpaar handelt, dessen Körper nicht individualistisch, sondern in ihrem dyadischen Zusammenspiel behandelt werden müssen, mit weitreichenden Folgen für die daraus resultierende triadische Arzt-Patientenpaar-Beziehung. Zweitens, weil es sich um eine interessante Modulation der gesund-krank-Unterscheidung handelt, da primär der Wunsch nach einem Kind und nicht die Pathologisierung ungewollter Kinderlosigkeit die Grundlage der Behandlung liefert. Die körperliche Dysfunktion, keine Kinder kriegen bzw. zeugen zu können, ist in ihrer Typik mit kaum einem anderen medizinischen Problem direkt vergleichbar, insofern diese Dysfunktion meist nicht mit Schmerzen oder anderen Einschränkungen (etwa in der Ausübung sexueller Interaktion) einhergeht, d. h. ausschließlich im renitenten Nichteintreten einer gewollten Schwangerschaft erlebbar ist. (c) Die Kinderwunschbehandlung stellt weiterhin eine Praxis der Engführung zweier weiterer basaler sozialer Kategorisierungen unseres Alltags dar: die Differenzierung nach Alter und Geschlecht. Das Alter fließt auf verschiedene Weisen ein: In Form von Restriktionen, ab welchem Alter nicht mehr behandelt bzw. Behandlungen nicht mehr krankenkassenfinanziert werden sollen (z. B. Frauen ab 40), auch wenn dies medizinisch durchaus möglich wäre. Solche Restriktionen rekurrieren mehr auf das soziale Alter, enthalten also normative Vorstellungen z. B. darüber, welcher Altersunterschied zwischen Eltern und Kindern noch zumutbar ist. Das biologische Alter hingegen ist essenzieller Behandlungsparameter für die Auswahl von Methoden und das Timing von Versuchen. Sowohl vom biologischen als auch vom sozialen Alter sind Männer und Frauen unterschiedlich be-

https://doi.org/10.1515/9783110783674-006

troffen: Die sprichwörtlich biologische Uhr, deren Ticken ohne ihren sozialen Resonanzboden nicht hörbar wäre und die für Frauen lauter tickt als für Männer, ist kultureller Ausdruck dieses Arrangements. Darüber hinaus fließt die Geschlechterunterscheidung in weiteren Facetten in das Behandlungssetting ein und stellt zugleich seine behandlungstechnische Voraussetzung dar. Wie wir gesehen haben, bringt die reproduktionsmedizinische Behandlung den Geschlechterunterschied auf ganz bestimmte Weisen (Plural!) hervor. (d) Die Kinderwunschbehandlung kann auch als ein prädestinierter Gegenstand für techniksoziologische Interessen herangezogen werden und damit als eine die Kultur-Technik-Unterscheidung auf besondere Weise ambiguierende soziale Praxis. Die Reproduktionsmedizin steht historisch für einen bahnbrechenden Eingriff in die Natur des Menschen, gleichzeitig verhilft sie ihren Klient:innen vor allem dazu, deren ‚natürliche‘ Vorstellungen von Familie und Kinderkriegen zu verwirklichen. In dieser Hinsicht ist der Gegenstand der Studie auch aus einer professionssoziologischen Perspektive und nicht zuletzt im Rahmen der Social Studies of Science, Technology and Medicine von Interesse. (e) In engem Zusammenhang mit techniksoziologischen Fragen ist die Kinderwunschbehandlung ein empirisch vielversprechendes Feld für körpersoziologische Forschungsfragen, wie dies auch für das soziale Phänomen der Schwangerschaft gilt. (f) Schließlich kann die Kinderwunschbehandlung auch empirische Aufschlüsse hinsichtlich Grenzkonstruktionen von Definitionen des Menschseins (Rothaar u. a. 2018) liefern, wenn im Zuge der soziotechnischen Hervorbringung neuen Lebens in ihrer Bedeutung hochgradig besetzte und gesellschaftlich umstrittene Biofakte anfallen. Dies betrifft allen voran außerhalb des Körpers kultivierte Embryonen in ihren wechselnden Bedeutungen und Statuszuschreibungen.

Es ist unmöglich, all diese Bezüge in einer einzigen Studie umfänglich abzubilden. Diese Studie konzentrierte sich auf keinen einzigen von ihnen und hat manche von ihnen nur implizit gestreift. Sie hat sich den Gegenstand nicht im Zuge eines Spezialinteresses zunutze gemacht, sondern hat sich ihm als einem sinnhaft strukturierten Ganzen genähert und dessen vielfältige Bezüge so genommen, wie sie sich dem Ethnografen in den Weg stellten, ohne sämtliche empirischen Details des Phänomens abdecken zu können.[91] Die Gliederung der Arbeit folgte im weitesten Sinne der zeitlich-sinnhaften Verlaufsstruktur ihres Gegenstands, die sich im Groben von der Lebenswelt der Paare hinein in die Welt des Labors und wieder zurück erstreckt. Insofern charakterisiert die Studie eine im weitesten Sinne an der Schütz'schen Wissenssoziologie orientierte Perspektive, die den Gegenstand in seinen Verweisungszusammenhängen verstehen will (vgl. Srubar 2007). Versuchen wir den Gegenstand anhand einiger Aspekte noch genauer zu bestimmen:

(2) Kinderwunschbehandlungen lassen sich, den Faden der Einleitung wieder aufnehmen, als spezifische Episode des Kinderkriegens (neben anderen wie: Paarbildung,

---

91 Ein Schwerpunkt lag auf der Beziehungspraxis und den Beratungsgesprächen, während einige Behandlungssituationen nur am Rande oder gar nicht durch empirische Daten abgedeckt werden konnten (wie etwa die obligatorischen und häufig stattfindenden Ultraschallkontrollen).

Kinderwunschkommunikation, Nestbau, Schwangerschaft u. a.) beschreiben, die viele Paare auf ihrem Weg zur Schwangerschaft durchlaufen, wenn sich ohne fremde Hilfe eine solche nicht einstellt. Es sind sowohl im Erleben als auch in den Narrativen ihrer Selbstbeschreibung zeitlich abgegrenzte Einheiten im geteilten Leben von Paaren, die eine gewisse thematische Geschlossenheit und Fokussierung aufweisen, auf einen Endpunkt (und gleichzeitig Eintritt in eine neue Phase) hin ausgerichtet sind und eine bestimmte soziokulturelle Dramaturgie und temporale Struktur besitzen. Es liegt nahe, diese Phase der soziotechnischen Fokussierung von Paarbeziehungen auf ihre familiale Erweiterung mit der Phase der Schwangerschaft zu vergleichen, die wir soziologisch unter anderem als einen sozialen Erwartungsbogen beschrieben haben (Hirschauer u. a. 2014: 263). In ihm laufen unterschiedliche Zeiten quer zueinander, u. a. ein durch ein medizinisches Zeitregime überwachtes, progredientes Wachstum im Innern des Körpers mit seinen markanten und irreversiblen Schwellen fötaler Entwicklungsstufen auf der einen Seite, auf der anderen ein psychosozialer Aneignungsvorgang innerhalb einer sich familial erweiternden und damit sozial transformierenden Paarbeziehung (Hirschauer u. a.: 261 f.).[92] Wie lässt sich demgegenüber der Erwartungsbogen von Kinderwunschbehandlungen beschreiben? Deren Anfang kennzeichnet meist eine nachhaltig enttäuschte Erwartung an eine konventionell eintretende Schwangerschaft. Damit geht einher, dass Paare in ihrer Erwartungsbildung und sozialen Schwängerung in Form einer inneren und äußeren Ausrichtung auf Elternschaft dem (ausbleibenden) körperlichen Ereignis meist bereits mehr oder weniger weit vorausgeeilt sind, während eine Schwangerschaft mit jedem Fehlversuch in noch weitere Ferne zu rücken droht. Die Erwartungsstruktur einer Kinderwunschbehandlung verläuft zyklisch, indem sich mit jedem Versuch ein neuer Spannungsbogen ergibt: Je weiter ein Versuch in seinen einzeln zu vollziehenden Schritten fortgeschritten ist, desto höher liegt die jeweilige Fallhöhe (vgl. Ullrich 2012: 212), etwa wenn bei einer ICSI nach erfolgreicher Eizell- und Spermiengewinnung, nach ebenso erfolgreicher Befruchtung und dem Einsetzen zweier vielversprechender Embryonen sich von diesen am Ende keiner in den Uterus einnistet. Paare müssen aktives Erwartungsmanagement betreiben, indem sie ihre Hoffnungen entlang statistisch zur Verfügung stehender Orientierungszahlen weit genug zurückfahren, um Enttäuschungen aushalten zu können, sie müssen aber gleichzeitig das Vertrauen in weitere Versuche aufrechterhalten, um die Behandlungsmotivation nicht zu verlieren. Der natürliche Endpunkt einer Kinderwunschbehandlung ist eine Schwangerschaft. Bleibt sie dauerhaft aus, muss die Behandlung ‚künstlich' beendet werden, indem sich das Paar in Absprache mit seinen Behandler:innen dazu entscheidet, keine weiteren Versuch mehr zu unternehmen. Aber auch in den häufigeren

---

92 Siehe dazu auch Völkle & Wettmann (2021), die im Anschluss an Hirschauer u. a. (2014) fünf unterschiedene Zeitreferenzen des Schwangerschaftsgeschehens explizieren. Diese reichen von den zukunftsgerichteten Imaginationen eines Paares als Familie, der Gegenwart eines eigenmächtig voranschreitenden biologischen Prozesses über die wachsenden soziomateriellen Präsenzen des Ungeborenen, gepaart mit seiner sozialen Kultivierung als künftiger Person, bis hin zu kritischen Brüchen, wenn es zum pränatalen Verlust und damit zum Einsturz familialer Projektionen kommt.

Fällen schon nach wenigen Versuchen erfolgreicher Paare resultiert aus Kinderwunschbehandlungen eine besondere Erwartungshaltung gegenüber festgestellten Schwangerschaften, da diese sich dann ambivalenzfrei auf die Behandlung und das Glück ihres schnellen Erfolgs zurechnen lassen. Reproduktionsmedizinisch hergestellte sind unmissverständlich gewollte, bereits früh festgestellte und meist mit einem gewissen Aneignungsvorsprung versehene Schwangerschaften, deren Realität in den geteilten Erwartungen und Fantasien der Akteure längst vorweggenommen wurde.

(3) Eng mit den sozial geteilten Erwartungen an eine Schwangerschaft ist die Frage nach dem Akteurskreis verbunden. Sozial geschwängerte Paarbeziehungen (Hirschauer u. a. 2014: 264), die dabei sind, ihre Sexualität auf eine Schwangerschaft hin auszurichten, teilen ihre Erwartungen mit einem variierenden Kreis an Personen ihres Umfelds, die das Paar ihrerseits in Erwartung versetzen, auf die Nachricht einer eintretenden Schwangerschaft eingestellt sind und das Paar mehr oder weniger daraufhin beobachten. Mit der performativen Entdeckung und Feststellung einer Schwangerschaft im intimen Kreis der Paarbeziehung geht von dieser allmählich ein kontrollierter Prozess des Mitteilungshandelns aus, der sukzessive weitere Personen zum wissenden Publikum der Schwangerschaft macht und diese auf unterschiedliche Weise daran teilhaben lässt (Hirschauer u. a 73 ff.). Dies steht im Kontrast zur pränatalen Sozialität sich formierender ungewollter Kinderlosigkeit: Mit dem Ausbleiben der Schwangerschaft, dem Beginn und Verlauf einer Kinderwunschbehandlung geht häufig eine aktive und zunehmende Begrenzung sozialer Kontakte einher, die die Erwartung einer Schwangerschaft weiter befeuern könnten. Der zyklische, von der Chronik aufeinanderfolgender Versuche geprägte Spannungsbogen einer Kinderwunschbehandlung verlangt neben dem Erwartungsmanagement innerhalb der Paarbeziehung nach einer ‚Informationspolitik' gegenüber dem sozialen Umfeld, um jene Enttäuschungen scheiternder Versuche nicht durch allzu viele Reaktionen nahestehender Personen zu multiplizieren und um nicht die Kontrolle über das gemeinsame Emotionsmanagement der Paarbeziehung zu verlieren. Vor einem weiteren Kreis an Personen (etwa Arbeitgeber:innen) gilt es die Kinderwunschbehandlung unter Umständen über weite Strecken aktiv geheim zu halten.

Während der Akteurskreis hier eingeschränkt bzw. bewusst begrenzt wird, wird er im Rahmen des medizinischen Behandlungsverhältnisses um signifikante Dritte erweitert. Paare gehen für ihre Kinderwunschbehandlung eine soziale Beziehung zu einem Kinderwunschzentrum und deren Mitarbeiter:innen, allen voran den behandelnden Ärzt:innen ein, denen gegenüber sie ein gemeinsames soziales Commitment aufbauen müssen. Wie sich gezeigt hat, fungieren Ärzt:innen im Laufe der Kinderwunschbehandlung nicht nur als Behandler:innen, sondern vor allem auch als Berater:innen und Moderator:innen sowie temporär als Mediator:innen, Schiedsrichter:innen oder gar Schlichter:innen. Die Kinderwunschbehandlung spielt sich sozial also vor allem in einem engen Kreis einer langfristigen intimen Paarbeziehung, deren ausgewählten Mitwisser:innen und einer temporär angelegten, professionellen medizinischen Dienstleistungsbeziehung ab. Zum erweiterten Akteurskreis zählen darüber hinaus die widerspenstigen, sich der Zeugung auf vielfältig mögliche Weise widersetzenden Körper(teile), die nun medizinisch diszipliniert werden müssen, und schließlich jene außerhalb des Körpers von Profihänden medizintechnisch lancierten Substanzen, Biofakte und Protagonisten des Zeugungsvorgangs: Eizellen, Spermien und Embryonen.

(4) Eine daran anschließende Frage richtet sich auf die Verteilung der Agency dieser sich neu konstituierenden Zeugungstriade. Während die Schwängerung im Rahmen sexuellen Geschlechtsverkehrs in gewisser Hinsicht als ein Handeln durch Unterlassen (von Verhütungstechniken) beschrieben werden kann, im Rahmen dessen sich Paare auf eine spannende und mit positiven Fantasien versehene, aber auch mit Unsicherheit behaftete gemeinsame Zukunft und Lebensform zu dritt zutreiben lassen können, verlangt eine Kinderwunschbehandlung ein völlig anderes Mindset: Paare müssen es bewusst wollen, sich dezidiert dafür entscheiden, ihren Wunsch vor einem Dritten explizit zum Ausdruck bringen und sich vertraglich an ihn binden. So zeigte sich, dass das Konstrukt der „Entscheidung zur Elternschaft" (vgl. Burkart 2002) als ein Rational-Choice-Vorgang daher vielleicht am ehesten noch die Realität von Paaren in Kinderwunschbehandlung abbildet (siehe auch Hahn 2011). Dennoch gibt es fließende Übergänge: Das Schwangerwerden kann im Rahmen zunehmender Fokussierungen an Agency hinzugewinnen, wenn Paare ihren Sex durch verfügbare Mittel auf die aktive Herbeiführung einer Schwangerschaft hin timen und trimmen (durch Eisprungkalender, Temperaturmessverfahren und viele weitere in unzähligen Ratgebern propagierte Vorgehensweisen), bis sich die Verteilung von Agency mit dem Beginn einer Kinderwunschbehandlung grundlegend neu ausrichtet, indem schon bei einem einfachen Inseminationsverfahren Sexualität und Zeugungsvorgang vollständig entkoppelt werden. Dies ist nun nicht wie vielleicht anzunehmen mit einer reinen Passivierung des Paares verbunden. Vielmehr muss sich das Paar nun auf eine völlig neue Art und Weise in die Techniken des Kinderkriegens regelrecht einarbeiten, etwa indem es ein überbordendes Angebot im Internet nutzt (oder bewusst meidet), von Kinderwunschzentren zur Verfügung gestellte Broschüren studiert oder Informationsabende besucht. Die präkonstituierende Phase einer Kinderwunschbehandlung ist also weniger von im engeren Sinne körperlichen Vorgängen geprägt als von kognitiver Wissensaneignung und kommunikativen Prozessen, wenn Paare sich auf eine ungewohnte medizinische Praxis einstellen müssen und sich mit ärztlicher Hilfe in die Lage versetzen müssen, eine erste Entscheidung für ein bestimmtes Behandlungsprogramm zu treffen.

Das Kinderwunschpaar konstituiert sich an zentraler Stelle zunächst in dieser sozialen Praxis triadischen Entscheidungshandelns. Mit der *gemeinsamen* Konsens- und Entscheidungsfindung für jeden neuen Versuch bzw. jede Veränderung im Behandlungsprogramm, bis hin zu vielen weiteren Aushandlungen, zieht sich diese Entscheidungspraxis von Anfang an durch die gesamte Kinderwunschbehandlung. Dass die von ärztlicher Expertise gestützten Behandlungsentscheidungen immer wieder an die Paare (zurück)delegiert werden, resultiert nicht nur aus einem in der Medizin etablierten Ideal informierter Einwilligung, sondern auch aus dem besonderen Charakter der Dienstleistung, medizintechnisch einen neuen Menschen auf den Weg zu bringen. Die Behandlungsintention richtet sich hier nur sekundär auf die Wiederherstellung von Gesundheit als gesellschaftlich institutionalisierten Wert (vgl. Parsons 1958), auf das sich

Ärzt:innen und Patientenpaare gemeinsam verpflichten, sondern auf einen nur vom Paar geteilten Kinder- bzw. ‚Elternwunsch', mit dem sich Ärzt:innen nicht auf die gleiche Weise gemein machen dürfen. Während Ärzt:innen im Rahmen klassischer Krankheitsbehandlungen ihre Verantwortung vor allem für den Fall des Misserfolgs entsprechend den Grenzen ihrer medizinischen Möglichkeiten einschränken müssen, gilt dies bei Kinderwunschbehandlungen stärker für den in elterliche Zuständigkeit mündenden Erfolgsfall. Die Handlungsträgerschaft von Paaren in Kinderwunschbehandlung formiert sich außerdem in deren gemeinsamer Organisation, wenn es darum geht, Behandlungstermine und -abläufe zu timen und in ihren Lebens- und Arbeitsalltag zu integrieren. Anders als Krankenbehandlungen, die entsprechend ihrem Schweregrad von anderen Verpflichtungen entbinden, sind Patient:innen in Kinderwunschbehandlung nicht im eigentlichen Sinne ‚krank' (sieh auch Ullrich 2012: 139 f.) und versuchen in der Regel ihr Arbeits- und Privatleben weitgehend aufrechtzuerhalten. Beide Aktivitäten, Entscheiden und Organisieren, fordern das Paar vor allem in seiner Fähigkeit, sich im gemeinsamen Commitment gegenüber der Ärzt:in auf die Anforderungen der Behandlung einzulassen. Es braucht dabei keine sexuelle Lust und Leidenschaft, vielmehr einen stabilen gemeinsamen Willen zum Kind, Therapietreue, Teamfähigkeit und Frustrationstoleranz. Drittens sind die Paare darin gefordert, sich im Rahmen von Diagnose- und Behandlungspraxis auf eine spezifisch reproduktionsmedizinische Perspektive auf ihre Körper einzulassen, wenn diese unter ärztlicher Regie medizinisch darauf vorbereitet und in die Lage versetzt werden sollen, eine Schwangerschaft zu erzielen. Die Paare müssen sich mit einer medizinischen Grammatik assistierter Fertilisation anfreunden und vertraut machen, die im Vergleich zum dyadischen Geschlechtsverkehr vor allem mit einer gänzlich anderen soziotechnischen Choreografie der Zeugungspraxis einhergeht. Diese vollzieht sich gewissermaßen in einer Verkettung verteilten Handelns (vgl. Rammert 2008): der kommunikativen Festlegung eines Paares auf einen gemeinsamen Kinderwunsch, der Herstellung und Aufrechterhaltung eines stabilen Arzt-Patienten-Kontakts, der (asymmetrischen) Arbeit der Paare an und mit ihren Körpern, der medizinischen Kontrollübernahme über ganz bestimmte physiologische Prozesse unter ärztlicher Anweisung, der gesamten Laborarbeit und ihrer technischen, menschlichen und (noch) nicht menschlichen Partizipanden und schließlich einer konzertierten Aktion zwischen Ärzt:innen, Patient:innen(körper) und Labormitarbeiter:innen.

Dieses Szenario verteilten Handelns lädt sowohl die Teilnehmer:innen dieser Praxis als auch deren ethnografische Beobachter:innen dazu ein, die beiden Zeugungsszenarios, das lebensweltliche und das medizintechnisch assistierte, in ihren symbolischen Geschlechtszuschreibungen und Selbstbeschreibungssemantiken miteinander zu vergleichen. Wie wir wissen, hängt die Agency dieser Praktiken nicht zuletzt auch von diesen in unsere alltagsweltlichen Zeugungstheorien eingelassenen Semantiken ab, etwa wenn *sie sich schwängern lässt, er ihr ein Kind macht, er zeugt, sie empfängt.* Die Aufgabe ethnografischer Repräsentation muss sein, das Vokabular solcher Beschreibungen in seinen Implikationen zu verstehen und sichtbar zu machen, nicht zuletzt, indem sie selbst damit spielt und selbstverständliche Asymmetrien in ihrer Kontingenz zur Schau stellt, z. B. indem sie sie durch sprachliche Invertierungen befremdet (vgl. Hirschauer u. a. 2014: 266): *Nicht er penetriert sie, sondern sie invaginiert ihn. Nicht das Spermium dringt ein, sondern wird von der Eizelle hineinverdaut.* Die Empirie dieser Arbeit hat gezeigt, dass sich die Verteilung der Agency und auch deren Semantiken im Rahmen reproduktionsmedizinischer Kinderwunschbehandlungen nur teilweise unverändert fortpflanzen und mitunter umgedreht, moduliert oder substituiert werden. Das zentrale Zeugungsvehikel im Labor sind nicht die Spermien, sondern die Eizellen, die hier außerhalb des Körpers überhaupt erst sichtbar werden und allein durch ihre schiere Größe die Spermien in den Schatten stellen. Die Kinderwunschbehandlung droht, den männlichen Beitrag zu marginalisieren, den weiblichen übergroß werden zu lassen. In den Status der Zeugenden treten viel stärker die Frauen in ihrer Eizell*produktion* als die Männer durch ihre Samen*spende*. Die Kinderwunschbehandlung kann insofern nicht als die Fortsetzung reproduktiver Paarsexualität mit anderen Mitteln verstanden werden, sondern hat eine eigene soziomaterielle Praxis mit eigenen Sinnstrukturen hervorgebracht, deren Verständnis in Analogie zum ‚natürlichen‘ Zeugungsszenario an seine Grenzen stößt. Herausgreifen möchte ich hier jenes *technische Geschlecht,* das sich im Laufe der reproduktionsmedizinischen Zerlegung des Paarkörpers und ihres Deutungshorizonts zunehmend nach vorne schiebt und das (zeugungs-) ästhetische, stärker identitätsbindende Geschlecht in den Hintergrund treten lassen kann. Die beschriebene reproduktionstechnische Reduktion des Geschlechts begünstigt eine soziale Geschlechtsblindheit, die sich auch an der Geschichte des schwangeren Mannes Thomas Beatie (2008) auffällig gezeigt hat. Der Frau-zu-Mann-Transsexuelle nutzte seine Gebärmutter für eine Schwangerschaft, ganz ohne sich an seiner ‚Re-Gynisierung‘ durch die Schwangerschaft zu stören, während sich die Öffentlichkeit vor allem von der ‚Androisierung‘ der Schwangerschaft im Bauch eines Mannes irritiert sah. Umgekehrt haben wir gesehen, dass die Binnenkommunikation der Paarbeziehung verschiedene im Rahmen der Behandlungspraxis entstehende Asymmetrien unterschiedlich bearbeiten, interpretieren, abschwächen oder auch verstärken kann.

(5) Die Lebenswelt sich Kinder wünschender Paare und die Laborumwelten reproduktionsmedizinischer Dienstleistungsdesigns befruchten sich gegenseitig. So hat sich das medizinische Angebot im Zuge einer kulturellen Revolution und Ausdifferenzierung familialer Entwürfe der letzten Jahrzehnte (von der gleichgeschlechtlichen Familie über Formen postromantischer Ko-Elternschaft bis hin zur intendierten Solo-Elternschaft) sukzessive an diese neue Realität angepasst. Das ‚eigentliche‘ und viel größere Labor zur Synthetisierung neuer familialer Entwürfe fand und findet außerhalb der Labore statt, wenn allen voran gleichgeschlechtliche Paarbeziehungen neue Wege in die Elternschaft ausloten und bereits etabliert haben sowie die personale Besetzung und geschlechtliche Differenzierung von Elternrollen kreativ umschreiben. Bock v. Wülfingen (2001) konstatierte einen Paradigmenwechsel der Reproduktionsmedizin, insofern diese dem sozialen Trend gefolgt ist und ihre Leistungsangebote heute verstärkt nicht mehr nur an konventionelle heterosexuelle Paare richtet, wenn diese auch nach wie vor das Gros der Leistungsempfänger:innen ausmachen. Dies rückt die reproduktionsmedizinische Praxis in ein neues Licht: Während sich die Behandlung

heterosexueller Paare selbst unter biologischer Beteiligung Dritter (Eizellspenderinnen, Samenspender oder Leihmütter) einer therapeutischen Sinngebung unterordnen lässt, ist dies bei Einzelpersonen oder Paarkonstellationen, die schon a priori nicht über die organische Ausstattung verfügen, um sozusagen mit ‚bordeigenen‘ Mitteln ein Kind zu zeugen, nicht der Fall. Deren Unfruchtbarkeit ergibt sich nicht aus einer medizinisch diagnostizierbaren Störung von Fortpflanzungsorganen, sondern nur aus deren reproduktionstechnisch dysfunktionalen Kombination. Während sich die moderne Medizin im einen Fall als kurativ versteht, um einen als naturgegeben betrachteten Zustand wiederherzustellen, hat sie im anderen Fall einen stärker ermöglichenden Charakter, indem sie etwa durch Hinzuziehung von Fremdsamen, durch Tragemutterschaft (vgl. Teschlade 2022) und/oder Eizellspende auf neue Weise an der Fabrikation neuer Menschen und neuer familialer Konstellationen beteiligt ist.

(6) Was können wir also vom ‚Fall‘ reproduktionsmedizinischer Kinderwunschbehandlungen und deren soziotechnischem Setting für das soziale Phänomen des Kinderkriegens lernen? Die Kinderwunschbehandlung führt zu einer zeitlichen Ausdehnung pränataler Sozialität, indem Paare unter Umständen über einen viel längeren Zeitraum mit einem Kind schwanger gehen, das noch längst nicht, etwa wie in unterschiedlichen Phasen der Schwangerschaft über den größer werdenden Bauch oder die ersten Kindsregungen, greifbar wird, sondern vielmehr in geteilten Zukunftsprojektion des (Nicht-)Elternwerdens. Was bei erwünschten und kurzerhand eintretenden Schwangerschaften im Selbstverständlichen verborgen liegt, erfährt im Kontext hart erarbeiteter Schwangerschaften eine gewisse Explizierung, wenn Paare ihren Kinderwunsch vor sich selbst zunehmend reflektieren oder Überlegungen darüber anstellen, welche Folgen die Art und Weise der Zeugung oder das Hinzuziehen von Fremdsamen auf ihr imaginiertes Verhältnis zu einem möglichen Kind haben könnten. In vielleicht noch stärkerem Maße werden jene Vorgänge im Inneren des Körpers expliziert, die sonst selbsttätig im Verborgenen vonstattengehen und nun im grellen Licht des Labors auf neue Weise sichtbar, gezeigt und interpretationsbedürftig werden. Beides zusammen, die soziale Kultivierung einer Paarbeziehung im Zeichen eines Kinderwunsches und die körperlich-technische Koordination in der Herstellung einer Schwangerschaft, kann allgemein als ein Bündel von Praktiken (Schatzki 2016: 33) verstanden werden, die sich auch als *Techniken des Kinderkriegens* beschreiben lassen. Wir können damit dem Begriff sozialer Schwangerschaft einen Begriff sozialer Zeugung zur Seite stellen, der diesen Vorgang nicht nur im Akt der gegebenenfalls durch Ärzt:innen vermittelten Befruchtung zentriert, sondern auf die *gesamte Zeugungsarbeit* ausdehnt, die das Paar und gegebenenfalls dessen medizinische Helfer:innen auf soziotechnisch koordinierte Weise leisten. Der empirische Fall technisch assistierter Schwangerschaftsherstellung ist eine Einladung dazu, die ‚natürlichste Sache der Welt‘ auch in ihrer lebensweltlichen Einbettung jenseits des Labors als eine soziomaterielle Praxis und Kulturtechnik zu begreifen, bei der Menschen im Rahmen spezifischer Beziehungskonstellationen ihre Körper im weitesten Sinne als technisches Medium zur Familienbildung einsetzen. Noch deutlicher wird dies in den genannten Fällen von organischer Unfruchtbarkeit der

anderen Art[93], die im Rahmen dieser Studie nicht vorkamen und reichlich Stoff für weitere Forschungsvorhaben bieten: Etwa gleichgeschlechtliche Paare mit vier Hoden aber ohne Gebärmutter, mit zwei Uteri aber ohne Penis, Personen ohne Partner, ferner geschlechtsungleiche Paare, denen ein Geschlechtswechsler angehört, aber auch biologisch Geschlechtsungleiche, die ihren Geschlechtsunterschied technisch nutzen, um eine partnerschaftliche Ko-Elternschaft ohne Liebesbeziehung einzugehen. Einige dieser Varianten der Herstellung eigener Kinder kommen ohne reproduktionsmedizinische Hilfe aus, indem z.B. Frauenpaare die Bechermethode – nichts anderes als ein in die eigenen vier Wände verlagertes Inseminationsverfahren – anwenden, um mit dem Sperma eines gemeinsamen Freundes eine Schwangerschaft in die Wege zu leiten und somit in Eigenregie ein Kind zu zeugen. Zwei Männer wiederum sind in Sachen Leihmutterschaft auf reproduktionsmedizinische Hilfe angewiesen – zumindest, wenn die Eizelle von einer weiteren Frau gespendet, dann im Labor befruchtet und der Tragemutter eingesetzt wird, wie es sich bei dieser Praxis durchgesetzt hat (vgl. Teschlade 2022). All diese unterschiedlichen Fälle bedürfen entsprechender sozialer, kommunikativer, nicht zuletzt rechtlicher Rahmungen und jeweils angepasster lebensweltlicher Konstrukte familialer Zusammengehörigkeit und Grenzziehungen. Man kann vor dem Hintergrund dieser und vieler weiterer vorstellbaren oder bereits praktizierten soziotechnischen Varianten der Familienbildung von einer Konvergenz der Techniken des Kinderkriegens und der reproduktionsmedizinischen Technologien des Zeugens sprechen.

---

93 Zu dieser Ausdehnung des Begriffs der Unfruchtbarkeit siehe auch Bock v. Wülfingen 2001.

Literaturverzeichnis

Alkemeyer, T. & N. Buschmann, 2016: Praktiken der Subjektivierung – Subjektivierung als Praxis. S. 115–136 in: H. Schäfer (Hg.), Praxistheorie. Ein soziologisches Forschungsprogramm. Bielefeld: Transcript.

Amann, K., 1994: Menschen, Mäuse und Fliegen. Eine wissenssoziologische Analyse der Transformation von Organismen in epistemische Objekte. S. 259–290 in: M. Hagner (Hg.), Objekte, Differenzen und Konjunkturen. Experimentalsysteme im historischen Kontext. Berlin: Akad.-Verl.

Amann, K. & S. Hirschauer, 1997. S. 7–52 in: ebd. (Hg.), Die Befremdung der eigenen Kultur. Zur ethnographischen Herausforderung soziologischer Empirie. Frankfurt/M.: Suhrkamp.

Arni, C. & E. Saurer (Hg.), 2010: Blut, Milch und DNA. Zur Geschichte generativer Substanzen. Wien: Böhlau.

Arni, C., 2008a: Menschen machen aus Akt und Substanz. Prokreation und Vaterschaft im reproduktions-medizinischen und im literarischen Experiment. Gesnerus 65: 196–224.

Arni, C., 2008b: Reproduktion und Genealogie. Zum Diskurs über die biologische Substanz. S. 293–309 in: N. Pethes & S. Schicktanz (Hg.), Sexualität als Experiment. Identität, Lust und Reproduktion zwischen Science und Fiction. Frankfurt/M.: Campus.

Auhagen-Stephanos, U., 2002: Wenn die Seele nein sagt. Unfruchtbarkeit – Deutung, Hoffnung, Hilfe. München: Kösel.

Banse, G., 2004: Rezension zu: Karafyllis, N.C. (Hg.), 2003: Biofakte. Versuch über den Menschen zwischen Artefakt und Lebewesen. Paderborn: Mentis. In: Technikfolgenabschätzung – Theorie und Praxis 13(2): 123–124.

Barad, K., 2003: Posthumanist Performativity. Toward an Understanding of How Matter Comes to Matter. Signs 28: 801–831.

Beatie, T., 2008: Labor of love. The Story of One Man's Extraordinary Pregnancy. Berkeley: Seal Press.

Beck, U., 1986: Risikogesellschaft. Auf dem Weg in eine andere Moderne. Berlin: Suhrkamp.

Becker, G., 2000: The elusive embryo. How women and men approach new reproductive technologies. Berkeley: University of California Press.

Becker, G. & R.D. Nachtigall, 1992: Eager for medicalisation: the social production of infertility as a disease. Sociology of health & illness 14(4): 456–471.

Beck-Gernsheim, E., 2016: Die Reproduktionsmedizin und ihre Kinder. Erfolge, Risiken, Nebenwirkungen. Wien: Residenz.

Bergmann, S., 2014: Ausweichrouten der Reproduktion. Biomedizinische Mobilität und die Praxis der Eizellspende. Wiesbaden: Springer.

Bergmann, J., 1988: Ethnomethodologie und Konversationsanalyse. Kurseinheit 3: Organisationsprinzipien der sozialen Interaktion. Objekte der Konversationsanalyse. FernUniversität Hagen.

Bernard, A., 2014: Kinder machen. Neue Reproduktionstechnologien und die Ordnung der Familie. Samenspender, Leihmütter, Künstliche Befruchtung. Frankfurt/M.: Fischer.

Bernard, A., 2010: Die Leihmutter. S. 304–315 in: E. Eßlinger, T. Schlechtriemen, D. Schweitzer & A. Zons (Hg.), Die Figur des Dritten. Ein kulturwissenschaftliches Paradigma. Berlin: Suhrkamp.

Birenbaum-Carmeli, D. & M.C. Inhorn (Hg.), 2009: Assisting reproduction, testing genes. Global encounters with new biotechnologies. New York: Berghahn.

Bock, J.D., 2000: Doing the right thing? Gender & Society 14: 62–86.

Bock von Wülfingen, B., 2007: Genetisierung der Zeugung. Eine Diskurs- und Metaphernanalyse reproduktionsgenetischer Zukünfte: Transkript.

Bock von Wülfingen, B., 2001: Homogene Zeugung – Beschreibung eines Paradigmenwechsels in der Repromedizin. 111–126 in: U. Heidel (Hg.), Jenseits der Geschlechtergrenzen. Sexualitäten, Identitäten und Körper in Perspektiven von Queer Studies. Hamburg: Männerschwarm.

Böcker, J., 2022: Fehlgeburt und Stillgeburt. Eine Kultursoziologie der Verlusterfahrung. Weinheim: Beltz Juventa.

Boll, T., 2019: Autopornografie. Eine Autoethnografie mediatisierter Körper. De Gruyter: Oldenburg.

https://doi.org/10.1515/9783110783674-007

Boltanski, L., 2007: Soziologie der Abtreibung. Zur Lage des fötalen Lebens. Frankfurt/M.: Suhrkamp.

Brähler, E. & A. Meyer (Hg.), 1991: Psychologische Probleme in der Reproduktionsmedizin. Berlin: Springer.

Braun, C. von, 2018: Blutsbande. Verwandtschaft als Kulturgeschichte. Berlin: Aufbau.

Breidenstein, G., S. Hirschauer, H. Kalthoff & B. Nieswand, 2013: Ethnografie. Die Praxis der Feldforschung. Konstanz: UVK.

Bude, H. 1984: Die individuelle Allgemeinheit des Falls. S. 84 – 86 in: H.-W. Franz (Hg.), 22. Deutscher Soziologentag 1984: Beiträge der Sektions- und Ad-hoc-Gruppen. Opladen: Westdt. Verl.

Burkart, G., 2002: Entscheidungen zur Elternschaft revisited. Was leistet der Entscheidungsbegriff für die Erklärung biographischer Übergänge? S. 23 – 48 in: N.F. Schneider (Hg.), Elternschaft heute. Gesellschaftliche Rahmenbedingungen und individuelle Gestaltungsaufgaben. Opladen: Leske + Budrich.

Bühler, N., W.d. Jong, Y. Nay & K. Zehnder, 2015: „Ontological Choreography" as an Ethnographic Tool. Understanding the making of families by reproductive technologies in Switzerland. Tsantsa 20: 84 – 96.

Cash, J., 2015: The case study as representative Anecdote. S. 15 – 30 in: J. Damousi (Hg.), Case Studies and the Dissemination of Knowledge. Hoboken: Taylor and Francis.

Cicourel, A., 1997: The interpretation of communicative contexts: examples from medical encounters. S. 291 – 310 in: A. Duranti & C. Goodwin (Hg.), Rethinking context. Language as an interactive phenomenon. Cambridge: Univ. Press.

Çil, N., 2007: Assistierende Reproduktionsmedizin in Istanbul. Zwischen Privatsphäre und Deutungsmacht. S. 63 – 79 in: S. Beck (Hg.), Verwandtschaft machen. Reproduktionsmedizin und Adoption in Deutschland und der Türkei. Münster: Lit.

Clarke, A.E., 1998: Disciplining reproduction. Modernity, American life sciences and „the problems of sex". Berkeley: University of California Press.

Correll, L., 2010: Anrufungen zur Mutterschaft. Eine wissenssoziologische Untersuchung von Kinderlosigkeit. Münster: Westfälisches Dampfboot.

Crossley, N., 2006: Reflexive Embodiment in Contemporary Society. Berkshire: Open University Press.

de Jong, W. (Hg.), 2009: Making bodies, persons and families. Normalising reproductive technologies in Russia, Switzerland and Germany. Wien: Lit.

Descola, P., 2011: Jenseits von Natur und Kultur. Berlin: Suhrkamp.

Deutsches IVF-Register, Jahrbuch 2020 – Auszug (https://www.deutsches-ivf-register.de/).

Diehl, S., 2014: Die Uhr, die nicht tickt. Kinderlos glücklich; eine Streitschrift. Zürich, Hamburg: Arche.

Dionisius, S., 2021: Queere Praktiken der Reproduktion. Wie lesbische und queere Paare Familie, Verwandtschaft und Geschlecht gestalten. Bielefeld: Transcript.

Donath, O., 2017: Regretting motherhood. A study. Berkeley: North Atlantic Books.

Domasch, S., 2007: Nicht implantieren, verwerfen, absterben lassen. Zur sprachlichen Konstitution neuer biomedizinischer Sachverhalte am Lebensbeginn in: S. Graumann & K. Grüber (Hg.), Grenzen des Lebens. Berlin: Lit.

Dorn, C., 2013: Inseminationsbehandlung. S. 197 – 207 in: K. Diedrich, M. Ludwig & G. Griesinger (Hg.), Reproduktionsmedizin. Berlin: Springer.

Drew, P. & A. Wootton, 1988: Erving Goffman. Exploring the interaction order. Cambridge: Polity Press.

Duden, B., J. Schlumbohm & P. Veit (Hg.), 2002: Geschichte des Ungeborenen. Zur Erfahrungs- und Wissenschaftsgeschichte der Schwangerschaft, 17. – 20. Jahrhundert. Göttingen: Vandenhoeck & Ruprecht.

Duden, B., 2000: Hoffnung, Ahnung, 'sicheres' Wissen. Zur Historisierung des Wissensgrundes vom Schwangergehen. Die Psychotherapeutin 13: 25 – 37.

Ebeling, K.S., 2006: Wenn ich meine Hormone nehme, werde ich zum Tier. Zur Geschichte der ‚Geschlechtshormone' in: K.S. Ebeling (Hg.), Geschlechterforschung und Naturwissenschaften. Einführung in ein komplexes Wechselspiel. Wiesbaden: VS.

Edwards, J. (Hg.), 1993: Technologies of procreation. Kinship in the age of assisted conception. London: Routledge.

Emerson, R.M., R.I. Fretz & L.L. Shaw, 2007: Writing ethnographic fieldnotes. Chicago: Univ. Press.

Erikson, S.L., 2007: Fetal views: histories and habits of looking at the fetus in Germany. The Journal of medical humanities 28: 187–212.

Fausto-Sterling, A., 2000: Sexing the body. Gender politics and the construction of sexuality. New York: Basic Books.

Fausto-Sterling, A., 1992: Myths of gender. Biological theories about women and men. New York: Basic Books.

Fegert, H., 2002: Die Phantasie vom Designerkind: Machbarkeitsfortschritte in der Humangenetik und Reproduktionsmedizin und ihre Auswirkungen auf die Entwicklung der Familie im neuen Jahrtausend in: N.F. Schneider (Hg.), Elternschaft heute. Gesellschaftliche Rahmenbedingungen und individuelle Gestaltungsaufgaben. Opladen: Leske + Budrich.

Fitzpatrick, F.J., 1986: Artificial Reproduction: a Social Investigation. Journal of Medical Ethics 12(3): 164–165.

Foucault, M., 2017: Die Geburt der Biopolitik. Vorlesung am Collège de France, 1978–1979. Frankfurt/M.: Suhrkamp.

Foucault, M., 1978: Dispositive der Macht. Über Sexualität, Wissen und Wahrheit. Berlin: Merve.

Franklin, S., 2013: Conception through a looking glass: the paradox of IVF. Reproductive biomedicine online 27(6): 747–755.

Franklin, S. & C. Roberts, 2006: Born and made. An ethnography of preimplantation genetic diagnosis. Princeton: Princeton Univ. Press.

Franklin, S., 1997: Embodied progress. A cultural account of assisted conception. London: Routledge.

Franklin, S., 1990: Deconstructing 'Desperateness'. The Social Construction of Infertility in Popular Representations of New Reproductive Technologies. S. 200–229 in: M. McNeil (Hg.), The new reproductive technologies. London: McMillan.

Friese, C., G. Becker & R.D. Nachtigall, 2006: Rethinking the biological clock: eleventh-hour moms, miracle moms and meanings of age-related infertility. Social science & medicine (1982) 63: 1550–1560.

Frommel, Monika, 2007: Deutscher Mittelweg in der Anwendung des Embryonenschutzgesetzes mit einer an den aktuellen wissenschaftlichen Kenntnisstand orientierten Auslegung der für die Reproduktionsmedizin zentralen Vorschrift des § 1, Abs. 1, Nr. 5 ESchG. Journal für Reproduktionsmedizin und Endokrinologie 4 (1): 27–33.

Gameiro, S., J. Boivin, L. Peronace & C.M. Verhaak, 2012: Why do patients discontinue fertility treatment? A systematic review of reasons and predictors of discontinuation in fertility treatment. Human reproduction update 18: 652–669.

Garfinkel, H., 1967: Studies in Ethnomethodology. Cambridge: Polity Press.

Gehlen, A., 1940: Der Mensch. Seine Natur und seine Stellung in der Welt. Berlin: Junker & Dünnhaupt.

Giddens, A., 1996: Konsequenzen der Moderne. Frankfurt/M.: Suhrkamp.

Gnoth, C., 2011: Das Anti-Müller-Hormon. Ein Blick auf die biologische Uhr? Gynäkologische Endokrinologie 9: 238–246.

Goffman, E., 1977: The Arrangement between the Sexes. Theory and Society 4: 301–331.

Goffman, E., 1959: The presentation of self in everyday life. New York: Anchor Books.

Golombok, S., S. Zadeh, S. Imrie, V. Smith & T. Freeman, 2016: Single mothers by choice: Mother-child relationships and children's psychological adjustment. Journal of family psychology 30(4): 409–418.

Gomart, E. & A. Hennion, 1999: A Sociology of Attachment: Music Amateurs, Drug Users. The Sociological Review 47: 220–247.

Graumann, S. & I. Schneider (Hg.), 2003: Verkörperte Technik, entkörperte Frau. Biopolitik und Geschlecht. Frankfurt/M.: Campus.

Groebner, V., 2019: Wer redet von der Reinheit? Eine kleine Begriffsgeschichte. Wien: Passagen Verlag.

Habermas, J., 2005: Die Zukunft der menschlichen Natur. Auf dem Weg zu einer liberalen Eugenik? Frankfurt/M.: Suhrkamp.

Habermas, J., 1981: Zur Kritik der funktionalistischen Vernunft. Frankfurt/M.: Suhrkamp.

Hahn, K., 2011: Die Entscheidung zur medialisierten Elternschaft: Zwischen „natürlicher Befruchtung" und dem „Projekt Reproduktion". 313 – 329 in: K. Hahn & C. Koppetsch (Hg.), Soziologie des Privaten. Wiesbaden: VS.

Hampshire, K. & B. Simpson (Hg.), 2015: Assisted Reproductive Technologies in the Third Phase. Global Encounters and Emerging Moral Worlds. New York.

Heimerl, B. & P. Hofmann, 2016: Wie konzipieren wir Kinderkriegen? Zeitschrift für Soziologie 45(6): 410 – 430.

Heimerl, B., 2013: Die Ultraschallsprechstunde. Eine Ethnografie pränataldiagnostischer Situationen. Bielefeld: Transcript.

Heimerl, B., A. Hoffmann, P. Hofmann, S. Hirschauer, 2009: Soziologische Embryonenforschung. Ein Aufbruch und ein Abbruch. Soziologische Revue 32.

Heimerl, B., 2006: Choreographie der Entblößung: Geschlechterdifferenz und Personalität in der klinischen Praxis 35: 372 – 391.

Heintz, B., 1993: Die Auflösung der Geschlechterdifferenz. Entwicklungstendenzen in der Theorie der Geschlechter. S. 17 – 48 in: E. Bühler, H. Meyer & A. Schneller (Hg.), Ortssuche. Zur Geographie der Geschlechterdifferenz. eFeF-Verlag: Zürich.

Heitzmann, D., 2017: Fortpflanzung und Geschlecht. Zur Konstruktion und Kategorisierung der generativen Praxs. Bielefeld: Transcript.

Hericks, K.K. & Peukert, A., 2017: Reproduktion zwischen institutioneller Fortpflanzung und der Geburt neuer Leitbilder. Gleitwort zu: Lege, N., 2017: Wie Kinder Männer und Frauen machen. Über die alltägliche Konstruktion von Zweigeschlechtlichkeit im Kinderkriegen. Baden-Baden: Tectum.

Hildenbrand, B. & C. Waxmann, 1987: Soziologische Aspekte der Extrakorporalen Befruchtung. S. 46 – 49 in: J. Friedrichs (Hg.), Technik und sozialer Wandel. 23. Deutscher Soziologentag 1986. Opladen: Westdt. Verl.

Hirschauer, S., 2019: Mein Bauch gehört uns. Gynisierung und Symmetrisierung der Elternschaft bei schwangeren Paaren. Zeitschrift für Soziologie 48: 6 – 22.

Hirschauer, S., 2016: Verhalten, Handeln, Interagieren. Zu den mikrosoziologischen Grundlagen der Praxistheorie. S. 45 – 70 in: H. Schäfer (Hg.), Praxistheorie. Ein soziologisches Forschungsprogramm. Bielefeld: Transcript.

Hirschauer, S., 2013: Geschlechts(in)differenz in geschlechts(un)gleichen Paaren. Zur Geschlechterunterscheidung in intimen Beziehungen. S. 37 – 56 in: A. Rusconi, C. Wimbauer, M. Motakef, B. Kortendiek & P.A. Berger (Hg.), Paare und Ungleichheit(en). Eine Verhältnisbestimmung. Opladen: Budrich.

Hirschauer, S., 2008: Körper macht Wissen: für eine Somatisierung des Wissensbegriffs. S. 974 – 984 in: K.-S. Rehberg (Hg.), Die Natur der Gesellschaft. Frankfurt/M.: Campus.

Hirschauer, S., 2004: Praktiken und ihre Körper. Über materielle Partizipanden des Tuns. S. 73 – 91 in: K.H. Hörning & J. Reuter (Hg.), Doing Culture: Transcript.

Hirschauer, S., 1998: Performing Sexes and Genders in Medical Practices. S. 13 – 27 in: A. Mol & M. Berg (Hg.), Differences in medicine. Unraveling practices, techniques, and bodies. Durham: Duke University Press.

Hirschauer, S., 1993: Die soziale Konstruktion der Transsexualität. Über die Medizin und den Geschlechtswechsel. Frankfurt/M.: Suhrkamp.

Hirschauer, S., 1991: The Manufacture of Bodies in Surgery. Social Studies of Science 21(2): 279 – 319.

Hirschauer, S., B. Heimerl, A. Hoffmann & P. Hofmann, 2014: Soziologie der Schwangerschaft. Explorationen pränataler Sozialität. Berlin: De Gruyter.

Hirschauer, S., A. Hoffmann & A. Stange, 2015: Paarinterviews als teilnehmende Beobachtung. Präsente Abwesende und zuschauende DarstellerInnen im Forschungsgespräch. FQS 16.

Hirschauer, S. & P. Hofmann, 2012: Schwangerschaftstagebücher. Produktionsbedingungen und Nutzungschancen eines Datentyps, in: Soeffner, Hans-Georg (Hg.), Transnationale Vergesellschaftungen. Der 35. Kongress der DGS (CD-Rom).

Hörbst, V., 2016: 'You cannot do IVF in Africa as in Europe'. The making of IVF in Mali and Uganda. Reproductive Biomedicine & Society Online 2: 108–115.

Hoffmann, B., 2013: Extremfokussierung in der Kinderwunschbehandlung. Ungleiche biographische und soziale Ressourcen der Frauen. S. 210–232 in: C. Wimbauer (Hg.), Paare und soziale Ungleichheit. Leverkusen: Budrich.

Hofmann, H., 2003: Feministische Diskurse über moderne Reproduktionstechnologien. S. 81–94 in: S. Graumann & I. Schneider (Hg.), Verkörperte Technik, entkörperte Frau. Biopolitik und Geschlecht. Frankfurt/M.: Campus.

Hofmann, H., 1999: Die feministischen Diskurse über Reproduktionstechnologien. Frankfurt/M.: Campus.

Hofmann, P., 2014: Entdeckungen und Feststellungen: Zeichen im Erwartungskontext. S. 24–72 in: S. Hirschauer, B. Heimerl, A. Hoffmann & P. Hofmann, Pränatale Sozialität. Zu einer Soziologie der Schwangerschaft. Stuttgart: Lucius.

Honer, A., 1994a: Die Produktion von Geduld und Vertrauen. Zur audiovisuellen Selbstdarstellung des Fortpflanzungsexperten. S. 44–61 in: R. Hitzler (Hg.), Expertenwissen. Die institutionalisierte Kompetenz zur Konstruktion von Wirklichkeit. Opladen: Westdt. Verl.

Honer, A., 1994b: Qualitätskontrolle. Fortpflanzungsexperten bei der Arbeit. S. 178–196 in: N. Schröer (Hg.), Interpretative Sozialforschung. Auf dem Wege zu einer hermeneutischen Wissenssoziologie. Opladen: Westdt. Verl.

Honer, A., 1991a: Das Paarungsritual als ‚menage á trois‘. Zur Modernisierung des Zeugungsaktes. S. 388–390 in: W. Glatzer (Hg.), Die Modernisierung moderner Gesellschaften. Opladen: Westdeutscher Verlag.

Honer, A., 1991b: Wissen und Wissensverwendung in der Reproduktionsmedizin. S. 205–208 in: W. Glatzer (Hg.), Die Modernisierung moderner Gesellschaften. Opladen: Westdeutscher Verlag.

Inhorn, M.C., 2011: Globalization and gametes: reproductive 'tourism,' Islamic bioethics, and Middle Eastern modernity. Anthropology & Medicine 18(1): 87–103.

Inhorn, M.C. & D. Birenbaum-Carmeli, 2008: Assisted Reproductive Technologies and Culture Change. Annu. Rev. Anthropol. 37: 177–196.

Inhorn, M.C., 1994: Quest for conception. Gender, infertility, and Egyptian medical traditions. Philadelphia: Univ. Press.

Jadva, V., S. Badger, M. Morrissette & S. Golombok, 2009: 'Mom by choice, single by life's circumstance...' Findings from a large scale survey of the experiences of single mothers by choice. Human fertility 12: 175–184.

Jennings, P.K., 2010: „God Had Something Else in Mind". Family, Religion, and Infertility. Journal of Contemporary Ethnography 39: 215–237.

Josephs, A. & F. Krafft, 1998: Der Kampf gegen die Unfruchtbarkeit. Zeugungstheorien und therapeutische Maßnahmen von den Anfängen bis zur Mitte des 17. Jahrhunderts. Marburg: Wiss. Verl.-Ges.

Kahn, S.M., 2000: Reproducing Jews. A cultural account of assisted conception in Israel. Durham: Univ. Press.

Kalff, Y., 2017: Das „Projekt" als Metapher der Biographie. Verwaltungslogik und Selbstwerdung. BIOS – Zeitschrift für Biographieforschung, Oral History und Lebensverlaufsanalysen 29: 28–46.

Kalthoff, H., T. Cress & T. Röhl, 2016: Materialität in Kultur und Gesellschaft. S. 11–41 in: H. Kalthoff, T. Cress & T. Röhl (Hg.), Materialität. Herausforderungen für die Sozial- und Kulturwissenschaften. Paderborn: Wilhelm Fink.

Kalthoff, H., S. Hirschauer & G. Lindemann (Hg.), 2015: Theoretische Empirie. Zur Relevanz qualitativer Forschung. Frankfurt/M.: Suhrkamp.

Kalthoff, H., 2015: Zur Dialektik von qualitativer Forschung und soziologischer Theoriebildung. S. 8 – 32 in: H. Kalthoff, S. Hirschauer & G. Lindemann (Hg.), Theoretische Empirie. Zur Relevanz qualitativer Forschung. Frankfurt/M.: Suhrkamp.

Karafyllis, N.C., 2003: Das Wesen der Biofakte. S. 11 – 26 in ders. (Hg.), Biofakte. Versuch über den Menschen zwischen Artefakt und Lebewesen. Paderborn: Mentis.

Keller, E.F., 1995: Refiguring Life. Metaphors of Twentieth-Century Biology. New York: Columbia University Press.

Kiesel, J., 2012: Was ist krank? Was ist gesund? Zum Diskurs über Prävention und Gesundheitsförderung. Frankfurt/M.: Campus.

Kingma, E., 2020: Nine Months. Journal of Medicine and Philosophy 45: 371 – 38.

Kirejczyk, M., 1993: Shifting the burden onto women: The gender character of in vitro fertilization. Science as Culture 3: 507 – 521.

Klein, R.D. & U. Bischoff (Hg.), 1989: Das Geschäft mit der Hoffnung. Erfahrungen mit der Fortpflanzungsmedizin; Frauen berichten. Berlin: Orlanda-Frauenverl.

Knecht, M., M. Klotz, N. Polat & S. Beck, 2011: Erweiterte Fallstudien zu Verwandtschaft und Reproduktionstechnologien. Potenziale einer Ethnografie von Normalisierungsprozessen. Zeitschrift für Volkskunde 107(1): 21 – 48.

Knecht, M., 2010: Reflexive Bioökonomisierung. Werteproduktion in einer Samenbank. S. 163 – 176 in: M. Knecht (Hg.), Samenbanken – Samenspender. Ethnographische und historische Perspektiven auf Männlichkeiten in der Reproduktionsmedizin. Münster: Lit.

Knecht, M., 2008: Reproduktionstechnologien und die Biomedikalisierung von Verwandtschaft. Anmerkungen aus ethnographischer Perspektive. Das Argument 275: 179 – 194.

Knecht, M., 2007: Spätmoderne Genealogien: Praxen und Konzepte verwandtschaftlicher Bindung und Abstammung in: S. Beck (Hg.), Verwandtschaft machen. Reproduktionsmedizin und Adoption in Deutschland und der Türkei. Münster: Lit.

Knecht, M., 2005: Ethnografische Wissensproduktion und der Körper als ethnographisches Objekt im Feld moderner Reproduktionsmedizin. S. 421 – 430 in: B. Binder (Hg.), Ort, Arbeit, Körper. Ethnografie Europäischer Modernen. Münster: Waxmann.

Knorr-Cetina, K., 2003: Labaratory Studies: The Cultural Approach to the Study of Science. S. 140 – 166 in: S. Jasanoff (Hg.), Handbook of science and technology studies. Thousand Oaks: Sage Publ.

Koch, L., 1990: IVF – IVF – An irrational choice? Reproductive and Genetic Engineering: Journal of International Feminist Analysis 3(3): 225 – 232.

König, R., 2002: Zur Motivation der menschlichen Fortpflanzung (1973). S. 311 – 320 in: R. Nave-Herz (Hg.), Familiensoziologie: Leske + Budrich.

König, R., 1974: Materialien zur Soziologie der Familie. Köln: Kiepenheuer & Witsch.

Laqueur, T.W., 1992: Auf den Leib geschrieben. Die Inszenierung der Geschlechter von der Antike bis Freud. Frankfurt/M.: Campus.

Latour, B., 2006: Die Hoffnung der Pandora. Untersuchungen zur Wirklichkeit der Wissenschaft. Frankfurt/M.: Suhrkamp.

Latour, B., 2001: Eine Soziologie ohne Objekt? Anmerkungen zur Interobjektivität. Berliner Journal für Soziologie 11(2): 237 – 252.

Latour, B., 1999: Give Me a Laboratory and I Will Raise the World. S. 258 – 275 in: M. Biagioli & P. Galison (Hg.), The science studies reader. New York: Routledge.

Latour, B., 1996: On interobjectivity. Mind, Culture, and Activity 3: 228 – 245.

Latour, B., 1993: We have never been modern. Cambridge, Mass: Harvard Univ. Press.

Lege, N., 2017: Wie Kinder Männer und Frauen machen. Über die alltägliche Konstruktion von Zweigeschlechtlichkeit im Kinderkriegen. Baden-Baden: Tectum.

Levine, H., N. Jørgensen, A. Martino-Andrade, J. Mendiola, D. Weksler-Derri, M. Jolles, R. Pinotti & S.H. Swan, 2022: Temporal trends in sperm count: a systematic review and meta-regression analysis of samples collected globally in the 20th and 21st centuries. Human reproduction update: 1 – 20.

Lie, M. & N. Lykke (Hg.), 2017: Assisted reproduction across borders. Feminist perspectives on normalizations, disruptions and transmissions. London: Routledge.

Lindemann, G., 2017: Leiblichkeit und Körper. S. 57 – 66 in: R. Gugutzer, G. Klein & M. Meuser (Hg.), Handbuch Körpersoziologie. Wiesbaden: Springer.

Ludwig, M. & K. Diedrich, 2013a: Historischer Abriss zur Reproduktionsmedizin. S. 9 – 18 in: K. Diedrich, M. Ludwig & G. Griesinger (Hg.), Reproduktionsmedizin. Berlin: Springer.

Ludwig, M., K. Diedrich & F. Nawroth, 2013b: Was ist „Sterilität" – eine Begriffsbestimmung. S. 1 – 7 in: K. Diedrich, M. Ludwig & G. Griesinger (Hg.), Reproduktionsmedizin. Berlin: Springer.

Luhmann, N., 1993: Risiko und Gefahr. S. 131 – 169 in: Soziologische Aufklärung 5. Konstruktivistische Perspektiven. Opladen: Westdt. Verl.

Luhmann, N., 1985: Soziale Systeme. Grundriß einer allgemeinen Theorie. Frankfurt/M.: Suhrkamp.

Lundin, S., 2012: „I Want a Baby; Don't Stop Me from Being a Mother": An Ethnographic Study on Fertility Tourism and Egg Trade. Cultural Politics 8: 327 – 344.

Lynch, M., 1997: Scientific practice and ordinary action. Ethnomethodology and social studies of science. Cambridge: Univ. Press.

Maio, G. (Hg.), 2013: Kinderwunsch und Reproduktionsmedizin. Ethische Herausforderungen der technisierten Fortpflanzung. Freiburg i. Br.: Alber.

Mamo, L. & E. Alston-Stepnitz, 2015: Queer Intimacies and Structural Inequalities. Journal of Family Issues 36: 519 – 540.

Martin, E., 1991: The Egg and the Sperm: How Science has Constructed a Romance based on Stereotypical Male-Female Roles. Signs 16: 485.

Mauss, M., 1975 (1950): Soziologie und Anthropologie 2. Frankfurt/M.: Fischer.

Mayer-Lewis, B. & M. Rupp (Hg.), 2015: Der Unerfüllte Kinderwunsch. Interdisziplinäre Perspektiven. Opladen: Budrich.

McAfee, R.P., H.M. Mialon & S.H. Mialon, 2010: Do Sunk Costs Matter? Economic Inquiry 48: 323 – 336.

McKinnon, S., 2015: Productive Paradoxes of the Assisted Reproductive Technologies in the Context of the New Kinship Studies. Journal of Family Issues 36: 461 – 479. McNeil, M. (Hg.), 1990: The new reproductive technologies. London: McMillan.

Meister, T.A., S.F. Rimoldi, R. Soria, R. von Arx, F.H. Messerli, C. Sartori, U. Scherrer & E. Rexhaj, 2018: Association of Assisted Reproductive Technologies With Arterial Hypertension During Adolescence. Journal of the American College of Cardiology 72(11): 1267 – 1274.

Michaels, M.W., 1996: Other Mothers: Toward an Ethic of Postmaternal Practice. Hypatia 11(2): 49 – 70.

Miller, N., E.H. Herzberger, Y. Pasternak, A.H. Klement, T. Shavit, R.T. Yaniv, Y. Ghetler, E. Neumark, M.M. Eisenberg, A. Berkovitz, A. Shulman & A. Wiser, 2019: Does stress affect IVF outcomes? A prospective study of physiological and psychological stress in women undergoing IVF. Reproductive biomedicine online 39: 93 – 101.

Moore, L.J., 2002: Extracting Men from Semen: Masculinity in Scientific Representations of Sperm. Social Text 20: 91 – 119.

Mol, A., 2003: The body multiple. Ontology in medical practice. Durham: Duke Univ. Press.

Müller, M., 2016: Das Rätsel der Retraditionalisierung häuslicher Arbeitsteilung. Zur Verweiblichung von Elternschaft in Geburtsvorbereitungskursen. Kölner Zeitschrift für Soziologie und Sozialpsychologie 68: 409 – 433.

Nassehi, A., I. Saake & J. Siri, 2015: Ethik – Normen – Werte. Eine Einleitung. S. 1 – 12 in: dies. (Hg.), Ethik – Normen – Werte. Wiesbaden: Springer.

Orland, B., 2008: Labor-Reproduktion: Die Identität des Embryos zwischen Natur, Technik und Politik. S. 307 – 326 in: N. Pethes & S. Schicktanz (Hg.), Sexualität als Experiment. Identität, Lust und Reproduktion zwischen Science und Fiction. Frankfurt/M.: Campus.

Orland, B., 2001: Spuren einer Entdeckung. (Re-)Konstruktion der Unfruchtbarkeit im Zeitalter der Fortpflanzungsmedizin. Gesnerus 58: 5 – 29.

Orland, B., 1999: Die menschliche Fortpflanzung im Zeitalter ihrer technischen Reproduzierbarkeit: Normalisierung der Reproduktionsmedizin seit den 1970er Jahren. Technikgeschichte 66: 311–336.

Oudshoorn, N., 1994: Beyond the natural body. An archeology of sex hormones. New York: Routledge.

Parsons, T., 1958: Struktur und Funktion der modernen Medizin. S. 10–57 in: R. König & M. Tönnesmann (Hg.), Probleme der Medizinsoziologie. Opladen: Westdeutscher Verlag.

Passet-Wittig, J., 2017: Unerfüllte Kinderwünsche und Reproduktionsmedizin. Eine sozialwissenschaftliche Analyse von Paaren in Kinderwunschbehandlung. Opladen: Budrich.

Plessner, H., 1981: Die Stufen des Organischen und der Mensch. Gesammelte Schriften IV. Frankfurt/M.: Suhrkamp.

Portnoy, L., 1955: Artificial Insemination (A.I.D.). Atlantic City.

RamBaud, Y. & J.-L. Dubut de Laforest, 1884: Le Faiseur d'Hommes. Paris.

Rammert, W., 2007: Technik – Handeln – Wissen. Wiesbaden: VS.

Reckwitz, A., 2003: Grundelemente einer Theorie sozialer Praktiken. Eine sozialtheoretische Perspektive. Zeitschrift für Soziologie 32: 282–301.

Rödel, M., 2015: Geschlecht im Zeitalter der Reproduktionstechnologien. Natur, Technologie und Körper im Diskurs der Präimplantationsdiagnostik. Bielefeld: Transcript.

Rohde, A. & A. Dorn, 2007: Gynäkologische Psychosomatik und Gynäkopsychiatrie. Stuttgart: Schattauer.

Rosenthal, G. & U. Loch, 2002: Das Narrative Interview. S. 221–232 in: D. Schaeffer & G. Müller-Mundt (Hg.), Qualitative Gesundheits- und Pflegeforschung. Bern: Huber.

Rothhaar, M., M. Hähnel & R. Kipke (Hg.), 2018: Der manipulierbare Embryo. Potentialitäts- und Speziesargumente auf dem Prüfstand: Mentis.

Rowland, R., 1992: Living laboratories. Women and reproductive technologies. Bloomington: Univ. Pr.

Saake, I., 2003: Die Performanz des Medizinischen: Zur Asymmetrie der Arzt-Patienten-Interaktion. Soziale Welt 54: 429–459.

Sänger, E., 2020: Elternwerden zwischen „Babyfernsehen" und medizinischer Überwachung. Eine Ethnografie pränataler Ultraschalluntersuchungen. Bielefeld: Transcript.

Sänger, E., A. Dörr, J. Scheunemann & P. Treusch, 2013: Embodying Schwangerschaft: pränatales Eltern-Werden im Kontext medizinischer Risikodiskurse und Geschlechternormen. Gender 5(1): 56–71.

Schadler, C., 2013: Vater, Mutter, Kind werden. Eine posthumanistische Ethnografie der Schwangerschaft. Bielefeld: Transcript.

Sandelowski, M., 1995: A Theory of the Transition to Parenthood of Infertile Couples. Research in Nursing & Health 18: 123–132.

Sandelowski, M., B.G. Harris & D. Holditch-Davis, 1989: Mazing. Infertile Couples and the Quest for a Child. Image: The Journal of Nursing Scholarship 21(4): 220–226.

Schatzki, T.R., 2016: Praxistheorie als flache Ontologie. S. 29–44 in: H. Schäfer (Hg.), Praxistheorie. Ein soziologisches Forschungsprogramm. Bielefeld: Transcript.

Schlosser, H.D. & M. Grabka, 1990: Medizin und Sprache im technischen Wandel. In-Vitro-Fertilisation zwischen Zeugungshilfe und Reproduktionstechnik: Frankfurt/M.: G.A.F.B.

Schmidt, J.F.K., 2008: Das Verhältnis von sozialer und biologischer Verwandtschaft: Konkurrenz oder Symbiose biologischer und soziologischer Konzepte? in: K.-S. Rehberg (Hg.), Die Natur der Gesellschaft. Frankfurt/M.: Campus.

Schmidt, K., 2013: Was sind Gene nicht? Über die Grenzen des biologischen Essentialismus. Bielefeld: Transcript.

Schreiber, C., 2007: Natürlich künstliche Befruchtung? Eine Geschichte der In-vitro-Fertilisation von 1878 bis 1950. Göttingen: Vandenhoeck & Ruprecht.

Schröder, I., 2003: Die kulturelle Konstruktion von Verwandtschaft unter den Bedingungen der Reproduktionstechnologien in Deutschland. Dissertation. Univ. Göttingen.

Schütze, F., 1976: Zur Hervorlockung und Analyse von Erzählungen thematisch relevanter Geschichten im Rahmen soziologischer Feldforschung. S. 259–260 in: Arbeitsgruppe Bielefelder Soziologen (Hg.), Kommunikative Sozialforschung. München: Fink.

Simmel, G., 1908: Die Kreuzung sozialer Kreise, in ders.: Soziologie. Untersuchungen über die Formen der Vergesellschaftung. Leipzig: Duncker & Humblot.

Simon, M., 1990: Der Storch als Kinderbringer. Rheinisch-westfälische Zeitschrift für Volkskunde: 25 – 39.

Slater, D., 2008: Consumer culture and modernity. Cambridge: Polity Press.

Snowden, R., G.D. Mitchell & E.M. Snowden, 1983: Artificial reproduction. A social investigation. London: Allen & Unwin.

Stanworth, M. (Hg.), 1987: Reproductive technologies. Gender, motherhood, and medicine. Cambridge: Polity Press.

Steinberg, D.L., 1990: The Depersonalisation of Women through the Administration of 'In Vitro Fertilisation'. S. 74 – 122 in: M. McNeil (Hg.), The new reproductive technologies. London: McMillan.

Stöbel-Richter, Y., S. Goldschmidt, A. Borkenhagen, U. Kraus & K. Weidner, 2008: Entwicklungen in der Reproduktionsmedizin: mit welchen Konsequenzen müssen wir uns auseinandersetzen? Zeitschrift für Familienforschung 20(1): 34 – 61.

Stollberg, G., 2008: Informed Consent und Shared Decision Making. Ein Überblick über medizinische und sozialwissenschaftliche Literatur. Soziale Welt 59: 397 – 411.

Strathern, B., 2003: Emergent Relations. S. 165 – 194 in: M. Biagioli & P. Galison (Hg.), Scientific Authorship. Credit and Intellectual Property in Science. Hoboken: Taylor and Francis.

Strathern, M., 1992: Reproducing the future. Essays on anthropology, kinship and the new reproductive technologies. Manchester: University Press.

Strickler, J., 1992: The new reproductive technology: problem or solution? Sociology of health & illness 14(1): 111 – 133.

Strübing, J., 2014: Grounded Theory. Zur sozialtheoretischen und epistemologischen Fundierung eines pragmatistischen Forschungsstils. Wiesbaden: Springer.

Srubar, I., 2007: Phänomenologie und soziologische Theorie. Aufsätze zur pragmatischen Lebenswelttheorie. Wiesbaden: VS.

Teschlade, J., 2022: Tragemutterschaft. S. 313 – 324 in: L.Y. Haller & A. Schlender (Hg.), Handbuch Feministische Perspektiven auf Elternschaft. Leverkusen: Budrich.

Thomä, D., 2002: Eltern. Kleine Philosophie einer riskanten Lebensform. München: Beck.

Thomas, W.I. & D.S. Thomas, 1928: The child in America: behavior problems and programs. New York: Knopf.

Thompson, C., 2005: Making parents. The ontological choreography of reproductive technologies. Cambridge, MA: MIT Press.

Throsby, K., 2006: The unaltered body? Rethinking the body when IVF fails. Science Studies 19: 77 – 97.

Throsby, K., 2004: „It's Different for Men": Masculinity and IVF. Men and Masculinities 6(4): 330 – 348.

Ullrich, C., 2012: Medikalisierte Hoffnung? Eine ethnographische Studie zur reproduktionsmedizinischen Praxis. Bielefeld: Transcript.

Ullrich, C., 2007: Marginalisierte Reproduktion? Der Körper in der medizinischen Behandlung von unerfülltem Kinderwunsch. S. 187 – 204 in: T. Junge (Hg.), Marginalisierte Körper. Zur Soziologie und Geschichte des anderen Körpers. Münster: Unrast.

van der Ploeg, Irma, 1995: Hermaphrodite Patients: In Vitro Fertilization and the Transformation of Male Infertility. Science, Technology, & Human Values 20(4): 460 – 481.

van de Wiel, L., 2019: The datafication of reproduction: time-lapse embryo imaging and the commercialisation of IVF. Sociology of health & illness 41: 193 – 209.

Vienne, F., 2009: Vom Samentier zur Samenzelle: Die Neudeutung der Zeugung im 19. Jahrhundert. Berichte zur Wissenschaftsgeschichte 32: 215 – 229.

Vienne, F., 2008: Gestörtes Zeugungsvermögen: Samenzellen als neues humanmedizinisches Objekt, 1895 – 1945. S. 165 – 186 in: F. Vienne & C. Brandt (Hg.), Wissensobjekt Mensch. Humanwissenschaftliche Praktiken im 20. Jahrhundert. Berlin: Kadmos.

Villa, P.-I., 2017: Feministische Theorie. S. 205 – 221 in: R. Gugutzer, G. Klein & M. Meuser (Hg.), Handbuch Körpersoziologie. Wiesbaden: Springer.

Villa, P.-I. 2006: Sexy Bodies. Eine soziologische Reise durch den Geschlechtskörper. Wiesbaden: VS.

Villa, P.-I.. S. Moebius & B. Thiessen (Hg.), 2011: Soziologie der Geburt. Diskurse, Praktiken und Perspektiven. Frankfurt/M.: Campus.

Völkle, L. 2021: Die Existenzweisen eines Fötus. Eine Einzelfallanalyse zu Prozessen der De/Personalisierung und De/Humanisierung bei Totgeborenen. Zeitschrift für Soziologie 50(2): 114–130.

Völkle, L. & N. Wettmann, 2021: The Process of Pregnancy: Paradoxical Temporalities of Prenatal Entities. Human Studies 44: 595–614.

Waldschmidt, A., 2002: Normalität, Genetik, Risiko: Pränataldiagnostik als „government by security". S. 131–144 in: U. Bergermann (Hg.), Techniken der Reproduktion. Medien – Leben – Diskurse. Königstein/Taunus: Helmer.

Walentowitz, S., 2007: „Maternités extra-ordinaires. Introduction", tsantsa. Revue de la société suisse d'ethnologie 12: 32–40.

Weiss, M.G. (Hg.), 2009: Bios und Zoë. Die menschliche Natur im Zeitalter ihrer technischen Reproduzierbarkeit. Frankfurt/M.: Suhrkamp.

Wieser, B. (Hg.), 2006: Prenatal testing. Individual decision or distributed action? München: Profil.

Wiesner, H., 2002: Die Inszenierung der Geschlechter in den Naturwissenschaften. Wissenschafts- und Genderforschung im Dialog. Frankfurt/M.: Campus.

Zehnder, K., 2014: Der Mann im Sperma. Zum Verhältnis von Männerkörpern und männlichen Keimzellen in der Reproduktionsmedizin. Gender 6(1): 111–126.

Zimmermann, D. & M. Pollner, 1973: The everyday world as a phenomenon. S. 80–103 in: J.D. Douglas (Hg.), Understanding everyday life. Toward the reconstruction of sociological knowledge. London: Routledge.

www.ingramcontent.com/pod-product-compliance
Lightning Source LLC
Chambersburg PA
CBHW061751260326
41914CB00006B/1065